PEDAGOGIA DO MOVIMENTO SEM TERRA

Roseli Salete Caldart

PEDAGOGIA DO MOVIMENTO SEM TERRA

São Paulo

**EDITORA
EXPRESSÃO POPULAR**

2012

Copyright © 2004, by Editora Expressão Popular

Revisão
Orlando Augusto Pinto e Marina Tavares Ferreira

Projeto gráfico, capa e diagramação
ZAP Design

Foto da Capa
Douglas Mansur

Impressão e acabamento
Paym

```
         Dados Internacionais de Catalogação-na-Publicação (CIP)
              (Biblioteca Central - UEM, Maringá – PR., Brasil)

         Caldart, Roseli Salete
C145p        Pedagogia do Movimento Sem Terra / Roseli Salete
         Caldart. --1.ed.-- São Paulo : Expressão Popular,
         2004.
             448 p.

             Livro indexado em GeoDados-http://www.geodados.uem.br
             ISBN 978-85-87394-53-3

             1. Educação rural. 2. Movimento dos Trabalhadores
         Rurais Sem Terra - Pedagogia. 3. Movimento sociocultural.
         4. MST  e educação. 4. Reforma agrária. I. Título.

                                  CDD 21.ed. 370.19346
                                            303.4840981
                        Eliane M. S. Jovanovich CRB 9/1250
```

Todos os direitos reservados.
Nenhuma parte deste livro pode ser utilizada
ou reproduzida sem a autorização da editora.

Edição revista e atualizada conforme a nova regra ortográfica

Publicado originalmente pela Editora Vozes, 2000.
1ª edição pela Expressão Popular: março de 2004.
2ª reimpressão: abril de 2025

EDITORA EXPRESSÃO POPULAR
Alameda Nothmann, 806, Campos Elíseos
CEP 01216-001 – São Paulo – SP
atendimento@expressaopopular.com.br
www.expressaopopular.com.br
ed.expressaopopular
editoraexpressaopopular

Assim vou continuar

A flor que mais me marcou na luz do meu recitar
foi uma jovem em Movimento
que um dia ousou sonhar
e isso a fez tão bela
quanto uma deusa do mar.
Sei que estou acampada
estou aqui com muita gente
sei que a luta segue em frente
vou ter terra pra plantar.
Mas vou ser sempre Sem Terra, assim vou continuar.
Vamos ter cooperativa, como tem em outros lugares.
Construiremos escolas, pra meninada estudar.
Também posto de saúde,
ter um posto telefônico,
energia e poesia de uma casa pra morar.
Mas vou ser sempre Sem Terra, assim vou continuar.
Realmente se essa força
chamada MST
foi crescendo desse jeito,
na luta por terra e pão,
construindo educação, ensinando e aprendendo,
nessa briga por direitos,
numa manhã muito próxima,
muita coisa vai mudar:
a liberdade virá, os canhões se apagarão,
e será daí só canção, melodia de amar.
E se você me perguntar
então não será mais Sem Terra
respondo, claro que sim,
pois uma coisa é ser sem-terra,
e outra coisa é ser Sem Terra:
assim vou continuar...
Zé Pinto, MST, setembro 1999.

*Dedico este trabalho à memória de Iraci Salete Stronzake, uma **Professora Sem Terra** que perdeu sua vida em pleno exercício do **direito e dever de estudar**. Senti a presença de Salete, e a mística da identidade e do Movimento que sua trajetória de vida representa, enquanto escrevia cada página.*

SUMÁRIO

PREFÁCIO 11

INTRODUÇÃO 21

UM OLHAR SOBRE OS SEM-TERRA E O MST 27

A FORMAÇÃO DOS SEM-TERRA E O MOVIMENTO
SOCIOCULTURAL 97

O MST E A OCUPAÇÃO DA ESCOLA 225

O MOVIMENTO SOCIAL COMO SUJEITO PEDAGÓGICO 319

NADA COMEÇA NEM TERMINA: CONTINUA 411

ANEXOS

Manifesto dos Sem Terra ao Povo Brasileiro 427

A Vale não se vende: contra a privatização e a desnacionalização
da Companhia Vale do Rio Doce 429

Manifesto das Educadoras e dos Educadores da Reforma
Agrária ao Povo Brasileiro 431

Referências Bibliográficas 435

PREFÁCIO

Lembro-me de que, pesquisando as reformas educacionais dos anos 20, me deparei com um discurso do então governador de Minas Gerais, que defendia a urgência da renovação dos currículos e dos métodos de ensino nas escolas das cidades mineiras. Entretanto, pensando nos trabalhadores(as) do campo, afirmava: *"para o cultivo da terra, para mexer com a enxada e para cuidar do gado não são necessárias muitas letras..."*.

Essa visão poderia ser uma síntese da história do pensamento político e educacional ao longo do século 20: a escola rural apenas das primeiras letras, milhões de camponeses condenados ao analfabetismo, a educação básica do campo ignorada e marginalizada. Ignorada inclusive pelas pesquisas, pela reflexão pedagógica, pelas propostas curriculares e até pelas Leis de Diretrizes e Bases da Educação Nacional.

Por que essa persistente ignorância e marginalização da educação básica do campo? Porque tem sido equacionada em função das mudanças nos processos e técnicas de produção: para mexer com a enxada ou cuidar do gado não são necessárias nem letras nem competências. Não é necessária a escola.

A estreiteza desse equacionamento nos revela como os horizontes políticos e educacionais se encurtam, quando a educação básica, seja da cidade ou do campo, é pensada apenas como transmissão dos saberes e habilidades demandados pela produção e pelo mercado. Essa vinculação estreita se justificou por décadas, porque a educação rural foi mantida no esquecimento. A justificativa é simples: a escola reflete a estagnação do campo; apenas quando este se modernizar poderemos pensar em políticas, currículos, escolas modernas e professores melhor qualificados. Uma visão pessimista tanto do campo quanto de sua educação.

O trabalho de Roseli nos traz outra visão, mais realista e otimista porque tem outra concepção dos vínculos entre a produção social e a produção da escola, entre a dinâmica social e cultural e a dinâmica educativa, entre o pensamento social e o pensamento pedagógico, entre o avanço da consciência dos direitos e o avanço das lutas pela educação, o saber e a cultura. Colocado o foco nesta direção, o trabalho nos leva a indagar: realmente a educação básica do campo está parada, estagnada, ou há um movimento de renovação, de dinamização social, cultural e educativa no campo brasileiro?

Tenho acompanhado inúmeras experiências inovadoras e participado de frequentes encontros de educadoras e educadores do campo. Chama-me a atenção como esses encontros acontecem em um clima que destaca fatos, frases, músicas, fotos, murais, gestos, lembranças, linguagens e práticas que vinculam a educação e a escola com a memória e a identidade coletiva, com as lutas por direitos e os valores democráticos por igualdade e diversidade, por liberdade e justiça, pela terra e a cultura, pelo trabalho e a dignidade.

Vincular o fazer-se da educação e da escola ao movimento democrático, ao avanço dos valores e direitos sociais, ao fazer-se de sujeitos humanos nos leva a colocar a análise e a reconstituição da história da educação básica em outra direção, em outros parâmetros teóricos, em outra perspectiva histórica e política. É por aí que nos aponta esta pesquisa.

O trabalho de Roseli nos leva a perceber que a história da educação está intimamente vinculada à consolidação de uma cultura política pública, a cultura da igualdade, do direito à terra, ao conhecimento, ao trabalho, do direito de todos a sermos humanos, a vivermos como humanos. Cultura política pública que avança com o movimento social e termina pressionando por políticas de expansão e melhoria da rede escolar, da garantia de acesso de todos à escola, ao conhecimento, à cultura devida.

Inúmeras pesquisas e análises vêm apontando que o movimento de renovação da educação básica tem mais a ver com o movimento democrático pela igualdade, pela inserção social, pelos direitos do que com as demandas estreitas de um mercado seletivo. A produção teórica e a consciência dos educadores(as) vêm avançando nesta direção. Entretanto, os vínculos entre educação, direitos, cidadania, tão reivindicados nas últimas décadas, ainda são equacionados prioritariamente pensando na cidade. O campo, a terra, a escola rural não são incorporados nessa ótica nem nas pesquisas nem na formulação de políticas e currículos.

Esta pesquisa tem, entre outros méritos, o de trazer essa ótica para entendermos o campo, suas lutas e sua educação. Mostra-nos que aí também há uma longa história cultural e educativa que temos de pesquisar com mais atenção, que temos de interpretar, respeitar e valorizar. História específica que deve merecer mais atenção dos programas de formação de educadores, de graduação e pós-graduação, das agências de pesquisa e financiamento, dos formuladores de políticas, currículos e material didático...

O trabalho de Roseli dá um novo estatuto à educação básica do campo. Mostra-nos que ela está aí acontecendo, a exigir nossa atenção de pesquisadores, de formuladores de políticas e de currículos, de educadores(as). Mais ainda, que o movimento cultural e educativo do campo nos traz elementos preciosos para repensar o pensamento pedagógico. Mergulhar na leitura atenta deste trabalho será uma maneira de captar esse novo estatuto da educação básica do campo. Quero nesta apresentação apenas apontar algumas ideias fortes, estruturantes do trabalho.

Um ponto logo se destaca: o campo está vivo, em movimento. O Movimento dos Trabalhadores Rurais Sem Terra (MST) está aí como a expressão mais forte dessa dinâmica. É difícil ignorá-lo. Ele questiona as estruturas sociais e a cultura que as legitima, interroga a sociedade. Não estaria também interrogando as estruturas escolares e as concepções pedagógicas? Não estaria interrogando a visão que, como educadores, temos do campo? Este trabalho nos situa neste foco: há uma dinâmica social e cultural no campo. Há um movimento pedagógico. O MST vem se construindo em um sujeito educativo, em um pedagogo. As questões centrais que este trabalho se coloca, e nos coloca, são: como interpretar o movimento do campo, especificamente o MST, como experiência educativa? Que aprendizados ele traz? Que matrizes pedagógicas recupera? Que papel é posto para a escola e para os educadores e as educadoras?

Poderíamos dizer que este trabalho mostra na concretude de nossa história atual a concepção de educação que a nova LDB afirma no seu primeiro artigo: *"A educação abrange os processos formativos que se desenvolvem na vida familiar, na convivência humana, no trabalho, nas instituições de ensino e pesquisa, nos movimentos sociais e organizações da sociedade civil e nas manifestações culturais"*. Uma concepção ampliada de educação que estimula um olhar mais alargado das ciências sociais e do pensamento pedagógico. Nesta direção, o MST é considerado como educador enquanto movimento social e cultural. Sua presença, suas lutas, sua organização, seus gestos, suas linguagens e imagens são educativas, nos interrogam, chocam e sacodem valores, concepções, imaginários, culturas e estruturas. Constroem novos valores e conhecimentos, nova cultura política. Formam novos sujeitos coletivos.

Por tal caminho, esse trabalho reforça uma das matrizes pedagógicas mais persistentes na história da educação: o peso formativo dos processos sociais. Leva-nos, como educadores, a estarmos atentos ao movimento da realidade, à práxis, à experiência vivida, às ações e aos gestos. Mostra-nos a centralidade da ação e da vivência humana, nos processos culturais e educativos. É um exercício de pesquisa e teorização que indica como é possível a fecundação entre a prática social e a teoria pedagógica. Como é urgente colocar os processos educativos, as teorias da formação humana em outros patamares, bem mais eloquentes do que a tão trilhada e estreita vinculação entre escola e mercado.

Mas por que se voltar para o movimento social, para o MST especificamente enquanto movimento social, para reinterpretar a educação do campo? O que ele tem de educativo? O que temos a aprender como educadores(as)? Roseli nos situa novamente em uma das matrizes pedagógicas mais permanentes: a formação do ser humano como foco da teoria pedagógica e de toda prática educativa. Retoma a ideia mestra de que toda pedagogia tem como tarefa de origem interpretar os processos de formação humana, tentar dar conta dos complexos processos de desenvolvimento humano. Neste sentido, toda pedagogia é humanista. E toda formação de sujeitos coletivos é inseparável do movimento social que eles criam.

Esta é a matriz que orienta a pesquisa. Como consequência, uma visão totalmente diversa daquela que tem dominado o olhar político e pedagógico sobre a educação rural. Onde este olhar apenas vê um povo ignorante e atrasado a ser civilizado e modernizado por políticas vindas de fora, a pesquisa encontra sujeitos sociais e culturais constituindo-se em sujeitos políticos. Construindo saberes, valores, cultura. Constituindo-se e formando. A pesquisa encontra um movimento educativo que vem de dentro da própria dinâmica social do campo, que traz lições e questões para a teoria pedagógica e para as políticas sociais e educacionais do campo. Repõe-nos as grandes questões que a educação e a cultura sempre se colocaram.

Neste sentido, este trabalho nos aponta por onde devemos pesquisar os processos educativos, inclusive escolares. Não marginalizar estas questões nucleares ficando apenas em detalhes. Com que facilidade empobrecemos nosso olhar sobre a educação quando abandonamos essas ideias fortes. A escola é mais do que escola, repete Roseli, porque a teoria pedagógica e a educação são mais do que as questões miúdas que tanto nos ocupam. Os processos educativos vêm de dentro, não de fora. Vêm sobretudo das tensões sociais. Daí a preocupação em captar que o campo não está estagnado, está vivo e reclama nossa atenção. A dinâmica do MST acontece em um contexto social e econômico de grande tensão. É aí que os novos sujeitos sociais estão se constituindo. A tensão das relações sociais no campo, aceleradas pelo MST, criam virtualidades educativas novas, e o pensar e o agir pedagógicos têm que captar quais destas tensões nos interessam como educativas. A pesquisa nos propõe dar a devida centralidade à cultura como eixo da ação pedagógica e do desenvolvimento humano. Este é outro dos aspectos privilegiados.

A procura dos estreitos vínculos entre movimento social, MST, cultura e educação trazem de volta para o olhar pedagógico dimensões perdidas porém constituintes do pensamento educacional. Esse privilegiar da cultura como eixo da formação humana repõe questões com as quais se deparam os educadores(as) no seu dia a dia: a relação entre cultura e produção e apreensão do conhecimento; entre cultura, identidades e memória coletiva; entre cultura, projeto social e trajetória histórica. A figura do MST tem algo de contagiante para toda a sociedade brasileira porque toca em valores muito tensos e próximos de todos nós, o direito à terra, por exemplo, porque sua luta se expressa em gestos, símbolos, marchas, celebrações, músicas, cultura. Quem não se toca com o gesto de crianças famintas devolvendo em fila os pacotes de macarrão às forças insensíveis da ordem? (FSP, 29/5/99, foto de capa) Esses gestos chocam os valores de ordem, propriedade, e se chocam em nosso imaginário cultural com valores de vida de dignidade, de infância. São gestos que educam mais do que cartilhas. A cultura mostra toda a sua força educativa e é assumida aqui como uma matriz formadora.

Situando os processos educativos nessa amplitude, a escola rural não é abandonada, antes é reposta em uma função social e cultural bem mais rica do que o reducionismo com que sempre foi tratada. A escola do campo e as escolas do MST tentam ser mais do que escola. Pretendem integrar-se na dinâmica formadora do Movimento. Este põe a escola e a pedagogia em movimento e por aí elas retomam suas tarefas de origem: contribuir na formação de sujeitos sociais, os Sem Terra, os trabalhadores(as) do campo. Os educadores e as educadoras das escolas do campo vão descobrindo que são mais que alfabetizadores quando alfabetizam, mais do que ensinantes quando ensinam. Eles e elas fazem parte também de uma dinâmica social, cultural e formadora extremamente rica que dá às suas práticas novos sentidos.

Gostaria de lembrar ainda que esse trabalho faz parte de uma história que vem de longe. É bom situá-lo nessa história. As lutas no campo, o MST, não são um acidente inesperado, nem os vínculos entre a terra, a cultura e a educação são um acidente em nossa história social. Fazem parte de uma longa e tensa trajetória.

A leitura que este trabalho faz da dinâmica social e educativa no campo nos lembra outras leituras feitas em décadas recentes. Filia-se a uma tradição que parecia esquecida. Penso em um dos capítulos tão fecundos na história da educação latino-americana: a educação popular e o pensamento de Paulo Freire. Eles nasceram colados à terra e foram cultivados em contato estreito com os camponeses, com suas redes de socialização, de reinvenção da vida e da cultura. Nasceram percebendo que o povo do campo tem também seu saber, seus mestres e sua sabedoria. Neste contato estreito, a teoria e a ação educativas colocaram questões básicas nas décadas de 1950 e 1960: Quem educa o povo? Quem guarda sua memória? Quem são seus mestres? Como se transmitem de uma geração a outra os segredos de sua sabedoria? Que redes educativas existem no campo?

A educação popular, um capítulo tão rico de nossa história, se articulou em torno destas e outras questões aprendidas no contato com os subalternos da terra. Tem sido pelos caminhos desse contato com as vivências e o saber popular que novas visões da educação foram aprendidas e incorporadas no pensamento educacional latino-americano e até mundial. A educação não seria o que é nem pensaria o que pensa sem a seiva recebida da terra, dos camponeses e da construção de sua sabedoria e de sua cultura.

Pensemos apenas na obra de Paulo Freire, *Pedagogia do Oprimido*, tão marcante no pensamento pedagógico mundial. Suas análises sobre a opressão, sobre a consciência oprimida, sobre a autodesvalia e, sobretudo, sobre os processos de constituição de uma consciência de libertação têm como referência, nos diz Paulo: *"os camponeses que conhecemos em nossa experiência educativa"*. Suas obras fazem referência constante aos camponeses e sua opressão: *"esses homens, mulheres, meninos desesperançados... mortos em vida, sombras de gente"*. Mas Paulo sabe também de suas lutas de libertação. Sua ênfase na educação como ação cultural para a libertação se alimenta de seus diálogos com os camponeses do Brasil e da América Latina. A terra teria para ele um potencial pedagógico. Os educadores e as educadoras do MST colocam a figura de Paulo Freire como um símbolo em todos os seus encontros. Uma identidade e uma continuidade entre a ação educativa do MST e essa história que vem de longe.

A realidade de opressão e a de libertação no campo sempre alimentaram o pensamento e a prática pedagógica progressistas. Este trabalho pode ser visto nesta direção trazendo-nos um novo sujeito pedagógico, o Movimento dos Trabalhadores Rurais Sem Terra. O potencial revolucionário e cultural da miséria e não da tecnologia, dos oprimidos e não dos opressores, tão presente no pensamento pedagógico progressista, tem sido reposto nas última décadas em movimentos sociais que recuperam essas matrizes pedagógicas tão fecundas: o movimento negro, o movimento das mulheres, os movimentos sociais urbanos e rurais, e o MST.

Esta tradição pedagógica não cai em uma ingênua apologia desses movimentos; ao contrário, tenta entender suas contradições, seus limites e suas virtualidades formadoras. Tenta não esquecer, como Paulo Freire nos lembrava, os processos desumanizadores da opressão e do cotidiano da vida dos oprimidos da terra. O peso desumanizante da miséria por vezes é maior do que o peso humanizador dos movimentos sociais e de nossos sonhos educativos.

Só nos resta, como lembrava Emir Sader, nos comentários a este trabalho, agradecer ao Movimento dos Trabalhadores Sem Terra por estar gerando um saber social e educativo de outra ordem. Cabe a nós apreendê-lo.

Miguel G. Arroyo

INTRODUÇÃO

Vivemos em um tempo de novas sensibilidades para questões que se referem aos processos de formação humana e à relação entre a pedagogia e o cultivo de valores, entre educação e humanização. Exatamente porque estamos em um momento da história em que o ser humano aparece em perigo; então, estamos sendo convocados a fazer algumas escolhas decisivas sobre como será o futuro da humanidade, de todos nós. O capitalismo, sistema social ainda hegemônico no mundo, vem se mostrando cada vez mais desumanizador e cruel em sua lógica. Por isso, estão de volta as grandes questões sobre nosso destino enquanto seres humanos, enquanto modelo de sociedade, enquanto projeto de país, de pessoas concretas. Também estão de volta as angústias sobre o sentido de nossa prática como educadoras e educadores comprometidos com essas questões de fundo.

É momento de lançar novamente o olhar para o horizonte, e de abrir nosso ser educador para compreender as experiências que se colocam na perspectiva de construir alternativas para o ser humano. Há valores, saberes e afetos de outra ordem, produzidos bem ao nosso lado, ou entre nós. É preciso ficar atento, porque eles podem ser as bandeiras de luta que decidiremos empunhar neste novo século, neste novo tempo da história.

Este livro nasceu de preocupações desse tipo, mas faz uma reflexão particular; trata da formação humana em sua relação com a dinâmica de uma luta social contemporânea: a luta pela Reforma Agrária no Brasil hoje. O foco aqui são os Sem Terra, seu Movimento e sua Pedagogia, sua experiência de educação e de escola. O texto é produto de uma pesquisa que buscou compreender a experiência de formação dos sujeitos humanos do Movimento dos Trabalhadores Rurais Sem Terra, o MST. Foi apresentado antes como tese de doutorado ao Programa de Pós-Graduação em Educação da Universidade Federal do Rio Grande do Sul, no final do mês de agosto de 1999. Algumas alterações foram feitas no texto original da tese, tendo em vista torná-lo um pouco mais enxuto e objeto de um diálogo mais amplo.

Quem são os sem-terra do MST? Como se tornaram esta coletividade com nome próprio que aos poucos passa a ocupar um lugar de destaque na luta de classes que se desenrola no Brasil contemporâneo? O que significa para cada um desses homens, dessas mulheres, desses jovens, dessas crianças, fazer parte de uma luta social, historicamente sempre tão carregada de significados, políticos e culturais, como é a luta pela terra? Como entender que tantas pessoas, incluindo aquelas que não têm vínculo direto com a questão da terra ou da Reforma Agrária, passem a se identificar com os Sem Terra, comprometendo-se com o seu destino e Movimento? E por que esta luta e seu Movimento nos convida a pensar em questões de educação e de formação humana?

O que estou propondo neste trabalho é que olhemos para a história da formação deste novo sujeito social chamado Sem

Terra, buscando enxergar nela uma pedagogia, ou seja, um modo de produzir gente, seres humanos que assumem coletivamente a condição de sujeitos de seu próprio destino, social e humano. Trata-se de uma pedagogia que tem como sujeito educador principal o MST, que educa os sem-terra *enraizando-os* em uma coletividade forte, e pondo-os *em movimento* na luta pela sua própria humanidade. Nesta dialética entre raiz, movimento e projeto, é possível ler algumas importantes lições de pedagogia. E penso que elas nos ajudam a refletir sobre as grandes questões pedagógicas do nosso tempo.

No trabalho, descrevo e analiso como acontece o processo que constitui o que estou chamando de *Pedagogia do Movimento*, e como a escola acaba sendo ocupada pela intencionalidade pedagógica do MST. A reflexão aponta como o movimento pedagógico que forma os Sem Terra não cabe na escola mas a inclui como uma dimensão cada vez mais importante, exigindo dela que volte a olhar-se como lugar de formação de sujeitos humanos, em um processo educativo que fica mais rico quando se sabe que nem começa nem termina nele mesmo.

Faço também aqui alguns esclarecimentos sobre a grafia do nome *Sem Terra*, para facilitar a continuidade da leitura do texto como um todo. A condição (individual) de *sem (a) terra*, ou seja, a de trabalhador ou trabalhadora do campo que não possui sua terra de trabalho, é tão antiga quanto a existência da apropriação privada deste bem natural. No Brasil, a luta pela terra e, mais recentemente, a atuação do MST acabaram criando na língua portuguesa o vocábulo *sem-terra*, com hífen, e com o uso do *s* na flexão de número (os "sem-terras"), indicando uma designação social para esta condição de ausência de propriedade ou de posse da terra de trabalho, e projetando, então, uma identidade coletiva.

O MST nunca utilizou em seu nome nem o hífen, nem o *s*, o que historicamente acabou produzindo um nome próprio, *Sem Terra*, que é também sinal de uma identidade construída com autonomia. O uso social do nome já alterou a norma referente à flexão de número, sendo hoje já consagrada a expressão *os sem-terra*.[1] Quanto ao hífen, fica como distintivo da relação entre esta identidade coletiva de trabalhadores e trabalhadoras da terra e o Movimento que a transformou em nome próprio, e a projeta para além de si mesma.

Neste texto, sempre que estiver me referindo ao nome do sujeito constituído pelas lutas do MST, usarei então a expressão *Sem Terra*, sendo as letras maiúsculas indicativas desta condição de nome próprio. No texto em geral, a opção será a mesma dos dicionários de edição mais recente, com o hífen e sem o *s*.[2]

O livro tem quatro capítulos. O primeiro sintetiza os contornos do olhar sobre o MST aqui proposto, identificando suas principais fontes teóricas. O segundo capítulo analisa o processo de formação do sem-terra brasileiro na experiência específica do

---

[1] O dicionário Luft, por exemplo, incluiu em sua edição de 1998 o verbete *sem-terra*, com a seguinte definição: *substantivo de dois gêneros e dois números, designação sociopolítica de indivíduo do meio rural sem propriedade e sem trabalho*. (1998, p. 601) Sobre isto brincou um jornalista português: *os sem-terra dobraram a gramática, fizeram os acadêmicos engolir um precioso "s", mas ainda não conseguiram acabar com o latifúndio. Cai a gramática e o latifúndio fica?* (Jornal *Papagaio*, fev/mar 1998, editado por portugueses que moram na Holanda.)

[2] Incluo ainda outros dois esclarecimentos sobre este uso: quando estiver citando depoimentos ou entrevistas de pessoas do MST não farei uso do hífen, porque certamente ele não estava presente na representação da palavra que possuem. O segundo esclarecimento é sobre o uso no masculino: farei este emprego sempre que estiver me referindo aos sem-terra como sujeitos, não me parecendo necessária a flexão de gênero (os sem-terra, as sem-terra).

MST. Trata do processo histórico de constituição da identidade Sem Terra (de trabalhador sem (a) terra a lutador do povo), identificando algumas vivências educativas centrais nesta trajetória: a ocupação, o acampamento, o assentamento, o ser do MST e a ocupação da escola. O terceiro capítulo recompõe e analisa a história da educação escolar na história do MST. E o quarto capítulo faz uma discussão mais detida sobre a pedagogia produzida no processo de formação dos sem-terra do MST, analisando o lugar da escola no movimento desta pedagogia e os novos desafios que este olhar coloca ao próprio MST. Na conclusão do trabalho, sintetizo algumas balizas que conformam um determinado *jeito de olhar* para a experiência de educação no MST, na perspectiva de uma reflexão pedagógica mais ampla que destaca o Movimento como princípio educativo.

Concluo esta introdução agradecendo a todos que partilharam e de alguma forma ajudaram a garantir o processo de elaboração deste trabalho. Mas gostaria de destacar alguns nomes a quem sinto que devo um agradecimento especial. *Edgar Jorge Kolling*, meu companheiro de vida, de sonho e de Movimento, primeiro leitor de cada página. Agradeço o estímulo, a interlocução, a tolerância e o cuidado permanente com o movimento do afeto que nos une. *Paulo Ricardo Cerioli, osfs*, amigo querido, leitor atento da primeira versão de cada capítulo e sujeito de muitas das práticas refletidas aqui. Agradeço pela solidariedade, pelo diálogo e pelo exemplo de engajamento na causa do ser humano. *Balduíno Andreola*, co-orientador da pesquisa inicial, professor e amigo. Agradeço por ter sido a primeira pessoa na Universidade a acreditar neste trabalho e a sugerir os contornos de sua elaboração. *Miguel Gonzalez Arroyo*, meu orientador da tese e também amigo querido, que fez da tarefa de orientação um gesto de generosidade e de compromisso. Agradeço a confiança, a interlocução e o desafio permanente a uma reflexão mais profunda. Nosso diálogo continua.

Agradeço também à *Universidade Federal do Rio Grande do Sul* e ao seu Programa de Pós-Graduação em Educação pela acolhida de meu projeto de doutorado e pelas condições propiciadas à sua realização.

E agradeço muito especialmente também ao *MST*, pelo *ambiente educativo* que me proporciona há treze anos, e que inclui este trabalho no próprio movimento de sua pedagogia.

Porto Alegre, primavera de 1999.

Capítulo I

UM OLHAR SOBRE OS SEM-TERRA E O MST

Como então? Desgarrados da terra?
Como assim? Levantados do chão?
Num balanço de rede sem rede
ver o mundo de pernas pro ar.
Chico Buarque[3]

A pergunta a ser respondida neste capítulo é a seguinte: como olhar para os sem-terra e para o MST de modo a compreender o sentido de sua *ocupação* e *preocupação* específica com a questão da educação e da escola?

Para compreender o sentido e o lugar da experiência de educação do e no MST parece inevitável retornar a uma pergunta

---

[3] Verso da canção de Chico Buarque, *Levantados do Chão*, musicada por Milton Nascimento. Esta canção foi feita para o CD *Terra*, gravado em 1997 para acompanhar a exposição de fotos de Sebastião Salgado sobre os sem-terra brasileiros.

que já tem sido feita de outros jeitos em algumas pesquisas: qual é o sentido educativo do MST?[4]

Esta pergunta nos inclina a um dentre muitos olhares através dos quais é possível (e necessário) tentar interpretar o MST. Trata-se de um olhar que focaliza especialmente as pessoas que constituem este Movimento, ou talvez seja melhor dizer, a *experiência humana* de constituir o MST e de participar da produção de sua identidade social, cultural, política... Trata-se de olhar para o MST buscando enxergar sobretudo seus sujeitos humanos, os trabalhadores e as trabalhadoras sem-terra, ao mesmo tempo que conseguir vê-los em perspectiva, quer dizer, na relação com o Movimento.[5] E este olhar nos remete necessariamente à história do próprio MST e a um referencial teórico que nos permite interpretá-la desde as questões da formação humana.

---

[4] Um exemplo de pesquisa feita nesta perspectiva é a que deu origem à tese de doutorado de Célia Vendramini, *Consciência de classe e experiências socioeducativas do Movimento dos Trabalhadores Rurais Sem Terra*, Universidade Federal de São Carlos, 1997. Esse trabalho também discute a experiência das escolas dos assentamentos. Outro exemplo, em uma abordagem sociológica, é a dissertação de mestrado de Claudia Job Schmitt, *O tempo do acampamento: a construção da identidade social e política do 'colono sem-terra'*. Universidade Federal do Rio Grande do Sul, 1992. Neste caso, o objeto não é propriamente o MST, identificado pela pesquisadora apenas como um agente mediador na construção desta identidade, mas as questões que levanta são importantes para pensar o processo de formação do sem-terra. Um outro ainda, talvez um dos pioneiros no tipo de questão que levanta e feito desde as questões da Psicologia Social, é a dissertação de mestrado de Luiz Carlos Tarelho, *Da consciência dos direitos à identidade social: os sem terra de Sumaré*, Pontifícia Universidade Católica de São Paulo, 1988. Embora não tenha uma preocupação específica com a discussão da educação, levanta elementos importantes desde a questão da formação do MST como identidade coletiva.

[5] Toda vez que usar neste trabalho a palavra Movimento (com maiúscula), estarei me referindo ao MST mas também buscando chamar a atenção para a ideia mesma de *movimento* que está em sua identidade.

Talvez a sensibilidade do poeta que fez este verso colocado como epígrafe do capítulo[6] tenha apreendido logo o sentido mais fortemente educativo da presença do MST e dos sem-terra entre nós: *como então*, estes seres desgarrados da terra, marginalizados de tudo e com a vida escorrendo-lhes entre os dedos de pés descalços, e de mãos já nem mais calejadas porque obrigadas a ficar sem trabalho, *como assim*, que estes seres, miseráveis, quase nem parecendo mais realmente humanos, de repente (ou nem tanto) resolvem, aos milhares, e organizadamente, *levantar-se do chão* e lutar pela terra de que foram arrancados, o que quer dizer, neste momento, lutar pelo retorno de sua própria condição humana, compreendendo que também têm direitos e que podem dizer *não!* a um projeto de país e de sociedade que lhes quer negar a possibilidade de existência, e que por não poder deixar de chamá-los, enquanto ainda estão vivos, junta sua identidade a de outros tantos desgarrados, do campo e da cidade, produzidos pela sua lógica implacável, e então lhes inventa um nome: *excluídos?* E *como assim* que ainda pretendam *ver o mundo de pernas pro ar?*

Na pergunta *como assim?* do poeta, que ironiza a estranheza dos que já não acreditam que é possível outro sentido para a história que não o até aqui construído, e onde grupos como o dos sem-terra não têm lugar, *não fazem sentido*, é possível começar a constituir o olhar que orienta a abordagem deste trabalho.

Há um fato ou uma realidade de que podemos partir: hoje, 1999, é possível constatar que o MST torna-se uma referência entre os movimentos sociais do Brasil e, em certa medida, tam-

---

[6] Estou me referindo tanto a Chico Buarque quanto ao poeta que o inspirou, o grande escritor José Saramago, prêmio Nobel de Literatura 1998, que escreveu um romance sobre a luta pela Reforma Agrária em Portugal, cujo título é *Levantado do Chão* (1989).

bém fora dele, sendo identificado como um exemplo de luta e de organização a seguir, sempre que estiver em questão a conquista de direitos e a busca de mais dignidade para todos. Já para outros grupos, o MST aparece como uma verdadeira 'praga' a ser exterminada, um incômodo para os governos e para as elites em geral, tenham elas ou não vínculo direto com o latifúndio. Há também aquelas pessoas para as quais o MST é uma referência que mistura sentimentos, causando sobretudo espanto, uma sensação de estranhamento e de que algo não está bem explicado: afinal, o que querem eles? Lutam pela terra, mas também estão se manifestando contra as privatizações ou outras práticas realizadas pelo governo FHC: serão mesmo trabalhadores da terra? Fazem ações consideradas *radicais,* mas, ao mesmo tempo, *parecem tão pacíficos* quando marcham e entoam seus cânticos pelas cidades...

Há muitas pessoas que, diante das ações do Movimento, passam a se perguntar: mas então ainda existe quem acredita que é possível mudar o seu próprio destino? De onde vêm tanta energia e disciplina para se organizar, para fazer ocupações, para caminhar tantos quilômetros a pé, para lutar sem desistir? E ainda cantam, empunham bandeiras, fazem festas, levam suas crianças, dão cor e graça às cidades por onde andam...

Para aqueles, por sua vez, que continuam presos a alguns dogmas de uma certa interpretação da história restam sempre aquelas clássicas indagações: mas são camponeses, como podem organizar-se em um movimento autônomo? Onde está o partido que lhes dá a direção política? Ou não deveriam ser os trabalhadores da cidade, mais conscientes, a se constituir como referência de contestação ao *atual estado de coisas*?

Uma observação mais atenta nos permite identificar, então, um sentido que é político e, por isso mesmo, fortemente cultural nessa representação que aos poucos a sociedade passa a ter sobre o MST. Esse Movimento *incomoda* não somente porque traz de volta ao cenário político a questão agrária, que é problema secular no Brasil. A impressão é de que o seu próprio *jeito de ser* é o que incomoda mais: suas ações, mas, principalmente, os *personagens que faz entrar em cena*, e os *valores* que esses personagens encarnam e expressam em suas ações, sua postura e sua identidade, que podem, aos poucos, espalhar-se e constituir outros sujeitos, sustentar outras lutas.

É um fato culturalmente importante, por exemplo, que um gesto considerado de máxima radicalidade, e que as elites brasileiras e seus meios de comunicação tentam trabalhar como incompatível com a *índole pacífica do povo brasileiro*, que é o da *ocupação do latifúndio*, já esteja sendo incorporado como uma pressão necessária à realização de assentamentos: *se os sem-terra não ocupam, o governo não faz nada!* Tanto assim que a própria lei acabou sendo alterada e não considera mais a ocupação como um ato ilegal ou criminoso. Igualmente significativa nesse campo é a disputa que acontece entre o uso da palavra *ocupar* e *invadir*, e a análise de quem usa uma palavra ou outra e o porquê.[7]

É claro que essa referência cultural que aos poucos se constitui em torno do MST não é apenas cultural. Mas, ao tornar-se cultural, fica mais forte, porque enraizada e capaz de projetar-se para além de si mesma, e para além dos sem-terra. A principal força desse Movimento vem do contexto político, econômico ou sociocultural que o produz com determinadas características e

---

[7] Uma discussão específica sobre a diferença de sentido entre *invadir* e *ocupar* pode ser encontrada no livro de José Gomes da Silva, *Reforma Agrária Brasileira – Na virada do milênio*, especialmente no capítulo 2, *Ocupação e invasão.*

não outras. O MST está se tornando um símbolo de contestação social não simplesmente porque contesta ou pelo jeito que contesta. Sua contestação adquire força cultural e simbólica, porque suas ações se enraízam em uma questão social que é forte e é justa. Forte porque mexe com a própria estrutura social de um país historicamente marcado pelo latifúndio, parente da escravidão. Consensualmente justa, porque não há argumentos éticos contra a ideia de que a terra, bem natural e carregado de uma simbologia quase mágica, deve estar nas mãos de quem a deseja trabalhar e a fará produtiva, aplacando a fome de milhões de pessoas, outro mal incompatível com o chamado 'mundo moderno' (ou pós-moderno) de que as elites brasileiras lutam para fazer parte a qualquer custo.

De modo geral, as lutas pela terra assumem na história um sentido cultural destacado, com dimensões simbólicas que talvez tenham a ver com a própria força mística da relação do ser humano com a terra. *Terra é mais do que terra*, na expressão carregada de sentido de Dom Pedro Casaldáliga, bispo de São Félix do Araguaia. O vínculo de várias dessas lutas, no Brasil como em outros lugares, em tempos mais distantes ou mais próximos, com a dimensão religiosa também pode ter relação com isso.

Mas é preciso reconhecer que, no caso do MST hoje, há novos nexos a serem investigados, há novos significados a serem interpretados nesse vínculo que se restabeleceu entre a terra e seus trabalhadores, um movimento social e certos valores que trazem de volta alguns ideais ou utopias libertárias que já pareciam, ou nos queriam fazer acreditar, estar mortos.

Olhar para o MST, nessa perspectiva, parece-me uma tarefa tão necessária quanto complexa. Necessária especialmente pelo momento histórico em que vivemos, no Brasil e no mundo como um todo. Momento que está sendo identificado por alguns analistas como de transição para um novo modelo social, seja dentro do próprio capitalismo ou para além dele. Complexa porque implica em assumir e tentar combinar pelo menos três desafios teóricos importantes: primeiro, o desafio de compreender esse movimento social para além de sua atuação imediata, apreendendo-o em sua dimensão de *historicidade* e, no caso da opção que estou fazendo, como um processo que participa das chamadas mudanças *de longa duração*. O segundo desafio é o de trabalhar com a questão da cultura, exatamente em um tempo em que a interpretação cultural da vida social recupera sua força como *eixo da compreensão das interações humanas* (Gómez, 1998, p. 12), mas como parte de concepções teóricas bem diferentes, por vezes mesmo antagônicas.[8] E o terceiro desafio é o de não *idealizar* o MST, colocando tudo o que é de bom nele e tudo o que há de ruim nos que a ele se opõem. Isso não ajudaria em nada na compreensão aqui pretendida e, menos ainda, na definição concreta das grandes tarefas políticas e pedagógicas a serem assumidas pelo MST no continuar de sua história.

Não tenho a pretensão de conseguir constituir e demonstrar a verdade desse olhar sobre o MST neste texto. Essa é uma tarefa para múltiplas iniciativas e em diversos e articulados campos do conhecimento. Mas não posso deixar de tentar começar um caminho, à medida que o percebo como o mais fecundo para atingir os objetivos propostos para este trabalho. As ideias que desenvolvo a seguir devem ser lidas muito mais como *hipóteses*

---

[8] Como é o caso da diferença entre uma interpretação cultural feita desde uma concepção marxista da história e desde as diversas concepções pós--modernas, especialmente as chamadas *pós-marxistas,* que defendem a centralidade da cultura no conhecimento da realidade social.

de investigação do que como conclusões acabadas, carecendo de aprofundamento e de continuidade de reflexão.

O foco deste olhar

Afirmei antes que, para compreender como historicamente se constituiu uma *questão da educação* no MST, e dentro dela uma determinada concepção de escola, é preciso apreender qual o sentido educativo do MST, enquanto movimento social com características muito próprias, definidas dentro do contexto da sua luta principal, que é a luta pela terra e pela Reforma Agrária no Brasil. Em outras palavras, é preciso compreender a experiência mais ampla de formação humana dessas pessoas, dessa coletividade, ou desse novo sujeito social, para entender por que e como estão propondo uma escola que, simplesmente, possa se constituir como parte dessa experiência.

O sentido educativo do MST pode ser entendido como parte ou como expressão do que vou chamar aqui de *sentido sociocultural do MST*, que é *uma* das dimensões desde as quais é possível interpretar sua atuação social hoje, especialmente se o objetivo é entender essa atuação como parte de um processo histórico mais amplo e de maior duração.

Por sentido sociocultural estou entendendo a produção histórica de um conjunto articulado de significados que se relacionam com a *formação do sem-terra brasileiro* enquanto um novo sujeito social, que se constitui também como um *novo sujeito sociocultural*, estando nesta condição uma das dimensões importantes da sua força política atual, que extrapola sua influência para além dos limites da questão agrária, ou das questões ligadas ao campo. Talvez seja por isso que o MST esteja sendo considerado por alguns analistas como um movimento social que é hoje uma referência forte na contestação, ou mesmo no combate ao modelo capitalista atual. E isso não porque esteja deixando de lado sua luta principal, mas sim pela forma que a realiza, e os valores e comportamentos que nela e através dela produz, expressa, socializa, contradiz.[9]

Estou propondo, pois, que passemos a olhar para o MST como espaço de formação (no sentido do *fazer-se* de Thompson, em *A formação da classe operária inglesa*) do sem-terra brasileiro. Mais adiante veremos que se trata de um processo complexo, de um movimento dialético, em que é preciso entender o MST ao mesmo tempo como produto e como agente dessa formação. Mas, por enquanto, gostaria de destacar *a relação* entre o MST e o processo de formação do sem-terra, até porque ela ainda não tem sido objeto de estudos mais aprofundados entre pesquisadores e analistas sociais. Há um sentido importante, e uma lógica a ser aprendida, na dinâmica de um movimento social que *forma novos sujeitos*; que transforma trabalhado-

---

[9] Nessa mesma perspectiva se desenvolve a análise do professor Francisco de Oliveira: ... *A dominação neoliberal no Brasil tem se esforçado sistematicamente para negar espaço para os movimentos sociais, reduzindo-lhes seu poder de crítica da política*. ... *O MST é um dos poucos que têm resistido a essa formidável pressão anuladora e destrutiva do neoliberalismo, principalmente sob o governo FHC. Sua resistência, que é cumulativa, no sentido de ampliação do espaço do conflito e portanto da política, se dá por variadas razões, entre as quais certamente se coloca seu caráter utópico. Isto é, reivindicar a propriedade da terra no capitalismo para os que não têm propriedade é, certamente, uma utopia libertadora que realiza a desmistificação da promessa burguesa de propriedade para todos. De outro lado, o MST escapou, crescendo, à fúria deslegitimadora do neoliberalismo e especialmente da política conduzida por FHC, por inovar no modelo dos movimentos sociais: trata-se de um movimento que se organiza, até se institucionaliza em certa medida e, por isso, dispõe de uma estratégia que torna os adversários incapazes de prever o movimento de suas peças no tabuleiro do conflito.* (*Jornal Sem Terra*, outubro 1998, p. 13).

res *desenraizados* (Weil, 1996) em uma *coletividade em luta*, (Schmitt, 1992) que se produz como uma identidade que primeiro é política, mas que se torna também cultural à medida que recupera raízes, recria relações e tradições, cultiva valores, inventa e retrabalha símbolos que demonstram os novos laços sociais, e assim faz história.

Ser *Sem Terra* hoje significa mais, ou não significa o mesmo, do que ser trabalhador rural ou camponês *que não possui terra para cultivar*, muito embora não seja possível entender a identidade Sem Terra sem compreender sua raiz na cultura camponesa e nas questões do campo. E ainda que seja necessário buscar a gênese dessa formação em um contexto histórico que antecede e extrapola o MST, não é mais possível hoje entender quem são os sem-terra no Brasil fora da história do MST. Da mesma forma que parece incompleta a análise da atuação e do alcance desse movimento social, sem levar em conta que sua conquista social maior talvez seja exatamente a transformação dos *desgarrados da terra* em novos sujeitos sociais, tanto na sua dimensão de grupo que luta pela terra, quanto na dimensão de *assentados*, que passam a produzir e a organizar uma nova vida na terra que foi conquistada pela sua organização.

A referência a *novos* sujeitos quer afirmar, pois, que não se trata de uma simples recuperação da condição que essas pessoas já tiveram e que provisoriamente perderam pela circunstância de ficarem sem a terra, ou sem trabalho nela. É algo bem mais profundo. Primeiro, porque entre os sem-terra há trabalhadores rurais de uma ou até de duas gerações que não chegaram a ter essa relação mais tipicamente camponesa com a terra e a produção; segundo, porque mesmo para aqueles sem-terra que já foram camponeses a relação não é a mesma. Os sem-terra assentados podem até ser considerados uma nova forma de campesinato, como defende o pesquisador Bernardo Mançano Fernandes (1998, 1999), mas jamais serão os mesmos camponeses de antes. Por isso, continuam chamando-se e sendo chamados de *Sem Terra*, e participam do MST; porque essa é a nova identidade que, enraizada nas suas próprias tradições culturais de trabalhador da terra, recriou sua identidade porque a vinculou com uma luta social, com uma classe e com um projeto de futuro.

Nas palavras de um dos próprios integrantes do MST: *Dizer 'sou assentado' é diferente de dizer 'sou pequeno agricultor'. Assentado é simbologia, é sinônimo de resistência, ... de uma utopia, de uma luta por um ideal, e é sinônimo de que essa cidadania, esse sonho é possível realizar... O conjunto da população vê em nós uma espécie de esperança que se reacende...*[10]

Uso a expressão *sujeito social* para indicar uma coletividade que constrói sua identidade (coletiva) no processo de organização e de luta pelos seus próprios interesses sociais. No caso dos sem-terra, algo muito parecido com uma citação que aparece em Eric Hobsbawm no contexto da análise da classe operária do século 19, sobre os grupos que passam a ter *a convicção de que sua salvação social está em suas próprias mãos...* (1988, p. 289). Os sem-terra passam a ser sujeitos sociais à medida que se constituem como uma coletividade que traz para si (o que não quer dizer esgotá-la em si) a luta para garantir sua própria existência social como trabalhadores da terra, enfrentando aqueles que, nesta sociedade, estão destruindo a possibilidade dessa existência. Nesse sentido, um sujeito social se constitui (e se fortalece ou

---

[10] Darci Maschio, MST/RS, em entrevista sobre a história do MST, realizada em 1997.

enfraquece) em um determinado contexto, dentro de relações sociais e, no caso do formato de nossas sociedades, dentro da luta de classes. À medida que esses sujeitos passam a ter um lugar significativo nesses embates, o que pode ser percebido pelo papel que desempenham na inclusão das suas questões específicas na agenda política de uma sociedade, como é o caso hoje do MST em relação à questão da Reforma Agrária, passam a se configurar também como sujeitos políticos.

É preciso, ainda, chamar a atenção aqui para um duplo e combinado sentido a ser dado à palavra *sujeito*, conforme seja usada no singular ou no plural. Podemos afirmar que *os Sem Terra se constituem como um novo sujeito social*, no sentido de sujeito coletivo que passa a participar dos embates sociais. Mas, quando se trata de afirmar que *o MST forma sujeitos*, isso nos remete a pensar nesse sujeito, no singular, como constituído de diversos sujeitos, no plural. Porque daí podemos falar nos Sem Terra como sendo as mulheres Sem Terra, as crianças Sem Terra, ou os Sem Terra de origens étnicas e culturais diferentes; ou podemos falar dos Sem Terra acampados e dos Sem Terra assentados, e assim por diante... Há *identidades diversas* que se combinam na formação dessa identidade social mais ampla.

Este Sem Terra, formado pela dinâmica da luta pela Reforma Agrária e do MST, pode ser entendido também como um novo *sujeito sociocultural*, ou seja, uma coletividade cujas ações cotidianas, ligadas a uma luta social concreta, estão produzindo elementos de um tipo de cultura que não corresponde aos padrões sociais e culturais hegemônicos na sociedade capitalista atual, e na brasileira em particular, inscrevendo-se no que poderíamos talvez chamar de um *movimento sociocultural* que reflete e prepara mudanças sociais mais profundas.

Um exemplo pode tornar mais clara a ideia que estou querendo desenvolver aqui. Na sociedade capitalista, a propriedade privada tem um valor supremo, acima de qualquer outro, inclusive o da vida humana. Quando ações do MST relativizam esse valor e propõem uma inversão de prioridade, colocando a vida e o direito ao trabalho como anteriores ao direito à propriedade, e quando essas ações começam a ter respaldo de boa parte da sociedade, podemos pensar na possibilidade de uma *quebra de padrões culturais*, de uma mudança de conceitos, de valores, de postura diante de determinadas realidades. É esse o sentido de cultura a que estou me referindo e que pretendo discutir melhor no próximo tópico deste capítulo.

Não se trata de afirmar que os sem-terra são sujeitos culturais porque produzem cultura. Isso seria o óbvio. Na concepção antropológica de cultura, toda pessoa humana e todo grupo social, à medida que se relaciona com a natureza, produz cultura. Ao produzir-se, o ser humano produz cultura, ou seja, a sua própria existência cotidiana leva-o à produção cultural. Trata-se de compreender o MST e os sem-terra como algo mais, ou com um ingrediente algo diferente; como sujeitos sociais que se produzem como sujeitos de uma cultura que tem uma forte dimensão de *projeto*, ou seja, de algo que ainda não é, mas que pode vir a ser. Daí a expressão *sujeitos socioculturais* para frisar uma possível diferença de sentido, em relação à produção de cultura a partir da vivência cotidiana mais simples.

Esta afirmação pode ser construída a partir de uma reflexão como a que foi feita por Alfredo Bosi em seu livro *Dialética da Colonização: Cultura supõe uma consciência grupal operosa e operante que desentranha da vida presente os planos para o futuro.* Essa **dimensão de projeto**, implícita no mito de Prometeu, que ar-

rebatou o fogo dos céus para mudar o destino material dos homens, tende a crescer em épocas nas quais há classes ou estratos capazes de esperanças e propostas como na Renascença florentina, nas luzes dos Setecentos, ao longo das revoluções científicas e técnicas ou no ciclo das revoluções socialistas... (1998, p.16).

O MST e os sem-terra, diferentes de Prometeu, não seriam sujeitos 'iluminados', ou pessoas com *ideias radicais* (Hill, 1987), mas pessoas simples e comuns que, por decidirem participar de uma luta que envolve a sua sobrevivência social e individual, por isso adquirem essa dimensão de radicalidade, acabam se constituindo em uma coletividade que os torna sujeitos *capazes de esperanças e propostas*. Dessa forma, como sujeitos, passam a fazer parte, mesmo que sem toda a consciência (social e pessoal) disso, desse *movimento sociocultural* que vem e vai historicamente muito além deles e do seu tempo. Voltando ao exemplo anterior, não foram os sem-terra os primeiros, e certamente também não serão os últimos, a questionar em ações ou ideias a propriedade privada. Por isso, o sentido sociocultural de sua atuação os remete para além de si próprios e projeta algo mais do que a Reforma Agrária. Talvez se possa dizer que discutir hoje o destino de movimentos como o MST seja discutir algo do que seja o destino da própria humanidade. E isso não significa assumir uma postura ufanista em relação a esse Movimento. Ao contrário, como nos ensinam historiadores como Christopher Hill (1987), perceber que certas ideias e formas de ver a realidade vêm e vão na História pode nos ajudar a cultivar uma postura, ao mesmo tempo mais humilde e mais altiva, diante de cada momento e de cada desafio que ela nos reserva. Haverá, afinal, sentido mais educativo do que esse?

Mas como se dá a formação dos sem-terra do MST? Como se constituem esses novos sujeitos sociais, *portadores de uma esperança que se reacende,* e que movimento sociocultural é esse de que participam como sujeitos de uma cultura com forte *dimensão de projeto?*

Analisando a história do MST e o cotidiano da construção de um movimento que se sabe *um movimento de massas* e *uma organização social*, é possível perceber, em sua dinâmica, alguns *processos socioculturais* que nos ajudam a entender esse sentido sociocultural, bem como a identificar alguns sinais desse movimento, também chamado aqui de sociocultural. É esse olhar que nos permite perceber que a própria aproximação entre o MST e a escola pode ser compreendida como um desses processos que compõem o processo maior de formação histórica do sem-terra brasileiro. Sobre isso voltarei mais adiante.

Uma noção de cultura e seus nexos com a história e a educação

Não é objetivo deste trabalho fazer uma discussão detalhada sobre o conceito de cultura. Mas, dada a multiplicidade de sentidos da palavra hoje, é necessário deixar mais claros ou explícitos os elementos e nexos principais da noção de cultura que constitui o olhar que estou propondo sobre o MST.

Pretendo fazer isso respondendo a três perguntas principais. Primeira: qual é a noção de cultura que está na base da minha reflexão sobre um possível sentido sociocultural do MST? Segunda: como justifico um olhar sobre o MST centrado na dimensão cultural? E terceira: que lugar essa dimensão pode ocupar em uma abordagem histórica dos movimentos sociais?

Estou trabalhando com uma *noção sociocultural de cultura*, no meu entender e, em que pese uma aparente redundância de linguagem, a noção mais adequada para a análise que pretendo fazer. Isso quer dizer que estou interessada em compreender a cultura enquanto uma dimensão dos processos de formação de novos sujeitos sociais e como parte de determinadas formas históricas da luta de classes.

Portanto, quando me refiro ao sentido sociocultural do MST, não estou pensando na cultura em sua acepção mais restrita, usualmente ligada às produções intelectuais e à linguagem simbólica de um grupo, ou de um determinado período histórico. Também não estou no âmbito da reflexão estritamente antropológica, que considera a cultura de modo mais amplo, incluindo quase todas as práticas, objetos, comportamentos, significados, valores que, ao mesmo tempo, expressam e condicionam um modo cotidiano de vida. Quero trabalhar, sim, com esse sentido mais amplo que nos vem através dos estudos antropológicos e que nos permite compreender a cultura também como um *modo de vida* (Williams, 1969, p. 333) e como *uma herança de valores e objetos compartilhada por um grupo humano relativamente coeso* (Bosi, 1998, p. 309), mas mantendo-a como uma dimensão do processo histórico e acrescida de um sentido político específico, que é o de uma cultura social com dimensão de projeto, tal como o apreendido nas pesquisas feitas no âmbito da história dos movimentos sociais, notadamente aquelas orientadas por uma interpretação marxista da História.

A cultura que busco entender no processo de formação dos sem-terra pelo MST é, pois, aquela que, por se produzir na dinâmica de um movimento social, ou de uma luta social, diz respeito bem mais ao *extraordinário* do que ao *cotidiano*, entendido este no sentido daquilo que se repete todos os dias, dos costumes mais estáveis, rotineiros. A dinâmica de uma luta social que se desenvolve durante um certo período de tempo, como tem sido a luta pela terra e pela Reforma Agrária feita pelo MST, também passa a ter um cotidiano, mas se trata de um cotidiano que exatamente rompe ou pelo menos retrabalha certos padrões ou certas tradições presentes naquele chamado *modo cotidiano de vida*. Por isso mesmo, ele produz significados, valores, comportamentos, ideias, com uma dimensão diferente daquelas usualmente incluídas no conceito antropológico de cultura. Como nos chamou atenção Bosi, há momentos na História em que a cultura tem realçada a sua dimensão de projeto, de perspectiva de futuro; e esses momentos são exatamente aqueles em que acontecem movimentos sociais, políticos ou intelectuais de maior vigor, em que se constituem sujeitos sociais – classes ou estratos de classe, nos diz Bosi – com capacidade de fazer lutas sociais de massa, reacendendo esperanças e trazendo propostas de mudanças. Mas essa dimensão de projeto, ou de extraordinário, não acontece desvinculada de um modo mais cotidiano de vida. E é exatamente essa relação que forma o sujeito humano, social.

Estamos falando, então, de um processo (mais do que de um produto) cultural que é parte de um processo histórico, não como uma simples *superestrutura* que reflete os acontecimentos dos âmbitos da política e da economia, mas muito mais como aquele *cimento*, como interpretou Gramsci, que vai dando coesão às ações de um grupo e, neste caso, interligando-o com a produção de uma visão de mundo e de uma postura diante da realidade que, ao mesmo tempo em que são *pressionadas* ou *limitadas* (Thompson, 1981, 1987, 1989) pelas condições objetivas em que acontecem essas ações, se projetam para além delas, a partir da experiência dos sujeitos concretos de uma luta social e da intencionalidade política em que essa luta é concebida e realizada. Quer dizer, é a *experiência humana total* que pressiona ou condiciona um determinado *modo de vida*.

Nessa perspectiva, tratar da dimensão sociocultural de um movimento social significa prestar uma atenção específica ao processo de formação de seus sujeitos, compreendendo até que ponto ou de que forma a experiência humana de participação em uma luta e em uma organização social, implicada sempre em determinadas *escolhas morais* (Thompson, 1989), ainda que sempre pressionadas por determinadas condições objetivas, é capaz de se traduzir no *modo de vida* ou no *jeito de ser* da coletividade e das pessoas que a compõem.

Trata-se de algo que talvez possa ser chamado de *economia cultural*, ou seja, uma cultura gerada desde a materialidade específica do movimento social, que é expressa em formas de luta, comportamentos pessoais e coletivos, convicções e ideias que se formulam e socializam, bem como em toda uma simbologia que se produz desde as circunstâncias e a intencionalidade do Movimento, e que revela, mais do que tudo, o vínculo dessa experiência atual dos sem-terra com outras experiências humanas, sejam do passado ou sejam de um presente que projeta desenlaces no futuro.

Um movimento social que se traduz em cultura, nesta concepção, significa um movimento social *enraizado*, tanto no sentido de que suas raízes podem ser encontradas na própria memória histórica do povo a que representa ou do qual faz parte, quanto no sentido de que deita raízes para uma continuidade histórica que vai além de si mesmo, ou de lutas imediatas que caracterizem sua atuação em uma determinada conjuntura política. Trata-se da herança que traz e também que pode deixar, ou não, para as novas gerações de lutadores sociais, o que quer dizer um lugar menos ou mais significativo na história ou na memória de seu povo. Penso que é possível, hoje, olhar para o MST tentando perceber esse tipo de processo cultural. Minha hipótese é a de que, dadas as condições históricas de nosso tempo, e o modo como estão vivenciando e conduzindo sua luta e sua organização, os sem-terra do MST representam hoje esse novo sujeito social, ou esse novo estrato da classe trabalhadora capaz de portar esperanças e propostas, e de que o *jeito de ser* do Movimento, mais do que seu discurso, mas também pelas ideias que expressa e realiza, está produzindo elementos de uma cultura com essa dimensão de projeto. A seu modo, os *Sem Terra*, tal como aqueles grupos de ideias radicais estudados por Christopher Hill (1987) no século 17, também sonham (e algumas vezes realizam esse sonho) em *virar o mundo de ponta-cabeça*. Eles, como tantos outros grupos, tentaram mudar os rumos da História e que, não por acaso e também aqui no Brasil, tiveram fortes ligações com a questão da terra e da luta para redistribuí-la em bases socialmente mais justas.

Olhar para o MST nessa perspectiva é compreender a dimensão cultural ou sociocultural dos principais processos que constituem a dinâmica do MST e que formam a identidade Sem Terra. É pela análise desses processos que podemos apreender alguns sinais dessa cultura que projeta outras opções históricas para a vida em sociedade.

Certamente ainda não temos uma retrovisão histórica suficiente ou, nos termos de Thompson a propósito da abordagem que este faz da formação da classe operária, *sabemos que este processo não foi operado num período histórico considerável, para que seus efeitos possam ser avaliados mais profundamente* (1987, p. 12). Mas me parece importante olhar o MST nessa perspectiva, mesmo sem conhecer ainda o desenlace de sua história, porque isso nos permite refletir sobre certos nexos sociais e políticos da força que se vem atribuindo à sua presença na sociedade brasileira hoje, e que talvez possam fazer alguma diferença na própria condução de seu destino, e do projeto de transformação social que representa.

Penso que nada fortalecerá mais o Movimento hoje, do que se saber, se pensar, – o movimento – como parte de um processo histórico mais longo, amplo e complexo, e como enraizado em uma cultura que projeta um mundo, ou um tipo de organização da sociedade que ainda não existe, mas cuja ideia resiste no imaginário de um povo que não sucumbiu ao domínio da ideologia do 'fim da História' e do chamado 'pensamento único'.

Essa é também a abordagem que talvez permita compreender com maior profundidade qual é o desafio educacional em que está envolvido o Movimento e, portanto, que questões ele projeta para a discussão *de futuro* sobre a educação como um todo, e sobre as práticas e as concepções de escola que se produzem nesse ou desde esse contexto.

Os argumentos que, neste trabalho, sustentam esta opção de olhar para o MST pela sua dimensão sociocultural e através deste recorte da noção de cultura, encontrei-os em *três fontes principais*. A primeira delas é a própria realidade do MST e de uma certa leitura que começa a predominar na sociedade sobre ele, e de como o próprio MST começa a construir sobre si um olhar que inclui essa mesma perspectiva. A segunda fonte é a tradição teórica da análise da história popular e, particularmente, da história dos movimentos sociais, que tem dado bastante ênfase à dimensão da cultura, na perspectiva de dar continuidade à elaboração de uma interpretação marxista da História e dos processos de transformação social. Neste trabalho busquei uma interlocução mais direta com as pesquisas realizadas pelo grupo dos chamados historiadores sociais marxistas, em especial com algumas obras de Edward Thompson, Eric Hobsbawm, George Rudé e Christopher Hill, de onde extraí algumas reflexões e inspirações muito importantes para o formato dado a minha interpretação.[11] E a terceira fonte são elementos de teoria pedagógica que dão sustentação a uma abordagem das ações educativas presentes nos movimentos sociais, e que concebem a educação como um processo de formação humana, necessariamente vinculado às práticas sociais, à História e à cultura.

A realidade do MST e sua leitura

Essa realidade vem sendo tratada em todo este capítulo e será objeto de uma análise mais detalhada no próximo. Mas quero destacar aqui *três ideias-força* que me parecem importantes para situá-la como fonte e argumento da constituição deste olhar sobre os Sem Terra e o MST.

Primeira: Existe uma dimensão cultural muito forte no MST, característica de sua trajetória histórica e das matrizes culturais que estão em sua gênese. A força desta dimensão aumenta na proporção em que se firma a identidade social e política do MST, e que passa a ser tratada como parte da sua luta social mais ampla.

Quer dizer, é a própria realidade de como se apresenta o MST hoje que coloca a análise da dimensão cultural como uma das possibilidades de sua compreensão histórica. Trata-se de um movimento social que se foi constituindo historicamente também pela força de seus gestos, pela postura de seus militantes e pela riqueza de seus símbolos. Do chapéu de palha das primeiras

---

[11] As principais obras consultadas encontram-se identificadas nas referências bibliográficas deste trabalho.

ocupações de terra ao boné vermelho das marchas pelo Brasil, os *Sem Terra* se fazem identificar por determinadas formas de luta, pelo estilo de suas manifestações públicas, pela organização que demonstram, pelo seu jeito de ser, enfim, por sua identidade. Ao mesmo tempo que mantêm o jeito próprio dos pobres do campo, os sem-terra do MST vão construindo um jeito diferente, que se transforma, se pensa e se recompõe a cada passo da trajetória que lhes afirma como trabalhadores da terra, e como sujeitos da luta de classes. Os sem-terra do boné vermelho carregam em si os sem-terra do chapéu de palha,[12] embora já não sejam os mesmos. Da mesma forma que os primeiros *sem-terra* encarnaram em si os milhares de *trabalhadores sem terra* que justificaram sua constituição como lutadores sociais e que transformaram aquilo que era uma condição, *sou sem terra*, em um nome próprio, uma identidade, *sou Sem Terra, sim, senhor!*[13]

A simbologia de um movimento social não esgota a sua dimensão cultural, mas é uma porta de acesso privilegiada a ela,

---

[12] O chapéu de palha foi a marca dos primeiros sem-terra organizados na região Sul do Brasil. Aos poucos foram aparecendo outros tipos de chapéu, conforme a tradição dos trabalhadores rurais de cada Estado. Em 1987, em uma manifestação nacional de trabalhadores pela inclusão da Reforma Agrária na Constituinte, foi feito um concurso para escolher a delegação estadual com o chapéu mais bonito. Nessa ocasião, o prêmio ficou com o Estado do Piauí. Com a aprovação e divulgação massiva da bandeira vermelha como símbolo principal do MST, o que ocorreu a partir de 1988, logo a diversidade de chapéus começou a ser substituída pelo boné feito com a mesma cor e o logotipo da bandeira. O boné vermelho passou a ser a marca das manifestações públicas do MST nas cidades, feitas especialmente a partir dos anos 90, sendo um dos símbolos de destaque das Marchas que o Movimento vem realizando cada vez com maior frequência em todo o Brasil (Entrevista com João Pedro Stedile).

[13] Esta expressão também se constituiu em verso de uma canção produzida pelos sem-terra na II Oficina Nacional dos Músicos do MST em 1997: *Sou Sem Terra, sim, senhor! / Sou Sem Terra com amor.*

à medida que, como afirma Bosi, a *possibilidade de enraizar no passado* (e se projetar no futuro) *a experiência atual de um grupo se perfaz pelas mediações simbólicas* (1998, p. 15). E é exatamente esse sentido da cultura como expressão de um processo histórico o que nos interessa nesta abordagem.

Com essa ideia, então, ela mesma indicando diversas possibilidades de investigação específica, é preciso chamar a atenção também para outros dois nexos importantes. O primeiro diz respeito às matrizes culturais que estão na gênese do MST e que são principalmente duas: a camponesa e a religiosa. O MST é um movimento que tem sua raiz nas lutas do campesinato brasileiro, e que foi gestado com a participação da Igreja, especialmente daquela presente na atuação da Comissão Pastoral da Terra – CPT.[14] Não é possível compreender a força dos gestos e dos símbolos que compõem a identidade Sem Terra hoje, sem relacioná-los com o significado dessas formas de expressão nas culturas camponesas e nas culturas religiosas, aliás bastante interligadas no contexto social de que aqui se trata.

O segundo elemento é exatamente o recorte dessas matrizes. A raiz camponesa do MST tem a ver especialmente com a dimensão dos lutadores sociais do campo, misturando na herança pessoal da maioria dos seus integrantes os traços do que podemos chamar do *modo cotidiano de vida camponesa*, com elementos fortes da tradição de conservação e ao mesmo tempo de rebeldia social. Isso quer dizer que, na formação dos sem-terra, há um processo de tensionamento cultural que implica em uma reapropriação e ao mesmo tempo em uma recriação da sua própria raiz.

---

[14] Os detalhes da gênese e do nascimento do MST estão na pesquisa memorial e documental que integra o projeto sobre a *História do MST* e que estão sendo sistematizados em livro.

Da mesma forma, a cultura religiosa que ajudou a constituir o MST não é necessariamente a mesma que está na tradição camponesa de cada um dos seus integrantes. A parte da Igreja que se envolveu diretamente com os sem-terra foi aquela nascida do movimento da Teologia da Libertação, cujos vínculos sociais são também e marcadamente com os lutadores do povo. Novamente há, ao mesmo tempo, uma recuperação e uma recriação de sentido nesses nexos que se estabelecem entre cultura camponesa, cultura religiosa e cultura de lutas sociais.

Segunda: A sociedade, ou pelo menos alguns de seus setores, grupos ou instituições, tem olhado o MST especialmente no campo dos *valores* e dos *gestos* que o expressam.

Estou tratando aqui de um olhar historicamente situado. O olhar que a sociedade brasileira, e mesmo a internacional, vem expressando, especialmente a partir dos últimos três ou quatro anos, e que coincide com uma abertura maior do MST a esta sociedade, expressa simbolicamente no seu lema atual, aprovado no seu III Congresso Nacional em julho de 1995: *Reforma Agrária: uma luta de todos!*[15] Abrir-se à sociedade quis dizer especificamente levar a Reforma Agrária para as cidades, a partir de uma compreensão de que, embora ela seja uma luta a ser conduzida pelos próprios trabalhadores da terra, é também uma luta que diz respeito ao conjunto da sociedade e por esta deve ser assumida. *Reforma Agrária, uma luta que se faz no campo, mas que se decide na cidade.*

---

[15] O Congresso Nacional é a instância máxima de tomada de decisões do MST e é realizado de cinco em cinco anos. É nessa instância que se aprovam os lemas que representam simbolicamente, ou numa chamada didática, a estratégia principal do Movimento para aquele período. O I Congresso, em 1985, definiu que *ocupação é a solução!*, e o II Congresso, de 1990, consagrou o lema já popular *Ocupar, resistir e produzir!*

Foi a partir dessa compreensão e das ações que dela decorreram que o MST passou a ter mais visibilidade e maior influência política na discussão da questão agrária em nosso país, certamente como parte de uma determinada conjuntura, mas também como fruto de um processo construído desde as primeiras ocupações de terra em 1979, e desde a primeira ação de maior visibilidade pública e de apoio da sociedade, que foi a Encruzilhada Natalino, em 1981, no Rio Grande do Sul,[16] e que já projetava o que seria o nascimento propriamente dito do MST, ocorrido em 1984.

Quando a sociedade começa a prestar mais atenção ao MST é, então, como uma referência com fortes elementos culturais que ele especialmente lhe aparece. Isso acontece pela confluência de dois fatores combinados. O primeiro deles é que neste momento o MST já tem mais consolidada sua identidade social e política, conseguindo mostrar um jeito próprio de ser como Movimento. Mesmo assim, é preciso considerar que a tradução dessa identidade em formas mais especificamente culturais se acelera pela própria pressão dessa condição objetiva de tornar-se mais *público*, e de ter de mostrar sua diferença nesta sociedade dominada pela chamada *indústria cultural*. O segundo fator é devido a um contexto mais amplo. A sociedade olha para o MST tentando enxergar o que falta a ela mesma, em um tempo caracterizado pela desumanização, pela degradação moral e por uma sensação

---

[16] Sobre esse momento decisivo no processo de criação do MST há alguns trabalhos bastante significativos que podem ser consultados. Destaco especialmente: Méliga, Laerte Dorneles e Janson, Maria do Carmo. *Encruzilhada Natalino*. Porto Alegre, Vozes, 1982. Benincá, Elli. *Conflito religioso e práxis. A ação política dos acampados da Encruzilhada do Natalino e da Fazenda Anoni*. Dissertação de Mestrado do Programa de Pós-Graduação em Ciências da Religião da Pontifícia Universidade de São Paulo, 1987.

de caos social. A miséria social tem se desdobrado em uma miserabilidade espiritual ou ética, igualmente desumanizadora e carente de forças sociais que a contraponham, sendo capazes de *reacender esperanças* nas pessoas.

O tempo do MST é o tempo do domínio quase exclusivo do capitalismo no mundo, tempo da ideologia do 'fim da História', mas tempo também em que as contradições próprias do modelo social centrado no mercado começam a ficar tão agudas que não podem mais ser escamoteadas. Afirma o filósofo István Mészáros que se explicita, no fim do século 20, um componente específico da crise do capital, definido em seu livro *Beyond Capital*, de 1995, como o *esgotamento da sua capacidade civilizatória* (*apud* Frigotto, 1998, p. 221). Ou seja, o prenúncio é de barbárie; a humanidade e não apenas uma classe aparece em perigo. E *tudo o que parecia sólido realmente está se desmanchando no ar...*

Mas exatamente porque *o neoliberalismo vai fazendo água*[17], ainda que em meio a uma hegemonia absoluta do capital, começam a aparecer sinais significativos de que a História não acabou e poderá tomar outro rumo, desde que existam pessoas e grupos sociais que assim o queiram e para isso lutem. Estamos em pleno território dos *valores*, das *escolhas morais*, feitas desde a materialidade de uma crise social sem precedentes, que constituem e expressam a cultura tal como aqui a estou abordando.[18]

---

[17] Expressão utilizada por Milton Santos em entrevista à TV Cultura no dia 22 de julho de 1998.

[18] Como diz Edward Thompson: ... *toda luta de classes é ao mesmo tempo uma luta acerca de valores, e o projeto do socialismo não está garantido* **por nada** *e pode encontrar suas próprias garantias somente pela* **razão** *e por meio de uma ampla* **escolha de valores** (1981, p. 190).

Neste contexto, seja através dos comentários das pessoas que têm oportunidade de conviver com os sem-terra, seja nas marchas ou no processo das ocupações de terra, seja pelas análises de quem estuda movimentos sociais ou está preocupado em entender o momento de encruzilhada histórica em que nos encontramos enquanto nação e enquanto parte de um mundo que pode estar retomando a discussão de seu rumo histórico, o MST passa a ser olhado como um sinal dessa possibilidade, avaliado muito mais pelo processo de sua luta e pelo comportamento de seus sujeitos do que pelos resultados imediatos de cada uma de suas ações.

Um exemplo que ilustra essa perspectiva de análise é o comentário feito pelo historiador e jornalista José Arbex Jr. que, analisando o momento político de reeleição presidencial ocorrida em 1998, acaba citando o MST como referência para pensar em um processo de resgate do papel da esfera pública em nossa sociedade: ... *O MST mostra um caminho possível. Ele recriou o espaço público, desenvolveu um movimento cujo pressuposto é a discussão política, a preocupação com o coletivo, o sentimento de compaixão, a fé no amanhã, a colaboração solidária e desinteressada entre diversas camadas sociais (por exemplo, entre trabalhadores rurais e professores universitários).* E ainda projeta esta atuação para além dela mesma: *Em todo o mundo os pobres, os excluídos, os marginais do mundo neoliberal estão encontrando formas alternativas de mobilização e organização...* (Revista *Caros Amigos*, outubro 1998, p. 9).

Na mesma perspectiva está a afirmação do geógrafo Milton Santos: *Os Sem Terra falam por nós. Eles nos representam. Nós não podemos protestar porque temos medo de perder emprego, de exprimir nossas ideias. Preferimos navegar em projetos apenas pessoais.*

E quando aparece o MST protestando, nós ficamos felizes, todos (Jornal *O Estado de S. Paulo*, 19 de janeiro de 1997).

Também a fala do artista da fotografia Sebastião Salgado: ... *A história nos trouxe até um ponto em que foi preciso duvidar de todas as certezas. A esta altura, depois de ter passado por este processo árduo, sinto-me no direito de expressar, com serenidade, que se poucas certezas sobrevivem em mim, uma delas é o valor e a dignidade do Movimento dos Sem Terra. Apoiar o MST é preservar meu direito a continuar confiando na história, a despeito de tudo que o sistema vem fazendo no Brasil ao longo dos tempos* (Stedile e Fernandes, 1999, contracapa).

Olhando do ponto de vista específico da questão agrária, estão afirmações como esta, do antropólogo e político Darcy Ribeiro: *O Movimento Sem Terra é uma das coisas mais importantes que já aconteceram no Brasil. E muitos de nós guardamos no coração uma grande esperança neles, para obrigar o Brasil a levar a questão agrária a sério* (*Jornal Sem Terra*, março, 1997, p. 20).

Outro tipo de exemplo que também aparece diretamente vinculado à questão propriamente agrária, e que ilustra este olhar da sociedade sobre o MST, é a declaração do prefeito de Afonso Cunha, Maranhão, identificado por uma pesquisa recente como o município mais miserável do país. O prefeito afirmou, em uma entrevista, que, toda vez que ele vê notícias na TV sobre ações do MST, pensa em ligar para avisá-lo sobre a estrutura fundiária do município. *Sei que o pessoal do MST é meio subversivo, mas eu ia dar o maior valor se eles viessem invadir terras aqui. Isso aqui não vai pra frente enquanto o povo não tiver terra para trabalhar...* (Jornal *Folha de S. Paulo*, 26 de setembro de 1998).

E é no mesmo contexto que também se pode entender a outra dimensão do olhar (e da ação) de alguns setores da sociedade sobre o MST, e que é a forma expressa na mídia oficial, porta-voz dos grupos que até poderão fazer opções de mudança, mas precisam evitar, a qualquer custo, que sejam aquelas mudanças capazes de *virar o mundo de ponta-cabeça*... Nesses últimos quatro anos já não se põe em questão a justeza da luta pela Reforma Agrária no Brasil; o que se tenta pôr em questão é a legitimidade do MST como sujeito social dessa luta. E isso se faz tentando desacreditar o MST exatamente no campo dos valores e da postura de seus dirigentes. Frequentemente são 'plantadas' notícias na mídia sobre supostas divergências entre líderes, desvios de conduta, vínculos com formas de luta não apoiadas pela sociedade... Foi essa a conotação da declaração do então presidente da República (Fernando Henrique Cardoso) sobre um suposto vínculo do MST com o narcotráfico, desmentido no dia seguinte pelos próprios órgãos de justiça do país;[19] foi também esse o 'espírito' do destaque dado pela mídia a Débora Rodrigues, quando aceitou a proposta da revista *Playboy* de aparecer como uma sem-terra que tirava a roupa por dinheiro;[20] do mesmo estilo é a tentativa de *satanizar* o MST, sugerida em uma das capas da revista *Veja*,[21] quando a figura de João Pedro Stedile é colocada em cores e formato que criam uma associação com a imagem de Satanás, em um estilo que chega a lembrar os manuais da antiga TFP.[22]

---

[19] Jornal "*Folha de S. Paulo*", de 25 de agosto de 1998, p. 1-4.
[20] Matérias nesse sentido apareceram nos vários jornais e revistas que circularam nos meses seguintes à publicação das fotos de Débora Rodrigues na revista *Playboy* de outubro de 1997.
[21] Revista *Veja* nº 1.549, de 3 de junho de 1998.
[22] Tradição, Família e Propriedade, entidade fundada no Brasil durante a década de 60, de caráter ultraconservador, e que atualmente tem sede em São Paulo.

A sociedade tem olhado o MST, positiva ou negativamente, na direção cultural (valores, comportamentos, postura, gestos, símbolos...) porque esta é uma dimensão forte no Movimento, mas também porque estamos em um tempo propício a uma sensibilidade mais forte (a favor ou contra) para questões que a envolvem.

Terceira: Nos últimos anos, o MST também tem passado a olhar para si mesmo com uma maior preocupação em relação à dimensão cultural. Faz isso a partir de três eixos de reflexão: o cultivo intencional da *memória* e da *mística* da luta do povo, a necessidade de compreender melhor a sua base social, e o compromisso com a formação no campo dos *valores* e da *postura pessoal* de seus integrantes.

O MST certamente não surgiu com o objetivo de tornar-se uma referência cultural. Essa referência está sendo construída como resultado dos próprios embates políticos e do contexto histórico em que se realizam. Mas é possível identificar uma trajetória de preocupações e de reflexões do MST nesse campo, embora somente nos últimos anos assim nomeada e estudada.[23]

O primeiro eixo de preocupações do MST em relação à cultura, presente desde o seu nascimento até hoje, constituiu-se em torno de duas dimensões que acabaram se tornando marcas fortes na mística do Movimento: os símbolos da luta e o resgate da memória de lutas anteriores. Estudando a histó-

---

[23] Em junho de 1998, o MST realizou pela primeira vez um seminário interno para discussão sobre *O MST e a cultura*, com a preocupação principal de precisar melhor o conceito de cultura e organizar melhor algumas reflexões já existentes sobre sua atuação social nesse campo. O professor Alfredo Bosi da USP foi um dos estudiosos convidados para essa interlocução. Devo dizer que minha participação nesse seminário foi muito importante para firmar minha opção de olhar neste trabalho.

ria do MST, é possível perceber uma intencionalidade, já das primeiras lideranças, talvez ligada aos seus próprios traços de formação cultural, no cultivo dessas marcas. Uma das primeiras atividades de formação das lideranças sem-terra foi o estudo das lutas pela terra já realizadas no Brasil e também em outros países da América Latina. Como disse João Pedro Stedile em uma entrevista: ... *Nunca tivemos a pretensão de ser os primeiros. Nós sabíamos que não era isso e tivemos a consciência de aprender com os outros. Desde o início houve esta vocação de querer saber em que os outros erraram. Fizemos várias conversas com os remanescentes das Ligas Camponesas, da ULTAB,[24] do MASTER,[25] da CPT... Trazíamos as lideranças antigas que ainda estavam vivas, para nossas reuniões...*

Da reflexão sobre a história e percebendo a importância dos símbolos para os camponeses, cujo traço de raciocínio associativo é bastante destacado, surgiu a preocupação de ir transformando as decisões organizativas e as bandeiras de luta do Movimento em uma simbologia que ajudasse a sua difusão massiva. Para isso, era preciso garantir que a escolha dos símbolos fosse do próprio povo sem-terra, porque somente assim haveria a identificação. A criação da bandeira e do hino, por exemplo, foram processos que demoraram alguns anos, exatamente porque envolveram grande parte da base social que apenas começava a se chamar *Sem Terra*. Não pretendo aprofundar esta descrição histórica aqui, porque ela deverá voltar no

---

[24] União dos Lavradores e Trabalhadores Agrícolas do Brasil, criada pelo Partido Comunista Brasileiro em 1955.
[25] Movimento dos Agricultores Sem Terra. Surgiu no Rio Grande do Sul no final da década de 1950.

próximo capítulo. Aqui importa destacar a intencionalidade do MST na construção da cultura como objeto de sua interpretação sobre si mesmo, sem desconsiderar, é claro, que talvez a maior riqueza simbólica do MST esteja em uma produção que não é intencional nessa perspectiva. Um exemplo disso é a própria designação *Sem Terra,* hoje tão carregada de sentido. Segundo os registros da história, a escolha dessa expressão para compor o nome do Movimento que estava sendo criado, *Movimento dos Trabalhadores Rurais Sem Terra*, foi quase um acaso. Ninguém se lembra de uma discussão específica sobre isso. Parece que a escolha foi simplesmente a incorporação do nome pelo qual a imprensa da época chamava aqueles trabalhadores rurais que estavam reivindicando terra, no Sul chamados de *colonos sem terra*. Assim ficou, assim se produziu depois como identidade.

Essa preocupação tanto com a preservação da memória como com o fortalecimento dessa simbologia da luta perpassa todos os processos de formação e de educação desenvolvidos pelo MST, enquanto prática mas também enquanto reflexão teórica.

O segundo eixo tem a ver com a dimensão mais antropológica da cultura, e vem especialmente das discussões ligadas à organização da produção nos assentamentos do MST. A partir de um certo número de assentamentos conquistados, o MST passou a estudar e a discutir propostas de organização da produção que ao mesmo tempo tornassem viável a economia assentada e dessem continuidade à luta do MST, sendo coerentes com seus princípios políticos e com seu projeto de sociedade. Assim surgiram as discussões sobre a Cooperação Agrícola como base organizativa para constituir a nova vida nos assentamentos.

Os diversos processos vividos em cada assentamento e a diferenciação percebida entre uma região e outra, entre origens étnicas, entre trajetórias de vida diferentes, mostraram ao MST que, mais ainda do que na organização inicial dos sem--terra, conhecer melhor a diversidade cultural que constitui a base social que chega aos assentamentos é fundamental para organizar o trabalho, não só da produção mas do conjunto de aspectos que compõem a vida em um assentamento. Também chama a atenção para quais devem ser as ênfases da formação e da educação das pessoas, desde a fase inicial do acampamento.

Mais recentemente, um outro tipo de preocupação dessa mesma natureza passa a ser objeto de debate em alguns encontros e discussões do MST. Trata-se de compreender melhor como se dá a vivência do sem-terra em uma situação de acampamento, certamente a marca mais forte da sua entrada na luta pela terra, e como essa experiência é incorporada, ou não, ao seu *modo de vida*, quando passa para a condição de sem-terra assentado. Parece que a ruptura de alguns padrões culturais que consegue, até com certa facilidade, fazer no acampamento, não continua no assentamento, sendo mais comum o retorno a uma tradição cultural anterior. Um exemplo disso aparece na pesquisa feita por Dulcinéia Pavan (1998) sobre a participação das mulheres no MST,[26] que chama a atenção sobre como o protagonismo de participação das mulheres em situações de luta ocorridas nos acampamentos, em muitos casos é praticamente esquecido quando essas mulheres são assentadas. Há uma forte tendência de retorno ao padrão cultural anterior à sua entrada

---

[26] *As Marias sem-terras – trajetória e experiências de vida de mulheres assentadas em Promissão - SP – 1985/1996*. Dissertação de Mestrado em História Social, 1998.

no MST, que lhe condiciona a um papel estritamente doméstico e que ela própria considera socialmente inferior.

Esse tipo de realidade está exigindo do MST uma nova forma de olhar para sua base social, exatamente para compreender a complexidade do processo em que acabou entrando, talvez até sem toda consciência disso, que é o de construção de novas relações sociais, que passam necessariamente pela dimensão da cultura.

O terceiro eixo de preocupações do MST com a dimensão cultural está relacionado ao campo dos valores e da formação ética de seus integrantes. Embora presente desde o início, essa é uma preocupação que foi bastante enfatizada nos últimos anos, talvez já em diálogo com o olhar expresso pela sociedade, tal como referido antes.

Os anos de 1998 e 99 foram especialmente marcados pela reflexão que internamente ficou conhecida como *a vez dos valores*. Nas palavras de Ademar Bogo, integrante do MST, a explicação:

Nos tornamos fortes, em parte pela nossa capacidade de simplificarmos as 'impossibilidades', tornando-as reais. Mas também pelas virtudes que conseguimos desenvolver. Estas atingiram a profundeza do imaginário da sociedade. Os ricos temem mais nossas virtudes que nossa força orgânica. Pois estas movem consciências e corações para plantar utopias no cenário social. Nada pode ser mais perigoso do que algo que se move por conta própria, pois foge do controle e da repressão dos poderosos.[27] A força do exemplo se torna não somente admiração,

---

[27] Há uma coincidência de argumento com a análise feita mais recentemente pelo professor Francisco de Oliveira sobre o MST, e que está registrada em uma nota anterior deste capítulo.

mas referência. E se materializa em virtudes que se reproduzem para todos os séculos. Para essas virtudes, que se conformam em valores, é que devemos dar atenção nos próximos anos. Elas determinarão como será o futuro que pretendemos entregar aos nossos descendentes.[28]

Essa reflexão aparece com mais força pressionada por algumas circunstâncias históricas que têm exigido do MST esse tipo de leitura de si mesmo. Uma delas é que 15 anos de experiência nacional, incluindo também o trabalho específico com a organização dos assentamentos, já permitem perceber aquilo sobre o que uma certa tradição marxista vem insistindo há um tempo considerável (pelo menos maior do que o tempo de existência do MST), ou seja, de que embora continue sendo verdade que *o ser social determina a consciência* (Marx), o processo histórico real nunca prescindiu de *escolhas morais*, afinal de contas as únicas capazes de formatar, em cada tempo e em cada espaço social, a própria luta de classes. Mas também é preciso compreender que existem determinadas escolhas, exatamente as que se traduzem em cultura, que acabam se perpetuando e sobrevivem mesmo quando acontecem transformações significativas na existência social e material das pessoas. E se isso vale para explicar o próprio surgimento de movimentos sociais como o MST, também vale para compreender como poderão ser a sua continuidade e os seus desdobramentos.

Participar do MST foi e continua sendo, para cada trabalhador e trabalhadora sem-terra, uma escolha, condicionada por uma circunstância social, esta sim, não escolhida. Mas escolher participar do MST não significa necessariamente passar a ter

---

[28] Ademar Bogo, MST/BA, *A vez dos valores*, janeiro de 1998, p. 6.

uma consciência ou uma cultura onde predominem os valores projetados pela luta e pelo jeito de ser do MST. É preciso que cada integrante do Movimento, a cada momento, faça a sua escolha. É disso que depende o destino não do MST em si mesmo, mas do que ele hoje representa. O olhar da sociedade sobre o MST deixa ainda mais explícito o significado social desse processo. Por isso, a preocupação com os valores, porque eles são talvez a principal sustentação dessas escolhas. E valores até podem ser assumidos a partir da pressão de determinadas circunstâncias, mas somente se perpetuam ou se transformam a partir de escolhas conscientes, que implicam em reflexão, de razão e de sentimentos, sobre a prática, sobre a vida, sobre a história. Estamos, pois, no campo da formação humana.

O desdobramento necessário dessa preocupação do MST é, então, passar a considerar como tarefa central a formação das pessoas, exatamente na perspectiva de ajudá-las a perceber conscientemente como *pressionam* as novas circunstâncias que criaram através da sua participação na luta e na sua identificação como Sem Terra. É importante começar a perceber a relação entre essa reflexão e o lugar ocupado pela educação e pela escola na dinâmica do MST.

Uma outra circunstância que fortalece essa leitura é a participação do MST, especialmente a partir de 1997, nas discussões sobre a possibilidade de um *projeto popular de desenvolvimento para o Brasil*.[29] As análises que estão sendo feitas pelos estudiosos da formação brasileira engajados na discussão desse novo projeto, apontam a força que têm desempenhado alguns

---

[29] Contexto e conteúdo dessa discussão aparecem detalhados no livro *A opção brasileira*, escrito por César Benjamin e outros, e publicado em 1998.

bloqueios culturais que dominam o povo brasileiro, em relação à busca de novas alternativas de modelo econômico, político, social, que representariam a sua própria possibilidade de *salvação social*. Em síntese trata-se de considerar, com força na discussão, a importância de romper com a mentalidade de *povo colonizado*, para que se possam tomar as decisões ou *fazer as escolhas* necessárias à construção de uma nova concepção de desenvolvimento, que traga de volta, ao mesmo tempo, a ideia de *Nação* e os ideais de *justiça social*, de *solidariedade*, de *igualdade* e de *participação do povo* como sujeito de seu próprio destino.

À medida que participa dessa reflexão, o MST vai também fazendo um balanço sobre sua própria história, nesse campo de ruptura de padrões culturais e de valores cujas escolhas foram feitas por gerações que não mais respondem pelo nosso futuro.

E porque estamos sempre no âmbito da história, concluo este tópico com uma frase recolhida por Christopher Hill entre os grupos radicais da época da Revolução Inglesa de 1640, porque certamente o MST hoje a subscreveria: *Podeis destruir estes vasos que somos nós, mas os nossos princípios jamais podereis extinguir, porque eles viverão para sempre e entrarão em outros corpos para neles viver, falar e agir...* (1987, p. 367).

**A tradição teórica dos estudos
da história social marxista**

As ideias que estou incorporando dessa tradição já começaram a aparecer e continuarão sendo mencionadas em todos os capítulos. Mas me parece importante aqui organizá-las em alguns *princípios de análise* que ajudam a constituir o olhar sobre a cultura, o olhar sobre o MST, e o olhar sobre a dimensão da educação no MST, tal como estão sendo propostos aqui.

Estamos no âmbito da interpretação da História, o que hoje, como sempre, significa estar se movendo em um campo caracterizado por muitas controvérsias e conflitos de interpretação. Não é meu objetivo fazer esta discussão aqui, embora precise necessariamente tomar posição diante das diversas possibilidades teóricas de olhar para a História hoje, o que tento fazer deixando explicitadas as ferramentas conceituais utilizadas para compreender a realidade concreta que é meu objeto de reflexão aqui. E essas ferramentas, devo dizer, estão situadas em uma interpretação marxista da História, que é ao mesmo tempo uma crítica à visão, também nomeada de marxista, que privilegia as estruturas em detrimento dos processos históricos, e uma reafirmação das categorias de Marx na interpretação desses processos, especialmente *classes sociais* e *luta de classes*, *ideologia* e *modo de produção*, indo além delas e criando outras categorias que a elas se vinculem.

Este não é um trabalho de História, mas é um trabalho que, além de se propor a fazer alguns registros da história de um movimento social e de seu projeto educativo, elegeu a abordagem histórica como base da interpretação da realidade que é seu objeto. E faz isso fundamentado no próprio sentido da interpretação da História, que é o de apreender a lógica do passado, para intervir no presente visando o futuro.

Certamente tenho de considerar a observação sobre a recentidade histórica do MST e das práticas educacionais dentro dele. Penso que embora isso deva ser identificado como um limite objetivo no tipo de interpretação a que estou me propondo, não chega a ser uma impossibilidade. Tenho presente que a interpretação que estou construindo a propósito desta pesquisa tem o limite concreto de uma retrovisão histórica ainda muito pequena. Por isso sei também que ela será apenas uma interpretação, dado que *até o passado registrado muda à luz da história subsequente* (Hobsbawm, 1998, p. 250). Mas, como continua o próprio raciocínio de Hobsbawm, se há esse limite, também há uma vantagem, que é a de estar participando diretamente dos acontecimentos e poder perceber certas relações que pesquisadores distantes, no tempo ou na realidade, teriam mais dificuldades em acessar. Ou seja, o *eu estava lá* pode ajudar em algumas análises, além de permitir, exatamente pela recentidade, que se possa cotejar depoimentos entre si, depoimentos e documentos, relativizando a fragilidade que se costuma atribuir à memória oral, geralmente o principal recurso utilizado na historiografia popular.[30]

Trata-se de um esforço de interpretação que é também projetiva, ou seja, quer aproveitar as evidências do presente para, através dos nexos com o passado, conseguir atuar política e pedagogicamente na construção do futuro, não só do MST mas do conjunto de movimentos e de processos sociais que tenham a classe trabalhadora como sujeito principal. O que está em questão, afinal, é ajudar, desde múltiplas e diferenciadas práticas sociais, a buscar mais dignidade à condição humana, rompendo com a lógica deste tempo de tanta barbárie, de tantas iniquidades e de tanta miserabilidade humana, como o que vivemos hoje.

---

[30] Nesse sentido, parece-me também relevante, neste esforço, evitar que no futuro os historiadores precisem dizer do MST o que Hobsbawm e Rudé tiveram que dizer sobre os levantes dos trabalhadores rurais ingleses de 1830: *Este livro se propõe à difícil tarefa... de reconstrução do universo mental de um grupo anônimo e não documentado de pessoas, com vistas ao entendimento de seus movimentos, estes últimos apenas esboçados ao nível da documentação* (Capitão Swing, p. 14). O MST já não é anônimo, e começa a ser também documentado, a partir da sua própria intencionalidade em registrar a história de que participa, um exemplo sendo o projeto de pesquisa *história do MST*, e a partir das pequenas contribuições que trabalhos como este tentam dar na mesma perspectiva.

Essa pode ser uma boa razão para uma análise histórica. Talvez estes registros e estes ensaios analíticos que estamos fazendo agora possam também instigar pesquisas históricas importantes em tempos futuros. De fato, é fascinante imaginar o que historiadores como Thompson, Hobsbawm, Rudé ou Hill diriam sobre um movimento como o MST daqui a cinquenta ou cem anos... Os herdeiros de ambos verão?

Gostaria, então, de destacar alguns *princípios de análise* que consegui extrair das obras de alguns dos principais representantes dessa tradição da historiografia marxista que, além de fonte e argumento para a constituição deste olhar que estou propondo sobre o MST, servem de balizas para a interpretação específica sobre a trajetória da educação dentro dele.

Primeiro princípio: Compreender a história *de baixo para cima*.

Uso a expressão no sentido que lhe dá Eric Hobsbawm, em um artigo em que presta uma homenagem ao historiador George Rudé como um importante pioneiro da *história vista a partir de baixo*, da *história dos movimentos populares,* ou da *história da gente comum* (1998, p. 216).

Compreender a história de baixo para cima significa olhar para a história buscando responder a perguntas do tipo *quem construiu a Tebas dos Sete Portões?* que está no célebre poema de Brecht,[31] e que, segundo Hobsbawm, é uma pergunta própria do século 20.

---

[31] *Quem construiu Tebas, a dos sete portões?/ Nos livros estão os nomes dos reis/ Foram eles, pois, que levantaram os blocos de pedra?/ E a Babilônia, tão frequentemente destruída,/ quem a reconstruiu uma vez e outra vez?/ Em que casas viviam os construtores da Lima reluzente de ouro?/ Onde foram os ladrilhadores na noite em que ficou concluída a Grande Muralha da China?/ A Grande Roma está cheia de arcos do triunfo./ Sobre quem triunfaram os Césares?/ Havia somente palácios para os habitantes da decantada Bizâncio?* O poema segue com mais alguns versos terminando assim: *Tantos informes/ Tantas perguntas.* Extraído do livro *Historia popular y teoria socialista* que

Se hoje nos podemos dispensar de maiores explicações ou argumentos sobre a opção de estudar um movimento social popular é exatamente porque, embora recente, já existe uma tradição de estudos e de pesquisas que privilegiam a interpretação da História desde a ótica desses movimentos e, principalmente, das pessoas que os constituem, e que, até bem pouco tempo, sequer eram consideradas como autoras da História. Foram trabalhos como o de Thompson sobre as insurreições populares que levaram à *formação da classe operária inglesa,* considerado também como um dos precursores desse tipo de estudo,[32] ou como o de Christopher Hill sobre as ideias de grupos populares presentes na Revolução Inglesa de 1640, que abriram o caminho para uma outra visão da História e da maneira de estudá-la e de escrever sobre ela. Um trecho da introdução do livro de Hill, *O mundo virado de ponta-cabeça,* descreve bem a nova perspectiva de olhar:

Este livro estuda o que, de um ponto de vista, não passa de ideias e episódios secundários na Revolução Inglesa: as tentativas de vários grupos, formados em meio à gente simples do povo, para imporem as suas próprias soluções aos problemas de seu tempo, em oposição aos propósitos dos seus melhores, que os haviam chamado a ingressar na ação política...(1987, p. 30). Podemos descobrir que os homens e mulheres obscuros que aparecem neste livro, junto com alguns menos obscuros, falam mais diretamente a nós do que Carlos I ou

---

tem como editor o historiador Raphael Samuel que considera o conteúdo deste poema ilustrativo dos argumentos para uma aproximação entre o marxismo e a história popular.

[32] Um detalhe de que nos chama atenção Raphael Samuel é que esse movimento intelectual representado por Thompson começou fora das Universidades. A obra de Thompson, *A formação da classe operária inglesa,* teve suas origens nas aulas da *Worker's Educational Association - WEA,* ou Associação de Educação Obreira (1984, p. 16).

Pym ou o general Monck, que nos manuais figuram como os autores da história. Que satisfação, se deste percurso pudermos retirar um pensamento assim, literalmente, subversivo (1987, p. 35).

Em relação à abordagem específica desta pesquisa, este olhar sobre a história permite fixar algumas importantes balizas de análise:

1ª) É possível fazer uma interpretação sobre o sentido do MST, compreendendo-o como *um dos autores da História do Brasil*, bem como da história mais ampla dos levantes de trabalhadores rurais ocorridos no mundo durante o século XX. Embora desde o ponto de vista dessa historiografia isso possa ser um dado um tanto óbvio, esta afirmação não é de pouca importância em um contexto onde, para muitos intelectuais e políticos, os sem-terra sequer existem como sujeitos sociais. E da mesma forma, é algo importante a ser frisado também para aqueles historiadores marxistas que se acostumaram a pensar na história dos movimentos populares como sendo a história do movimento operário.

2ª) Estudar o MST hoje não dá conta de entender a história que está sendo feita pelos chamados *pobres do campo*, nem mesmo se considerarmos nessa categoria somente a faixa da população brasileira classificada como sem-terra,[33] mas a história dos pobres do campo será incompleta se não incluir o estudo dos sem-terra do MST.

---

[33] Segundo os dados de um estudo de setembro de 1998, coordenado pela pesquisadora Maria Beatriz de David, encomendado pelo Núcleo de Estudos Agrários e Desenvolvimento – NEAD, que é ligado ao Ministério Extraordinário de Política Fundiária, existem na área rural do Brasil 28 milhões de pessoas vivendo na linha de pobreza (0,5 salário mínimo por pessoa), totalizando 4,9 milhões de famílias que podem ser consideradas como demandantes de Reforma Agrária.

Essa baliza responde a uma advertência de Hobsbawm, que menciona um certo desvio de alguns historiadores socialistas que trabalham como se *a história dos movimentos e organizações que lideravam a luta dos trabalhadores e que, portanto, em um sentido real, "representavam" os trabalhadores,* pudesse *substituir a história das próprias pessoas comuns* (1998, p. 219).

3ª) Existe na abordagem histórica uma questão sempre presente, que é a de compreender como funcionam e como se transformam as sociedades.

Como nos explica também Hobsbawm, os historiadores dos movimentos populares não podem deixar de fazer isso, *uma vez que seu objeto, as pessoas comuns, constituem a maioria de qualquer sociedade* (1998, p. 231). Entender o sentido de uma educação que se produz desde a dinâmica de um movimento social como o MST, é também buscar entender como a escola pode participar dos processos de transformação social.

4ª) Se o que queremos é entender o presente e projetar o futuro, é preciso correr o risco de fazer uma interpretação dos fatos da História, dizendo como foi e por que foi de um jeito e não de outro.

Como trabalhamos com uma história pouco documentada, comparativamente ao farto material disponível sobre a História *oficial,* podemos ter a tentação de pensar que somente o registro ou a descrição da trajetória histórica de um grupo seja suficiente para uma abordagem histórica. Senti isso, quando comecei a organizar todas as informações sobre a história da educação no MST. De fato é uma tarefa muito gratificante estar contribuindo para a preservação da memória de uma luta social importante. Mas isso não basta.

5ª) Considerar sempre a relação entre identidade e universalidade.

Uma das características da também chamada *história popular*,³⁴ é trabalhar com histórias locais e de grupos sociais particulares, prestando atenção para a densidade histórica que pode estar em detalhes de comportamentos das pessoas, ou em determinados episódios da vida cotidiana. Ou seja, há uma preocupação especial com as identidades que fazem a história de um país, de um povo. Mas, nos adverte novamente o mestre Hobsbawm, *não basta a história de identidade*. Fazendo uma crítica às abordagens *pós-modernas*, é contundente ao afirmar que a história que não se preocupe com a *universalidade* é irrelevante (*Idem*, p. 284). *Os historiadores, conquanto microcósmicos, devem se posicionar em favor do universalismo, não por fidelidade a um ideal ao qual muitos de nós permanecemos vinculados, mas porque essa é a condição necessária para o entendimento da história da humanidade, inclusive a de qualquer fração específica da humanidade. Pois todas as coletividades humanas são e foram necessariamente parte de um mundo mais amplo e mais complexo* (p. 292).

Neste caso, portanto, não se trata de fazer uma história ou uma análise histórica que só interesse aos sem-terra. Porque, como diz Hobsbawm, esta não seria uma *boa história*, embora pudesse ser confortadora para quem a fizesse (*Idem*, p. 292). Nesse sentido, o esforço é o de refletir sobre a identidade da experiência sociocultural e educativa dos Sem Terra, na perspectiva de pensar sobre o que esse processo projeta no funcionamento (ou na mudança) geral da sociedade e, neste caso, na lógica da produção de uma nova cultura do modo escolar de educação.

---

³⁴ Neste trabalho não pretendo analisar as diferenças entre as abordagens marxistas e não marxistas da história popular ou da história social.

Segundo princípio: Considerar a experiência humana como parte fundamental do processo histórico e, portanto, de qualquer leitura que dele se faça.

Este princípio retoma a terceira baliza do primeiro, chamando a atenção sobre quais as premissas dessa necessária e permanente discussão sobre o funcionamento e a transformação das sociedades. E é muito interessante trazer a palavra dos historiadores nessa discussão, porque, de modo geral, são os estudiosos que mais experimentaram a dificuldade de encontrar entre sujeitos concretos, em períodos históricos determinados, a realização pura daqueles esquemas teóricos de interpretação da História que acabaram cristalizando a própria reflexão de Marx. É preciso sempre 'apelar' para a chamada *autonomia relativa* sem a qual não se conseguiria sequer entrar no complexo mundo da *história real*.

Edward Thompson, desde a sua experiência concreta de estudar a História *vista de baixo para cima*, fez uma reflexão teórica específica sobre a necessidade do *retorno da agência humana* à História, que aparece especialmente na obra que dedicou a uma crítica contundente ao pensamento estruturalista de Althusser, conhecido e respeitado marxista francês.

Sem entrar diretamente nas polêmicas específicas de que trata este texto, é daí que extraio algumas ideias que me parecem muito importantes, não só na obra inteira de Thompson, mas em toda a tradição teórica que ele representa, que, mesmo com nuanças diferentes entre alguns de seus autores, é a que nos permite, hoje, entender, por exemplo, a dinâmica de um movimento social como o MST.

As ideias de Thompson, que gostaria de destacar aqui como constituidoras desse princípio de análise, são três:

1ª) A *experiência humana* como mediação necessária entre o ser social e a consciência social.

É a experiência (muitas vezes a experiência de classe) que dá cor à cultura, aos valores e ao pensamento: é por meio da experiência que o modo de produção exerce uma pressão determinante sobre outras atividades... (1981, p. 112). Não se trata de desconsiderar as relações de determinação que explicam o funcionamento da sociedade mas, através da introdução dessa mediação, promover o retorno dos homens e mulheres concretos como sujeitos da História, *não como sujeitos autônomos, "indivíduos livres", mas como pessoas que experimentam suas situações e relações produtivas determinadas como necessidades e interesses e como antagonismos, e em seguida "tratam" essa experiência em sua* **consciência** *e sua* **cultura** *(...) das mais complexas maneiras (sim, "relativamente autônomas") e em seguida (muitas vezes, mas nem sempre, através das estruturas de classe resultantes) agem, por sua vez, sobre sua situação determinada.* (*Idem*, p. 182) Com essa mediação, então, as relações de determinação passam a ser compreendidas na história concreta, não como uma programação predeterminada mas no sentido de *estabelecimento de limites* e *aplicação de pressões* (*Idem*, p. 125).

Aqui, esta compreensão tem uma dupla implicação: no jeito de olhar para a trajetória do MST em relação ao conjunto da sociedade e da história, e no jeito de olhar para a trajetória da educação em relação ao MST. Nem posso considerar que o MST é apenas fruto de uma questão agrária no Brasil, que é real e que condicionou de fato o seu surgimento, nem que a experiência de educação e de escola do MST é um simples reflexo da luta pela terra tal como ela é feita pelo Movimento, embora seja preciso considerar que os episódios decisivos dessa luta têm pressionado um tipo específico de conformação dessa experiência.

2ª) A *história como processo*, mas como um processo que tem *regularidades* e que por isso mesmo pode ser compreendido ou apreendido em sua lógica. Processo nos dá a ideia de algo que não se acaba, e que não tem uma programação predeterminada. Isso não quer dizer, para Thompson, que o processo histórico seja destituído de *lógica racional* ou de *pressões determinantes*. Apenas, na lógica de processo, as categorias sofrem continuamente uma redefinição histórica, e a estrutura não é *pré-fornecida, mas protéica, mudando constantemente de forma e articulação* (1981, p. 97). Nessa perspectiva, interpretar a História é compreender acontecimentos históricos não apenas como *únicos*, mas também como relacionados, ainda que amplamente separados no tempo e no espaço, e então como detentores de elementos que indicam as regularidades, ou a *lógica do processo*.

Se entendo bem, isso quer dizer, por exemplo, que, ao fazer uma abordagem histórica do MST, posso e devo considerá-lo como um acontecimento histórico único, mas ao mesmo tempo, se conseguir estabelecer a relação entre este acontecimento ou entre a experiência dos sem-terra do MST e de outros sem-terra da História do Brasil, e também entre a sua experiência e a experiência de grupos como os de ideias radicais da Revolução Inglesa de 1640, analisando como cada um a seu modo, fazem a tentativa de *virar o mundo de ponta-cabeça*, entenderei que existe uma certa regularidade (e daí voltamos às relações de determinação, só que de uma forma menos mecânica) no processo histórico, que produz, de tempos em tempos, as condições para a emergência de novos sujeitos sociais com desejos e ações que visam a mudanças. O que quer dizer, afinal de contas, que os sem-terra do MST têm muito a aprender com todos os lutadores sociais que lhe antecederam, seja no Brasil ou em qualquer parte do mundo.

3ª) A *experiência humana* também *como cultura*.

Thompson chama a atenção para a ausência dessa reflexão em Marx, não porque ele a tenha deixado de lado, mas porque este sentido de cultura produzido pelo conhecimento histórico não estava disponível na sua época. Por isso mesmo este é um dos *silêncios* que devem ser (e estão sendo) preenchidos pelos representantes da tradição marxista na atualidade.

Diz Thompson que *as pessoas não experimentam sua própria experiência apenas como ideias, no âmbito do pensamento e de seus procedimentos, ou (...) como instinto proletário... Elas também experimentam sua experiência como sentimento e lidam com esses sentimentos na cultura, como normas, obrigações familiares e de parentesco, e reciprocidades, como valores ou (através de formas mais elaboradas) na arte ou nas convicções religiosas. Essa metade da cultura (e é uma metade completa) pode ser descrita como consciência afetiva e moral.* Ele diz com isso que *toda contradição é um conflito de valor, tanto quanto um conflito de interesse; que em cada "necessidade" há um afeto, ou "vontade", a caminho de se transformar num "dever" (e vice-versa).* É nesse contexto que formula aquela ideia já citada de que *toda luta de classes é ao mesmo tempo uma luta acerca de valores*, uma *escolha de valores* (1981, p. 189-190).

A economia e a política não explicam tudo na História, ainda que condicionem fortemente todo o seu desenrolar. A experiência humana não se esgota na vivência de relações produtivas ou na vivência de classe. Ou melhor, essas próprias vivências se traduzem em outras dimensões que acabam influindo na forma como as pessoas decidem sobre o que fazer diante de sua situação social. Daí a importância de fazer a leitura dos acontecimentos históricos e do processo de formação de seus sujeitos também observando os elementos culturais que nele interferem e através dele se produzem, o que por sua vez não seria possível sem considerar na História a experiência coletiva e pessoal, de homens e mulheres concretos, agindo e interagindo em determinado tempo e lugar.

Note-se que essas mesmas premissas estão presentes na atual reflexão do MST acerca dos valores, embora construídas através de fontes diferentes.

Terceiro princípio: Compreender o processo de formação dos sujeitos sociais também como um processo cultural.

O ponto de partida aqui pode ser novamente Thompson, que, na introdução do seu clássico *A formação da classe operária inglesa*, afirma: *estou convencido de que não podemos entender a classe a menos que a vejamos como uma formação social e cultural, surgindo de processos que só podem ser estudados quando eles mesmos operam durante um considerável período histórico* (1987, p. 12). Foi essa análise histórica que se propôs a fazer em relação à classe operária inglesa, buscando, nas insurreições dos trabalhadores do início do século 19, os traços do que seria a classe operária que, segundo a contestação de Hobsbawm, somente teve o seu *fazer-se* propriamente dito no final do século 19, início do século 20 (1988, p. 274-75).

Nesse mesmo texto onde Hobsbawm dialoga com Thompson sobre *o fazer-se da classe operária*, há no final a referência a um dos líderes do movimento operário inglês, um mineiro que viveu entre 1862 e 1938 chamado Herbert Smith. Com escusas por uma citação um pouco mais longa, gostaria de trazer o que diz Hobsbawm sobre esse trabalhador, pela força de suas palavras e para trazê-las depois, ao compor um raciocínio que considero fundamental na compreensão deste princípio de análise.

... Ele usava o boné como uma bandeira. Há uma fotografia sua em idade avançada, como prefeito de Barnsley, com lorde Lascelles na elegância alongada de sua *classe, de chapéu-coco e guarda-chuva dobrado, e com o chefe de polícia num uniforme com alamares. Herbert Smith, um velho atarracado, bastante gordo, estava usando a corrente e as insígnias de prefeito, mas acima delas ele estava usando seu boné. Poderia dizer-se muito sobre sua carreira, nem tudo seria elogioso; embora eu desafie qualquer um a negar completamente sua admiração por um homem que, em 1926, sentava-se à mesa de negociações com o boné na cabeça, sem a dentadura, que ele colocava sobre a mesa para sentir-se mais confortável, e que dizia "não" como representante dos mineiros, aos donos das minas, ao governo e ao mundo. Tudo o que desejo transmitir aqui é que Herbert Smith, como líder operário e sua carreira teriam sido impensáveis em qualquer outro período anterior da história do movimento operário – e talvez também em qualquer período posterior. Ele se fez juntamente com a nova classe operária que ele ajudou a formar, e cuja emergência nas décadas anteriores a 1914 eu tentei esboçar. Dentre os milhões de homens de boné ele foi sem dúvida excepcional; mas somente foi excepcional, como uma árvore especialmente majestosa o é numa grande floresta. Houve uma série incontável de outros, menos proeminentes, menos politizados, menos ativos, que se reconheceram em sua imagem, e nós deveríamos reconhecê-los também* (1988, p. 295).

Penso que há muitos e ricos elementos de análise nesse trecho. Mas, para o meu objetivo aqui, as perguntas que me surgem são as seguintes: Por que fazer esse tipo de descrição em uma abordagem histórica?[35] Qual a relação do boné de Herbert Smith com o fazer-se da classe operária? E por que, lendo esse trecho que descreve uma situação e uma pessoa tão distantes no tempo e no espaço, é possível fazer uma associação direta com a imagem de uma negociação entre lideranças do MST e o governo brasileiro, por exemplo, na audiência que aconteceu durante a Marcha Nacional dos Sem Terra a Brasília em 1997? O boné vermelho que os sem-terra também não costumam tirar nas audiências tem algum 'parentesco' com o boné de Herbert Smith?[36]

Da mesma forma que é preciso compreender os componentes da realidade objetiva (notadamente os componentes econômicos e políticos) que exigiram ou determinaram o surgimento do movimento operário inglês (que é exatamente o que insiste Hobsbawm), e então permitiram o aparecimento de figuras como

---

[35] O próprio Hobsbawm formula uma pergunta semelhante em outro texto, exatamente quando explica o modo de fazer a História de baixo para cima: *Por que percebo, entre tantas outras coisas que poderia perceber (algumas das quais obviamente deixo de perceber), o significado das roupas nos movimentos camponeses; roupas como símbolo da luta de classes, como na hostilidade siciliana entre os "bonés" e os "chapéus", ou nos levantes camponeses bolivianos nos quais os índios, ao ocuparem as cidades, obrigam a população da cidade a tirar as calças e vestir traje camponês (ou seja, indígena)?* (1998, p. 228).

[36] Um episódio recente reforça o caráter simbólico que assumiu o boné vermelho do MST para os Sem Terra: por ocasião do primeiro julgamento a que foi submetido um dos líderes do MST de São Paulo, José Rainha Jr., acusado da morte de um latifundiário no Espírito Santo, julgamento que ocorreu em março de 1997, aconteceu o seguinte fato. Os sem-terra do MST, ao entrarem no fórum para assistir ao julgamento, tiveram que tirar o boné, ficando com ele nas mãos. No momento em que o promotor começou a fazer sua fala, e suas acusações, mais do que ao Zé Rainha, foram direcionadas ao MST, os sem-terra na plateia, a um só tempo e sem combinação nenhuma, colocaram de volta o boné na cabeça. Seu gesto para dizer: *O MST está aqui. Somos Sem Terra, sim senhor!* (Fonte: depoimento de Maria de Jesus, uma das sem-terra presentes no acontecimento).

Herbert Smith, é igualmente preciso compreender como Herbert Smith, e também como as tantas pessoas que ficaram anônimas nesse período, *experimentaram* essas condições à medida que se engajaram nas ações concretas de reação a elas. As condições sociais produzidas pelo início da sociedade capitalista, tal como se apresentaram naquele período histórico e naquele lugar, produziram a luta operária. A luta operária produziu o movimento operário e, junto com ele, pessoas como Herbert Smith. Por sua vez, pessoas como Herbert Smith produziram o movimento operário, que produziu um determinado formato para a luta operária daquela época e daquele lugar, mas que foi transmitida em muitos dos seus traços para o movimento operário (e para outros movimentos de trabalhadores) de outras épocas e de outros lugares. E foi transmitida exatamente como cultura.[37]

Nos termos de Thompson, compreender os elementos culturais do modo de fazer a luta social de Herbert Smith e de seu grupo é compreender como uma experiência de classe se transforma em *consciência de classe*. Segundo ele, a *experiência de*

---

[37] Um ilustrativo que nos ajuda aprofundar a compreensão deste sentido. O professor Alfredo Bosi, ao tratar da raiz etimológica da palavra cultura, nos remete à palavra *cultus*. Diz ele: *Como adjetivo deverbal,* **cultus** *atribuía-se ao campo que já fôra arroteado e plantado por gerações sucessivas de lavradores.* **Cultus** *traz em si não só a ação sempre reproposta de* **colo**, *o cultivar através dos séculos, mas principalmente a qualidade resultante desse trabalho e já incorporada à terra que se lavrou. Quando os camponeses do Lácio chamavam* **culta** *às suas plantações, queriam dizer algo cumulativo: o ato em si de cultivar e o efeito de incontáveis tarefas, o que torna o particípio* **cultus**, *esse nome que é verbo, uma forma significante mais densa e vivida que a simples nomeação do labor presente...* **Cultus** *é sinal de que a sociedade que produziu o seu alimento já tem memória. A luta que se travou entre o sujeito e o objeto do suor coletivo contém-se dentro do particípio, e o torna apto a designar a inerência de tudo quanto foi no que se passa agora. Processo e produto convêm no mesmo signo* (1998, p. 13).

classe é determinada, em grande medida, pelas relações de produção em que os homens nasceram – ou entraram involuntariamente. (Marx) *A consciência de classe é a forma como essas experiências são tratadas em termos culturais: encarnadas em tradições, sistemas de valores, ideias e formas institucionais* (1987, p. 10). Mas isso não quer dizer que a consciência de classe seja determinada pela cultura. Nem mesmo que as formas de luta sejam uma escolha determinada pela cultura. As ocupações de terra, por exemplo, que aparecem em registros históricos como sendo a forma de luta pela terra que vem atravessando séculos e em diversos lugares do mundo, não pode ser entendida como uma determinação cultural, como se fosse próprio da cultura camponesa ocupar a terra para ter acesso ao trabalho nela. Essa seria uma explicação simplista. É diferente afirmar, no entanto, que as ocupações de terra, produzidas no interior de lutas sociais determinadas, acabaram se transformando em um processo cultural (exatamente porque encarnado em tradições, valores, convicções) que atravessa gerações e que, em cada momento e lugar, se recria em novas formas e em novos significados. O jeito de ocupar a terra dos sem-terra brasileiros não é igual ao jeito de ocupar dos camponeses italianos, por exemplo, que como narra Hobsbawm, antes da Revolução de 1848, *todo Natal... saíam para as terras cuja posse reclamavam a fim de realizarem trabalhos agrícolas, buscando manter o princípio ideal de posse de seus direitos. Se não se trabalha a terra, não se pode possuí-la com justiça* (1998, p. 228). Mas como não perceber relações bastante estreitas entre as convicções de ambos?

As lutas sociais formam os novos sujeitos sociais em cada espaço e em cada tempo da História e este é um processo cultural. Isso significa em síntese:

a) que um grupo ou um movimento se torna sujeito social, quando *se sabe* sujeito, e não necessariamente no sentido intelectual desse termo,[38] e este saber-se sujeito implica em experimentar sua condição em termos culturais;

b) que a cultura produzida no processo que forma sujeitos passa a ser um elo importante para a compreensão mais profunda do próprio processo histórico.

Quarto princípio: Olhar para os movimentos sociais como lugar onde se desenvolvem processos socioculturais com forte dimensão de projeto.

Não está dito exatamente isso nessas obras que tenho citado. Mas essa me parece uma conclusão possível a partir das ideias que sustentam essa tradição teórica. Evidentemente, é preciso ter presente aqui que se trata de pensar nos movimentos sociais que são produzidos por lutas sociais que adquirem certa força histórica. Essa força que lhes vem não somente pelo que conquistam mas, como venho dizendo em todo este capítulo, pelo modo como fazem a luta e se tornam sujeitos sociais, pelo que projetam e pelas relações que estabelecem com o conjunto da sociedade.

Expliquei em outra parte deste capítulo essa ideia de uma cultura com dimensão de projeto. Mas aqui é importante aprofundá-la como um princípio de análise. Para isso, um dos interlocutores pode ser Christopher Hill, através da sua obra cujo título, *O mundo virado de ponta-cabeça* (1987), já é um convite a este tipo de reflexão. Ao analisar as ações e as ideias dos grupos

---

[38] Nem todos os sem-terra se sabem intelectualmente sujeitos da luta de classes no Brasil hoje. Mas a grande maioria deles se sente dessa maneira, especialmente quando participa de enfrentamentos mais fortes e diretos.

radicais que encontrou dentro da Revolução Inglesa de 1640, Hill destacou o aspecto da subversão dos valores dominantes que estava presente na atuação desses grupos. Usou a expressão *contracultura* para interpretar algo que, com facilidade, encontraria hoje em movimentos como o MST. *Em certos momentos pareceu que, do cadinho de ideias radicais, poderia emergir uma cultura diferente tanto da tradicional e aristocrática, quanto da burguesa e protestante que acabou substituindo-a. Conseguimos divisar alguns lampejos do mundo que essa contracultura prometia...* (1987, p. 325).

Isso que Hill chamou de contracultura eu estou preferindo chamar, inspirada em Bosi, de uma *cultura com dimensão de projeto*, ou seja, um conjunto de práticas, comportamentos, valores, posturas, convicções, ideias que se produzem desde uma luta social e que projetam um mundo diferente. E, como no caso estudado por Hill, este *diferente* pode sê-lo não somente em relação aos padrões dominantes, 'de direita', como também dos próprios padrões propostos para mudanças em curso, ou seja, 'de esquerda'.

Outra ideia de Hill que me parece igualmente importante para a compreensão deste raciocínio é a que aparece na conclusão do seu livro: *Há duas maneiras de vermos uma revolução. Podemos contemplar os gestos que simbolizam e concentram longos períodos de luta... Mas também existem mudanças mais demoradas, mais lentas, mais profundas nos processos mentais, sem as quais os gestos heroicos ficariam totalmente desprovidos de sentido. Estas mudanças nos escapam, se nos perdemos no detalhe; somente podemos apreciar a dimensão das mudanças se nos dispomos a examinar o começo e o fim da Revolução – se é que palavras tão vagas podem se aplicar a um processo que sempre começa e nunca termina. De uma perspectiva mais distanciada podemos medir as colossais transformações que precipitaram a Inglaterra no mundo moderno. E talvez possamos manifestar uma certa gratidão a todos esses radicais anônimos que anteviram e tentaram implantar não o nosso mundo contemporâneo, porém algo muito mais nobre, algo que ainda não se realizou: o mundo de ponta-cabeça* (1987, p. 365-366).

Não estamos vivendo em um período revolucionário e nem é possível uma retrovisão histórica desse tipo em relação à atuação social do MST. Mas penso que esta ideia, transformada em princípio de análise de movimentos sociais como o MST, permite-nos perceber neles a presença de processos culturais que apontam nesta perspectiva das *mudanças mais lentas e mais profundas* que nos remetem a um novo sentido da relação entre movimento social, cultura e educação.

Afirmar os movimentos sociais como um lugar privilegiado da produção desses processos culturais se justifica, à medida que os consideramos como tempo e espaço concentrado de luta social. Se é *da vida presente que se desentranham os planos para o futuro*, uma vida que acontece entranhada em um movimento social e, no caso do MST, em uma organização social com projeto político, certamente terá a dimensão de futuro com uma força muito mais intensa, até porque necessária à própria sobrevivência desse Movimento. E isso será sempre um desafio, naquele mesmo sentido mencionado em relação às preocupações do MST com as *escolhas morais* a serem feitas a cada momento pelos seus integrantes, assim como foi um desafio para os grupos estudados por Hill, que depois de derrotados, em muitos casos expressaram *a volta do sonho à meia-luz do cotidiano* (1987, p. 326).

Elementos de teoria pedagógica

Esta é a terceira fonte de constituição do olhar sobre o MST que proponho neste trabalho. São os *elementos de teoria pedagógica* presentes na tentativa de compreender o sentido sociocultural e educativo do MST, e que permitirão depois refletir também sobre o lugar da escola dentro da dinâmica social e política que produz esse sentido.

Existe uma determinada tradição na pedagogia que nos permite olhar para o processo de formação dos sem-terra como um processo educativo, e mais, que nos convida a pensar na escola como um dos momentos desse processo. Isso quer dizer que, inserida nesta abordagem, não considero que estarei entrando no âmbito da discussão pedagógica somente quando começar a tratar da educação escolar entre os sem-terra. Se assim fosse, a análise dos processos educativos que se desenvolvem nessas escolas certamente ficaria muito empobrecida, incorreta até.

Os principais elementos de teoria pedagógica que destaco neste momento:

Primeiro elemento: Ao fazer a abordagem do sentido educativo de um movimento ou de uma prática social, estamos no âmbito de uma determinada concepção de educação e de teoria pedagógica que retoma as suas reflexões de origem.

Uma reflexão nessa perspectiva, embora em outro contexto de discussão, foi formulada por Miguel Arroyo no texto *Trabalho - educação e teoria pedagógica*.[39] Segundo Arroyo, quando nos preocupamos em compreender a dimensão educativa ou formadora, seja dos processos de trabalho, dos movimentos sociais

---

[39] Este texto integra o livro organizado por Gaudêncio Frigotto *Educação e crise do trabalho: perspectivas de final de século*, 1998.

ou da dinâmica cultural, estamos recuperando algumas *matrizes* que são constitutivas da teoria pedagógica, e dirigindo o foco da nossa reflexão para aquilo que deve ser o cerne dessa teoria. Ao afirmarmos que essas realidades são educativas, estamos voltando o nosso refletir pedagógico para o próprio ponto de origem da pedagogia moderna, para a ideia de que *os seres humanos não nascem prontos de acordo com um projeto da natureza ou de qualquer deus ou arquiteto extra-humano, mas que se tornam humanos e eles próprios definem a tentativa de influir no seu desenvolvimento. A humanização como projeto, como telos, como pedagogia é o ponto de partida de toda ação pedagógica fora ou dentro da escola...* (1998, p. 144).[40]

Isso quer dizer que, ao tratarmos de processos ou de práticas educativas, seja em um sentido mais amplo ou no sentido mais restrito de educação escolar, estamos no âmbito da questão de como a humanidade se faz a si mesma, em cada lugar, em cada tempo histórico. Estamos discutindo o ser humano e como é possível conformá-lo a um determinado modo de ser no mundo. Ao trazermos de volta essa reflexão de origem, abrimos novamente o caminho para construir novas respostas para a pergunta sobre como acontece (e como pode ser provocado) esse processo de humanização. E isso pode trazer junto a ideia da historicidade das práticas pedagógicas e de um papel ativo de educadores e educadoras nas escolhas pedagógicas e no

---

[40] Algo que a sensibilidade de um escritor como Guimarães Rosa também conseguiu perceber: *Mire, veja: o mais importante e bonito, do mundo, é isto: que as pessoas não estão sempre iguais, ainda não foram terminadas mas que elas vão sempre mudando. Afinam ou desafinam. Verdade maior. É o que a vida me ensinou. Isso que me alegra, montão* (Riobaldo, personagem de *Grande Sertão: Veredas*).

processo de produção de um sentido mais ou menos pleno de humanidade em seus educandos, o que também dependerá da sua própria inserção em um conjunto mais amplo de práticas sociais educativas.

Com essa reflexão sobre formação humana se recupera também uma concepção mais universal de educação. *Universal*, explica Arroyo, *não apenas no sentido de para todos, mas de dar conta da universalidade, pluralidade, omnilateralidade das dimensões humanas e humanizadoras a que todo indivíduo tem direito por ser e para ser humano. Esta universalidade da ação educativa é a concepção universal da* **paideia**, *do humanismo renascentista, da ilustração, do socialismo utópico e científico, dos movimentos sociais... pela igualdade e diversidade, da pedagogia do trabalho e da libertação, do trabalho como princípio educativo...* A essa concepção se contrapôs a concepção *propedêutica, transmissiva, utilitarista* e *reducionista* da educação, que a vê apenas como preparação para a vida, restringindo cada vez mais esta vida a uma competição no mercado de trabalho (*Idem*, p.155).

O predomínio dessa concepção propedêutica levou, em um primeiro momento, a se centralizar a reflexão pedagógica na escola, provocando um distanciamento ainda maior da concepção mais ampla e universal de educação. Só que esse distanciamento impede, contraditoriamente, que seja cumprida a própria função propedêutica atribuída à educação e à escola. Uma certa consciência dessa crise de identidade vem abrindo espaço para que reflexões sobre educação aconteçam cada vez mais em outros locais que não a escola, e desde outras ciências que não a Pedagogia. E isso tanto dentro de concepções que visam à transformação social quanto daquelas que tentam manter o *atual estado de coisas*, a qualquer custo. É preciso refletir mais profunda e articuladamente sobre essas novas práticas e sobre seus elementos teóricos.

Recuperar a visão de educação como formação humana, da escola como um dos tempos e espaços dessa formação, e da teoria pedagógica como tendo por objeto *a compreensão do que é constitutivo da ação educativa e cultural, da socialização e formação de identidades, saberes, valores, da construção e apreensão do conhecimento* (Arroyo, 1998, p. 160) é tarefa urgente para educadores comprometidos com as questões do nosso tempo, que dizem respeito ao próprio destino de nossa humanidade.

É nessa perspectiva que reflete Arroyo quando afirma que, se hoje temos um predomínio da pedagogia centrada ou exclusivamente preocupada com a escola, é exatamente porque nem sempre situamos as nossas pesquisas ou reflexões sobre o sentido educativo das práticas sociais no âmbito da teoria pedagógica, ou seja, buscando responder às perguntas sempre presentes mas nem sempre explicitadas: *Como nos formamos como humanos? Como educar as pessoas para que cresçam na sua condição humana?* Essas devem ser as perguntas que juntem todos os que trabalhamos com educação, seja fora ou dentro da escola.

E quando esse tipo de pergunta é colocado, certamente fica mais difícil fechar a discussão em torno da escola. Mais ainda se essas perguntas forem situadas dentro de desafios históricos concretos. Pode ser próprio do nosso tempo e lugar o desdobramento daquelas perguntas gerais em algumas perguntas mais específicas: como formar o povo brasileiro para recuperar sua condição humana de sujeito da história de seu país? Como desenvolver nas pessoas os valores humanos capazes de interromper essa lógica de barbárie social que impera em nossa sociedade?

Sobre a escola, nesse contexto, teríamos de humildemente perguntar: como ela pode ajudar nessa formação? Trata-se de um tipo de pergunta que não tem sido muito comum nas reflexões sobre a pedagogia escolar, embora estejamos em um tempo de sensibilidade social crescente para questões como essa.

A teoria pedagógica se empobrece à medida que não se colocam mais as questões que a dinâmica social está trazendo para a educação (Arroyo, p. 150). Da mesma forma que ela se desconstitui, quando se descola dos sujeitos sociais concretos em torno dos quais acontece a educação. Nesse sentido, a discussão que vincula hoje educação e movimentos sociais, além de recuperar uma matriz pedagógica originalmente constitutiva da própria pedagogia, traz novas dimensões a ela, transformando-a. A própria ideia da prática social como princípio educativo, à medida que é interpretada desde a realidade de um movimento social concreto, enriquece-se de novos sentidos e formula novas questões à Pedagogia.

Segundo elemento: Compreender a educação como um processo de formação humana exige de nós que pensemos em alguns nexos fundamentais para o entendimento das ações educativas.

A reflexão sobre um sentido mais universal da educação, que a concebe como um processo de formação humana, não pode nos fazer retornar a algum tipo de ideal pedagógico abstrato e essencialista, que inclusive nos ajudaria pouco na condução das nossas práticas pedagógicas concretas. Ao contrário, a reflexão trazida até aqui nos permite, e exige, pensar na educação como um processo social que acontece através das próprias relações que o constituem. As principais relações são as seguintes:

1ª) Relação entre educação e vida produtiva, entendida especialmente na sua dimensão de produção das condições materiais da existência humana.

Há duas ideias básicas na compreensão desse vínculo, e as duas já podem ser consideradas clássicas dentro de uma das tradições pedagógicas que tem sua centralidade na formação do sujeito humano. A primeira delas, impossível de ser desconsiderada depois de Marx, é que não há como compreender a educação sem compreender seus determinantes estruturais, especialmente aqueles ligados ao modo através do qual uma determinada sociedade organiza a produção e a reprodução de suas condições materiais de existência. Voltando aos termos de Thompson, o modo de produção e as relações sociais que ele constrói *condicionam, estabelecem as pressões e os limites* sobre todo o conjunto das práticas sociais, entre elas a educação. Ou seja, há determinantes estruturais no modo como se pensa e se faz a educação em cada período histórico, e no próprio processo de constituição dos sujeitos que *experimentam* essas condições e trabalham sobre elas.

A segunda ideia se refere aos processos sociais de produção e reprodução material da existência como educativos ou formadores (ou deseducativos e deformadores) da humanidade nos sujeitos. Quer dizer, se produzindo sua existência, as pessoas se educam, então compreender a dimensão educativa da vida produtiva é fundamental para compreender mais profundamente o processo de formação humana, bem como para conseguir desdobrá-lo em ações educativas intencionais e planejadas, tais como as que acontecem na escola. Foi a partir dessa compreensão que se chegou à formulação pedagógica do *trabalho como princípio educativo*, permitindo depois uma reflexão ainda mais ampla, sobre a *práxis social como princípio educativo*, que inclui o trabalho mas também se preocupa com a dimensão formadora dos processos culturais, da participação nas lutas sociais...

Uma das implicações dessa visão pedagógica é a inversão, ou pelo menos a relativização, do que Mariano Enguita identificou como uma das *constantes* na história da educação de todos os tempos, que é o *idealismo*, ou seja, a concepção de que o ser humano se forma *nas ideias, pelas ideias e para as ideias* (1993, p. 18 e ss). E ideias geralmente entendidas como *palavras*, portanto como *pedagogia da palavra*.

À medida que passamos a compreender mais profundamente o peso dos elementos materiais na formação humana, tendemos também a compreender melhor a centralidade das *práticas* (que também incluem ideias e palavras) nos processos educativos. A experiência dos movimentos sociais, e a do MST especialmente, reforça bastante essa concepção menos idealista de educação. Essa inversão de ênfases, por sua vez, altera também o pensar sobre o fazer da escola, redimensionando a própria concepção do que devam ser as preocupações centrais da pedagogia escolar.

2ª) Relação entre formação humana e cultura.

Destaco três aspectos dessa relação, que podem se apresentar combinados em determinadas práticas educativas. O primeiro deles é o que nos remete ao conceito antropológico de cultura e situa a educação como *transmissão cultural*. No conceito trazido por Alfredo Bosi, que segundo ele é um dos conceitos que atravessa os tempos e se conserva até hoje, esta dimensão é destacada. *Cultura é o conjunto das práticas, das técnicas, dos símbolos e dos valores que se devem transmitir às novas gerações para garantir a reprodução de um estado de coexistência social. A educação é o momento institucional marcado do processo* (1998, p. 16).

Quer dizer, as ações educativas, incluindo as escolares, são sempre portadoras, e muitas vezes intencionalmente transmissoras, de um determinado patrimônio ou tradição cultural. Isso quer dizer que a educação faz o papel mediador entre gerações, o que acaba sendo uma dimensão central nos processos de formação humana, embora bastante relativizado na sociedade tecnológica, que parece considerar já não ter muito que aprender com as gerações anteriores. Trata-se da reflexão antiga sobre o papel socializador da educação, que também deve ser compreendida como reprodução de relações de dominação ou de emancipação social, à medida que sejam considerados os determinantes estruturais da própria produção cultural.

Essa é uma reflexão que precisamos retomar em uma pedagogia comprometida com mudanças, rompendo com a interpretação simplista que vê tradição cultural como sinônimo de visão tradicional ou conservadora de mundo. A História nos ensina que essas relações são mais complexas do que parecem, e devem ser consideradas com mais humildade e rigor especialmente quando se trata de compreender os processos educativos presentes nos movimentos sociais.[41]

O segundo aspecto se refere à presença dos elementos culturais nas relações pedagógicas como relações humanas. Talvez seja possível trazer o essencial dessa ideia através dos conceitos de *invasão cultural* e de *síntese cultural*, formulados por Paulo Freire na sua *Pedagogia do Oprimido*, e que têm servido de princípio pedagógico para muitas das práticas de *educação popular*.

Segundo Paulo Freire, a invasão cultural é uma das características da ação antidialógica, caracterizando-se pela *penetração que fazem os invasores no contexto cultural dos invadidos, impondo*

---

[41] Essa discussão está presente na obra *Costumes em comum. Estudos sobre a cultura popular tradicional*, de Edward Thompson, e devo considerá-la na continuidade desta análise.

a estes sua visão de mundo, enquanto lhes freiam a criatividade, ao inibirem sua expansão (1983, p. 178). Uma das implicações da invasão cultural é exatamente a introjeção da visão de mundo do opressor pelo oprimido, o que produz um obstáculo cultural muito forte na superação da opressão, à medida que impede a *escolha moral* pelo engajamento em uma luta contra os opressores. Todo o esforço de construção metodológica de um novo jeito de fazer a educação do povo, feito por Paulo Freire e outros pedagogos identificados com sua teoria pedagógica, foi no sentido de inverter o modo da relação educador e educando, para romper a invasão cultural e estabelecer o processo que chamou de *síntese cultural*. Para chegar a esta, é preciso um tipo de relação pedagógica que promova a inclusão ou a imersão dos sujeitos em seu próprio mundo cultural, que por sua vez é também econômico, político e social, para, desde a própria consciência deste mundo, o educando ou a educanda entrar em diálogo com outras culturas, geralmente representadas ou trazidas na relação com seus educadores e educadoras.

Este tipo de reflexão nos ajuda a pensar que as ações educativas acontecem entre pessoas, cada uma com sua carga de saberes, de valores, de cultura, e que o processo de formação é uma relação de reciprocidade. Nas palavras do próprio Freire, *as pessoas se educam entre si mediatizadas pelo mundo*, o que também quer dizer mediatizadas pelo modo de vida que conforma esse encontro.

O terceiro aspecto presente na relação entre educação e cultura, exatamente aquele que estou enfatizando neste olhar sobre o MST, busca compreender as ações educativas como parte de *processos socioculturais*, ou seja, como práticas que participam da produção ou da formação dos novos sujeitos sociais que emergem da dinâmica de cada período histórico.

A ênfase aqui está na compreensão de como um processo de formação humana pode ajudar no fortalecimento cultural e político de um determinado grupo social que se constitui como sujeito da luta de classes. É assim que se pode compreender o sentido sociocultural das experiências de educação do MST, buscando apreender nos vínculos orgânicos de determinadas práticas educativas com o movimento social, a pedagogia que ajuda a reproduzir e a construir a identidade dos seus sujeitos, potencializando os processos culturais produzidos no conjunto das lutas e da dinâmica de organização desse Movimento.

3ª) Relação entre educação e História.

E se é preciso destacar esta relação é porque, como analisa Enguita, também pode ser considerada uma das constantes do pensamento educacional, especialmente antes de Marx, apresentar a educação como sendo um fenômeno a-histórico (1993, p. 26 e ss). Por isso, tratar da relação entre educação e História é inscrever-se em uma tradição pedagógica que rompe também uma tradição, exatamente aquela que ainda predomina hoje em muitas práticas e discussões sobre educação e sobre escola.

O ser humano é uma produção histórica. O fazer e o pensar a formação humana também são produções históricas: cada tempo coloca desafios e ferramentas próprias para o conjunto de práticas educativas. Se aceitamos esse pressuposto, podemos avançar para uma outra ideia, exatamente a que penso fundamentar este olhar que estou constituindo sobre o MST. Trata-se de considerar a História também como uma das matrizes da teoria pedagógica, afirmando agora *a História como princípio educativo*. Nestes tempos de culto ao *presenteísmo* (Hobsbawm, 1995), como modo de reprodução de uma sociedade de dominação e de exclusão, talvez essa deva ser uma das dimensões fundamentais hoje para pensarmos uma pedagogia voltada a propósitos sociais emancipatórios.

Três ideias que considero importantes no entendimento da História como princípio educativo e que pretendo aprofundar na sequência deste trabalho:

a) A experiência humana que constitui o processo histórico (Thompson) é uma experiência essencialmente formadora ou educativa. Fazer-se humano e fazer-se sujeito social é fazer História. Fazer História é formar-se como humanidade, como sujeito humano.

b) Uma das dimensões fundamentais da educação como formação humana na perspectiva da emancipação humana e da transformação social é o desenvolvimento da consciência histórica: o saber-se parte de um processo que não começa nem termina com cada pessoa, ou cada grupo humano, ou cada classe social. E não há como desenvolver essa consciência sem conhecer a História, o que nos chama a atenção para uma das tarefas educativas muito próprias da escola.

c) A ênfase na compreensão da educação como *processo* mais do que como produto ou como preceitos pedagógicos fixos. Trata-se de um olhar que altera substancialmente o jeito de pensar e de fazer a ação educativa e que nos exige uma postura dialética diante das diversas dimensões que constituem as possibilidades de formação humana.

Terceiro elemento: A escola é um dos tempos e espaços da formação humana e não há como compreendê-la fora de seus vínculos com processos sociais concretos.

Pensando a partir dos desafios históricos próprios do nosso tempo, é preciso pensar este elemento através de duas compreensões combinadas. A primeira, novamente rompendo com toda uma tradição no pensamento educacional, é a de não confundir educação com escola. A escola não é o único tempo e nem o único espaço de formação humana. Essa é a compreensão decorrente da concepção da prática social como princípio educativo, que por sua vez acabou levando, em alguns momentos, a uma secundarização do papel educativo da escola. A própria trajetória do movimento de educação popular no Brasil e América Latina é marcada pela ênfase nas práticas educativas que se desenvolvem fora da escola, às vezes mesmo contra a escola. Foi principalmente a luta dos movimentos sociais pela escola pública de qualidade que acabou exigindo uma nova reflexão pedagógica que rompesse com essa separação estanque, devolvendo um lugar efetivo para a escola na educação do povo.

A segunda compreensão vem deste movimento: a escola é um lugar fundamental de educação do povo, exatamente porque se constitui como um tempo e um espaço de *processos socioculturais*, que interferem significativamente na formação e no fortalecimento dos sujeitos sociais que dela participam. E se constitui assim muito mais pelas relações sociais que constrói em seu interior do que exatamente pelos conteúdos escolares que veicula, embora os conteúdos também participem desses processos, especialmente do que se refere à *produção e à socialização do conhecimento*.

Nessa perspectiva, uma importância maior ou menor da escola em relação ao conjunto diverso dos processos de formação humana está relacionada à própria consciência dos sujeitos que atuam na escola sobre não ser ela o único nem o melhor lugar dessa formação. Porque essa consciência implicará em uma atitude de alargamento das preocupações educativas da escola e na derrubada cultural dos muros que a separam do *mundo da vida e da história real*. Isso precisa ser feito para que a escola se deixe ocupar pelas outras práticas sociais e por suas dimensões educativas e, o que é o mais importante, pelos sujeitos dessas práticas. Esta é uma reflexão que voltará mais adiante. E uma questão importante que se projeta como desdobramento destas reflexões iniciadas, devendo ser discutida com toda nossa atenção e nosso rigor é a seguinte: que matrizes pedagógicas são retomadas e que outras são criadas, a partir de um fazer e de um pensar a educação e a escola desde seu vínculo orgânico com a dinâmica educativa de um movimento social com as características do MST?

Uma última consideração geral sobre esta opção de olhar para o MST: não inscrevo este trabalho em uma certa tendência teórica atual que passou a considerar a cultura como categoria central, sob o argumento de que estaríamos no *momento da Cultura*, assim como já existiu um momento da Economia e outro da Política. Se é verdade que cada tempo produz sua própria sensibilidade a determinadas questões mais do que a outras, também o é que sempre será tempo para abordagens que deem conta do conjunto das dimensões que constituem o processo histórico. E a explicação sobre por que está havendo hoje uma maior sensibilidade para as questões culturais não é possível buscar senão na própria *morada material da cultura,* (Thompson, *apud* Samuel, 1984, p. 311) *que nos remete necessariamente à vida produtiva e ao formato político que ela projeta à luta de classes.*

Capítulo II

A FORMAÇÃO DOS SEM-TERRA E O MOVIMENTO SOCIOCULTURAL

Era-lhe (ao trabalhador do campo) impraticável continuar a não resistir. Sua situação tornava inevitável algum tipo de rebelião. E, de fato, de tempos em tempos e de várias formas ela irrompia...
Capitão Swing, p. 18.

No capítulo anterior, afirmei que apreender o sentido sociocultural do MST é passar a olhá-lo como espaço de *formação do sem-terra brasileiro*, e o sem-terra do MST como sujeito de um movimento ou de processos socioculturais que refletem e preparam mudanças sociais *demoradas* e *profundas*, produzindo elementos de uma cultura com forte dimensão de projeto. Neste capítulo, o objetivo é começar a concretizar este olhar, buscando compreender como acontece o processo de formação dos sem-terra, e que sinais desse movimento sociocultural podem ser identificados em sua dinâmica.

Quando me refiro à formação do sem-terra brasileiro trato, inspirada em Thompson, do processo através do qual trabalhadores e trabalhadoras rurais sem-terra *fizeram-se* ou ainda *fazem-se* este novo sujeito social chamado *Sem Terra*, com uma identidade e uma consciência que lhes insere nos embates políticos do nosso tempo. Diz Thompson, ao explicar o sentido do *fazer-se* da classe operária inglesa, que se trata de compreendê-la como um processo ativo, que se deve tanto à ação humana como aos condicionamentos. *A classe operária não surgiu tal como o sol numa hora determinada. Ela estava presente ao seu próprio fazer-se* (1987, p. 9). No caso do que se trata neste trabalho, a paráfrase possível me parece ser: os sem-terra não surgiram como sujeitos prontos, ou como uma categoria sociopolítica dada, através do ato de criação do MST. Sua gênese é anterior ao Movimento e sua constituição é um processo que continua se desenvolvendo ainda hoje, embora, tal como no caso da classe operária analisada por Thompson, já seja possível identificar um momento da sua história em que se mostra como identidade melhor definida.

Não pretendo aprofundar aqui a análise histórica da gênese dos sem-terra. Vou me deter na reflexão sobre o processo de formação dos sem-terra que acontece no interior do MST e, ainda assim, sem a pretensão de esgotá-la.

O processo de formação dos sem-terra do MST precisa ser compreendido, ao meu ver, em duas dimensões combinadas. A primeira delas diz respeito ao processo de formação dos sem-terra, que é possível perceber na história do MST. Ou seja, é importante compreender o caminho percorrido pelos trabalhadores sem-terra que retomaram as ocupações de terra no Sul do Brasil em 1979, e também começaram o acampamento da Encruzilhada Natalino no final de 1980, no Rio Grande do Sul, projetando uma ação de repercussão nacional decisiva para a posterior criação do MST,[42] até chegar aos *Sem Terra* da camiseta branca e do boné vermelho com os símbolos do Movimento, que, organizados em imensas colunas, marcharam desde os diversos estados e ocuparam Brasília em 1997 ou que, junto com outros trabalhadores do campo e da cidade, fizeram uma marcha cívica pelo Brasil em 1998, e junto com outros militantes sociais novamente marcharam pela dignidade de

---

[42] Como nos conta em sua entrevista Frei Sérgio Görgen, uma das pessoas que fazem parte da história do MST, há também nesse episódio uma daquelas coincidências do cotidiano, difíceis de explicar e que se constituem como temperos do processo. Entre os trabalhadores que começaram esse acampamento havia um que se chamava Natálio, e isto aconteceu próximo ao Natal de 1980 em uma Encruzilhada chamada de Natalino, que fica em um entroncamento de estradas que levam a Ronda Alta, Sarandi e Passo Fundo no Rio Grande do Sul. *Como disseram para ele que era só ele chegar que a terra estava lá,* (referência ao recém conquistado assentamento na Fazenda Brilhante, fruto das ocupações dos colonos expulsos da reserva indígena de Nonoai), *ele veio de mochila e tudo, e a pouca mudança que ele tinha trouxe toda.* Como os outros sem-terra reunidos ali, Natálio não tinha mais para onde voltar e então acabou ajudando a protagonizar um dos fatos mais importantes da gênese do MST. Em março de 1981, eram 300 famílias acampadas; em julho somaram 600 famílias, cerca de 3 mil pessoas. O acampamento durou até março de 1982, quando as 207 famílias que ali resistiram foram assentadas na área que ficou conhecida como Nova Ronda Alta (Entrevista concedida ao projeto História do MST em janeiro de 1997). João Pedro Stedile afirmou, por sua vez, que *mantidas as diferenças históricas, ela* (Encruzilhada Natalino) *teve o mesmo papel que a marcha a Brasília em 1997, porque assim como a marcha não foi apenas dos que queriam dar solidariedade ao MST mas dos que eram contra o governo e perceberam que a luta pela Reforma Agrária era importante para derrubar o modelo neoliberal, a mesma coisa aconteceu em 1981 lá na Encruzilhada Natalino, onde vieram pessoas do Brasil inteiro para protestar contra a ditadura...* (Entrevista em fevereiro de 1998). Será que Seu Natálio e os outros trabalhadores que estavam com ele poderiam imaginar que sua ação desesperada desembocaria em um movimento de massas e uma organização social como é o MST hoje? A informação do MST do Rio Grande do Sul é de que seu Natálio vive agora como assentado na região de Salto do Jacuí, neste Estado.

seu povo em 1999. Ser sem-terra em cada um dos momentos da história do MST tem um sentido diferente, embora todos os sem-terra, de cada uma das gerações que se desenvolvem, devam se sentir herdeiros daqueles primeiros trabalhadores e trabalhadoras que, em determinado momento, decidiram reagir contra a condição social de *sem (a) terra*, escolhendo a ocupação das terras improdutivas como forma de luta e como símbolo de sua rebeldia social.

Identifico três grandes momentos da história do MST para esta análise específica, e que vou desenvolver no próximo tópico: o primeiro momento é o da *articulação e organização da luta pela terra* para construção de um movimento de massas de caráter nacional; o segundo momento é o do processo de *constituição do MST como uma organização social* dentro do movimento de massas; e o terceiro momento, o atual, é o da inserção do movimento de massas e da organização social MST na *luta por um novo projeto de desenvolvimento para o Brasil*. São momentos cumulativos e que precisam ser compreendidos articuladamente, mas com suas especificidades históricas. Os Sem Terra são, ao mesmo tempo, os cultivadores e os frutos dessa trajetória, e sua identidade se completa em cada um desses momentos.

A segunda dimensão do processo de formação dos sem-terra é aquela onde se pode observar mais diretamente a experiência humana de participar do MST ao longo dessa trajetória histórica mencionada. Observando mais atentamente a dinâmica interna desse Movimento, é possível identificar algumas ações ou vivências que, pela força de atuação sobre as pessoas que delas participam, podem ser compreendidas como *processos socioculturais* que possuem componentes educativos ou formadores decisivos na constituição da identidade dos sem-terra do MST, mesmo que por vezes sejam até negados nas escolhas morais cotidianas que cada trabalhador ou trabalhadora sem-terra tenha de fazer ao longo de sua vida, seja na condição de acampado, assentado ou militante da organização.

Vou refletir brevemente sobre as vivências socioculturais que podemos identificar como básicas no processo de formação dos sem-terra do MST: a *ocupação da terra*, o *acampamento*, a *organização do assentamento*, *o ser do MST*, e a *ocupação da escola*. Isso será feito no segundo tópico deste capítulo.

Mas, antes de continuar esta reflexão, há uma categoria de análise que me parece necessário explicitar aqui, para que se possa compreender a base sobre a qual se faz o sujeito *Sem Terra*, considerado em ambas as dimensões descritas acima. Trata-se da categoria de *enraizamento projetivo* que é possível construir a partir da reflexão produzida por Simone Weil na década de 40 sobre a condição operária,[43] e de como foi retrabalhada por Alfredo Bosi em uma análise sobre a questão da cultura no MST.[44]

Diz Simone Weil: *O enraizamento é talvez a necessidade mais importante e mais desconhecida da alma humana. É uma das mais difíceis de definir. O ser humano tem uma raiz por sua participação real, ativa e natural na existência de uma coletividade que conserva vivos certos tesouros do passado e certos pressentimentos do futuro. Participação natural, isto é, que vem automaticamente do lugar, do nascimento, da profissão, do ambiente. Cada ser humano*

---

[43] Reflexão que aparece num dos textos compilados da obra de Simone Weil por Ecléa Bosi para a organização do livro *A condição operária e outros estudos sobre a opressão*. O livro é de 1996, mas o texto *O desenraizamento* foi escrito por Weil em 1943.

[44] Seminário Nacional, *O MST e a cultura*, realizado em São Paulo, em junho de 1998.

precisa ter múltiplas raízes. Precisa receber quase que a totalidade de sua vida moral, intelectual, espiritual, por intermédio dos meios de que faz parte naturalmente (1998, p. 411, grifo meu).

Segundo a autora, uma condição de *desenraizamento* pode vir de um processo de conquista militar de um povo sobre outro mas também pela própria configuração das relações sociais em um determinado país. Na época em que escreveu sobre isso, Weil estava especialmente preocupada com a condição de desenraizamento operário provocada, segundo ela, por dois fatos principais. O primeiro diz respeito às relações sociais que condicionam o assalariado a organizar sua vida em função da *contagem de tostões*, o que lhe afasta da coletividade e lhe força a um individualismo que é profundamente desenraizador. Coloca nesse mesmo fato a condição do desemprego, que identifica como um *desenraizamento de segundo grau*. O segundo fato, para Weil, é a forma como acontece (ou acontecia em sua época na França, país desde onde falava) a *instrução* das massas operárias, que as distancia de seu próprio mundo e de suas raízes. É sugestivo o exemplo que dá: *Um sistema social está profundamente doente quando um camponês trabalha a terra pensando que, se ele é camponês, é porque não era inteligente o bastante para tornar-se professor* (*Idem*, p. 414). E o jeito através do qual a escola se propõe a transmitir os conhecimentos aos trabalhadores tem, segundo ela, uma relação direta com esse pensamento.

É então enfática ao denunciar o *desenraizamento* como a mais perigosa doença das sociedades humanas, exatamente porque capaz de multiplicar-se a si própria. *Seres realmente desenraizados só têm dois comportamentos possíveis: ou caem numa inércia de alma quase equivalente à morte, como a maioria dos escravos no tempo do Império Romano, ou se lançam numa atividade que tende sempre a desenraizar, muitas vezes por métodos violentíssimos, os que ainda não estejam desenraizados ou que o estejam só em parte.* E adverte: *Quem é desenraizado desenraíza. Quem é enraizado não desenraíza* (Idem, p. 415).

Em interpretação livre dessas reflexões de Weil, Alfredo Bosi disse sobre o MST: *O MST tem condições de produzir uma cultura que se movimente dialeticamente entre o enraizado e o projetivo. O MST enraíza as pessoas e lhes possibilita um projeto de futuro* (1998).[45]

Em uma interpretação também livre de ambas as reflexões, podemos afirmar, então, que na base da formação dos sem-terra está um processo de *enraizamento projetivo* que tem diversos e combinados significados.

Dizer que o MST enraíza os sem-terra significa afirmar que ele proporciona a essas pessoas a condição de vincular-se novamente a um passado e a uma possibilidade de futuro, que lhes permite desenvolver-se como seres morais, intelectuais, espirituais e, poderíamos acrescentar, culturais. Enquanto trabalhadores da terra de quem foi tirada a terra, ou a possibilidade social de tê-la como objeto de seu trabalho, os sem-terra foram desenraizados e portanto diminuídos em sua condição humana. Só que não se limitaram àqueles dois comportamentos referidos por Weil. Escolheram lutar pelo seu próprio enraizamento: ocuparam a terra que lhes devolveria uma boa parte de suas raízes.

Mas o MST enraíza os sem-terra especialmente porque lhes inclui ou devolve a uma *coletividade*, sentido maior da noção de enraizamento trabalhado por Weil. No depoimento de Dora,

---

[45] Dito oralmente durante o referido seminário. Palavras não textuais, síntese minha.

jovem de 19 anos acampada em Aracapá, sertão de Pernambuco, o sentido, talvez o mais profundo, do que isso significa: *A minha vida era uma droga. Em dois meses foi como um barril de pólvora que explodiu. Agora eu tenho uma luta e faço qualquer coisa por ela... Se morrer, terá sido por justiça.*[46]

Quer dizer, agora Dora faz parte de uma coletividade que cultiva *pressentimentos de futuro*. Um futuro que poderá ser o de uma trabalhadora da terra, mas que também poderá ser, e é isto o que pretende o MST, o de trabalhadora da terra que se mantém como uma lutadora social, que não sossegará enquanto todos os trabalhadores, todo o povo, não tiverem devolvida sua condição de ser humano enraizado.

É interessante notar que usualmente o termo *raízes* ou *enraizar* nos remete apenas à ideia de passado e de fixação em um tempo ou lugar. Não é este o sentido trabalhado por Weil e retomado por Bosi, que colocam no próprio enraizamento a dimensão de projeto. Para Weil, enraizar o operário não é mantê-lo fixado em um mesmo lugar. Ao contrário, é permitir que se movimente para garantir um *arejamento indispensável*. Assim irá recuperando e criando diversas raízes, todas elas componentes de sua formação humana. Mas deverá fazer isso sem nunca destruir o passado, porque *o passado destruído não volta nunca mais*. Destruir o passado é o crime pior que se pode cometer contra a humanidade; preservá-lo deveria *tornar-se quase uma ideia fixa* (1998, p. 419).

Se insisto no uso do complemento *projetivo* é exatamente para chamar a atenção sobre a relação entre passado e futuro, e a riqueza que pode estar contida no movimento entre raiz e projeto, quando se trata de compreender a dinâmica do processo

---

[46] Jornal *Folha de S. Paulo*, de 15 de junho de 1998.

de formação dos nossos sujeitos *Sem Terra*. Podemos olhar através dele para a própria história do MST, assim como para cada uma das vivências humanas em seu interior, que se traduzem nos processos socioculturais que projetam mudanças. Também através desse movimento é possível fazer uma reflexão importante sobre o sentido da educação e da escola, cujas práticas pedagógicas certamente cresceriam muito em significados se tivessem por fundamento processos sociais de enraizamento humano.

A trajetória histórica do MST
Gênese e nascimento

O Movimento dos Trabalhadores Rurais Sem Terra nasceu da articulação das lutas pela terra que foram retomadas a partir do final da década de 70, especialmente na região centro-sul do Brasil, e que aos poucos foram se *territorializando* (Fernandes, 1996) pelo país inteiro. O MST teve sua gestação no período de 1979 a 1984, e foi criado formalmente no Primeiro Encontro Nacional de Trabalhadores Sem Terra que aconteceu de 20 a 22 de janeiro de 1984, em Cascavel, no Estado do Paraná. Esse encontro teve a participação de trabalhadores rurais de doze estados,[47] onde já se desenvolviam ocupações ou outras formas de luta ou de resistência na terra, bem como de diversas entidades que se colocavam como apoiadoras ou, em alguns casos, articuladoras dessas lutas.[48]

---

[47] Rio Grande do Sul, Santa Catarina, Paraná, São Paulo, Mato Grosso (do Sul), Bahia, Espírito Santo, Goiás, Rondônia, Acre, Roraima e Pará (Arquivo MST).

[48] Central Única dos Trabalhadores – CUT, Sindicatos de Trabalhadores Rurais e Operários, Associação Brasileira de Reforma Agrária – ABRA, Comissão Pastoral da Terra – CPT, Pastoral Operária e Conselho Indigenista Missionário – CIMI (Arquivo MST).

Para compreender a gênese e o nascimento do MST é preciso considerar a combinação de três conjuntos de fatores complementares. O primeiro deles diz respeito às pressões objetivas da situação socioeconômica dos trabalhadores do campo e especificamente na região em que surgiu o MST. O segundo se refere a um conjunto de elementos socioculturais e políticos que participaram do processo de reação desses trabalhadores à sua situação objetiva. E o terceiro conjunto de fatores está relacionado a alguns fatos que desencadearam lutas localizadas mas com repercussão capaz de fazer nascer a ideia de uma articulação nacional da luta pela terra, exatamente o que foi em um primeiro momento o MST.[49]

As pressões ou condições objetivas que levaram, naquele momento, trabalhadores e trabalhadoras do campo *a não poderem mais não resistir e a lutar* foram aquelas originadas da situação econômica e social criada pelas transformações que a agricultura brasileira sofreu na década de 70, chamadas por alguns analistas de *modernização conservadora*, ou também de *modernização dolorosa* (Silva, 1983) e que consistiram em um rápido e intenso processo de mecanização das lavouras especialmente as do Sul do Brasil. Essa agricultura, de traços mais profundamente capitalistas, expulsou do campo, de modo muito rápido, entre 1975 e 1980, grandes contingentes populacionais, exatamente as pessoas que viviam como arrendatários, como parceiros, ou

---

[49] Minhas fontes principais para elaboração deste tópico: entrevistas do projeto História do MST, síntese elaborada por Bernardo Mançano Fernandes para o livro do MST com este mesmo título (em elaboração), e também para o texto *Gênese e desenvolvimento do MST*, 1998a. A identificação dos períodos da trajetória do MST é uma formulação minha, porque visa a uma análise específica que não foi objeto desses trabalhos citados como fontes.

que se reproduziam como filhos de agricultores em um tipo de agricultura que se caracterizava pelo uso intensivo de mão de obra. Com a mecanização, grande parte dessa força de trabalho não era mais necessária.

Em um primeiro momento, esses trabalhadores expulsos do campo tinham duas alternativas: muitos se aventuraram nos projetos de colonização, indo especialmente para os Estados de Rondônia, Pará e Mato Grosso. Mas, quando os agricultores dos primeiros projetos começaram a retornar, pela falta de condições e por não conseguirem se adaptar a lugares com culturas tão diferentes, essa primeira alternativa se desfez, ou pelo menos ficou restrita a pequenos grupos que se dispunham a esses riscos, movidos talvez pelas mesmas ilusões dos nossos primeiros imigrantes europeus.[50] Havia também, na década de 1970, um grande contingente desses agricultores que foi para a cidade, atraído pela expansão industrial do chamado *milagre brasileiro*. Mas também, já no final dos anos de 1970, apareceram os primeiros sinais da crise da indústria brasileira, fechando essa segunda alternativa. A ausência de alternativas, então, foi gerando um contingente populacional disposto a lutar pela terra em seus próprios locais de moradia. Algumas iniciativas espontâneas de ocupações de terra ou de resistência em terras que deveriam ser desocupadas mostraram que era possível uma nova alternativa.

Assim se constituiu a base social que gerou ou que permitiu o nascimento do MST: do aumento brusco da concentração

---

[50] Há inúmeras pesquisas sobre *a ascensão e a queda* dos projetos de colonização feitos pelo governo brasileiro em substituição a uma política de Reforma Agrária. Destaco especialmente TAVARES DOS SANTOS, José Vicente. *Matuchos: exclusão e luta. Do Sul para a Amazônia*, 1993.

da propriedade da terra e do número de trabalhadores rurais sem-terra, com destaque em determinadas regiões; do fechamento progressivo das alternativas que poderiam amenizar essa condição, gerando insegurança e miséria entre uma população acostumada a viver com um certo nível de estabilidade e, talvez por isso mesmo, também acostumada a seguir os tradicionais preceitos da *ordem e progresso*, o que a fez inclusive apoiar por muito tempo a ditadura militar. O MST é fruto das iniciativas de reação a essa situação objetiva. Uma situação nova nos traços de sua conjuntura, mas muito antiga do ponto de vista da estrutura social brasileira que desnuda, historicamente baseada na concentração fundiária.

Mas é preciso buscar compreender também como aconteceram essas iniciativas de reação, o que certamente não fica explicado pelas pressões objetivas. Elas não são suficientes para explicar o processo de organização dos sem-terra, até porque outros momentos de miséria crescente já haviam acontecido e voltariam a acontecer em outros períodos, e também porque muito poucos entre os que tinham a condição de *sem terra* escolheram esse caminho e se mantêm nele até hoje.[51] Há então alguns fatores de natureza sociocultural e política que precisam ser mencionados para a compreensão mais completa do processo de gestação do MST.

---

[51] Uma associação pode ser feita ao que explicou Thompson em relação aos *motins da fome* do século 18: *O "motim" - um termo, em si, canhestro, que talvez mais oculte do que revele – não é uma resposta "natural" ou "óbvia" à fome, mas um padrão sofisticado de comportamento coletivo, uma alternativa coletiva a estratégias individualistas e familiares de sobrevivência. Não há dúvida de que os amotinados tinham fome, mas a fome não prescreve que eles devam se rebelar nem determina as formas de revolta* (Costumes em comum, 1998, p. 208).

Um primeiro fator ou elemento foi o trabalho pastoral que vinha sendo realizado junto à população do campo através das Comunidades Eclesiais de Base (CEB's), que já existiam desde o começo dos anos sessenta e que se tornaram, na primeira metade da década de setenta, um importante foco de resistência popular à ditadura militar. Esse trabalho foi ainda mais fortalecido com o surgimento da Comissão Pastoral da Terra (CPT) em 1975 que, trabalhando em conjunto com as paróquias nas periferias das cidades e com as comunidades rurais, passou a contribuir na organização e na luta dos trabalhadores. As CEB's eram nessa época, um dos poucos lugares sociais onde os trabalhadores encontravam condições para se organizar e lutar contra as injustiças e pelos seus direitos (Fernandes, 1998a, p. 29 e 30). Dada a situação objetiva dos camponeses e demais trabalhadores do campo, a luta pela terra só poderia ter sido uma das ações de resistência daí desdobradas.

A CPT surgiu em Goiânia e reuniu, no primeiro momento, os bispos da Amazônia, motivados especialmente pelos conflitos de terra dos posseiros do Norte e Centro-Oeste, e do grau de violência que ali vivenciavam em seu cotidiano. Mas logo sua atuação espalhou-se por outras regiões porque, como analisa Stedile, era mais do que uma iniciativa isolada, era uma espécie de *autocrítica do apoio da igreja católica ao golpe militar, e uma expressão concreta da Teologia da Libertação*, que representou um fator fundamental de conscientização dos camponeses para a necessidade de se organizar e lutar (1998). Além disso, conforme Stedile, a participação da CPT no processo de retomada da luta pela terra no Brasil teve uma influência decisiva no caráter nacional da articulação das lutas, que veio depois criar o MST. E isso por dois motivos: primeiro, pela vocação ecumênica da

CPT, que evitou que a diferença de credos levasse a criar movimentos distintos;[52] segundo, porque sua atuação nacional e seu conhecimento profundo das lutas anteriores influenciaram nessa direção.

Um segundo elemento a ser considerado na compreensão do surgimento do MST tem a ver com o contexto político do Brasil naquele período, considerado um momento histórico forte no processo de redemocratização do país. O povo brasileiro começava a reagir contra a ditadura militar e multiplicavam-se as lutas e as organizações de trabalhadores, especialmente nas cidades. Como reflete Stedile, o MST somente pôde se constituir como um movimento social importante porque coincidiu com um processo mais amplo de luta pela democracia no país, marcado especialmente pelo ressurgimento das greves operárias de 1978 e 1979. O modo como foi assumida a retomada da luta pela Reforma Agrária nesse momento da História do Brasil precisa ser compreendido como parte desse contexto.

Éder Sader analisou com bastante profundidade esse período, através de uma pesquisa sobre as *experiências e lutas dos trabalhadores da grande São Paulo 1970-1980*, destacando esse momento como aquele em que *novos personagens entraram em cena*, ou seja, novos sujeitos sociais coletivos se constituíram, representando a *emergência de uma nova configuração das classes populares no cenário público. Ou seja, não apenas em comparação com os padrões do início da década, mas também – e sobretudo – com os de períodos históricos anteriores, o fim dos anos 70 assistia à emergência de uma*

---

[52] Os colonos sem-terra do Rio Grande do Sul foram influenciados pelo trabalho pastoral da igreja católica e os colonos do movimento de Itaipu no Paraná, por exemplo, participavam do trabalho pastoral da igreja luterana.

nova configuração de classe. Pelos lugares onde se constituíam como sujeitos coletivos; pela sua linguagem, seus temas e valores; pelas características das ações sociais em que se moviam, anunciava-se o aparecimento de um novo tipo de expressão dos trabalhadores, que poderia ser contrastado com o libertário das primeiras décadas do século, ou com o populista, após 1945... (1995, p. 36 e 37).

O MST fez parte desse processo de produção do que depois começou a ser chamado de uma *nova cultura política*, embora constituindo-se com características bem próprias, conforme será descrito mais adiante.

Um terceiro elemento sociocultural está na *tradição* ou no *costume* (Thompson, 1998) incorporado da trajetória de luta pela terra nos quase cinco séculos de latifúndio em nosso país. O MST é um dos herdeiros do processo histórico de resistência e de luta do campesinato brasileiro. É parte da história da luta pela terra no Brasil, assim como das lutas já realizadas em outros lugares e em outras épocas, onde a exploração ou a exclusão social dos camponeses também foi uma realidade.

Como afirma José de Souza Martins, um dos maiores estudiosos da questão agrária em nosso país, a História do Brasil é a história de um campesinato *progressivamente insubmisso – primeiramente, contra a dominação pessoal de fazendeiros e "coronéis"; depois, contra a expropriação territorial efetuada por grandes proprietários, grileiros e empresários; e já agora, também contra a exploração econômica que se concretiza na ação da grande empresa capitalista... Particularmente a partir dos anos 50, camponeses de várias regiões do país começaram a manifestar uma vontade política própria, rebelando-se de vários modos contra seus opressores, quebrando velhas cadeias, levando proprietários de terras aos tribunais..., organizando-se em ligas e sindicatos; exigindo do*

Estado uma política de reforma agrária; resistindo de vários modos a expulsões e despejos; erguendo barreiras e fechando estradas para obter melhores preços para seus produtos... (1981, p. 10).

Cada sem-terra de hoje carrega em si (ainda que não saiba disso) a herança rebelde de Sepé Tiaraju, de Zumbi dos Palmares, dos camponeses que lutaram em Canudos, Trombas e Formoso, Contestado, nas Ligas Camponesas.[53] Assim como carrega a memória da repressão sofrida por todas essas lutas e o desafio de impedir que a destruição possa ocorrer de novo.

Quando perguntado sobre por que a luta pela terra no final da década de setenta ressurgiu no Sul do Brasil e não no Nordeste, Stedile mencionou exatamente uma das partes dessa memória. A dura perseguição sofrida pelas Ligas Camponesas em 64 ainda estava muito viva nos camponeses do Nordeste. No Sul não houve tanta repressão aos camponeses na época do golpe militar, exatamente porque seus vínculos políticos e culturais influenciavam uma posição de apoio à ditadura. De um lado, então, a entrada desses camponeses na luta pela terra representou uma forte ruptura com padrões culturais naquele momento hegemônicos. Mas, por outro lado, a ausência de uma memória recente de repressão facilitou ou acelerou o processo de organização. No Nordeste a luta demorou mais a ser reorganizada, e quando o foi, carregou por muito tempo os traços culturais do seu formato anterior. Muitas das pessoas que criaram o MST no Nordeste são herdeiras diretas dessas lutas.

---

[53] No livro sobre a história do MST, há um capítulo específico sobre as lutas consideradas antecessoras do MST. Estão destacadas as lutas de Sepé Tiaraju dos Povos Guaranis, Zumbi dos Palmares, Canudos, Contestado, Cangaço, Ligas Camponesas, Trombas e Formoso, e outras lutas localizadas de trabalhadores rurais nos Estados de Minas Gerais, Espírito Santo, Goiás, Paraná, Maranhão, Rio de Janeiro e São Paulo.

Como terceiro conjunto de fatores que explica o processo de criação do MST aparecem, então, alguns fatos desencadeadores de lutas específicas que acabaram sendo articuladas, depois, neste grande movimento nacional de luta pela terra. Estou chamando de *fatos desencadeadores* aqueles que, de certo modo, *apressaram* a conjugação entre as pressões objetivas de uma situação mais geral e os elementos socioculturais e políticos que foram capazes de sustentar a organização dessa ação de resistência dos trabalhadores e das trabalhadoras sem-terra, dando início ao MST. Esses fatos desencadeadores são os chamados *fatos históricos* que, como nos ensinam Hobsbawm e Thompson, somente podem ser assim considerados se, mesmo citados e compreendidos em suas especificidades, forem colocados (por nós que hoje tentamos interpretar esta história) dentro de um único e articulado processo que é, em nosso caso, o processo de gestação ou de constituição do MST e da formação dos sem-terra como seus principais sujeitos.

Na memória (oral e também nos registros do período) do processo de gestação do MST (1979 a 1984) aparecem como fatos com essa densidade histórica especialmente os que identifico a seguir.

No Rio Grande do Sul, o marco foi a expulsão dos colonos da reserva indígena de Nonoai, feita pelos índios Kaingang que também lutavam pela reconquista de sua terra de origem, em maio de 1978. Foram expulsas 1800 famílias de colonos rendeiros da Fundação Nacional do Índio, FUNAI, que estavam ali há quinze anos. Menos de dois meses depois dessa expulsão, aconteceu uma primeira ocupação espontânea (no sentido de não organizada previamente) das fazendas Macali e Brilhante, em Ronda Alta, e na Reserva Florestal da Fazenda Sarandi, em Rondinha. As ocupações começaram com trinta famílias e chegaram a quase trezentas. Como analisa Fernandes, essa ação *tem um importante significado histórico, porque a luta recomeçava exatamente onde havia sido interrompida em 1963*, com o MASTER (1999, p. 3).[54] Além disso, essa ação se desdobrou noutra igualmente importante que foi o já mencionado acampamento de Encruzilhada Natalino, fato decisivo na criação do MST.[55]

Em Santa Catarina, o fato de expressão foi a chamada farsa da peste suína africana, no final da década de setenta, na região de Chapecó, oeste do estado, tradicionalmente forte na produção de suínos. Embora nada tenha ficado comprovado, é lugar comum hoje a versão de que a dizimação dos porcos dos pequenos produtores, determinada pelo governo e executada pelo exército, com a alegação de que havia uma perigosa peste se alastrando em todo o estado, *foi uma estratégia para eliminar o pequeno suinocultor autônomo e as raças comuns de suínos. Pois em muitos casos, ao saberem da matança, os camponeses escondiam os leitões em propriedades distantes, de parentes, e depois continuavam a criação, sem nunca terem visto um único porco morrer da tal doença* (Fernandes, 1999, p. 6). Essa farsa foi uma espécie de *gota d'água* na situação de expropriação dos pequenos produtores daquela região.

---

[54] Na síntese preparada para o livro da história do MST.

[55] Uma descrição detalhada de todos os fatos que serão mencionados neste tópico poderá ser encontrada no livro da História do MST, em elaboração. Especificamente sobre os episódios do Rio Grande do Sul são consultas importantes: Méliga, Laerte Dorneles e Janson, Maria do Carmo. *Encruzilhada Natalino*, 1982; Gehlen, Ivaldo. *Uma estratégia camponesa de conquista da terra e o Estado: o caso da Fazenda Sarandi*, 1983. Sobre a luta pela terra em Santa Catarina: Lisboa, Tereza Kleba. *A luta dos Sem Terra no oeste catarinense*, 1988; Poli, Odilon Luiz. *Aprendendo a andar com as próprias pernas: o processo de mobilização dos movimentos sociais do Oeste Catarinense*, 1995.

Apoiados pela CPT, em um trabalho bastante intenso da Diocese de Chapecó, os camponeses começaram uma série de ações de protestos que deram origem a quatro frentes de luta: o Movimento de Oposição Sindical, o Movimento das Mulheres Agricultoras, o Movimento dos Atingidos por Barragens e o Movimento dos Trabalhadores Rurais Sem Terra. Foi nesse caldo de rebeldia que aconteceu a primeira grande ocupação de terra desse período em Santa Catarina, na Fazenda Burro Branco, município de Campo Erê, oeste catarinense, em maio de 1980. A fazenda foi desapropriada em novembro do mesmo ano, sendo uma das primeiras *frações de território* conquistadas por essa nova fase de luta pela terra no Brasil. *Parte da primeira colheita na terra conquistada foi doada para as famílias acampadas em Encruzilhada Natalino, em Ronda Alta no Rio Grande do Sul* (*Idem*, p. 8).

No Paraná, um dos fatos desencadeadores mais importantes foi a expropriação de terras dos pequenos agricultores devido à construção da Usina Hidrelétrica de Itaipu, que deixou sem a terra milhares de famílias de oito municípios do extremo oeste do Estado, e que deu origem ao Movimento Justiça e Terra, criado em 1980. Desde 1975, o governo federal prometia pagar preço justo pela indenização. Três anos depois, pouquíssimas famílias haviam sido indenizadas, e por um preço muito abaixo do esperado; os posseiros e os sem-terra eram mais prejudicados, recebendo valores ainda menores. Parte das famílias foram transferidas para um projeto de colonização no Acre, onde enfrentaram as dificuldades já conhecidas nesse tipo de projeto. A partir de 1978, as igrejas luterana e católica, através da CPT, e alguns sindicatos de trabalhadores rurais começaram um trabalho de organização das comunidades que gerou o Movimento Justiça e Terra. *Justiça era o que exigiam do governo e a terra era a condição primeira para continuarem agricultores. Portanto, a principal reivindicação era terra por terra (Idem*, p. 16). Das famílias expropriadas de Itaipu nasceu, então, a organização dos sem-terra do Paraná. Entre 1982 e 1983 surgiram vários movimentos nas diversas regiões do Estado: Movimento dos Agricultores Sem Terra do Sudoeste do Paraná – MASTES; Movimento dos Agricultores Sem Terra do Norte do Paraná – MASTEN; Movimento dos Agricultores Sem Terra do Centro-Oeste do Paraná – MASTRO; e Movimento dos Agricultores Sem Terra do Litoral do Paraná – MASTEL. A primeira grande ocupação de terra aconteceu em 1982, na Fazenda Anoni, no município de Marmeleiro, sudoeste do Paraná.[56]

Em São Paulo, o fato desencadeador da gestação do MST foi um conflito entre os posseiros e o grileiro da Fazenda Primavera, localizada no município de Andradina. Há décadas os posseiros da Primavera pagavam renda ao grileiro. Mas na década de setenta ele resolveu começar a trazer gado do Mato Grosso e expulsar os posseiros da fazenda, destruindo suas lavouras e contratando jagunços para queimar suas casas. Com o assassinato de um dos posseiros, o grupo decidiu procurar o Poder Judiciário e solicitar uma intervenção no conflito. Em 1979 foi criada na região a CPT, que proporcionou um espaço de organização dos posseiros que culminou na desapropriação da fazenda Primavera e na implantação do assentamento em julho de 1980. Essa ação abriu caminho para ocupações de terra já a partir do ano seguinte.[57]

---

[56] Sobre a luta pela terra no Paraná uma referência importante é: Bonin, Anamaria Aimoré. *Movimentos sociais no campo*, 1987.

[57] Descrição e análise específica sobre o processo de formação do MST em São Paulo está na obra de Fernandes, Bernardo Mançano. *MST Formação e territorialização em São Paulo*, 1996.

E o outro Estado que aparece na memória do processo de gestação do MST é o Mato Grosso do Sul. O fato desencadeador aqui tem a ver com a forma de apropriação das terras nesse Estado. No final da década de 1970, era comum a prática de grilagem das terras e do uso da mão de obra camponesa para formação das fazendas e pastagens, através do arrendamento. Depois que as fazendas estivessem formadas, os arrendamentos eram desfeitos e os camponeses precisavam migrar para outros lugares onde houvesse novas fazendas a serem formadas.

A partir de 1979, os latifundiários dos municípios de Naviraí, Itaquiraí, Taquaruçu, Bonito e Glória de Dourados pararam de arrendar suas terras porque as fazendas já estavam adequadamente formadas. Mas nesse ano, conforme narra Fernandes, os camponeses decidiram não migrar e sim resistir na terra que ocupavam. Importantes focos de resistência foram sendo organizados em Naviraí, nas fazendas Entre Rios, Água Doce e Jequitibá. Os conflitos foram bastante violentos e o governo decidiu fazer um projeto de deslocamento dos colonos para o norte do Estado (Mato Grosso, a partir de 1979). Muitos aceitaram e novamente a mesma condição: não havia como permanecer em uma terra improdutiva e sem nenhuma infraestrutura. Isso foi gerando a consciência de que a luta pela terra deve ser feita na própria terra e não buscando terras distantes e desconhecidas. Desse processo resultou, mais tarde, uma das grandes ocupações que marcou a época da criação do MST, e que foi a ocupação da Fazenda Santa Idalina, de 18 mil hectares, no município de Ivinhema, com a participação de mil famílias de arrendatários, assalariados, posseiros, ribeirinhos, desempregados da cidade que tinham migrado do campo e brasiguaios, como viriam depois a ser conhecidos os sem-terra brasileiros que trabalhavam nas fazendas paraguaias.

Essa ocupação aconteceu em abril de 1984, três meses depois de ter sido criado em Cascavel, no Paraná, o Movimento dos Trabalhadores Rurais Sem Terra (1999, p. 20-26).

De 29 a 31 de janeiro de 1985, em Curitiba, de novo no Estado do Paraná, o MST realizou o seu primeiro Congresso Nacional, com a participação de 1500 delegados, escolhidos em encontros ou reuniões estaduais que aconteceram ao longo do ano de 1984. Vinham de 16 Estados[58] e decidiram sobre a bandeira de luta que daria a marca principal do Movimento: *Ocupação é a única solução!*

Fruto do próprio processo histórico de sua gestação, e das discussões que acompanharam a sua criação formal em 1984, o MST surgiu e foi se configurando com um caráter todo próprio, fugindo aos padrões da luta pela terra de outras épocas, de outros lugares, especialmente por se configurar como um movimento social nacional de lutas massivas, e por não esgotar sua luta e organização na luta pela terra em sentido estrito. Na explicação de João Pedro Stedile, que é um dos fundadores do MST, três são as principais características que definem o Movimento: *a primeira característica foi a de ser um movimento popular, ou seja, pode entrar todo mundo*, e isso em dois sentidos. O primeiro é o de que o MST é um movimento das *famílias sem-terra* e participam das suas ações o pai, a mãe, as crianças,

---

[58] Rio Grande do Sul, Santa Catarina, Paraná, São Paulo, Mato Grosso do Sul, Rio de Janeiro, Minas Gerais, Espírito Santo, Bahia, Sergipe, Paraíba, Piauí, Maranhão, Pará, Goiás e Rondônia. No final do Congresso foi eleita uma Coordenação Nacional com representantes de 12 estados onde o MST já estava organizado ou em processo de organização: Rio Grande do Sul, Santa Catarina, Paraná, São Paulo, Mato Grosso do Sul, Minas Gerais, Espírito Santo, Rio de Janeiro, Bahia, Sergipe, Maranhão e Rondônia (Arquivos MST).

os jovens, os idosos, não havendo um processo de *filiação* ou de associação formal, (como nos sindicatos, por exemplo) mas apenas de participação, que pode começar em qualquer tempo e lugar. Por si só essa é uma característica que acaba alterando bastante as relações mais tradicionais, à medida que um jovem pode vir a ser a liderança do grupo de seu pai, ou uma mulher ser a coordenadora do núcleo de seu marido, por exemplo.

O segundo sentido é o de que, embora o MST tenha a sua raiz no trabalho da terra, sempre entendeu que, para lutar pela Reforma Agrária, não é preciso ser necessariamente um camponês. Por isso, *entra todo mundo*, porque pode entrar o padre, o agrônomo, a professora, o economista, a agente de saúde, cada um participando desde sua atuação específica. Analisa Stedile: *eu acho que isso deu também uma consistência maior ao MST, porque ele soube se abrir ao que havia na sociedade e não ficar fechado ao que seria um movimento camponês típico... mas sem abrir mão da vinculação com a base. O MST tem que ser feito pelos trabalhadores* (1998). Sem dúvida, essa foi uma das características importantes na constituição do MST também como uma organização social, bem como no delineamento do que veio a ser a *identidade Sem Terra*.

A segunda característica do MST é *que ele tem um componente sindical, no sentido de corporativo*. Ou seja, a organização e as lutas acontecem em torno de demandas específicas e que não se restringem à conquista da terra. O MST trouxe a si também as lutas corporativas dos assentados, em relação a crédito, a preços mínimos, a estradas, à saúde, à educação. Isso vem exigindo a ampliação permanente das frentes de atuação do Movimento, ao mesmo tempo que consegue inserir os interesses corporativos, particulares de grupos ou pessoas, em um movimento maior que é o da luta pela Reforma Agrária em todo o país.

A terceira característica é a de que *o MST tem um componente político, presente desde o início e certamente influenciado pela gênese do Movimento*. Isso significa ter presente, em cada uma de suas ações, que a luta pela terra e a luta pela Reforma Agrária somente podem ter algum avanço se forem compreendidas como *parte da luta de classes*. E significa também pautar essa luta desde *princípios*, organizativos, políticos e ideológicos, e com objetivos mais amplos.

Momentos históricos da formação dos sem-terra

Olhando para a trajetória do MST desde o ponto de vista da formação do sem-terra como sujeito político e sociocultural, é possível identificar nela três momentos distintos. São momentos que coincidem, de certo modo, com a cronologia histórica nacional do MST, embora o acento das diferenças não esteja exatamente nesse aspecto. A marca diferencial diz respeito aos desafios concretos que conformam a luta do MST em cada momento, e que, ao mesmo tempo, exigem e produzem uma determinada conformação de seus sujeitos.

Se pensarmos na realidade específica de cada Estado que compõe hoje o MST, isso assume um caráter ainda mais complexo, exatamente pela relativização necessária da dimensão cronológica desse processo. A nível nacional é possível afirmar que esses momentos foram se constituindo um após o outro, mesmo que considerados sob forma de uma articulação histórica dialética e não meramente sequencial. Mas, se tomarmos o caso dos Estados onde o MST passou a se constituir nos últimos anos, é preciso considerar que vivem um processo histórico bem diferente daqueles Estados que estiveram presentes na gênese do Movimento. Os sem-terra de Tocantins, um dos Estados de constituição mais recente do MST, por exemplo, já estão se formando como herdeiros dos três momentos produzidos pela história do MST em seu conjunto, o que certamente não os exime de passar, talvez de forma mais breve ou com outros contornos, por essas diferentes fases de constituição da identidade de sem-terra do MST. Essa riqueza de processo, permitida e exigida por uma organização que é de abrangência nacional, e está em processo permanente de constituição, é em si mesma um traço marcante do próprio processo de formação do sujeito social *Sem Terra*.

Em cada um dos momentos é possível identificar os principais desafios postos ao MST e como vai se constituindo a identidade que permite uma resposta a eles, através de traços que projetam (em um olhar de hoje, 1999) o que veio a ser o sujeito *Sem Terra* e o próprio MST.

Primeiro momento: Articulação nacional da luta pela terra.

Historicamente, esse é o momento de constituição do MST enquanto movimento social de massas cujo objetivo central é a luta pela terra. Para termos uma referência cronológica nacional, é o período que começa na gestação do Movimento e que vai até aproximadamente 1986, 87, quando então se pode dizer que se consolida como sujeito de luta pela terra no Brasil, não apenas por já estar organizado em 12 Estados, mas também por acumular conquistas significativas e aprendizados importantes sobre como conduzir essa luta e fazer os embates com as forças políticas opositoras.

Os sem-terra desse momento precisam ser compreendidos, em primeiro lugar, pela sua origem de classe. De modo geral, o termo sem-terra designa os trabalhadores e as trabalhadoras que trabalham a terra sem ser proprietários dela, ou que têm uma propriedade tão pequena que não consegue atender as necessidades básicas de sobrevivência de uma família. Mas dentro dessa categoria mais ampla há diferenciações no que se refere às formas como esses trabalhadores e essas trabalhadoras participam da produção, o que por sua vez repercute em uma heterogeneidade cultural bastante pronunciada, com traços que se manifestam no jeito da organização para a luta, em um primeiro momento, e no jeito da organização para a produção dos assentamentos, em um segundo momento.

Em uma definição mais precisa, então, são considerados *sem-terra* os *parceiros*, trabalhadores sem propriedade que produzem em parceria com o dono da terra, passando-lhe parte da produção; os *pequenos arrendatários*, que produzem em uma terra arrendada por um valor fixo; os *posseiros*, aqueles que vivem e trabalham em uma terra como se fosse sua, mas que não têm título de propriedade, podendo ser expulsos a qualquer momento; os *assalariados rurais*, os trabalhadores que vendem sua força de trabalho aos donos de terras, geralmente aos fazendeiros; os *pequenos agricultores*, módulo que varia segundo as regiões, de modo geral, considerado assim os que têm menos de cinco hectares de terra; e os *filhos de pequenos agricultores*, aqueles que não conseguirão se reproduzir como agricultores através da terra de seus pais, já que dividida entre todos os irmãos irá tornar-se de tamanho insignificante. Já na época de surgimento do MST isso situava os sem-terra em um universo aproximado de quatro milhões de famílias em todo o país.[59]

Os sem-terra também trazem em si uma multiplicidade de origens étnicas e culturais. São as misturas que existem já em cada Estado ou região, acrescidas da mistura entre os personagens típicos das diversas regiões, à medida que o MST se desenvolve

---

[59] Esta descrição está em Stedile e Frei Sérgio, 1993, p. 25 a 28.

como uma organização nacional. Usando a classificação elaborada por Darcy Ribeiro para explicar a formação do povo brasileiro,[60] é possível sintetizar dizendo que os sem-terra combinam em si os traços dos *Brasis sulinos de gaúchos, matutos e gringos*, do *Brasil caipira* das fazendas paulistas,[61] do *Brasil sertanejo* que é o tipo econômico e cultural predominante nos sertões nordestinos, do *Brasil caboclo* da população amazônica, e do *Brasil crioulo* dos engenhos de açúcar do nordeste litorâneo. Essas, segundo Ribeiro, são as principais configurações histórico-culturais que *formam o Brasil e o povo brasileiro*. Já no processo de gestação do MST se combinaram vários desses tipos, ampliando-se a cada novo passo de territorialização do Movimento. Isso quer dizer que os sem-terra carregam juntas toda a riqueza destas formas distintas de ver o mundo, de conceber a vida, o trabalho, as relações sociais e interpessoais, assim como herdam as tradições de conflitos e de preconceitos que também marcaram e ainda marcam o processo de formação de nosso país e de nosso povo.

Junto com a herança (de classe, de etnia, de cultura) vem, então, a construção da nova identidade, exatamente a passagem da condição de ser um trabalhador *sem* (a) *terra*, do sul ou do norte, de origem europeia, cabocla ou negra, à condição de ser um trabalhador *sem-terra*, ou seja, a uma categoria social que se vê e é vista nessa condição; nesta mesma passagem uma segunda,

---

[60] Na obra *O povo brasileiro. A formação e o sentido do Brasil*, 1997.
[61] Segundo Darcy Ribeiro, o tipo de conformação econômica e cultural que deu origem ao *caipira* é que está na raiz do que ele chama dos *verdadeiros camponeses do Brasil*, no sentido de *reivindicantes seculares da posse das terras que trabalham*, e estando como que *à espera do surgimento das formas de luta que, exprimindo sua inconformidade, desencadeiem a rebelião rural* (1997, p. 393).

aquela que constitui o sujeito social *Sem Terra*, com a identidade de quem decidiu criar uma organização e lutar coletivamente pelo que lhe falta para ser o que mais sabe ser, um trabalhador da terra, seja em um lugar ou outro, com uma tradição cultural ou outra. As marcas desse momento do processo de formação do sem-terra são, a meu ver, basicamente duas. A primeira é a que nos parece (com os olhos de hoje) um tanto óbvia, mas que é exatamente aquela sem a qual o MST não teria sequer começado a existir. Trata-se da marca da *escolha das pessoas* de reagir à sua condição de sem-terra lutando pela terra, e de passar a perceber um problema que parecia de cada trabalhador, ou no máximo de cada família, como um problema coletivo, e com alternativas de solução também coletivas. A grande diferença, neste momento histórico, entre um trabalhador sem (a) terra e um *trabalhador sem-terra ligado ao MST*, é que o primeiro *não conta* do ponto de vista social e político. A sua miséria ou o seu *desenraizamento* (Weil) são problemas dele, ou no máximo são vistos como um problema social por outras pessoas ou por outros sujeitos, que podem decidir, ou não, ajudá-lo a sair dessa sua condição desumana.

Quando passa a ser integrante de um movimento social e lutar pelo seu direito de ser um trabalhador da terra, e sobreviver dignamente desse trabalho, ele passa a fazer diferença, a entrar nas estatísticas, na sociedade, passa a ter um rosto. Pode apanhar da polícia, pode ser despejado das terras que ocupa, pode ser considerado um *desordeiro*, mas *existe socialmente*, é *sujeito da história*, e mesmo que deixe de participar do MST, jamais será o sem (a) terra de antes. Agarrou com seu próprio corpo a luta pela sua *salvação social*, e isso alterou seu modo de ver o mundo. Como dizem os camponeses, *a gente vê a partir de onde os pés da gente pisam*, e pisar em uma terra ocupada é muito diferente do que pisar (ou deitar) na sarjeta de alguma cidade qualquer. Essa é uma escolha que cada sem-terra poderia não ter feito, mas por alguns motivos a fez, e então a carregará para sempre em sua herança.

A segunda marca necessita de alguns detalhes a mais, porque nem sempre se olha para a história do MST tentando percebê--la. Trata-se das escolhas que historicamente foram sendo feitas pelos sem-terra sobre o seu *jeito de lutar* ou sobre suas *formas de luta*. Algumas decisões, resultantes da correlação de força dos embates de cada conjuntura, e pela influência política e cultural dos protagonistas principais de cada situação, foram aos poucos constituindo as características que firmaram o *modo de ser Sem Terra*, ou o *modo de agir do MST*, exatamente esse que hoje chama a atenção (atrai e repele) do conjunto da sociedade, brasileira e internacional. Nos limites desta análise, há pelo menos três decisões a destacar como parte deste momento.

A primeira decisão, que é herança de sua própria gênese, foi a de definir *a ocupação da terra como a forma principal de luta*, e aos poucos construir em torno dela princípios organizativos e uma metodologia bastante própria de educação do povo. A ocupação passou a ser a marca do MST; tanto que, ao se buscar a memória do surgimento do Movimento em cada Estado, as lembranças coletivas demarcam com precisão: é considerado criado o MST a partir de uma primeira ocupação de terra. Às vezes isso quer dizer que já havia pessoas fazendo reuniões, articulando as famílias em diversos municípios há vários meses, mas isso não é considerado ainda como uma *verdadeira ação do MST*. A ocupação define, pois, para os sem-terra e para a própria sociedade, a existência social do MST.

A ocupação de terra não é uma forma de luta criada pelo MST. Ela é tão antiga quanto a existência de camponeses sem-terra na história. Em todas as épocas e em diversos lugares, ela foi escolhida como símbolo da rebelião e dos levantes de trabalhadores do campo. Mas o processo de fazer essa opção de luta, e o jeito como ela é feita, certamente é característico e constitui uma parte rica da história de cada grupo que dela fez uso. No caso do MST, se olharmos para a sua história, prestando uma atenção específica à trajetória das ocupações de terra, ficará visível como foram sendo um objeto privilegiado de formação dos sem-terra. No começo dessa história, algumas ocupações aconteceram antecedidas quase de um *pedido de permissão aos representantes da ordem estabelecida*. Foi assim no episódio de uma das primeiras ocupações no Rio Grande do Sul, por exemplo. Conforme narrou Frei Sérgio Görgen em sua entrevista, durante o processo que culminou com a ocupação da fazenda Macali em 1979, em uma das audiências com o governo do Estado, sem isto ter sido combinado antes, um dos sem-terra disse ao governador: *e se a gente entrasse na fazenda, o que o senhor faria?* E o governador, certamente achando que aquilo seria impossível, declarou sem muito pensar: *eu entraria junto!* Foi, naquele momento, a palavra que faltava. Como não ocupar se até o governador apoia? Nessa época, então, o convencimento dos sem-terra para fazer uma ocupação dependia de alguns avais importantes. A Bíblia e a Constituição ou o Estatuto da Terra eram materiais de conhecimento indispensável para o trabalho de base junto aos sem-terra. Hoje, o maior argumento são as conquistas já acumuladas e a existência de milhares de famílias que, embora permaneçam com muitas dificuldades, *já têm o que comer, e seus filhos estão na escola*.

Neste mesmo raciocínio é possível pensar na diferença entre as ocupações feitas de forma tímida, quase escondida da sociedade, e sem um maior planejamento, e ocupações como a que aconteceu no Paraná em 1996, no gigantesco latifúndio da fazenda Giacometi, de 83 mil hectares, que através da presença e do registro fotográfico de Sebastião Salgado,[62] tornou-se mundialmente célebre, em uma cena verdadeiramente épica.

Ocupações como essa são uma verdadeira *empresa social*, um exemplo de organização complexa, que faz muita gente não entender como tudo pode realmente ser obra desses *desgarrados da terra*. É aquela já citada ironia do poeta: *como assim, levantados do chão?* E desse jeito?

São diferenças construídas através das decisões e das ações que constituem o cotidiano da luta do MST e que foram compondo sua história e a de cada um de seus sujeitos. Junto com as ocupações de terra vieram também os *acampamentos*, que de caráter provisório ou permanente, antecedendo ou permeando as ocupações, também se tornaram, pouco a pouco, um dos fortes símbolos da presença dos sem-terra, através das chamadas *cidades de lona preta*, bem como um de seus principais espaços de formação.

A segunda decisão foi sobre *que postura assumir perante a sociedade* no processo de luta. Em resumo, a questão que se colocou, logo nos primeiros episódios da luta pela terra, mesmo antes do próprio surgimento formal do MST, mas principalmente depois disso, foi: qual a figura social do *Sem Terra* a ser construída: um

---

[62] A fotografia do momento da entrada dos sem-terra na fazenda faz parte da exposição e do livro *Terra*, de 1997, que tem a apresentação de José Saramago e foi feito em homenagem à luta do MST.

coitado ou um *lutador*? No fundo, o que estava em jogo era a própria compreensão pelos sem-terra dos significados políticos e culturais da forma principal de luta que já tinham escolhido. Já sabemos a resposta que historicamente foi dada, mas me parece importante narrar um dos fatos dessa história, que, exatamente por ser exemplar, nos permite compreender como acontecem as escolhas históricas que vão definindo os rumos e a identidade, no caso, de um movimento social e de sua luta.

O episódio é o da Caminhada a Porto Alegre que os sem-terra gaúchos acampados na Fazenda Anoni fizeram em 1986, depois de quase um ano sem respostas concretas do governo do Estado. Conta Darci Maschio,[63] uma das lideranças da época, que um dos grandes debates travados entre os trabalhadores e as entidades de apoio, especialmente a CPT, *um debate que não foi de um dia nem de uma só reunião*, foi sobre o que chamou de *caráter da chegada*. Haviam duas teses: uma, que era defendida por alguns dos representantes da CPT, de que a chegada deveria ser do estilo *romaria*, construindo uma imagem dos *Sem Terra coitadinhos, que caminharam 500 quilômetros e o governo não se compadeceu, o que despertaria a piedade da população...* Nessa tese, a ação da chegada seria *deitar na praça* e aguardar a reação do governo. A outra tese, defendida pelas lideranças sem-terra, era a de, ao chegar, *ocupar o INCRA, fechar o prédio e comandar o espetáculo lá de dentro*, ou seja, dar um caráter de enfrentamento, de radicalização da luta: *estamos cansados de 'enrolação'*.

Naquele momento a solução encontrada, após longo debate, foi conciliatória. Chegaram a Porto Alegre, deitaram na praça, mas também reforçaram um acampamento que já havia em frente

---

[63] Entrevista, 1997.

ao INCRA e, com outro grupo, ocuparam (pacificamente e com a cruz na mão) o plenário maior da Assembleia Legislativa do Estado. Cada grupo tinha uma rotina diferente, a partir de lideranças diferentes. Na Assembleia não houve enfrentamento maior porque os deputados simplesmente deixaram de comparecer ao trabalho, o que acabou esvaziando a ação. No acampamento em frente ao INCRA, havia a tensão provocada pela ameaça de uma possível ocupação do prédio e uma relação mais direta com a população da cidade. Segundo Maschio, foi impressionante perceber como era diferente a *leitura da conjuntura* que fazia cada grupo, incluindo o terceiro, aquele que permaneceu acampado na Anoni, uma diferença que se produzia pela ação diferenciada em que as pessoas estavam envolvidas.[64]

A importância desse episódio é que ele nos remete a uma série de decisões do mesmo tipo, que foram sendo tomadas pelo MST e conformando sua história e seus sujeitos. O desdobramento imediato de fatos como esse foi o processo de autonomização do Movimento em relação a seus apoiadores da Igreja, e a busca de um caminho próprio. *Somos o Movimento dos Sem Terra e não um movimento de Igreja, embora sejamos em nossa maioria cristãos e precisemos do apoio da Igreja para nossas lutas.*

Chegar a essa síntese, trocando simbolicamente a cruz pela foice, foi certamente um passo decisivo nos rumos seguidos posteriormente pelo MST. Porque também tornou-se princípio da relação que o Movimento passaria a ter com outras organizações e personalidades. E se isso implicou em conflitos e algumas crises de identidade, elas certamente não foram menos

---

[64] Este tipo de reflexão também tem sido matéria-prima para a elaboração dos princípios pedagógicos do MST.

educativas do que aquelas que costumam ser vividas pelos filhos adolescentes quando começam a construir sua independência em relação aos pais. Depois do sectarismo inicial, há condições de chegar a uma síntese construtiva para ambos. A foice e a cruz podem conviver, desde que se tenha claro que cada uma delas pode ser marca mais forte de um grupo específico de lutadores sociais e não ser de outros, mas que juntas podem representar uma luta comum.

A terceira foi *a decisão de que o MST seria um movimento nacional*. Quando se iniciou o processo de articulação das lutas localizadas que estavam acontecendo principalmente no Centro-Sul do Brasil, a tendência seria a de criar um movimento de caráter regional, dadas as condições já existentes de afinação histórica e cultural, o que facilitaria a unidade e a realização de lutas comuns. A decisão de construir um movimento nacional foi fruto de uma reflexão política das lideranças da época, que entenderam que essa seria a forma correta de fortalecer a luta pela terra e impedir que fosse reprimida, aprendendo com as lições de outros movimentos camponeses da História do Brasil que foram mais rápida e violentamente 'varridos' da História, sempre que tiveram uma atuação apenas local ou estadual.

Essa decisão exigiu vários aprendizados que se processam até hoje. O principal deles foi o de como garantir a *unidade de ação* respeitando as peculiaridades de cada região, cada Estado, cada local. Peculiaridades que dizem respeito tanto a diferenciações históricas e culturais como a conjunturas políticas específicas que precisam ser levadas em conta para que as ações atinjam seus objetivos. Hoje, se pode dizer que este é um dos grandes *patrimônios* do MST: uma *cultura organizativa* que combina uma direção política unificada, expressa através de princípios e linhas de ação, com uma atuação descentralizada e com um processo de discussão das decisões em todos os níveis da organização.[65] É essa cultura organizativa que permite a realização de grandes mobilizações nacionais, tais como as jornadas de lutas, as marchas em que se integram todos os Estados e que constroem a imagem que, de modo geral, a sociedade tem do MST: *onde estão os Sem Terra há organização!*

Um aprendizado correlato a esse foi, e é sempre, o de diálogo entre culturas e histórias diferentes, não apenas na perspectiva do chamado *respeito às diferenças,* mas muito mais no sentido da construção de novas *sínteses históricas e culturais,* que superem as tradições comprometidas com projetos sociais excludentes ou discriminatórios. A história de constituição do MST nos Estados está repleta de exemplos que ilustram esse aprendizado. O depoimento de algumas lideranças que foram do centro-sul para ajudar na criação do MST no Nordeste, por exemplo, conta que, em alguns Estados, elas enfrentaram uma forte oposição das entidades de apoio locais, corporativas, que alegavam não ser da *cultura* do povo daquele lugar fazer ocupações de terra. Dos embates, resultou um aprendizado mútuo: as lideranças tiveram que construir novos jeitos de fazer o trabalho de educação dos sem-terra para a luta, mas as ocupações aconteceram e são hoje o orgulho desse povo, que mostrou aos que se pretendiam seus *intelectuais orgânicos,* que talvez essa não fosse a sua (dos intelectuais) cultura de luta, mas poderia sim vir a ser a do povo, desde

---

[65] Esse processo tem uma dimensão educativa muito importante, porque, à medida que se flexibilizam as formas e os momentos de concretização dos princípios e das linhas de ação, cada prática os recria e então permite que nasçam novas sínteses que vão fazendo a própria revisão histórica dos princípios e das linhas, em um movimento permanente. Isso enriquece a luta e a história dos sujeitos que a fazem.

que lhe fosse permitido tomar as decisões sobre o seu próprio destino.[66]

Episódios desse tipo acabaram gerando um outro tipo ainda de aprendizado correlato, que foi sobre a relação dos intelectuais com um movimento social de massas. Muitos intelectuais foram se afastando do Movimento porque não conseguiram entender que a sua palavra não deveria ser a última em uma discussão desse tipo, especialmente se não fosse produzida pela participação direta nas ações decorrentes das escolhas feitas. Outros, os que compreenderam a importância pedagógica e política do protagonismo dos próprios trabalhadores sem-terra no processo de construção do MST, permanecem vinculados ao Movimento até hoje e, mesmo que sua raiz cultural não esteja no campo, podem ser considerados como parte do MST.

Como síntese das marcas da formação dos sem-terra produzidas nesse primeiro momento podemos destacar então: a construção da decisão de rebelar-se contra sua condição de sem (a) terra, o jeito de fazer essa luta e o orgulho de passar a atender também por um outro nome que não apenas o seu pessoal: *quem é você: sou Sem Terra, sim senhor*;[67] e através da luta e das formas que ela vai assumindo, a passagem do *sem-rosto a cidadão*,[68] ou seja, a

---

[66] Entrevistas do projeto História do MST, 1997.

[67] Na foto que ficou muito conhecida da líder sem-terra da Fazenda Anoni do Rio Grande do Sul, Roseli Nunes, que foi assassinada no dia 31 de março de 1987, em uma mobilização dos pequenos agricultores da região onde ficava o acampamento, aparece um adesivo colado no peito de seu filho Marcos Tiaraju (primeira criança nascida no acampamento) com a expressão *SOU SEM TERRA*.

[68] Essa expressão integra o título de uma Dissertação de Mestrado feita no âmbito do Direito Constitucional: Garcia, José Carlos. *De sem-rosto a cidadão. A luta pelo reconhecimento dos sem-terra como sujeitos no ambiente constitucional brasileiro*, 1998.

construção da identidade sem-terra como *sujeito social de direitos*: pessoas, coletivos que se sabem com direitos e que se organizam para conquistá-los. Essa ideia me parece muito bem ilustrada no depoimento de Maschio (1997) sobre a mudança de vida que o MST provoca, observando especialmente os assentamentos:

O Movimento Sem Terra nasceu na luta de pegar um ser humano que já era excluído, não era cidadão, trazer ele para um momento que ele se considerasse sujeito de sua própria história, alguém que começasse a administrar a produção, coisa que ele nunca administrou, organizasse essa produção junto com outros companheiros, chegando até a influenciar no mercado, mesmo que só local ou regional. A mudança de vida é econômica, social, de cabeça... Aqueles que eram chutados no barraco, que eram chamados de vagabundos, baderneiros, ladrões, hoje aqui no assentamento, têm uma cooperativa que é até reguladora de mercado... O pessoal recuperou a dignidade e a respeitabilidade, e tudo isso através desta luta dirigida pelo Movimento.

Segundo momento: Constituição do MST como uma organização social dentro de um movimento de massas.

Esse é o momento em que o MST é desafiado pelas circunstâncias históricas a construir-se também como uma organização social, que continua a ter na luta pela terra seu eixo central, mas que passa a ter na sua agenda política uma série de outras lutas que se combinam no objetivo mais amplo de lutar pela Reforma Agrária no Brasil. Uma agenda que passa a exigir dos sem-terra do MST outras formas e estruturas de organização e de participação coletivas. Em termos de referência cronológica nacional, é possível identificar esse período como sendo o que começa em 1986, 1987 e que continua até hoje, à medida que, segundo o próprio MST, ainda há níveis de organização a serem consolidados e desafios organizativos a superar. Ou seja, trata-se de um momento entrecruzado com o momento anterior e já convivendo com os desafios do momento seguinte.

Estou usando a expressão *organização social* no sentido de dizer que o MST passa a assumir características organizativas e de atuação na sociedade que extrapolam o caráter temporário e o perfil comum a um movimento social de massas.[69] Isso tanto se considerarmos os diversos movimentos camponeses da História do Brasil (e talvez também da América Latina), como também na comparação com outros movimentos sociais que lhe são contemporâneos, sejam de trabalhadores rurais ou de trabalhadores urbanos. Não se trata de uma nomeação consensual nem entre os analistas nem entre os próprios Sem Terra. Na verdade, ainda está para ser construída uma categoria que realmente dê conta de expressar a especificidade "identitária" do MST.

Há autores, como por exemplo o sociólogo José de Souza Martins, que apontam o MST como uma *organização política*;[70] outros, como a também socióloga Ilse Scherer-Warren, que o mantém na categoria mais ampla dos chamados *novos movimentos*

---

[69] Estou usando a expressão *de massas* no sentido em que é empregada pelo MST, ou seja, indicando além da mobilização direta de um grande contingente de pessoas, o seu caráter popular, naquele sentido de *entra todo mundo*, entram as famílias inteiras. (Entrevista com João Pedro Stedile, 1997).

[70] Martins, José de Souza. Revisando a questão agrária. *Jornal Sem Terra* nº 160, julho de 1996. Sua afirmação principal é a seguinte: *Ele* (o MST) *tem uma estrutura, um corpo de funcionários. Já não tem as características de um movimento social. A tendência dos movimentos sociais é a de desaparecerem, uma vez atingidos ou esgotados seus objetivos ou sua capacidade de pressionar, ou se transformarem em organizações partidárias ou de outro tipo... Para ele, este seria o caso do MST: trata-se de uma organização poderosa. Eu diria que ele é o primeiro e único partido popular agrário que temos no Brasil, apesar de não ter programa e organização propriamente partidários... E esse é o lado positivo, não o lado negativo do movimento* (p. 51).

sociais,[71] e outros ainda, como o geógrafo Bernardo Mançano Fernandes, que já arriscam construir novas categorias, no caso de Fernandes considerando o MST como um *movimento socioterritorial*.[72] O consenso é o de que as categorias *movimento social* ou *movimento de massas*, pelo menos em seu sentido originário, não conseguem explicar com precisão o papel histórico do MST. Internamente ao Movimento começa a ser usada por algumas lideranças a expressão *organização de massas*, no sentido de indicar que se trata de uma combinação de características que, sendo fruto de uma construção histórica, não implica em uma mudança de caráter mas sim em uma nova síntese de um caráter que esteve presente desde o início:

O MST em sua teoria da organização entende que deve ter uma dupla estrutura: ser um movimento de massas amplo mas, dentro deste, ter uma estrutura organizativa que dê sustentação ao movimento, transformando-se assim numa "organização de massas". Esta organização é para melhor assimilar as ideias e pô-las em prática. Daí a constituição das instâncias, dos setores, dos núcleos...[73]

O MST perderia sua identidade principal, se deixasse de ser um *movimento de massas*, quer dizer, um movimento social que tem sua marca na realização de lutas e mobilizações que envolvem sempre o maior número possível de pessoas, rejeitando a ideia de *luta por representação*. A luta pela terra é diretamente feita pelos trabalhadores sem-terra e não por seus representantes. Mas essa identidade foi aos poucos retrabalhada e acrescida da ideia de que essa luta de massas poderia ser feita desde uma estrutura

---

[71] Scherer-Warren, Ilse. *Redes de Movimentos Sociais*, 1993, p. 51.
[72] Fernandes, Bernardo Mançano. *Gênese e desenvolvimento do MST*, 1998a.
[73] Bogo, 1998a, não paginado.

organizativa mais complexa, que foi construindo novos aspectos e novas formas de atuação e de condução da luta como um todo. E, como diz o mesmo texto citado antes, essa não foi uma decisão planejada no início. *A conjuntura e o momento histórico vão colocando pra nós algumas responsabilidades para as quais já não nos é mais permitido dizer não...* Não pretendo aprofundar esta discussão, mas apenas situar o contexto de significados da análise específica que estou fazendo neste tópico. Uso a expressão *organização social* para chamar a atenção sobre dois aspectos que me parecem importantes nesta discussão, especialmente se o foco é a construção histórica da identidade do MST, e o processo de formação do sem-terra próprio deste momento histórico: a formatação da organização dos sem-terra em torno de princípios e de estruturas organizativas mais complexas,[74] e que, por sua vez, mantêm a flexibilidade e a agilidade das mudanças proporcionadas pelo caráter de movimento social de massas; e a atuação do MST em um número cada vez maior de dimensões da vida social, firmando a identidade do Sem Terra como sujeito que luta pelos seus direitos sociais e políticos de cidadão. *Terra é mais do que terra...*

---

[74] A estrutura organizativa atual do MST combina a participação de seus membros em instâncias deliberativas (de âmbito nacional, estadual, regional, local), em setores de atividades (produção, formação, educação, frente de massa, comunicação, finanças, projetos, relações internacionais, direitos humanos e saúde), em articulações nacionais (de gênero, dos músicos, dos pesquisadores e dos estudantes universitários ligados ao MST), e em núcleos de base (dos acampados, dos assentados, dos funcionários ou militantes que atuam nas secretarias que ficam nas cidades, dos estudantes de cada curso ligado ao Movimento...). Os princípios organizativos são os seguintes: direção coletiva, divisão de tarefas, profissionalismo na execução das tarefas delegadas, disciplina, planejamento, estudo, vinculação dos dirigentes com a base e crítica e autocrítica permanente (Documentos MST).

A passagem histórica do primeiro para o segundo momento dessa trajetória que estamos tratando aqui, novamente pode ser identificada através de algumas decisões que foram sendo tomadas pelo MST, a partir das questões ou dos desafios da realidade enfrentada no processo de luta. Destaco duas decisões específicas que me parecem ter sido fundamentais na conformação das reflexões mais gerais que levaram o MST a assumir-se como uma organização social (de massas).

A primeira decisão foi a de que *o MST seria também o movimento ou a organização dos assentados*. Isso aconteceu logo que começou a ser conquistado um número significativo de assentamentos, colocando-se a questão da *identidade do assentado*. Os governos insistiam (como continuam fazendo até hoje) em dizer aos trabalhadores que agora eles eram *com-terra* e por isso não tinham mais nada a ver com o MST, devendo assumir sua identidade de pequenos produtores preocupados em trabalhar e mostrar que eram dignos da terra agora sua.

Logo, a realidade dura da falta de condições para viabilizar a produção dos assentamentos mostrou que, mesmo havendo diferenças em relação à condição dos sem-terra dos acampamentos e os das ocupações, os *com-terra* não tinham uma opção de caminho muito diferente a fazer: ou continuavam a lutar coletivamente, agora por crédito, por estradas, por saúde, por educação, ou logo voltariam à condição anterior. A dúvida então não era sobre continuar lutando, mas se afinal a luta era a mesma ou era outra. Em determinado momento, chegou a surgir uma proposta de criação de outro Movimento, o *Movimento Pé no Chão*, que seria então a organização específica dos assentados para conquistar os outros direitos sociais que passavam a ser vistos como tão necessários como a terra. Mas foi uma proposta frágil e efêmera, tanto que quase não tem merecido registros mais detalhados na história do MST.

O fato histórico foi que o Primeiro Encontro Nacional dos Assentados, realizado em 1986, novamente em Cascavel, no Paraná, demarcou a decisão: se fossem movimentos separados seriam ambos enfraquecidos e, portanto, mais facilmente reprimidos e, em uma hipótese ainda não descartada naquele momento, poderiam ser destruídos antes de atingirem a maturidade. Foi uma decisão tomada, como a maioria das que estão sendo mencionadas aqui, a partir de uma leitura da realidade política e econômica mais ampla, e da correlação de forças existente na sociedade em torno da questão agrária.[75]

Tomar essa decisão não foi difícil, à medida que os próprios objetivos e princípios do MST, definidos no Congresso Nacional que havia acontecido em 1985, apontavam para uma luta que deveria ir além da conquista da terra, apontando a luta pela Reforma Agrária e por mudanças sociais no Brasil como objetivos da criação do MST: a luta pela terra seria sempre o seu pilar principal, mas sua atuação não se esgotaria nela. No entanto, é preciso considerar que, se a tese da separação dos assentados tivesse sido vitoriosa, a história do MST certamente teria sido diferente, o que confere a essa decisão um valor histórico.

Mas a importância histórica da decisão tomada pelo MST nessa época está também, e talvez principalmente, nos desdobramentos organizativos que ela provocou. Em uma organização pensada para fazer a luta massiva pela terra ainda não cabiam os desafios próprios da organização da produção e do conjunto da vida social nessas novas *frações de território* conquistadas. Manter

---

[75] Entrevista de João Pedro Stedile, 1997.

o compromisso com os assentados significou passar a incluir um novo tipo de preocupações e de demandas para os sem-terra do MST, abrindo-se para questões que podem assumir outra lógica que não aquela nascida da luta pela terra propriamente dita.

Até hoje no MST permanece (e permanecerá enquanto sua identidade central for preservada) uma tensão entre duas lógicas organizativas distintas: a necessária para fazer avançar a luta pela terra, enquanto mobilização das massas sem-terra, e a necessária para fazer avançar a produção nos assentamentos, enquanto empreendimento social que implica em qualificação profissional, planejamento a longo prazo, permanência de estruturas; na linguagem do MST, trata-se da *lógica do 'rolo'* (ou de movimento)[76] *versus* a *lógica da empresa social*[77] (de organização, planejamento). Esse movimento entre lógicas distintas surgiu a partir da necessidade de enfrentar as questões da produção, exatamente por ser a base da sustentação da nova vida pretendida nos assentamentos. Na prática construiu-se um dos sentidos importantes daquela expressão *terra é mais do que terra*, entendendo que a terra conquistada na luta deixa de ser apenas terra, para ser terra com pessoas buscando encontrar o melhor jeito de trabalhar e de viver nela, o que exige a preocupação com um conjunto bem maior de dimensões humanas, e com um tipo de organização que dê conta delas.

Mas é fundamental compreender também que, embora nasça desde esse lugar (os assentamentos), essa tensão entre lógicas

---

[76] 'Rolo', na linguagem Sem Terra quer dizer um movimento permanente, e normalmente acelerado, a partir das exigências da conjuntura imediata.

[77] No sentido em que esta expressão é usada Luis Antonio Pasquetti, 1998. Em um artigo intitulado *O MST como uma empresa social*, este autor faz uma síntese de sua Dissertação de Mestrado em Administração, onde analisa as experiências dos empreendimentos sociais e econômicos do MST, concluindo que o Movimento pode ser visto como uma *empresa social*.

distintas culminou em um novo perfil organizativo do MST como um todo, que se caracteriza exatamente pela dialética dessas lógicas,[78] na relação que se afirma existir entre o movimento de massas e a organização social, também responsável pelo fortalecimento do Sem Terra como sujeito social, ou como *sujeito de sua própria história*. Importante chamar a atenção aqui, sobre o que foi esse contexto de decisões e de combinação de lógicas que historicamente fez nascer o trabalho com a educação escolar no MST.

Do ponto de vista do processo de formação dos sem-terra, esse aspecto da combinação de lógicas é fundamental para compreensão de sua identidade hoje. Os sem-terra que cortam cercas, ocupam terras, enfrentam conflitos com o Estado e os latifundiários são também aqueles que se tornam *dirigentes de empresas*, que negociam em Bancos, que fazem parcerias, que contratam técnicos e discutem as diretrizes de sua assessoria, que organizam sua produção em agroindústrias, e que chegam até a regular mercados regionais através da produção agrícola que comandam. E é a própria realidade que garante a dialética deste processo: os sem-terra dirigentes de empresas também fazem lutas massivas e de enfrentamento, ocupando o INCRA ou os próprios Bancos para liberação de créditos, marchando por melhores preços e condições de escoamento de seus produtos,

---

[78] Leia-se: uma *pitada* da *lógica do rolo* na condução das questões próprias dos assentamentos, evitando uma formalização conservadora e que lhes distanciaria da luta como um todo. Uma *pitada* da *lógica de empresa* na condução da luta pela terra, fazendo das ocupações e acampamentos exemplos de ações bem-sucedidas, e espaços de formação organizativa para uma luta que se prolongará além deles. E se, às vezes, as pitadas são colocadas de modo a destemperar determinadas ações, isso não é mais do que o risco necessário à criação dos novos *sabores...*

ocupando secretarias de educação para garantir a construção de escolas... Por outro lado, os aprendizados produzidos por uma lógica mais empreendedora de organizar a produção acabam se mesclando nas formas de condução das próprias lutas pela terra, complexificando a estrutura organizativa dos acampamentos e criando formas econômicas alternativas para sua sustentação.

Um exemplo que ilustra essa mescla de lógicas é a cooperação desenvolvida entre grupos de acampados para prestar serviços às comunidades próximas aos acampamentos, feita com o duplo objetivo de gerar renda para a continuidade da luta e cultivar o valor do trabalho: *queremos terra para trabalhar, então não podemos ficar sem trabalhar na terra enquanto lutamos para conquistá-la*.

A segunda decisão, desdobrada da primeira e já anunciada através desses exemplos citados, foi a de que *os assentamentos* não seriam simplesmente uma reprodução da lógica de organização da produção e da vida social própria das famílias rurais de onde se originaram os sem-terra, mas *que seriam lugar de relações sociais alternativas*, apontando para a construção de novas formas de organização da produção, e de desenvolvimento do campo como um todo. Ou seja, no mesmo momento em que o MST decide que os assentados também integram a sua base organizativa, decide também que incluirá em seu plano de atividades o estudo e a pesquisa tanto da realidade vivida pelos assentamentos já existentes como de outras experiências de organização da produção que forneçam pistas para superar os desafios encontrados nesse campo. Stedile situa historicamente como esse processo foi sendo desencadeado:

Na primeira etapa do Movimento, que vai desde as primeiras ocupações de 1979 a 1985, havia uma visão romântica da produção. Primeiro, porque na memória histórica dos camponeses que conquistavam a terra estava ainda a etapa anterior à modernização da agricultura, então o sujeito sonhava: "Bom, eu fui expulso pela máquina, mas agora, se eu reconquistar minha terra, eu com boi e enxada vou conseguir criar meus filhos, progredir na vida, porque, se na década de 1960, meu pai conseguiu..." Essa era a memória técnico-produtiva que estava na cabeça dos camponeses. Por isso, não queria discutir nenhum processo de organização da produção, "quando chegar na terra, eu me viro..." Isso acabou isentando o próprio governo de fazer essa discussão... O único debate que nós começamos a introduzir nessa época foi pelo viés idealista cristão: "Será que não é melhor a gente trabalhar junto, fraternalmente, fazendo mutirão?" Mas não era uma visão cientificamente elaborada. Então, algumas lideranças começaram a se preocupar em debater mais teoricamente, aprendendo com outras experiências históricas, lendo sobre isso...[79]

A partir de 1987, 1988, o MST criou seus setores de atividades, incluindo o setor de produção, que primeiramente era chamado de *setor dos assentados* e que, a partir de 1990, foi batizado de Sistema Cooperativista dos Assentados – SCA, já sinalizando o fruto dos estudos que apontavam a *Cooperação Agrícola* como um dos principais pilares da construção dessas novas formas de vida produtiva no campo. Em maio de 1992, foi fundada a Confederação das Cooperativas de Reforma Agrária do Brasil Ltda. – CONCRAB, tendo os mesmos sem-terra como seus dirigentes.

Em um balanço feito pelo próprio MST a propósito dos 15 anos que comemorava em 1999, há uma síntese de alguns dos produtos concretos dessa decisão: ... *No campo econômico, já*

---

[79] Entrevista, história do MST, 1997.

somos mais de 200 mil famílias assentadas em mais de 7 milhões de hectares, libertos da cerca do latifúndio. Continuamos pobres. Mas agora temos trabalho o ano inteiro, casa, e produzimos alimentos. Construímos nove cooperativas centrais, 81 cooperativas locais, de produção, de serviços e de comercialização, e duas cooperativas de crédito. Temos mais de 45 unidades agroindustriais. Conquistamos linhas de crédito específicas para a Reforma Agrária, como o Procera,[80] e financiamentos do BNDES para a agroindústria. Estamos orgulhosos de produzir as primeiras sementes agroecológicas de hortaliças do país. Mas, o mais importante é que, em todas as áreas conquistadas do latifúndio e transformadas em Reforma Agrária, agora vivem 20, 30 vezes mais famílias do que antes. Mais famílias com trabalho, mais alimentos sendo produzidos...[81]

Essas conquistas trazem consigo a continuidade do desafio, ainda longe de ser superado, que é o de implementar um novo modelo de desenvolvimento do campo em nosso país. Algumas experiências dos assentamentos já indicam, ainda que tenuemente, por onde continuar a discutir e a lutar.

Esse segundo momento histórico do processo de formação do sem-terra tem, ademais, uma importância especial porque, segundo entendo, ele pode ser considerado como o momento de emergência do *Sem Terra propriamente dito*, ou seja, aquele que assume as feições principais da identidade que se firma até hoje, e passa a se apresentar à sociedade: *sou Sem Terra, sou do MST!* No sentido dado à expressão pelas análises de Thompson, esse é o momento em que se pode considerar consolidado o processo

---

[80] PROCERA: Programa de Crédito Especial para a Reforma Agrária, conquistado pelo MST em 1986 e ameaçado de extinção pelo governo (1999).
[81] Agenda MST, 1999.

de *formação do sem-terra brasileiro*, o que não quer dizer que o seu *fazer-se* não continue e não seja desafiado a novas sínteses dessa identidade, especialmente pelos desafios do momento seguinte.

Afirmo isso considerando as marcas principais da formação do sem-terra nesse momento: o sem-terra que se chama *Sem Terra*, que se sabe membro de uma organização social que tem objetivos, princípios e uma estrutura organizativa que vai sendo ajustada às novas necessidades que a expansão permanente da sua atuação vai produzindo, mas que mantém como eixo central de sua identidade o modo de ser de um movimento social de massas, dirigido por trabalhadores do campo, e voltado para a realização da Reforma Agrária no Brasil.

Na síntese das lógicas aparece, então, a consolidação das formas de luta escolhidas no momento anterior e a formatação de uma dimensão que estava apenas em germe, ou seja, a ideia do Sem Terra como um *lutador permanente*, e do MST como uma *organização duradoura*, perfil produzido pela combinação de duas lições importantes dessa trajetória: a primeira, a de que a luta não acaba com a conquista da terra, e a segunda, de que a luta também não termina enquanto existirem famílias sem-terra, dimensão que aponta para a formação do valor da *solidariedade de classe*, exatamente a ponte necessária com os desafios postos pelo momento histórico seguinte. É também desse momento a criação dos símbolos que passariam a ser a marca da identidade dos sem--terra do MST: a bandeira vermelha e o hino do Movimento.

Esse momento não pode ser considerado superado, porque ainda persistem muitos dos desafios produzidos pela construção do MST como uma organização social de massas. Para muitos sem-terra esse é um processo que está apenas em seu começo. E um dos principais desafios diz respeito à organização das famílias assentadas, de modo que continuem efetivamente a participar da dinâmica do Movimento e então se integrem aos desafios colocados pelo momento seguinte.

Terceiro momento: Inserção do MST na luta por um projeto popular de desenvolvimento para o Brasil.

Esse é o momento histórico de configuração mais recente e, por isso mesmo, de contornos ainda não totalmente definidos. É o momento de concretização dos objetivos mais amplos do MST, já firmados nos documentos do encontro de fundação, mas que, nos últimos anos, passam a ser um desafio concreto, dadas as condições objetivas da luta pela Reforma Agrária em nosso país, e da situação em que se encontra o povo brasileiro. Trata-se de uma inserção mais direta do MST em questões sociais e políticas que dizem respeito ao conjunto da classe trabalhadora ou, até mais amplamente, ao conjunto da Nação brasileira. Em termos de referência cronológica, é o período desencadeado pelas definições do terceiro Congresso Nacional do MST em 1995, que instituiu como bandeira de luta *Reforma Agrária uma luta de todos*, e que logo trouxe a contrapartida de que também há outras lutas do povo brasileiro que devem ser lutas do MST.

Estamos exatamente neste período e não há como precisar até onde ele irá, nem prever todos os seus desdobramentos. Quer dizer, o MST ainda não se consolidou plenamente como *organização de massas que luta pela Reforma Agrária*, mas já está sendo chamado a dar um passo a mais, no sentido de participar de forma ativa de lutas em conjunto com outros estratos da classe trabalhadora brasileira. Dependendo das *escolhas* que o MST fizer daqui para frente, poderá produzir uma nova e profunda transformação na identidade Sem Terra, semelhante ao *salto qualitativo* dado com a inclusão dos assentados nesse processo.

Somente depois de alguns anos saberemos o desenlace, mas já existem fatos e análises que nos permitem alimentar uma reflexão projetiva.

Já na conformação do primeiro momento, apareceu no MST a disposição de construir sua trajetória com autonomia política. Cresceu estabelecendo vínculos importantes, mas sem aceitar subordinar seus objetivos e princípios a outras organizações, fossem elas entidades de apoio, partidos políticos, outros movimentos sociais ou o próprio Estado. Fez isso pela consciência de que, embora sua luta fizesse parte da luta de classes mais ampla, deveria se desenvolver como uma luta específica, sem atrelamentos que pudessem descaracterizá-la. É ainda com essa mesma convicção que passou pelo segundo momento e entra no momento atual. Busca conservar sua autonomia e fortalecer sua identidade, mas agora compreende que sua trajetória histórica lhe deu uma conformação que acaba por colocar-lhe uma responsabilidade ainda maior. Está sendo *pressionado* pelas circunstâncias deste momento da história do país e pelas forças sociais em disputa na sociedade, a fazer uma escolha que talvez mude o seu destino: *tomar posição* diante do caminho histórico imposto ao país por suas elites, e que leva grande parte do povo brasileiro a viver sob condições de injustiça social que já atingiram os limites do intolerável, e que formatam uma crise social sem precedentes.[82] Isso quer dizer passar a mobilizar-se

---

[82] Trata-se de uma crise que tem componentes específicos da opção brasileira de modelo de desenvolvimento combinados com uma crise que é do modelo societário dominante hoje no mundo. Como analisa Eric Hobsbawm: *A situação do capitalismo "globalizante" e do mercado livre e sem controles chegou a um ponto crítico. Estamos no final de uma era, mas ainda não enxergamos seu rumo... Um dos motivos da incerteza é precisamente a profundidade da crise deste fim de século. Comparada com as sucessivas crises européias, após cada uma das guerras mundiais, a crise atual é muito mais*

em torno das grandes questões nacionais e que dizem respeito ao destino histórico do Brasil, extrapolando os interesses corporativos de um ou de outro segmento das classes em disputa.

O embrião dessa tomada de posição já estava presente nas discussões acumuladas nos momentos anteriores. Como analisa Stedile, pode-se dizer que, desde a gênese, o MST incorporou a ideia de uma luta mais ampla, embora naquele momento mais como intuição de classe, forçada pela própria trajetória da questão agrária no Brasil, do que propriamente por ações políticas intencionais nessa perspectiva. Um exemplo que cita é o da inclusão da defesa das terras indígenas entre as bandeiras de luta do Movimento desde o início, o que aconteceu dada a circunstância histórica daquele episódio da expulsão dos colonos pelos indígenas da Reserva de Nonoai no Rio Grande do Sul em 1978, onde se firmou a posição de que não seria contra os indígenas a luta dos sem-terra, porque sofriam de igual e até mais antiga exploração; da mesma forma esse embrião pode ser identificado nas discussões sobre a prioridade da ocupação de terras pertencentes a multinacionais, ensaiando um sentimento anti-imperialista e a preocupação de que as terras fossem usadas para o bem do povo brasileiro.

Nesse sentido, o MST sempre procurou desenvolver em sua base social a compreensão sobre os componentes estruturais da luta pela Reforma Agrária, e sua relação com o conjunto dos pro-

---

aguda e complexa porque não se vê nenhum modo de resolvê-la. É um fato irônico que o abalo do sistema financeiro mundial ocorra como consequência do ingresso da Rússia na economia de mercado, quase como uma vingança do comunismo... (...) um dos riscos atuais é que o capitalismo tenha perdido seu sentimento de medo. Aceitam-se níveis de desigualdade antes não tolerados... (Entrevista ao jornal *Folha de S. Paulo* em 1º de janeiro de 1999).

blemas da sociedade. *Essa consciência é ele (o sem-terra) perceber que os problemas concretos que ele como pessoa sofre, o analfabetismo dele, a doença do filho dele, a dor de barriga da criancinha dele, não é apenas porque ele não tem terra, porque ele pode ter terra e continuar analfabeto, a criança morrer em três meses e assim por diante, mas que existe um sistema social que cria os pobres e os impede de ter uma vida digna. Isso é consciência social e que só vem se for superada a ideia do movimento corporativo...*[83]

Depois da elaboração do Programa de Reforma Agrária em 1995, porém, essa posição começa a assumir outros contornos, a partir de uma análise mais rigorosa do contexto político e econômico onde a luta pela terra e pela Reforma Agrária se realizam. A decisão fundamental desse momento foi a de fazer ações que buscassem tornar a opinião pública favorável à luta do MST, o que significava demonstrar que a Reforma Agrária não era uma questão de interesse corporativo dos sem-terra, mas sim uma dimensão fundamental para melhoria da qualidade de vida do conjunto da população brasileira. Para atingir esse objetivo, no entanto, não bastava *popularizar* a luta pela terra tornando mais conhecida a atuação do MST. Esse foi um passo importante, mas precisava estar combinado com a socialização de um debate mais profundo sobre a situação do país, que deixasse mais claro para a população porque tem sido tão difícil avançar na Reforma Agrária.

Foi assim que o MST passou a se envolver mais diretamente com as discussões sobre alternativas de desenvolvimento para o país, integrando, a partir de 1997, o conjunto de iniciativas

---

[83] Entrevista, 1997, ao tratar das diferenças do MST em relação a outros movimentos de luta pela terra.

e de debates que ficou conhecido como *Consulta Popular*, um fórum de que participa junto com outros movimentos sociais, as pastorais sociais da Conferência Nacional dos Bispos do Brasil (CNBB), a Central de Movimentos Populares e alguns sindicatos de trabalhadores urbanos, e que visa a provocar a reflexão da sociedade, em particular da classe trabalhadora, sobre a possibilidade de uma nova *opção brasileira*, dessa vez pela construção de um *projeto popular de desenvolvimento para o Brasil*. Alguns fatos vão aos poucos desdobrando esta nova fase da trajetória do MST e da formação dos sem-terra.

Em setembro de 1996, durante a semana da Pátria, o MST decidiu lançar um *Manifesto ao Povo Brasileiro,* onde afirmava algumas ideias básicas de sua nova disposição. O conteúdo desse texto foi apresentado à sociedade em forma de cartaz, mas na época não chegou a ter maior destaque junto aos meios de comunicação do país. Ele começa assim: *Somos sem terra. Somos trabalhadores e sonhamos com um Brasil melhor para todos. Mas na sociedade brasileira atual é negado ao povo o direito de vida digna...*[84]

Em dezembro de 1996, o MST desencadeou uma das ações que parecem demarcadoras da conformação deste terceiro momento. Trata-se da mobilização dos sem-terra do MST contra a privatização da Companhia Vale do Rio Doce, uma das mais importantes empresas estatais brasileiras, considerada a maior empresa de mineração de ferro do mundo, e cujo processo de privatização e desnacionalização acabou se tornando uma espécie de símbolo do tipo de modelo econômico que o governo de Fernando Henrique Cardoso estava implementando.

---

[84] O texto integral desse manifesto é o Anexo A deste trabalho.

Um dos episódios importantes dessa mobilização, desenvolvida em vários Estados do Brasil, aconteceu em frente à portaria de uma das empresas mais importantes da Companhia, localizada em Carajás, no município de Parauapebas, no Estado do Pará. O Movimento promoveu um grande ato político e cultural, que aconteceu no dia 23 de abril de 1997, quase às vésperas do dia marcado para o leilão da venda da Vale, que aconteceria junto à sede social da empresa que fica no Rio de Janeiro. O ato reuniu políticos, artistas e um número expressivo de trabalhadores descontentes com a privatização. Terminado o ato, os sem-terra do MST decidiram montar um acampamento no local, permanecendo ali por quase dois meses, e continuando o protesto mesmo depois de efetuada a venda.[85] Dessa vez contaram com a participação de parte dos prefeitos da região, descontentes com as primeiras medidas tomadas pelos novos proprietários da Companhia, que já sinalizavam para uma diminuição das potencialidades de desenvolvimento daqueles municípios.[86] Enquanto isso, o MST mantinha suas manifestações de protesto também em outras cidades do país.

A mobilização promovida pelo MST causou espanto em alguns setores conservadores da opinião pública, tanto de direita como de esquerda. Na direita, o espanto foi por considerarem um insulto os sem-terra decidirem *meter-se nesse tipo de assunto*. Na esquerda, porque essa ação chamava a atenção para dois aspectos importantes. Primeiro, o de que *os Sem Terra não querem apenas*

---

[85] Foram vendidos 51,13% das ações da Vale do Rio Doce, num leilão realizado no dia 29 de abril de 1997, apesar do grande número de liminares impetradas na Justiça para impedi-lo (Jornais da época).

[86] Fonte para narração deste episódio: entrevista com Deusamar, uma das participantes do protesto no Pará.

terra, mas também o direito de cidadania plena. Segundo, o de que outros segmentos da sociedade que poderiam estar à frente dessa luta não estavam, pelo menos não com a força necessária para mobilizar o povo brasileiro contra essa ação, e o significado que teria para o futuro do país.

No cartaz que produziu para comunicação com a sociedade, o MST, além de informar sobre a situação da empresa e o significado da sua privatização, conclamando a população para lutar em defesa da Vale, conclui o texto com uma explicação sobre sua tomada de posição: *Nós, do MST, não mediremos esforços e nos somaremos a todas as iniciativas em defesa da Vale, pela democratização dos recursos explorados pela companhia e contra a política neoliberal desse governo. Como cidadãos, nos sentimos no dever de lutar pelo patrimônio público que construímos e pelos interesses gerais do povo brasileiro e de nossa pátria.*[87]

Foi nesse contexto que, em 1997, o MST realizou a sua *Marcha Nacional por Reforma Agrária, Emprego e Justiça*, que saiu de três Estados diferentes (São Paulo, Minas Gerais e Mato Grosso), em 17 de fevereiro, e culminou com a chegada a Brasília em 17 de abril, exatamente na data que foi transformada em Dia Internacional da Luta Camponesa, homenageando os *19 trabalhadores Sem Terra* assassinados em Eldorado dos Carajás, no Pará, em 17 de abril do ano anterior. Foram cerca de 1300 Sem Terra que caminharam mil quilômetros, representando os sem-terra de todos os acampamentos e assentamentos do país, e que, na chegada a Brasília, foram recebidos de forma calorosa e emocionada por mais de 100 mil pessoas, reunidas ali para prestar sua solidariedade ao MST, mas também para

---

[87] Cartaz *A vale não se vende*, item 10, editado em dezembro de 1996. O texto integral está no Anexo B deste trabalho.

compartilhar do protesto contra o governo brasileiro e o seu modelo econômico de exclusão social e de multiplicação das desigualdades. Trazendo novamente para análise a relação desse episódio da Marcha Nacional de 1997 com o acampamento de Encruzilhada Natalino de 1981, tal como fez João Pedro Stedile em sua entrevista já referida páginas atrás, é possível chamar a atenção para a dimensão de processo, nessa trajetória construída pelo MST. Na Encruzilhada Natalino a sociedade mobilizou-se para apoiar uma ação específica de luta pela terra (o MST ainda não existia como tal), fazendo dela um símbolo da luta pela democratização do país e contra a ditadura militar em curso. Em 1997, na Marcha Nacional, a sociedade atendeu a um chamado do MST para se manifestar a favor da *Reforma Agrária*, do *Emprego* e da *Justiça*, fazendo desse ato um símbolo de luta contra as políticas neoliberais do governo de Fernando Henrique Cardoso, incluindo o protesto contra a privatização da Vale do Rio Doce. Em 1981, o apoio da sociedade foi decisivo para que a articulação iniciada desembocasse na criação do MST. Se ficassem isolados e fossem massacrados pelas forças de repressão da época, isso teria pelo menos retardado (se não abortado) o surgimento do MST. Em 1997, a adesão de importantes segmentos da sociedade à Marcha, representou a aceitação desta nova postura do MST na condução da luta pela Reforma Agrária. Além disso, foi uma demonstração de oposição ao modelo neoliberal em curso no país, até então não contestado através de uma ação massiva como essa.

Em um outro tipo de atuação, mas no mesmo contexto conformador desse momento, foi realizada, em julho de 1998, no município de Luziânia, próximo a Brasília, a *Conferência Nacional: Por uma Educação Básica do Campo*, promovida pelo MST em conjunto com a CNBB, através de sua pastoral da educação e da terra, pelo Fundo das Nações Unidas para a Infância – UNICEF, pela Organização das Nações Unidas para a Educação, a Ciência e a Cultura – UNESCO, e pela Universidade de Brasília. O objetivo da Conferência, preparada nos Estados através da articulação entre entidades e movimentos sociais que trabalham diretamente com educação no meio rural brasileiro, foi desencadear um grande debate nacional sobre a situação da educação no campo, discutindo alternativas de vinculação entre estratégias de expansão e qualificação da escolaridade dos *povos do campo* e estratégias de desenvolvimento social do país como um todo.[88] O MST já havia realizado, em 1997, o seu *I Encontro Nacional de Educadoras e Educadores da Reforma Agrária*, o que tornou mais conhecida sua experiência de atuação nessa área específica. Agora, estava sendo chamado a ajudar em uma mobilização mais ampla, em torno de um outro eixo, a educação, já identificado também como fundamental na condução da própria luta pela Reforma Agrária.

No segundo semestre de 1998, o MST deu um passo a mais na construção dessa nova identidade do *Sem Terra* como *lutador do povo*, realizando a *Marcha pelo Brasil*, dessa vez em conjunto com outras organizações do campo e da cidade.[89] Durante o mês de agosto e começo de setembro, diversos grupos de sem-terra, de desempregados, de professores e de religiosos organizaram-se em 72 *colunas* com aproximadamente 200 pessoas em cada uma, e caminharam rumo à capital dos seus Estados, passando pelas

---

[88] Documentos da Conferência.
[89] Em cada Estado participaram diferentes organizações, a partir da articulação já existente para outras ações. Movimentos Populares, Sindicatos de Trabalhadores Rurais e Urbanos e Igrejas foram os principais sujeitos junto com o MST.

cidades e discutindo com o povo do local a sua situação e a do país, e refletindo com as pessoas sobre possíveis alternativas para a superação dos problemas ali identificados. Em cada cidade uma experiência diferente, tanto pela recepção do povo como pelo tipo de situação encontrada. Em muitos locais onde o prefeito se negava a ceder um local para a estada dos caminhantes, a própria população fazia da sua solidariedade a solução para os impasses. Em alguns municípios, as colunas se transformavam em grandes mutirões para realizar ações de agradecimento à solidariedade recebida.

A marcha se constituiu em uma *jornada pedagógica de ir até o povo e ouvi-lo, consultá-lo, pesquisar sobre os verdadeiros problemas que o povo brasileiro está enfrentando.*[90] Segundo os depoimentos dos participantes dessa marcha, não há como continuar sendo o mesmo depois dela. Foi tanta miséria e tanta insatisfação encontrada de ponta a ponta do país, e ao mesmo tempo tanta disposição de ajudar para que tudo possa ser diferente, que *não tem como não reagir e fazer alguma coisa enquanto ainda é tempo.*[91]

A Marcha pelo Brasil culminou com a participação dos caminhantes no chamado *Grito dos Excluídos*, uma manifestação popular promovida pela Igreja junto com as organizações e movimentos sociais, e que, nos últimos anos, vem transformando o 7 de Setembro em um dia nacional de protestos contra o governo e suas políticas recolonizadoras da pátria brasileira, realizando-

---

[90] Documento interno de balanço do MST em 1998, p. 1.
[91] No Rio Grande do Sul, a marcha teve um componente a mais, que foi a participação das crianças da Escola Itinerante dos Acampamentos do MST. Também, ou principalmente para essas crianças, sua vida nunca mais será como antes... Os detalhes sobre *a escola em marcha* podem ser encontrados em MST. *Escola Itinerante em Acampamentos do MST*, Coleção Fazendo Escola, 1998.

-se nas principais cidades do país. Em 1998, então, foi um dia marcado pelo encontro dos caminhantes das colunas em marcha nos diversos Estados, em um *grito* que ecoou forte nas principais capitais brasileiras: *a ordem é ninguém passar fome!*, que foi o lema da mobilização daquele ano.

Nesse período, o MST assumiu posição pública em favor de uma das candidaturas à Presidência da República, no caso a do candidato das oposições, Luís Inácio (Lula) da Silva, chamando a atenção do povo, a começar pela sua própria base social sem-terra, sobre a disputa de projetos de sociedade e de país que estariam em jogo (como de fato estiveram) nas eleições presidenciais de 1998, com seus desdobramentos nos governos estaduais e no Poder Legislativo.

Podemos observar, então, que há condições objetivas que pressionam esta ampliação de atuação do MST. De um lado o acirramento das contradições sociais provocadas pelas opções de política econômica do governo; de outro, um certo refluxo das organizações de esquerda na tarefa de mobilização do povo contra sua situação social cada vez mais degradada. A Reforma Agrária no Brasil entrou novamente em *compasso de espera*. Voltou à agenda política do país pela pressão do MST, mas não há nenhum sinal que aponte perspectivas de avanços reais nos próximos anos.

O governo de Fernando Henrique Cardoso chegou a definir em seu programa uma *política de assentamentos*, bem diferente do que deveria ser uma política de Reforma Agrária. Trata-se de uma política que visa apenas a distensionar o campo para que os conflitos de terra não ultrapassem os limites que poderiam desembocá-los em alguma forma de convulsão social, ou de contraposição mais efetiva aos interesses políticos das elites vinculadas ao latifúndio. No seu conceito de país como *mercado emergente* não há lugar para a Reforma Agrária, a não ser que ela própria seja convertida em parte desse mercado (*Banco da Terra*, por exemplo)[92], desconfigurando-se completamente como política social de redistribuição da terra e de diminuição das desigualdades, e inviabilizando-se como programa massivo.

Nesse momento da conjuntura nacional, pois, não fica muito difícil perceber que o mesmo modelo de desenvolvimento que privatiza a Vale do Rio Doce é o que impede a realização da Reforma Agrária e aumenta escandalosamente o número de trabalhadores desempregados na cidade e no campo. O sem-terra brasileiro, desse momento histórico, é, então, aquele que consegue estabelecer essas relações e por isso a ele mesmo não estranha mobilizar-se contra a venda de uma estatal de minérios, algo aparentemente distante de sua realidade. Talvez isso fosse mais difícil para o sem-terra do primeiro momento da trajetória do MST, mas não o é para o sem-terra *enraizado* em uma organização que construiu sua identidade na luta de classes, e que se esforça por desenhar, na História, seu projeto de futuro, o que não pode fazer senão em conjunto com outras forças sociais. Como expressa Rosineide, assentada em Rondônia e uma das

---

[92] O chamado *Banco da Terra* é a proposta do governo federal de realizar assentamentos através de financiamentos aos sem-terra para que comprem sua terra diretamente dos "donos da terra". Em 1997, começou com um projeto-piloto chamado *cédula da terra*. Sobre esse programa, o *Fórum Nacional pela Reforma Agrária e Justiça no Campo*, que reúne diversas entidades e movimentos sociais, entre eles o MST, lançou, no final de 1998, o documento *Banco da Terra: mais uma mentira para evitar a verdadeira Reforma Agrária*, como parte da *Campanha Global pela Reforma Agrária no Brasil*, explicando em que consiste e qual a verdadeira estratégia implícita nessa iniciativa. O MST definiu a luta contra o Banco da Terra como uma de suas prioridades de ação em 1999.

participantes da Marcha Nacional de 1997: *Todos que entram no acampamento e participam do Movimento têm a consciência de que injustiças cometidas contra a gente também são contra o povo. Até crianças notam que embaixo da rodoviária há pessoas com fome, sem moradia. A gente quer que a sociedade entenda e que se coloque no lugar deles... As injustiças são cometidas em qualquer parte do país, e ninguém está livre delas...*[93]

Em 1999, os Sem Terra entraram em Marcha novamente, incansavelmente. Foram mil pessoas percorrendo a pé 1580 quilômetros, passando pelas cidades e pelos campos para conversar com o povo, discutindo com a população sobre os problemas e as alternativas de um outro tipo de projeto de desenvolvimento para o país. Novamente os Sem Terra não marcharam sozinhos. Havia outros militantes sociais com eles, todos juntos fazendo da *pedagogia do exemplo* seu protesto contra *o atual estado de coisas*. Na *Marcha Popular pelo Brasil: em defesa do Brasil, da democracia e do trabalho*, que se iniciou com um ato público em frente à sede da Petrobrás no Rio de Janeiro, em 26 de julho, chegando ao seu destino final, Brasília, em 7 de outubro de 1999, havia também pequenos agricultores, mulheres trabalhadoras do campo, sindicalistas, estudantes, índios, trabalhadores do campo e da cidade. Alguns deles muito jovens, filhos e herdeiros de outras Marchas e de outras lutas. Na frente da marcha, empunhando sua bandeira vermelha, esteve um Sem Terra de 91 anos, *seu Luís*, assentado em Promissão, São Paulo. Na fala dele um pouco do sentimento que moveu a todos nessa marcha, e que alimenta esse novo momento de formação do sujeito Sem Terra: *Quero chegar a Brasília para dizer ao presidente*

---

[93] *Vozes da Marcha pela Terra*, p. 59-60.

Fernando Henrique que o governo dele não presta, que sacrifica o povo. E que ele está vendendo o país.[94]

Como fruto e ao mesmo tempo exigência do processo de gestação desse momento, por sua vez, é que podemos compreender a ênfase do MST, nos últimos anos, para a *formação de valores*, exatamente aqueles que alimentam uma *visão de mundo mais ampla ou histórica*, e sustentam essa disposição de *solidariedade* e de *espírito de sacrifício* pelas causas do povo. Fazem parte da intencionalidade do MST, nesse campo, as ações de solidariedade a trabalhadores em greve,[95] assim como o estímulo para gestos como este narrado por Edith, professora de um assentamento na Bahia e aluna do Curso Magistério do MST: *Na cidade onde eu moro, que é Itamaraju, no extremo sul da Bahia, acontece uma vez por semana o que o povo de lá começou a chamar de "o mutirão dos Sem Terra". É assim, a cada semana dois assentamentos são responsáveis pra fazer a limpeza da cidade. Os assentados passam o dia nas praças trabalhando, além de fazerem toda uma mística e cantarem o hino do MST. O almoço é em conjunto, uma beleza. Eu já fui pra rua limpar e me senti muito bem...*[96] Da mesma forma, faz parte dessa intencionalidade os sacrifícios e aprendizados dos milhares de Sem Terra em suas marchas rebeldes.

---

[94] A Marcha Popular pelo Brasil teve a coordenação do Movimento dos Trabalhadores Rurais Sem Terra, da Central de Movimentos Populares, dos movimentos de mulheres do campo, do Movimento dos Pequenos Agricultores, de alguns sindicatos ligados à Central Única dos Trabalhadores e das Pastorais Sociais da Conferência Nacional dos Bispos do Brasil.

[95] Destaque para o apoio prestado pelo MST à greve dos petroleiros violentamente reprimida pelo governo federal em 1996, e à greve dos professores universitários de 1998.

[96] Depoimento feito por Edith numa das aulas de Filosofia da Educação do Curso Magistério do MST em janeiro de 1999.

Nesse processo, é possível observar também a recuperação de certos valores ligados ao sentido de Pátria, de Nação, e que incluem uma ressignificação dos símbolos nacionais como o hino, a bandeira e as músicas de raiz cultural brasileira. Hoje no MST, volta a ser comum nas mobilizações a presença da bandeira do Brasil e do Hino Nacional Brasileiro, algo que tinha sido quase abandonado pelos Sem-Terra de outros momentos, especialmente depois da criação dos símbolos próprios do MST. Ainda que nunca tenha sido feita alguma orientação ou discussão teórica sobre isso no Movimento, havia um sentimento de que esses símbolos representavam uma Pátria que não podia ser a dos sem-terra, porque exatamente os impedia de ter uma vida digna através do direito ao trabalho que buscavam. Além disso, havia a experiência de longos anos em que o cultivo dos símbolos nacionais era um dever cívico imposto pelos governos da ditadura militar. Aos poucos, no entanto, esse sentimento vai sendo substituído por outro, o de que precisamos nos reapropriar do orgulho de ser brasileiros, e então transformar esses mesmos objetos em símbolos da luta do povo pela transformação do seu país.

A canção *Ordem e Progresso*, feita por Zé Pinto, um dos cantadores populares do MST,[97] é uma expressão simbólica bem própria desse momento:

> *Este é o nosso país*
> *Esta é a nossa bandeira*
> *É por amor a esta Pátria-Brasil*
> *Que a gente segue em fileira.*

---

[97] José Pinto de Lima, conhecido como *Zé Pinto*, é mineiro, cantador e poeta das lutas populares e militante do MST.

Queremos mais felicidade
No céu deste olhar cor de anil
No verde esperança sem fogo
Bandeira que o povo assumiu.

Amarelos são os campos floridos
As faces agora rosadas
Se o branco da paz irradia
Vitória das mãos calejadas.

Queremos que abrace esta terra
Por ela quem sente paixão
Quem põe com carinho a semente
Pra alimentar a Nação.

A ordem é ninguém passar fome
Progresso é o povo feliz
A Reforma Agrária é a volta
Do agricultor à raiz.

Durante as Marchas de 1997, 1998 e 1999, não foram poucos os Sem Terra que choraram de emoção entoando esta canção, traduzindo o sentimento de uma identidade que construíram com muita luta, e do desafio histórico que, a partir dela, começam a assumir, mesmo que não queiram.

Trata-se de um momento que está a exigir uma reflexão coletiva cada vez mais profunda sobre a identidade *Sem Terra* e a intencionalidade pedagógica do seu cultivo. É nesse contexto que pode ser entendida, por exemplo, a iniciativa daquele já mencionado Seminário Nacional *O MST e a Cultura*, realizado em junho de 1998, e desdobrado em algumas ações específicas nesse campo em 1999. É uma das ações que compõem um olhar do MST sobre si mesmo, visando a compreender com mais profundidade o momento histórico em que se encontra, e já percebendo a importância dos componentes culturais que sua luta projetou em forma de identidade.

Do ponto de vista do processo de formação dos sem-terra, não me parece, no entanto, que possamos falar de escolhas efetivamente já feitas, mas sim de questões que o processo inicial deste momento começa a formular. Nesse sentido, destaco dois aspectos que considero fundamentais no desenlace deste momento e de seus desafios.

O primeiro aspecto se refere aos possíveis desdobramentos da *Reforma Agrária* como *uma luta de todos*. O MST tem sido reconhecido como um *movimento de oposição ao governo e ao modelo neoliberal* não porque tenha deixado em segundo plano sua luta específica. Ao contrário, há uma convergência entre os analistas de que o grande mérito do MST tem sido *o de ser capaz de universalizar uma bandeira que nasceu como expressão de interesses particulares, interesses de um grupo social específico*. Ou seja, os sem-terra estão fazendo com que *uma luta que tem uma base social concreta e específica amplie-se e seja transformada em bandeira de um espectro mais abrangente da sociedade*.[98] Mas não está claro quais serão os desdobramentos políticos desta conquista. Exatamente porque a Reforma Agrária *é política pública, depende de subsídios estatais, estaria voltada para o mercado interno e recoloca*

---

[98] Valarelli, Moema (IBASE), *Estudos Sociedade Agricultura* de julho de 1996, p. 24. Em um texto de 1995, Pedro Tierra, da Secretaria Agrária do Partido dos Trabalhadores, afirmou algo semelhante: ... *o Movimento dos Sem Terra encontra na ação o caminho que todos os movimentos sociais procuram, aquele que nos leva à ponte entre os interesses imediatos de um setor da sociedade e os interesses das maiorias excluídas da nação*... (p. 6).

a questão social em primeiro lugar,⁹⁹ sua realização dependerá da correlação de forças desse próximo período que resultará, entre outras coisas, das mobilizações do MST e do jeito como serão conduzidas. Do ponto de vista da formação do sem-terra brasileiro como um *lutador do povo*, então, as escolhas sobre os próximos passos da própria luta pela terra e pela Reforma Agrária continuam sendo as mais decisivas.

O segundo aspecto diz respeito às formas de participação do MST nos possíveis desdobramentos desse debate sobre um novo projeto de desenvolvimento para o Brasil, incluindo a discussão específica sobre alternativas populares de desenvolvimento do campo. A Marcha pelo Brasil mostrou aos seus participantes a necessidade urgente de retomada do *trabalho de base*, abandonado pela maioria das organizações populares. Algo semelhante ao que foi feito na época das Comunidades Eclesiais de Base na década de setenta, e que foi interpretado como um dos fatores do surgimento de movimentos como o MST, poderia ter um papel decisivo no desenlace da crise social em que nosso país está mergulhado. Também não está claro o papel do MST nesse desafio de *organização dos excluídos*, e tampouco há organicidade suficiente para tarefas de maior fôlego.

Uma das *escolhas* que talvez passe a ser decisiva neste momento é a que deverá ser feita pelas 200 mil famílias sem-terra assentadas, que poderão definir uma força maior ou menor do MST na superação dos desafios deste momento histórico. De um lado, o cotidiano dessas famílias pressiona para que continuem lutando e mesmo para que ampliem a abrangência dessa luta, à medida que o modelo econômico atual marginaliza a

---

⁹⁹ Novaes, Regina (UFRJ), *Estudos Sociedade Agricultura*, julho de 1996, p. 14.

atividade na agricultura e lhe deixa sem condições de sobreviver dignamente na terra já conquistada. Em relação aos primeiros assentamentos, o MST cresceu muito em experiência e em organização para viabilizar alternativas adequadas, mas em termos de país a situação da agricultura vem se deteriorando ainda mais, o que torna cada esforço maior do que poderia ser se as opções de desenvolvimento do país fossem outras. Mas, de outro lado, a própria crise pode levar a uma posição mais conservadora, motivada pelo medo de perder o que já foi conquistado ou por uma certa cultura de acomodação à lógica de *mais estabilidade e menos movimento*. Especialmente nas áreas onde, mesmo com dificuldades, já foi conseguida uma melhora inegável na qualidade de vida, pode acontecer aquilo mesmo que Christopher Hill identificou nos grupos da Revolução Inglesa de 1640, que por algum tempo quiseram *virar o mundo de ponta-cabeça,* mas que, aos poucos, presenciaram em si mesmos *a volta do sonho à meia-luz do cotidiano...* (1987, p. 326).

Para quem passava fome e já não passa mais, para quem sonhava em ter os filhos na escola e já os tem, pode haver uma tendência a pensar que a *revolução* pretendida já aconteceu, e que a outra, a da sociedade como um todo, pode até ser feita, desde que por outras pessoas, porque aquelas já não se dispõem aos sacrifícios que ela poderá exigir. Que seja assim ou de outro jeito dependerá, novamente, da pressão das circunstâncias objetivas mas também da *escolha moral* de cada família, de cada membro do MST, e do *trabalho pedagógico* que será feito nessa perspectiva. As marchas de 1997 e 1998 tiveram uma presença muito maior dos sem-terra acampados do que dos assentados, embora tenham sido em boa parte sustentadas financeiramente pela sua produção. Nas novas gerações de crianças e jovens dos assentamentos há um conflito permanente entre a postura do *sou Sem Terra sim senhor!* e a do *não sou mais sem-terra não!* Esses podem ser considerados indícios importantes de que se trata de um desafio complexo, ainda bem longe do seu desenlace.

De qualquer modo, o *lutador do povo* já está presente na identidade sem-terra, e a consciência de que é preciso lutar por uma cidadania plena passa a ser incorporada na formação das novas gerações:

> *Um dia eu tive um sonho, que meu país era o mais digno do mundo. Ele dava direito a todas as crianças de participar nas escolas, e homens e mulheres eram livres para decidir e conseguir seus objetivos e de seu país. Mas acordei e vi que era mentira, o Brasil precisava mudar muitas coisas. Eu estudo em uma escola de assentamento, onde passamos por várias dificuldades desde o acampamento hoje assentamento.*
>
> *Quero que o Brasil seja diferente dos outros países do terceiro mundo que pensam muito grande e esquecem dos mais humildes. Junto com meus pais lutamos para mudar a sociedade sendo ela igualitária para todos e que tenha os mesmos direitos como cidadãos brasileiros. Temos que mudar a consciência do povo brasileiro para que votem nas pessoas certas para dirigirem o nosso país.*
>
> *No meu Brasil falta mais união.*
>
> *Entre as pessoas é preciso que se respeitem como companheiras e amigas. Quero um país com menos violência acima de tudo que haja democracia para todos. Um país que forme sujeitos da história de acordo com a sua realidade, livres de preconceitos raciais. Quero que os governantes do meu país não deixem roubar nossas riquezas naturais que existem no meu, no nosso Brasil.*
>
> *Acima de tudo um Brasil livre, democrático, igualitário, humanista. Com objetivos voltados para o cidadão brasileiro.*

Quero um Brasil com mais condições para os pequenos produtores comercializar seus produtos para conseguir um preço melhor. Queremos uma vida decente e sem injustiça, sem massacre, sem tortura, sem violência, sem desigualdade. Um Brasil com muita fraternidade e muita união.
QUERO UM BRASIL MELHOR![100]

Sem Terra como o *trabalhador sem (a) terra que passa a lutar pela terra*; *Sem Terra* como *membro de uma organização social de massas que luta pela Reforma Agrária*; *Sem Terra* que, aos poucos, vai se transformando em um *lutador do povo*. Essa é, em resumo, a trajetória da formação dos sem-terra através de sua participação na história do MST. O processo através do qual as possibilidades presentes já na gênese e na criação do Movimento foram se tornando realidade concreta na formatação da organização MST, e na formação de cada sem-terra como sujeito dessa organização, e da sociedade como um todo, constitui-se como essencialmente educativo, fazendo do Movimento um sujeito de formação humana. Qualquer discussão sobre educação no MST que não leve em conta essa realidade ficará longe de ajudar a superar os desafios pedagógicos e educacionais por ele produzidos.

Vivências socioculturais dos sem-terra do MST

A trajetória histórica da formação do sem-terra como sujeito social é um processo educativo, de formação humana.

---

[100] Texto produzido por Jóice dos Santos, de 11 anos, estudante da 4ª série da escola do Assentamento Sul Bonito, de Itaquiraí, Mato Grosso do Sul, um dos premiados no Concurso de Redações promovido pelo MST, em 1998, com o tema: *O Brasil que queremos*. MST, *Desenhando o Brasil*, 1999, p. 14.

Como tal vai sendo produzido a partir da *experiência humana* (de pessoas concretas) de participar das ações que constituem cada um dos três momentos identificados na história do MST. A formação do sem-terra, pois, não se dá pela assimilação de discursos mas, fundamentalmente, pela vivência pessoal em ações de luta social, cuja força educativa costuma ser proporcional ao grau de ruptura que estabelece com padrões anteriores de existência social desses trabalhadores e dessas trabalhadoras da terra, exatamente porque isso exige a elaboração de novas sínteses culturais.

Essa experiência humana de participação em um movimento social como o MST produz *aprendizados coletivos* que, aos poucos, se conformam em *cultura*, naquele sentido de jeito de ser, de hábitos, de posturas, de convicções, de valores, de expressões de vida social produzida *em movimento* e que já extrapolam os limites desse grupo social específico. Isso não quer dizer que todas as pessoas que vivenciam essas ações coletivas aprendam a mesma coisa e da mesma maneira. Como diz Raymond Williams no contexto de uma discussão sobre cultura, *não se aprende senão aquilo de que se tem consciência da necessidade de aprender e não é fácil impor essa necessidade a alguém.* (1969, p. 324) Cada sem-terra aprende a sê-lo do seu jeito e no seu ritmo, empurrado pelas circunstâncias que forçam essa consciência da necessidade de aprender. Mas essa diversidade não nos impede de identificar os aprendizados que são produtos da vivência coletiva no processo de construção do MST. Há um *modo de ser Sem Terra* que se compreende como tendência de ser das pessoas que fazem parte do Movimento, embora seus diversos traços possam não estar presentes, todos eles, em cada uma delas, ainda que tenham coletivamente ajudado a produzi-los.

O que estou buscando fazer aqui é identificar no cotidiano das ações do MST algumas das vivências que podem ser consideradas especialmente significativas do ponto de vista da formação da identidade Sem Terra. São aquelas vivências que, de certa forma, reproduzem, em nível da experiência pessoal, a trajetória apresentada antes como formadora dos sem-terra na história do MST. Nesse sentido, não estou fazendo uma escolha aleatória mas sim tentando identificar o caminho vivenciado pelo trabalhador sem-terra que chega à firmeza da afirmação *sou Sem Terra, sou do MST!*, e que se projeta como um *lutador do povo*.

A ordem das vivências trabalhadas neste tópico indica, pois, uma trajetória, mas isso não deve ser interpretado como uma ordem necessariamente cronológica ou sequencial. Estamos tratando de *processos de formação*, o que significa considerar continuidades e descontinuidades, em um movimento que quase nunca é linear e geralmente se apresenta com múltiplos sentidos entrecruzados. Há quem tenha entrado no MST através da vivência que aqui vai aparecer por último. Outros que talvez não cheguem a vivenciar diretamente todos os processos. Há, pois, também a herança de aprendizados, embora nada substitua a experiência direta em cada uma das ações que definem a atuação do MST. E se os sem-terra de que tratamos forem crianças, de quem sempre é importante lembrar quando se pensa em educação, essa herança pode representar uma geração educada em uma *nova matriz de formação humana*. Nem todas as crianças sem-terra crescem acompanhando diretamente os processos socioculturais que formam a identidade que herdam. Neste caso, conhecer a história de que fazem parte pode ser um elemento fundamental na escolha a ser feita, cedo ou tarde, que é a de entrar ou não nessa mesma trajetória, ainda que trilhando um caminho que será próprio à sua geração. E as escolas do MST, queiram seus educadores ou não, certamente terão algo a ver com esse processo de escolha.

As vivências educativas de que aqui se trata não são necessariamente as ações realizadas pelo MST com uma intencionalidade pedagógica e cultural. São aquelas ações próprias da materialidade principal da atuação do Movimento, em uma relação direta com os momentos de sua história de luta. É dessa materialidade que se gesta o seu sentido sociocultural e educativo mais profundo, e que dizem respeito aos aprendizados que já integram o *modo de ser Sem Terra* e aos poucos se transformam em uma cultura que carrega em si alguns *pressentimentos de futuro*. E isso nem tanto por inventar práticas ou criar novos ideais libertários, mas muito mais por recuperar certos *tesouros do passado*, especialmente algumas *matrizes de rebeldia popular organizada* que possibilitam devolver ao povo sua condição de sujeito da história.

Ocupar a terra

Era impressionante a coluna dos sem-terra formada por mais de 12 mil pessoas, ou seja, 3 mil famílias, em marcha na noite fria daquele início de inverno no Paraná. O exército de camponeses avançava em silêncio quase completo. Escutava-se apenas o arfar regular de peitos acostumados a grandes esforços e o ruído surdo dos pés que tocavam o asfalto.

Pelo rumo que seguia a corrente, não era difícil imaginar que o destino final fosse a Fazenda Giacometi, um dos imensos latifúndios tão típicos do Brasil. Marginalmente explorados, esses latifúndios, todavia, em razão das dimensões colossais, garantem aos seus proprietários rendas milionárias. Corretamente utilizados, os 83 mil hectares da Fazenda Giacometi poderiam proporcionar uma vida digna aos 12 mil seres que marchavam naquele momento em sua direção.

Anda rápido um camponês: 22 quilômetros foram cobertos em menos de cinco horas. Quando chegaram lá, o dia começava a nascer. A madrugada estava envolta em espessa cerração que, pouco a pouco, foi se deslocando da terra, sob o efeito da umidade do rio Iguaçu, que corre ali bem próximo. Pois o rio de camponeses que correu pelo asfalto noite adentro, ao desembocar defronte à porteira da fazenda, pára e se espalha como as águas de uma barragem. As crianças e as mulheres são logo afastadas para o fundo da represa humana, enquanto os homens tomam posição bem na frente da linha imaginária para o eventual confronto com os jagunços da fazenda.

Ante a inexistência de reação por parte do pequeno exército do latifúndio, os homens da vanguarda arrebentam o cadeado e a porteira se escancara; entram; atrás, o rio de camponeses se põe novamente em movimento; foices, enxadas e bandeiras se erguem na avalanche incontida das esperanças nesse reencontro com a vida – e o grito reprimido do povo sem-terra ecoa uníssono na claridade do novo dia: "REFORMA AGRÁRIA, UMA LUTA DE TODOS!". Paraná, 1996.

Sebastião Salgado, fotógrafo.[101]

O MST nasceu das ocupações de terra e elas são sua marca mais forte, materializando, talvez como nenhuma outra de suas ações, a opção de lutar pela terra. Do ponto de vista político, a forma de mobilização de massas do MST efetivamente tem

---

[101] Este texto é a legenda da foto que mostra o momento da entrada dos sem--terra na Fazenda Giacometi, e que integra a exposição *Terra*.

feito diferença na correlação de forças para a realização de assentamentos no Brasil. Conforme pesquisou Bernardo Mançano Fernandes, *a maior parte dos assentamentos realizados desde a década de 1980 são frutos de ocupações,* e o número de famílias participantes das ocupações vem crescendo continuamente. Na década de 1990, aproximadamente 160 mil famílias participaram de ocupações. (1998) Em seu balanço do ano de 1998, o MST registrou a realização de trezentas ocupações em todo o Brasil, envolvendo 60 mil famílias sem-terra.

Do ponto de vista pedagógico, a ocupação de terras é, das vivências aqui analisadas, talvez a mais rica em significados socioculturais que formam o sujeito Sem Terra e projetam *mudanças lentas e profundas* no modo das pessoas se posicionarem diante da realidade, do mundo. Ao provocar uma *ruptura* fundamental com determinados padrões culturais hegemônicos, prepara o *terreno* para os aprendizados desdobrados das demais vivências. Talvez por isso seja também a forma de luta mais polêmica e a mais combatida pelos que defendem o *atual estado de coisas,* hoje como em outros momentos da história da humanidade.

A ação de *ocupar uma terra* representa, para o trabalhador ou trabalhadora que não tem terra, o momento da *reação* contra essa condição social e a sua saída do anonimato. De um dia para o outro passa a ter um segundo nome próprio, *sem-terra*, pelo qual certamente será chamado com mais frequência do que pelo primeiro. Se fosse uma reação individual, isolada, seria tratado como um criminoso. Como se trata de uma reação coletiva, organizada, exige que a sociedade tome uma posição. *A contundência desta forma de luta não permite que ninguém fique "em cima do muro": diante de uma ocupação todos têm uma posição, ou são a favor ou são contra* (Stedile, 1997). *Cada vez que caem cercas, a sociedade é obrigada a olhar-se e a discutir o tamanho das desigualdades, o tamanho da opulência e da miséria, o tamanho da fartura e da fome...* (Tierra, 1995).

A posição da sociedade, por sua vez, vai demarcando os limites e a intensidade da ação dos sem-terra, e conformando o seu jeito de usar essa forma de luta, nova para cada grupo que a escolhe pela primeira vez, mas muito antiga na memória histórica dos camponeses e das camponesas sem-terra de outros tempos, de outros lugares, mas de mesmo destino.

A ocupação pode ser considerada a *essência do MST* porque é com ela que se inicia a *organização* das pessoas para participar da luta pela terra (Stedile, 1997). Nela está contida o que talvez se possa chamar de *matriz organizativa* do MST, e por isso se constitui também como uma *matriz educativa* das mais importantes. Começa pela construção do conceito de *ocupar* em oposição ao de *invadir*. Nas primeiras ações, os próprios sem-terra usavam a expressão *vamos invadir aquela fazenda*. Aos poucos, ajudados pelos apoiadores externos, foram produzindo a diferença que está nas próprias reflexões jurídicas que passam a relativizar o valor absoluto da propriedade da terra, cotejado com o direito à vida e ao trabalho. *O ter por ter, o ter sem finalidade social agride princípios comezinhos de direito...*[102]

Assim, já é consensual entre as autoridades do direito, *as profundas diferenças éticas, jurídicas e pragmáticas entre "invadir" e "ocupar"... "Invadir" significa um ato de força para tomar alguma coisa de alguém, "ocupar" diz respeito, simplesmente, a preencher um vazio – no caso, terras que não cumprem sua função social* (Gomes

---

[102] Afirmação de Régis de Oliveira, ex-presidente da Associação dos Magistrados Brasileiros, *apud* Gomes da Silva, 1996, p. 116.

da Silva, 1996, p. 116). Para os sem-terra, que produziram através de suas ações esse novo sentido, a palavra *invasão*, que continua a ser utilizada pelo governo e pelos meios de comunicação que informam sobre suas ações, simboliza uma ofensa ao MST e uma posição contrária à luta pela Reforma Agrária.

Em uma ação assim tão densa de significados políticos e pedagógicos, destaco pelo menos três dimensões básicas que a constituem como momento decisivo na formação dos sem--terra do MST.

A primeira dimensão está na *formação para a contestação social* ou para a *rebeldia organizada*. A ação de ocupar um latifúndio representa uma desobediência explícita, sem retorno. Quando *o alicate morde o fio e o arame estala como a corda de um violino e a cerca vem abaixo, os sem-terra perdem a inocência* (Tierra, 1995). Ou seja, tomam a própria vida nas mãos, o que nunca mais lhes permitirá ser como antes. Em certo sentido, sua vida e seu modo de olhar o mundo *viram de ponta-cabeça*. Seu princípio de formação era obedecer sempre ao patrão, ao padre, ao prefeito, ao coronel... Aprenderam isso na família, nos poucos anos (ou dias) em que estiveram na escola, na igreja que frequentavam... Por isso, a primeira vez que os sem-terra decidiram participar de uma ocupação ainda foi necessário que lhe dissessem que havia padres apoiando, pessoas importantes que iriam ajudar nas negociações, alguém a quem poderiam continuar obedecendo. O tempo que levaram para se convencer a fazer uma ocupação, por sua vez, talvez tenha de ser considerado proporcionalmente à força ou ao valor que essa tradição ligada à ordem e à obediência ainda tinha na condução de sua vida.

Aos poucos, no entanto, os sem-terra vão descobrindo que ninguém poderá, afinal, responsabilizar-se por seu destino e que isso, ao contrário de lhes enfraquecer, traz uma nova força à sua vida, que não sabiam ter, e que vem da sua própria ação e da organização de que começam a fazer parte. Aprendem a desobedecer e a se rebelar contra um destino de morte. Por isso, nunca mais terão a inocência de antes.

Quando decidem participar de uma ocupação, os sem-terra ainda não compreendem todo o sentido da ação que protagonizam, mas logo sentem que algo muito profundo em sua vida começa a mudar. Dois sentimentos geralmente muito fortes em sua trajetória anterior pouco a pouco são rompidos: o medo e o conformismo. Medo das autoridades, medo de uma situação nova, medo de perder o pouco que ainda julgam ter... Um medo que não desaparece quando decidem ocupar a terra, mas que devagar aprendem a dominar. Conformismo com a realidade de miséria em que vivem e com uma suposta impotência diante de seu destino. O depoimento de Jaime Amorin, do MST de Pernambuco, ajuda a compreender melhor do que trata esta ruptura específica:

... os trabalhadores aprendem no dia da ocupação o que não conseguem aprender numa vida inteira... porque a tendência natural dos trabalhadores é assim: tu chega lá no sul e o trabalhador diz: "tá feia a situação mas eu ainda estou satisfeito, porque pior que eu estão os nordestinos, que passam fome, seca"; aí tu vem para o nordeste e pergunta como é que está a situação? "É, tá ruim, mas ainda com a graça de Deus eu estou vivendo, conseguindo comer, pior é aqueles lá do sertão que nem água para tomar têm"; aí tu chega no sertão... "Tá ruim a situação, mas eu pelo menos se vou lá e ando uns 20 quilômetros arrumo água e trago para beber, passo uma semana sem tomar banho e tal, mas com a graça de Deus estou vivendo..., então quer dizer, há uma tendência de ir sempre

se conformando, tem sempre uma situação pior e graças a Deus ele ainda está sobrevivendo. Numa ocupação isso vai por água abaixo, ali todo mundo é igual, ali de fato somos todos lascados mesmo, chegamos a um esgotamento, não existe uma outra alternativa a não ser lutar pela Reforma Agrária e pela terra. Então eu vou ocupar porque não tenho outra alternativa...

Nessa condição, *a luta vai ficando maior do que o medo* e, aos poucos, os sem-terra passam ao sentimento e à convicção de que contra uma *injustiça radical* só mesmo ações radicais, porque são as únicas que ainda podem causar algum efeito, em um meio no qual a sensibilidade social já não existe. É nesse momento que estão rompendo alguns valores e recuperando ou produzindo outros. Para ocupar uma terra é preciso que eles próprios, os sem-terra, rompam com o valor supremo da propriedade privada, pelo menos ao ponto de considerar que, em uma ordem de prioridades, ela deve estar subordinada a valores como a vida e o trabalho. Por sua vez, se projeta com força um valor que ainda não tinham, que é o da organização: se pretendem ser radicais não podem agir de forma isolada e nem impensada, porque isso pode lhes custar a própria vida. Com aprendizados desse tipo, vão sendo formados os futuros *lutadores do povo*.

A segunda dimensão do processo educativo da ocupação está, segundo a própria análise do Movimento, na *formação para a consciência de classe*, a partir da vivência direta do enfrentamento. *Quando o trabalhador entra numa ocupação, ele consegue ver bem claro ali a contradição: de um lado o latifúndio e de outro os trabalhadores sem terra. Fica bem concreta a questão da luta de classes: de uma lado o latifúndio improdutivo, a burguesia organizada, a polícia com as ferramentas de defesa da* burguesia, e do outro lado nós, só nós e mais a nossa organização. E conseguimos enfrentar, e isso faz com que o trabalhador aprenda por ele mesmo... (Idem).

Um aprendizado que pode se tornar ainda mais vivo quando acontecem as ações de despejo[103] e uma nova decisão precisa ser tomada: sair imediatamente ou resistir na terra, ainda que seja *só nós e a nossa organização...*

Nessa mesma formação, um outro aprendizado correlato é o da *negociação*, primeira conquista política desse tipo de ação, e que geralmente é feita com o Estado, responsável último pela solução do problema social que uma ocupação desmascara. Negociar, no caso dos sem-terra, implica primeiro em uma mudança de postura diante das autoridades, passando a considerá-las como pessoas iguais, com as quais é possível ficar frente a frente, *olho no olho*. Entrar na sala de um Governador do Estado ou no gabinete do Presidente da República é para os sem-terra mais uma possibilidade concreta de arrancar de dentro de si aquele medo das autoridades que traziam. Começam a compreender que o poder de quem está à sua frente pode não ser maior do que o poder de sua organização. E se eles, sem-terra, tinham medo de reagir, agora são as autoridades que também demonstram ter medo da sua reação, o que coloca a todos, afinal, em uma certa posição de igualdade.

Não deve ser por acaso, então, que assim como outros trabalhadores em outros tempos, os sem-terra vão produzindo gestos e símbolos que representem essa nova posição: pode ser também o boné que não se tira ou o casaco que não se põe

---

[103] Situação em que, após a ocupação, a Justiça autoriza a desocupação da área pela Brigada Militar ou outra força policial repressiva.

(até porque não o tem) em uma audiência, ou então algumas 'quebras de protocolo', como a não aceitação de lugares marcados nas mesas de negociação ou a fala sem as formalidades de praxe... O que importa é demonstrar que não se está ali para pedir favores mas sim para exigir direitos. O MST sabe da dimensão formativa desse processo. Por isso, geralmente as comissões de negociação têm várias pessoas, nem sempre as mesmas, uma lógica que costuma causar certo constrangimento às autoridades, que se deparam com um grupo que não cabe nos limites do seu protocolo, nem nos de sua sala.

Além disso, é preciso também saber negociar. Aprender pela experiência[104] quais são os momentos de endurecer, de transigir, até onde é possível ceder, o que não se pode abrir mão. Esse costuma ser um aprendizado penoso, porque de uma negociação dependem os desdobramentos da luta e o futuro de muitas pessoas. Lideranças se firmam ou são substituídas a partir de situações como essa. Depois que forem assentados, os sem-terra novamente terão de negociar. Será talvez com outra pauta, mas a postura já terá sido aprendida e as novas habilidades virão com o tempo.

A terceira dimensão educativa a ser destacada aqui é aquela que foi chamada por Sebastião Salgado, ao descrever a ocupação da Fazenda Giacometi, de *reencontro com a vida*. Ao pisar na terra ocupada, os sem-terra retomam simbolicamente o direito

---

[104] Contam os sem-terra que nas primeiras negociações havia muita insegurança, então as pessoas escolhidas passavam por uma preparação. Era feita uma encenação para ensaiar como deveria ser conduzida a audiência: um sem-terra fazia o papel de governador, por exemplo, tentando proceder como imaginavam que seria seu comportamento na negociação. Alguns consideram que nesta prática está a gênese das atividades intencionais de formação do MST.

à vida que começaram a perder quando da terra foram arrancados. Novamente aflora o sentido da expressão *terra é mais do que terra*, dessa vez para dizer que terra quer dizer raiz, quer dizer a vida de quem produziu sua identidade na relação com ela. Quando ocupa a terra, o maior desejo do sem-terra é o de começar logo a produção, porque isso garante a mistura definitiva dessa terra com o seu destino. É por isso que ocupar uma terra não tem o mesmo sentido do que ocupar um prédio ou, como costumam provocar os opositores do MST, ocupar uma fábrica ou um banco. Quando os sem-terra ocupam o prédio do INCRA para pressionar por soluções, sabem, sentem que esse não é o seu lugar, não o fazem para ali ficar, mas para poder entrar ou permanecer no que entendem ser seu por direito. *Terra que é sua e lhe sustenta, e terra que lhe permite construir sua história e dignificar seu nome...* (Berger, 1998, p. 107-8).

Mas a ocupação da terra é apenas o primeiro momento, ainda que decisivo, de uma história que demorará um bom tempo e se desdobrará em muitos outros aprendizados, recuperando e ao mesmo tempo pondo em conflito tradições, costumes, visão de mundo, produzindo e reproduzindo cultura.

Viver no acampamento
Onde mais aprendi na vida foi com os companheiros, no acampamento e na organização pela terra. Eu aprendi muito mais neste ano e meio aí de luta do que nos quatro anos de aula que eu tive... Rio Grande do Sul, 1984.
Ademar, acampado.[105]

---

[105] Ademar integrou o Acampamento da Estrada de Fortaleza, município de Erval Seco no Rio Grande do Sul, entre agosto de 1984 e julho de 1985. Seu depoimento está na Dissertação de Mestrado de David Stival, *O processo*

No acampamento organizado, todo mundo desenvolve uma tarefa, todo mundo está trabalhando. Tem que estar contribuindo com a organização, porque, quanto mais trabalha e organiza, mais a sociedade daquele município vê um acampamento bonito... O importante que a gente tem dentro do acampamento é o companheirismo de verdade... é a confiança... Goiás, 1997.
Edivaldo, acampado.[106]

O acampamento é outra das marcas muito fortes da presença dos sem-terra e de sua luta no Brasil contemporâneo. Os barracos de lona preta, com sua disposição espacial e seu cotidiano singular, têm chamado a atenção da sociedade de maneira continuada para o conflito social que se escancara na ocupação, e se desdobra nessa outra forma de luta. O primeiro grande acampamento que ficou conhecido na história da gestação do MST foi o de Encruzilhada Natalino, já referido e comentado mais de uma vez neste texto. A partir dele, e de outros acampamentos que lhe sucederam, um conjunto de lições levaram a consolidar essa estrutura organizativa como uma importante ferramenta para mobilizar os sem-terra para sua própria luta.

De modo geral, nas análises que se faz sobre a dimensão educativa da luta pela terra não se costuma separar os momentos da

---

educativo dos agricultores sem terra na trajetória da luta pela terra, UFRGS, 1987, que fez um estudo específico desse acampamento. O trabalho de Stival é um dos pioneiros neste tipo de reflexão sobre a dimensão educativa da luta pela terra no Brasil. Outra referência importante no estudo específico do acampamento como espaço de construção da identidade sem-terra é o de Schmitt, Claudia Job. *O tempo do acampamento: a construção social e política do 'colono sem-terra'*, UFRGS, 1992.

[106] Edivaldo participou da Marcha Nacional a Brasília em 1997 e seu depoimento aparece no livro *Vozes da Marcha pela terra*, p. 86-87.

ocupação e do acampamento. Considero importante fazer esta distinção porque, embora muitas vezes sejam ações combinadas, constituem-se como processos de formação com especificidades diferentes, especialmente se tomarmos, como referência (e é o que vou fazer aqui), os chamados *acampamentos permanentes*, ou seja, aqueles que duram até ser encontrada uma solução para as famílias que acamparam ou que ocuparam determinada área, podendo se estender por meses ou anos, dependendo da conjuntura política de cada momento ou local.

A ocupação é o ato de um momento, preparado antes, desdobrado depois. Mas os aprendizados que antes busquei identificar nela são aqueles que circundam o momento preciso do *estalar do arame da cerca* ou do *estourar do cadeado da porteira* de uma fazenda. Já o acampamento traz para nossa reflexão o sentido pedagógico do cotidiano da organização e da vida em comum das famílias sem-terra debaixo de lonas, em situação de extrema precariedade material e, ao mesmo tempo, de muita riqueza humana, seja antes ou depois de uma ocupação de terra. Um sentido que nos remete ao processo através do qual um conjunto de famílias que mal se conhecem e que, na maioria das vezes, portam costumes e heranças culturais tão diversas entre si, acabam por reconhecerem-se em uma história de vida comum, e em sentimentos compartilhados de medo, de dor, de fome, de frio, mas também de convívios fraternos e de pequenas alegrias nascidas da esperança de uma vida melhor, que aos poucos lhes identifica como grupo: o acampamento como espaço social de formação "identitária" de uma *coletividade em luta* (Schmitt, 1992, p. 32), e que se descobre com uma nova perspectiva de futuro.

Um acampamento é *uma verdadeira cidade de barracos de lona*, com uma população que pode ser de centenas ou de milhares de pessoas, homens, mulheres, crianças que organizam sua vida em função de dar continuidade às ações de luta pela terra. Pode ser feito na própria terra ocupada, na beira de uma estrada, ou em uma área para onde são deslocadas as famílias depois de um despejo. O acampamento é uma forma de luta largamente utilizada pelo MST com o triplo objetivo de educar e de manter mobilizada a base sem-terra, de sensibilizar a opinião pública para a causa da luta pela terra, e de fazer pressão sobre as autoridades responsáveis pela realização da Reforma Agrária. Enquanto estão acampados, os sem-terra geralmente continuam realizando outras ações combinadas de luta: audiências, atos públicos, caminhadas, greves de fome, acampamentos breves em lugares públicos nas cidades, reocupações de terra, em um *movimento permanente*.

A organização interna de um acampamento começa com a formação dos chamados *núcleos de base*, constituídos entre dez e trinta famílias e segundo o critério inicial de proximidade, geralmente a partir do município de procedência dos acampados.[107] Através dos núcleos é organizada a divisão das tarefas necessárias para garantir a vida diária do acampamento: alimentação, higiene, saúde, religião, educação, animação, finanças... Quanto mais recentes e herdeiros da história dos acampamentos anteriores, mais dimensões aparecem como necessidades já no início de sua organização.[108] Também através

---

[107] Na maioria dos casos, um acampamento reúne pessoas de vários municípios de uma mesma região ou também de diferentes regiões do Estado.

[108] Um exemplo: nos primeiros acampamentos da história do MST, somente depois de um bom tempo acampados surgia a necessidade de organizar atividades de educação para as crianças sem-terra, que ficavam longos períodos fora da escola. Hoje, 1999, a escola geralmente aparece como

dos núcleos acontecem as discussões e os estudos necessários para tomar as decisões sobre os próximos passos da luta. Os responsáveis pelas diversas tarefas compõem as *equipes de trabalho*, reunindo-se regularmente para planejar e avaliar suas atividades. Há uma *coordenação geral* do acampamento cuja responsabilidade principal é dar unidade à atuação de todas as equipes, bem como encaminhar o processo de negociação e de relacionamento com o conjunto da sociedade local ou mais ampla. O fórum máximo de tomada das decisões sobre os rumos do acampamento é a *assembleia geral das famílias acampadas*, geralmente reunida após uma discussão preliminar das questões nos núcleos de base, canal principal de comunicação entre a coordenação e os acampados.

Quando o acampamento acontece na própria terra que se pretende conquistar, começam também as atividades de produção, firmando ainda mais a relação dos sem-terra com a área ocupada; em outras situações, é costume organizar frentes de trabalho em locais externos, visando a ajudar no sustento das famílias acampadas. De modo geral, a sustentação dos acampamentos é conseguida através do trabalho dos acampados, mas também da contribuição das famílias já assentadas, dos recursos conquistados junto aos governos, e das doações de pessoas ou entidades simpáticas à luta.[109]

---

uma das primeiras necessidades, sendo organizada logo nos primeiros dias do acampamento. Nos primeiros acampamentos, a presença de professoras foi uma coincidência. Nos últimos, tem feito parte do seu planejamento.

[109] Fontes principais para esta descrição: Stedile e Frei Sérgio, 1993, p. 61-69; depoimentos informais com pessoas acampadas em diversos Estados. Uma outra referência bibliográfica importante para conhecer a vida em um acampamento é Görgen, Frei Sérgio. *O massacre da fazenda Santa Elmira*, 1989.

Do ponto de vista pedagógico, o acampamento pode ser olhado como um grande espaço de *socialização dos sem-terra*, que passam a viver um tempo significativo de suas vidas em uma coletividade cujas regras e jeito de funcionar, embora tão diferente da sua experiência anterior, foram eles mesmos que ajudaram a constituir. É desde esse aspecto que podemos identificar alguns dos aprendizados fundamentais que proporciona a quem dele participa.

Um aprendizado importante é o que possibilita a passagem do que poderíamos chamar de uma *ética do indivíduo* a uma *ética comunitária*, que depois poderá chegar a se desdobrar em uma *ética do coletivo*, à medida que consolide esses valores na experiência posterior de assentamento, ou de participação no conjunto das instâncias do MST. O primeiro fato concreto da vivência em um acampamento é a ruptura do isolamento próprio do camponês mais típico, (que mais do que um valor é para ele uma circunstância de vida) exigindo uma vida próxima e mesmo cooperativa com as outras pessoas, única maneira de conseguir garantir a sobrevivência pessoal ou familiar em uma condição como essa.

Nesse sentido, um dos primeiros valores que se cultiva na situação de acampamento é o da *solidariedade*, exatamente o valor que fundamenta a ética comunitária. Solidarizar-se com o outro não é, nessa circunstância, uma intenção, mas uma necessidade prática: o alimento não é suficiente para todos, a repressão pode vir contra todos, o vento pode destruir o barraco de muitos, a dúvida e a vontade de desistir de tudo pode chegar a uns quantos, ou a cada pessoa em algum momento; e o principal *argumento da necessidade* talvez seja o de que a vitória virá para todos, ou não virá para ninguém. Ou seja, a condição gera a necessidade de aprender a ser solidário e a olhar para a realidade desde a ótica do coletivo e não de cada indivíduo ou de cada família isoladamente. Uma inversão que não se aprende fácil e nem sem conflitos, derrotas, brigas, expulsões, mortes. Mas um aprendizado que, quando se consolida, não deixa de se vincular com um profundo sentimento de indignação diante do contraste gritante que existe entre esta lógica de uma vida social baseada na solidariedade e uma outra baseada na competição e no individualismo desenfreados, exatamente os *antivalores* que sustentam uma sociedade que não se importa em produzir sem-terra, sem-teto, sem-emprego, sem-escola, sem-esperança...

A consolidação desse aprendizado, por sua vez, será um processo mais ou menos demorado, dependendo do vínculo que estabeleça com determinados traços culturais trazidos como herança. A formação do valor da solidariedade em um grupo que traz como herança a experiência continuada dos *mutirões* e *entreajuda* das famílias camponesas, por exemplo, é um processo diferente em grupos onde essa experiência inexiste ou não chegou a ser incorporada como um valor.

Outro aprendizado ímpar dessa circunstância é o do sem--terra passar a *ser valorizado como pessoa através da vivência em uma organização coletiva complexa*. É algo aparentemente contraditório o que acontece em um acampamento. Trata-se do lugar dos marginalizados da sociedade *dita moderna*, que em uma forma bem pouco tradicional educa camponeses para uma vida com traços de *urbanidade* e *modernidade*. Ao implementarem em seu cotidiano os princípios organizativos do MST (direção coletiva, divisão de tarefas, participação direta...), os sem-terra vão aprendendo a construir relações sociais com um novo formato, que poderão ser depois continuadas (ou não) no assentamento. Em outras palavras, aprendem a ser cidadãos, exatamente pela conquista do direito à participação, que começa em uma assembleia do acampamento e pode continuar, por exemplo, em um novo jeito de participar dos espaços públicos e da escolha de seus representantes nos diversos níveis de governo.

A primeira novidade simboliza sua nova existência social. Trata-se da descoberta de um direito elementar de cidadania que muitas vezes nem sabia ter: para ser cadastrado como sem-terra cada pessoa precisa fazer sua documentação: identidade, título de eleitor, certidão de nascimento... Quando chega no cartório e pede para encaminhar os papéis solicitados pelas autoridades, percebe já uma diferença: *o que o senhor deseja?* Ou seja, antes era ninguém, agora já é chamado de senhor!

Da identidade pessoal simbolicamente afirmada nos documentos, o sem-terra passa então a descobrir quem realmente é ou pode vir a ser, à medida que começa a desenvolver certos talentos ou habilidades que nem sonhava ter. *Quem nunca abria a boca, de repente vira locutor da rádio do acampamento; quem se dizia tímido vira referência de negociador com o governo; quem era considerado o fofoqueiro da comunidade de origem vira articulador das propostas na base...*[110] Quem era excluído de tudo passa a ser dirigente de uma empresa social complexa. O princípio da divisão de tarefas educa para as responsabilidades pessoais assumidas diante do coletivo. Qualquer erro é percebido, avaliado; quem realizar seu trabalho sem pensar pode gerar situações que comprometem a vida de todos. *As pessoas crescem na marra...*, afirmam os sem-terra analisando sua própria tra-

---

[110] Depoimentos colhidos entre pessoas acampadas.

jetória em um acampamento. Muda também o jeito de pensar porque, para uma pessoa acostumada a *puxar enxada na terra de um patrão*, de repente deparar-se com o desafio de participar simultaneamente de um núcleo, de uma equipe de trabalho e, nos acampamentos mais recentes, vincular-se a um dos setores do Movimento, realizando atividades também fora dos limites do acampamento, é algo certamente muito exigente.

Tudo isso junto com o *movimento da própria luta*, que o pressiona a participar de decisões que dizem respeito ao seu destino, a sua vida e a de sua família. Ao mesmo tempo que lhe ensina o que é uma verdadeira *democracia de base*. Para poder participar precisa aprender a ouvir, a respeitar a opinião do vizinho, da esposa, do filho, porque, em uma situação de acampamento, realmente todos são iguais. Também precisa aprender a discutir, a defender suas ideias, a votar propostas. De novo é possível dizer que a cabeça do antigo camponês ou boia-fria *vira de ponta-cabeça*, e uma nova visão de mundo aos poucos vai sendo construída, sempre na relação com tradições que ele continua carregando, seja como complemento, como contradição, ou já como síntese.

Um terceiro aprendizado a ser destacado é o da *possibilidade de construir novas relações interpessoais*, o que para algumas pessoas representa uma verdadeira *revolução cultural*, à medida que obriga a rever conceitos e preconceitos. Esse processo se inicia ao ter que estabelecer relações com pessoas que têm costumes, etnias, religiões e até mesmo posições políticas bem diferentes das suas. Um sem-terra que seja racista, por exemplo, terá de superar provisoriamente o seu preconceito, quando, em uma situação de despejo, tiver como companheiro alguém que julgava ser de uma 'raça inferior' e como policial armado à sua frente uma pessoa da mesma raça que a dele.

Esse aprendizado continua quando, em um acampamento, relações de gênero precisam ser radicalmente revistas. Onde os afetos ganham novos significados e novos formatos, nem sempre compatíveis com o *código moral* de cada família; onde se invertem relações mais usuais, fazendo com que homens também tenham que lavar suas roupas, e mulheres também participem de reuniões e de assembleias, e onde jovens cadastrados passem a ter o mesmo poder de decisão que tem seu pai ou irmão mais velho; onde as crianças passem a ter na comunidade uma referência educadora geralmente mais forte do que sua família, tendo uma existência e uma organização próprias, nem de perto imagináveis em uma comunidade rural típica.

Essa experiência de inversão de relações tradicionais pode ser tão forte que se torne intolerável para pessoas com condutas já cristalizadas. Muitos conflitos que acabam eclodindo nos acampamentos (e depois também nos assentamentos) têm a ver com este tipo de questão, bem mais até do que com divergências em relação ao processo de condução da luta política mais ampla. As *picuinhas*, que é o nome dado pelos sem-terra às rusgas desse cotidiano, acabam sendo elementos importantes no desenlace da luta como um todo.

Um quarto aprendizado diz respeito à *compreensão de que faz parte da história*. No começo do acampamento uma das *diversões* dos sem-terra é ficar *contando 'causos'* sobre sua vida. É um processo importante de resgate da história pessoal, que provavelmente não aconteceria se não fosse essa *pressão* da vida comunitária. Aos poucos, vai se dando conta da relação existente entre sua história e a história de várias pessoas que nem conhecia antes: *mudam os lugares e as datas, mas os fatos são muito parecidos*, dizem. Esse tipo de aprendizado abre a possibilidade de uma nova chave de leitura da realidade: logo se reconhecem na história da luta pela terra e então está dado o passo decisivo para se entenderem como parte da história de seu país, e como sujeitos da história da humanidade como um todo. *Quando descobri que não éramos os primeiros a lutar pela terra algo mudou na minha cabeça...*, disse em certa ocasião uma acampada que fazia um curso de formação do MST.

E um quinto aprendizado, que poderá ser definidor do perfil lutador do sem-terra, é o da *vida em movimento*, em contraposição à lógica da estabilidade e de um cotidiano que fixa as pessoas em um determinado tempo e lugar. No acampamento, é difícil um dia ser igual ao outro; sempre acontecem novidades que alteram sentimentos, estado de ânimo, organização. Pode ser a presença de uma visita de solidariedade, ou o retorno da comissão de negociação, cujos informes podem exigir uma mobilização imediata para nova ação; pode ser a constatação de que a comida vai acabar em poucos dias e é preciso agir antes disso; pode ser a chegada de policiais para tentar acabar com o acampamento ou um temporal que destrói os barracos e exige a perseverança e a agilidade de sua reconstrução.

Um acampamento também pode mudar várias vezes de lugar, de forma, de composição de pessoas. Alguns sem-terra saem antes que outros para novas terras, seja em novas ocupações, seja pela conquista do assentamento. Essa lógica de movimento altera o jeito de ser das pessoas: algumas esperam ansiosas pelo retorno a uma situação de vida mais estável, o que poderá ser proporcionado pelo assentamento. Há outros sem-terra, ao contrário, que já não conseguem mais imaginar sua vida sem essa *agitação da luta*; por isso, mesmo assentados, seguem ajudando a fazer novas ocupações de terra, ou então se dedicam a inventar novos jeitos para conduzir sua vida no assentamento, prosseguindo sua formação. Trata-se da dialética entre o enraizamento, proporcionado pela inserção em uma coletividade forte, e o projeto proporcionado pela continuidade na dinâmica da luta, que dá mobilidade à própria raiz...

Organizar o assentamento
Se não pudermos dar um passo no futuro
não tem problema muito caminho foi feito
nossas crianças já não morrem mais de fome
e nosso povo conquistou o seu respeito.
Naquela sede que escondia pistoleiros
hoje é uma escola que funciona sem parar
ali adiante onde tinha uma porteira
há uma bandeira convidando pra chegar.
Ademar Bogo, MST Bahia.

Precisamos avançar no entendimento de que os assentamentos não são apenas uma unidade de produção. Mas acima de tudo são um núcleo social onde as pessoas convivem e desenvolvem um conjunto de atividades comunitárias na esfera da cultura, lazer, educação, religião,... que precisamos estar atentos... para que os assentamentos cumpram sua missão histórica de semear as mudanças no meio rural.
MST, 1998.[111]

Segundo Bernardo Mançano Fernandes, a palavra *assentamento* é de uso recente, começando a aparecer no Brasil em

---
[111] MST, Caderno de Cooperação Agrícola nº 7, 1998, p. 26-25.

meados da década de 1960 (1998b, p. 21). Do ponto de vista dos movimentos sociais que fazem a luta pela terra, um assentamento é sinônimo de *terra conquistada*. Do ponto de vista do Estado, o termo indica uma área de terra destinada a um conjunto de famílias sem-terra, como forma de solucionar um problema fundiário.[112]

De qualquer modo, é importante ter presente no conceito a ideia de que um assentamento é *um processo histórico de transição e transformação, de organização do território, do espaço agrário em questão*. (*Idem*) Trata-se, afinal, do processo através do qual um latifúndio se transforma em um espaço onde passam a viver muitas famílias, articuladas de algum modo entre si. Por isso, nos adverte Fernandes, não há como compreender a realidade dos assentamentos sem considerar sua dimensão histórica e sem fazer a relação com a luta dos movimentos sociais pela Reforma Agrária em nosso país (p. 22).[113]

É fundamental olhar para o assentamento como um lugar social *em movimento*, ou seja, que vai sendo produzido através das relações que ali se estabelecem, e que resultam das decisões

---

[112] João Pedro chama a atenção também para outra dimensão do conceito de assentamento: *na linguagem mais universal, assentamento se relaciona mais à formação de povoações urbanas, organizadas pelo Estado. A difusão pelos governos do termo assentamento talvez revele, ainda que inconscientemente, sua verdadeira política, que é de resolver o problema da moradia das famílias sem-terra e não de realmente democratizar a propriedade da terra* (Entrevista, 1998).

[113] A propósito da pesquisa sobre a história do MST nos deparamos com um número bastante significativo de pesquisas (especialmente dissertações e teses) sobre assentamentos, em sua maioria *estudos de caso* que nem sempre conseguem fazer adequadamente esta relação entre a realidade de um assentamento particular (ou de uma das dimensões dentro dele) com a história mais geral que a está produzindo.

que vão sendo tomadas pelas famílias sem-terra (de cada assentamento mas também do conjunto dos assentamentos, no caso, do MST) no processo de organizá-lo e de reorganizá-lo permanentemente, a partir das pressões impostas pela realidade. Os assentamentos são bem diferentes uns dos outros. Há assentamentos pequenos onde vivem vinte ou trinta famílias e outros maiores que chegam a ter seiscentas ou até setecentas famílias, embora isso não seja o mais comum. Também as condições são bastante diversas, existindo muitas áreas com terras de má qualidade, de difícil acesso e com infraestrutura ainda praticamente inexistente. No Brasil, até 1997, foram mais de 2500 áreas conquistadas pelos diversos movimentos sociais e entidades que participam da luta pela terra.[114]

Uma das características dos assentamentos ligados ao MST, que inclusive costuma ser apontada como uma das variáveis muito importantes na determinação dos resultados sociais obtidos nessas áreas, é sua preocupação com a organização da produção e, junto com ela, com a definição de uma estratégia mais geral de organização da vida no assentamento como um todo, relacionada à própria estratégia de luta mais ampla do Movimento. Não quer dizer que em todos os assentamentos do MST essa preocupação se desdobre em ações consequentes, mas significa que essa é uma possibilidade real proporcionada pelo vínculo com o Movimento e a história que já construiu nessa direção.

Como se trata de uma realidade bastante diferenciada a nível nacional, essa relação acontece na forma de estudos e de

---

[114] Para a fonte INCRA/MST, com dados trabalhados por Bernardo Mançano Fernandes, 1997, são 2.705 áreas de assentamentos em todo o Brasil.

linhas políticas formuladas nas instâncias ou nos encontros que reúnem representantes dos diversos assentamentos (tal como aconteceu no primeiro encontro nacional de 1986), que se constituem como subsídios e orientações gerais no processo de organização local. Cada assentamento, vinculado também às discussões do Estado ou da região, vai fazendo sua própria trajetória, interpretando do seu jeito as linhas políticas e tomando suas decisões, pressionadas por sua vez pelas circunstâncias específicas que ali se encontram, sobre o formato organizativo do assentamento e as formas de desenvolver a nova vida na terra duramente conquistada. Por isso, não há um assentamento que seja igual ao outro, mas não é difícil encontrar traços que permitam identificá-lo como sendo uma *fração de território ocupada pelo MST*.

Desde o momento histórico em que incorporou os assentados e suas áreas como parte de sua base social e de sua organização, o MST passou a pesquisar na história e em outras experiências subsídios que pudessem ajudar no processo de organização dos assentamentos. É nesse contexto que se fortalece no Movimento, especialmente na década de noventa, a discussão sobre a produção, cujo mote principal, a *Cooperação Agrícola*,[115] acaba se desdobrando na reflexão bem mais ampla sobre a *concepção de assentamento do MST*, ou sobre como deve ser organizada a vida social em uma área que se coloque como uma espécie de retaguarda econômica e política da luta pela Reforma Agrária no Brasil.

---

[115] Sobre o processo de discussão desse conceito e os desdobramentos a partir de sua implementação há reflexões importantes no conjunto dos Cadernos de Cooperação Agrícola editados pelo MST através da Confederação das Cooperativas de Reforma Agrária do Brasil – CONCRAB desde 1993.

A discussão sobre Cooperação Agrícola surgiu a partir da análise dos problemas relacionados à viabilização econômica dos primeiros assentamentos, e que os relacionava ao próprio destino dos pequenos agricultores em um tipo de economia como a predominante em nosso país. De uma discussão econômica, aos poucos passou para um debate mais amplo, ligado ao tipo de vida proposto pelo MST aos seus assentamentos, com desdobramentos para o debate sobre o meio rural como um todo. A Cooperação Agrícola representa para o MST, hoje, uma opção de estratégia de desenvolvimento econômico e social baseada na organização dos trabalhadores do campo em vista de sua resistência ao processo de destruição das relações camponesas de produção e de vida social, levado a efeito pelo avanço implacável das formas capitalistas de (des)organização da agricultura brasileira.

Na base das propostas de Cooperação Agrícola estão as formas coletivas de organização do trabalho e da produção agropecuária e agroindustrial que gestam um tipo de vida comunitária capaz de romper com os modos mais tradicionais de vida no campo, seja aquela baseada nas relações de assalariamento, ou a das relações estabelecidas pela produção familiar, ambas culturalmente vinculadas ao valor sagrado da propriedade e do uso privado da terra, e a um certo isolamento social das famílias entre si. Trata-se de recriar as próprias relações sociais camponesas (recuperando muitos dos seus *costumes tradicionais,* mas entranhando-os em um novo contexto), para evitar que desapareçam, e para inseri-las em uma estratégia de transformação econômica, política e cultural da vida no campo e da vida na sociedade como um todo. A epígrafe deste tópico indica a ênfase das discussões atuais do MST nessa direção.

Destaco, então, alguns elementos da formação dos sem-terra presentes especialmente no processo das escolhas que precisam ser feitas pelos assentados, vinculadas a esse contexto de discussões de que participam, à medida que vinculados ao MST. Talvez mais do que nas vivências anteriores, é preciso reconhecer que a produção de aprendizados própria dessa experiência coletiva e pessoal de *organizar o assentamento* é identificada pelo processar de algumas contradições que geram fortes conflitos, de cujo tratamento dependem muitos dos traços que passam a compor a identidade Sem Terra.

Em um acampamento, a pressão da situação objetiva deixa uma margem de escolha bem menor; nele a solidariedade, por exemplo, é uma das condições da sobrevivência imediata; no assentamento pode não ser ou pelo menos pode não ser vista pelos sem-terra como tal. Ao entrar na terra conquistada, cada família precisa tomar decisões, fazer escolhas que, embora profundamente condicionadas pelo formato material da realidade com que se deparam, ainda assim são escolhas, e ninguém as fará por ela. No processo, algumas opções podem até ser refeitas mas, assim como refletem certas heranças trazidas de muito longe, já terão deixado algumas marcas para seus herdeiros no futuro. O MST como organização social tem feito historicamente suas escolhas e a partir delas orienta cada família, cada assentamento. Mas é no jeito de implementá-las (ou não) que o grupo afinal decide como será sua vida nesse lugar e quais os *tesouros do passado* e *pressentimentos de futuro* que dela poderão extrair seus descendentes.

Neste contexto de discussão, a contradição fundamental, da qual em boa parte se desdobram as demais, parece-me ser a que se estabelece entre traços de cultura produzidos em tempos diferentes de sua história de vida, mediados pela própria *cultura material* (Braudel, 1978) que os condiciona. Em outras palavras, quando os sem-terra chegam no assentamento são pressionados a escolher entre buscar que o 'extraordinário', ou aqueles *instantâneos de mudança* vividos no *tempo da ocupação e do acampamento,* se torne o seu *cotidiano* (mais estável) *de vida no campo*, ou tentar voltar a ter aquele *modo camponês de vida* que tinha (ou sonhava ter) antes da entrada no MST. Isso se refere à forma de organização, ao trabalho, às relações sociais e interpessoais e aos costumes pessoais que criou ou que teve de negar no processo de luta. Essa contradição, nem sempre percebida de forma consciente pelos assentados, pode ser responsável por muitos conflitos no momento de decidir sobre detalhes fundamentais no processo de organização da vida social e pessoal em cada assentamento.

Começa então um novo capítulo na história de formação da identidade dos sem-terra, de modo geral marcado por muitos conflitos. Conflito entre os elementos da cultura que traz em si pela herança de gerações, e novas vivências socioculturais que projetam a produção de uma outra cultura, pela pressão de um tempo que foi proporcionalmente curto, mas cuja intensidade e densidade de experiência foi tão forte que não pode simplesmente ser esquecido sem que permaneçam algumas de suas marcas.

Conflito entre as famílias, porque, embora tenham uma trajetória de vida semelhante, viveram processos socioculturais diversos e então o seu conceito de *vida normal* também é diferente. Um exemplo típico é o da decisão sobre a moradia. Para algumas famílias, o *normal* é fazerem uma agrovila para que possam morar próximos e continuar cultivando uma vida mais fortemente comunitária. Para outros, isso é impensável, especialmente se implicar em não morar no próprio lote, sua propriedade, sua referência. Preferem o isolamento e lutarão até o fim para que a agrovila não seja feita. Em muitos assentamentos, a solução tem sido garantir as duas coisas: há famílias que moram na agrovila; há outras que moram distantes umas das outras, cada uma em seu lote. Às vezes a decisão é revista pela circunstância: o acesso à luz elétrica, à escola, ao culto religioso, pode ficar muito mais facilitado para as famílias que moram em uma comunidade organizada e próxima. Outras vezes é o próprio formato geográfico da área que favorece uma opção ou a outra.

Um dos conflitos que também se desdobra dessa contradição é o que se identifica entre o *desejo de estabilidade* e a *necessidade do movimento permanente*. Quando um sem-terra é assentado, sua primeira inclinação é pensar que chegou ao 'fim da história'. Mas logo começa a perceber que no máximo chegou ao fim de um dos seus capítulos, talvez nem o mais importante. Se não continuar mobilizado, se não prosseguir lutando, não conseguirá se manter na terra produzindo, não terá o crédito, a estrada, o posto de saúde, a escola. Mas a pressão objetiva da necessidade não garante uma escolha permanente. Muitos assentados optam por se acomodar à situação mais do que por agir sobre ela. Conseguidas as condições mínimas de subsistência, seu corpo e seu espírito passam do movimento à estabilidade, somente abalada quando a própria vida voltar a estar em perigo. Para outros, ao contrário, de cada mobilização nasce a percepção da necessidade da próxima, em reação permanente a um *estado de coisas* que sempre pode ser transformado.

Esse *costume de movimento*, que começa a partir de seus interesses corporativos, pode tornar-se uma *convicção política* sobre a necessidade de mudanças mais amplas, e então estão dadas as bases de formação de um lutador permanente. A contestação e a rebeldia que aprendeu (ou reaprendeu, trazendo de volta traços de seus antepassados lutadores) ao ocupar a terra, e que organizou melhor quando viveu no acampamento, pode passar a ser um traço "identitário": ser *Sem Terra* quer dizer estar permanentemente em luta para transformar *o atual estado de coisas*... As novas gerações que se formam no movimento desse conflito e na consciência da herança histórica que carregam, certamente terão mais condições de fazer suas próprias escolhas.

No processar desses conflitos, abre-se um mundo de possibilidades educativas, que têm construído a história do MST. De modo geral, os sem-terra assentados são uma síntese desse *movimento sociocultural* e não o produto de uma escolha pura. Mas, se prestarmos atenção ao jeito de ser de cada assentamento, perceberemos que muitos dos traços que os diferenciam estão na ênfase das escolhas que foram pressionados a fazer.

Nas decisões sobre a produção, dado o jogo das determinações históricas, o movimento contraditório e a presença de conflitos pessoais e coletivos ficam mais evidentes em sua complexidade. Nesse sentido, a discussão sobre cooperação agrícola, mencionada antes, é talvez um dos melhores exemplos para compreender essa vivência educativa proporcionada pela participação do sem-terra na organização de um assentamento.

Quando o sem-terra de origem camponesa entra na terra que agora sabe ser sua, entra junto toda a tradição ou herança cultural que carrega de muitas gerações de vida e trabalho no campo. Voltam com a força desse seu *reencontro* (agora com chance de ser definitivo) *com a vida na terra*, os costumes, a visão de mundo, os valores em que foi baseada sua formação humana até então. Entram também, mas de modo mais frágil e tímido, esses outros aprendizados que começou a desenvolver desde o processo de preparação da sua decisão de participar da ocupação da terra, e então lutar pela salvação de seu próprio destino enquanto trabalhador do campo. São mais frágeis porque recentes e culturalmente pouco consolidados, tendo sido provocados por um tempo de muita *tensão social e pessoal*, em que o conflito entre a bagagem que trazia e a novidade do que estava sendo desafiado a fazer, até pôde ser relativizado em função de algo bem mais importante naquele momento, que era a própria preservação da vida, da sua e a de sua família. Mas, quando chega no assentamento, sua expectativa maior é voltar à *vida normal*, certamente bem diferente daquela experimentada debaixo das lonas pretas, e talvez muito próxima ao tipo de experiência que já teve em algum momento anterior de sua trajetória de trabalhador do campo.

No momento histórico atual, ou seja, passados alguns anos de experiência do MST na organização de assentamentos, isso pode significar um conflito entre as famílias sem-terra e o próprio Movimento, enquanto organização social que já construiu uma visão sobre as alternativas potencialmente mais promissoras na sua viabilização, especialmente a econômica, e que às vezes é repassada aos assentados sem muito considerar ou compreender a contradição cultural em que vivem.

Ao chegar em um novo assentamento, então, os membros do Setor de Produção do MST passam a afirmar aos novos assentados: *se vocês tentarem 'tocar' o lote do mesmo jeito que faziam antes de terem perdido a terra ou como aprenderam de seus pais, vão 'se lascar'. Há uma crise da agricultura e tal... A saída é a cooperação agrícola.* A reação é diferenciada. Para alguns sem-terra, a referência do Movimento é muito forte e a orientação é seguida. O problema é que esbarram no como fazer algo que ainda não tem para eles uma referência real de sentido. Em muitos assentamentos, isso tornou-se um desafio, tão forte como foi o de tomar de volta para os trabalhadores um latifúndio; neles a cooperação já se consolidou como cultura; os problemas até se multiplicaram, mas já estão em um outro patamar. Em muitos sem-terra, no entanto, a tradição de trabalho ou de vida anterior é ainda tão forte que somente estarão abertos a ouvir as ponderações dos *companheiros do SCA*, depois de algumas dezenas de iniciativas malsucedidas, ou quando a fome voltar a ser uma ameaça concreta.

Nesse conflito que emerge do processo de escolha entre *formas individuais* ou *formas coletivas* de organizar a produção, está na verdade em questão o perfil a ser assumido pelo assentamento diante da lógica capitalista onde se insere. Trata-se, grosso modo, de aceitar a exploração do mercado ou buscar alternativas de uma inserção mais autônoma nele. Aceitar a exploração significa buscar reproduzir no assentamento a mesma lógica de organização da produção agrícola que gerou sua condição de sem-terra, tentando manter-se como camponês que trabalha de forma tradicional, seja pelo tipo de mão de obra que utiliza (familiar), seja pelo jeito de produzir (pouco uso de tecnologia) e pela restrição a atividades exclusivamente agropecuárias, tentando operar sem preocupação com o mercado o que, numa sociedade capitalista, quer dizer subordinar-se inteiramente a ele.

A busca de alternativas implica primeiro em não aceitar voltar ao isolamento do trabalho camponês mais tradicional, porque, dadas as condições objetivas, é impossível pensar em alternativas individuais. Ou seja, estamos no âmbito da discussão sobre formas de cooperação que podem, ainda que de modo incipiente, alterar a correlação de forças e chegar, como é o caso de alguns assentamentos hoje, a influenciar no mercado de determinada região ou município.[116]

Em assentamentos mais consolidados, aparece uma outra dimensão desta questão, que tem a ver também com determinadas escolhas éticas para a própria condução econômica do processo produtivo. Trata-se da postura entre fazer o assentamento dar certo a qualquer preço, ou manter a coerência com os valores humanistas que sustentam a luta maior do MST, ainda que com prejuízos no imediato. É um conflito historicamente mais recente, sobre o qual o próprio MST não tem ainda uma discussão muito elaborada. Aparece, por exemplo, quando as famílias assentadas precisam decidir sobre o uso ou não de agrotóxicos na produção agrícola, ou quando surgem oportunidades de negócios entre assentamentos ou com outros pequenos agricultores de sua região, ou, mais amplamente, quando têm de decidir sobre linhas de produção que privilegiem o chamado *mercado de massas* ou, ao contrário, os *nichos de mercado* para atendimento de elites consumidoras que podem pagar mais e melhor. Para uma cooperativa regional que presta serviços para o conjunto de assentamentos de uma região pode ser *lucrativo*, por exemplo, entrar no negócio de venenos, mas isso quer dizer que ela estará *orientando* as famílias assentadas a optar por esse tipo de agricultura que desconsidera a variável da *qualidade*

---

[116] O filme da cineasta Tetê Morais, *Sonho de Rose*, 1998, retrata bem essa dimensão.

de vida. Muitas discussões têm marcado esse tipo de decisão e exigido a ampliação do leque das preocupações do MST. A discussão atual sobre *concepção de assentamento* tem começado a levantar estas questões e lhes dar uma centralidade que não tinham há bem poucos anos atrás.[117]

Olhando especificamente para o processo de formação dos sem-terra, é possível construir, desde esse emaranhado de relações e de conflitos, aqui apenas brevemente identificados, uma reflexão que considero muito importante. Na vivência do processo de organização do assentamento parece mais fácil perceber um entrelaçamento entre os diferentes *tempos da história*,[118] e que é fundamental para compreender a identidade de um determinado grupo social. Nas escolhas de cada família sem-terra sobre como será sua vida em um assentamento, pois, estão presentes (como uma espécie de 'pressão invisível') opções históricas feitas há muito mais tempo, ligadas à economia e ao tipo de organização social, e que não se modificam apenas porque um grupo de sem-terra decide agir de forma diferente; está presente também a herança de muitos séculos de relação

---

[117] Um caso concreto e recente ocorrido no Rio Grande do Sul ilustra bem como o MST começa a ter que assumir posição em questões deste tipo. É o caso da polêmica sobre as chamadas sementes *transgênicas* (geneticamente modificadas). Alguns assentamentos receberam sementes de soja apresentadas como sendo de uma *nova variedade* e fizeram o plantio sem saber que se tratava de soja transgênica. Em 1º de março de 1999, no Assentamento Rondinha, município de Joia, foi feita a queima da lavoura, em uma demonstração pública da opção do MST pela qualidade de vida como um valor superior ao do rendimento econômico. Ocorre que, segundo apontam alguns estudos, essas sementes podem aumentar em até 40% a produtividade de uma lavoura, mas ainda não há comprovação de que não afetem a saúde humana.

[118] Parafraseando a expressão de Fernand Braudel (1978).

dos camponeses com a terra, e das marcas que ela deixa aflorar toda vez que um sem-terra se reencontra com ela em um assentamento.

Quando, então, um grupo de famílias sem-terra decide, junto com o MST, criar no seu assentamento uma Cooperativa de Produção e fazer dela uma empresa social voltada aos interesses sociais e políticos da classe trabalhadora; quando começa inventar novas alternativas de produção e de geração de renda que extrapolam aquilo que costuma ser considerado próprio do meio rural (fábrica de roupas, visitas ecológicas, por exemplo); e quando ainda ousa decidir que o jeito de produzir (tecnologias) até deverá levar em conta o mercado, mas subordinado a princípios éticos e sociais de qualidade de vida, esse grupo, mesmo sem o saber, põe em ação um turbilhão de ideias e de práticas que remetem a contradições sociais e históricas bem mais profundas do que aparentam ser quando eclodem em conflitos interpessoais ou entre grupos dentro do Movimento. Há culturas em choque; há tempos históricos em jogo.

De um lado, as tentativas dos sem-terra revolvem tradições arraigadas em um determinado modo de produção agrícola, e acabam representando a possibilidade da chamada *modernização da agricultura*. De outro, questionam, e em certa medida ressignificam essa modernidade junto com seu grande mito que é o mercado e sua supremacia sobre todas as relações humanas. Precisam romper determinadas tradições camponesas para poderem realizar as formas mais complexas de produção que tornariam mais viável a sua sobrevivência no campo. Mas, ao mesmo tempo, precisam recuperar outras tantas para não sucumbir a uma lógica econômica que não defendem, e que poria em risco a sua própria identidade de lutador do povo. A realidade que então produzem acaba sendo uma nova síntese ou, pelo menos, uma nova mistura de relações entre tempos de história, de culturas, de posições políticas.[119] Não me parece um detalhe sem importância, no exemplo da cooperação agrícola, que quando o MST, no começo da década de 90, apareceu discutindo as formas de cooperação como alternativa de sobrevivência dos trabalhadores no campo, isso tenha provocado reações polêmicas, mesmo entre os movimentos e organizações sociais populares, ou de esquerda. No, final daquela década, parecia 'natural' a um novo movimento que surgia, por exemplo o Movimento dos Pequenos Agricultores (MPA), surgido entre 1996 e 1997,[120] a incorporação da cooperação agrícola como uma de suas estratégias de luta para permanecer no trabalho agrícola, indicando já uma espécie de herança recebida dos aprendizados vivenciados pelos sem-terra nessa questão.

Isso nos traz alguns elementos importantes para continuar pensando sobre esse movimento sociocultural em que parece estar inserido o MST, assim como outros movimentos com características semelhantes, não apenas hoje mas também em outros momentos da história, aqui e em outros lugares.

---

[119] A dissertação de mestrado de Neusa Zimmermann, *Depois da terra, a conquista da cooperação*, 1989, descreve um estudo de caso que a autora fez para compreender *alguns mecanismos sociais internos que atuaram estimulando ou inibindo a adoção das formas grupais de trabalho*, trazendo elementos complementares a esta análise.

[120] A descrição sobre o processo de criação e como está organizado o MPA está em Görgen, Frei Sérgio Antônio ofm e Movimento dos Pequenos Agricultores. *A resistência dos pequenos gigantes. A luta e a organização dos pequenos agricultores*, 1998.

Ser do MST

Dentro do Movimento Sem Terra, aprendi a ser gente, a viver, a pensar nos outros e não só para mim... O Movimento Sem Terra hoje é minha família, minha vida: faço qualquer coisa e largo tudo por ele! Gosto muito da minha família, mas, se tivesse que sair para qualquer outro canto do mundo pelo Movimento Sem Terra, eu sairia. Eu acredito no Movimento. Dentro dele, tem problemas também, como em qualquer lugar. Mas é encarando os problemas que a gente consegue unificar ainda mais a luta. Consegue resolver os problemas e ficar mais forte ainda!... Acho que a minha vida não vai ter sentido se parar de lutar, se me acomodar... porque sempre tem coisa pra gente lutar, né? Vou continuar lutando... O meu sonho é que eu ainda consiga ajudar a transformar o país... Sei que estou contribuindo agora, mas parece que vai ter um momento mais forte, e espero ainda alcançar ele, um dia... e também fazer parte desse momento... A gente tem que triunfar enquanto povo brasileiro!

Dirce, militante do MST, 1997.[121]

Ocupar a terra, viver em um acampamento, ajudar na organização dos assentamentos são vivências essenciais na formação dos sem-terra que participam do MST mas, segundo entendo, ainda não são suficientes para a compreensão do sentido sociocultural e educativo da experiência humana de *ser do MST*. Por isso, aqui a estou identificando como uma vivência específica, embora com o necessário registro de que ela não existe senão como processo que inclui as demais.

---

[121] *Vozes da Marcha Pela Terra*, p. 164. Na época em que deu este depoimento, Dirce trabalhava com o MST do Rio Grande do Sul e tinha 20 anos. Hoje, 1999, ela trabalha junto ao MST da Paraíba.

No tópico anterior, tratei dos momentos da formação dos sem-terra na história do MST, chamando a atenção para as decisões que foram sendo tomadas pelo Movimento em sua trajetória, sempre pressionado pelas circunstâncias gerais em que teve sua luta específica inserida, e sobre como esse processo foi conformando a identidade do sujeito *Sem Terra*, ao mesmo tempo herdeiro e novo protagonista das lutas camponesas em nosso país. Quero refletir agora sobre alguns aprendizados que vão se produzindo nas pessoas, a partir de sua experiência de participar dessa história, ajudando diretamente a tomar as decisões que construíram o perfil apresentado à sociedade pelo MST hoje. Ser do MST quer dizer, então, ser um membro dessa *organização social de massas*, partilhando dos desafios cotidianos da implementação de cada um de seus princípios, objetivos e linhas de ação.

Nessa perspectiva, há pelo menos mais duas dimensões a destacar aqui para compreender o processo de formação dos sem-terra do MST.

A primeira dimensão diz respeito à própria *vivência pessoal em uma organização coletiva com as características do MST*. Ser do Movimento significa participar não apenas da luta pela terra mas também de uma organização com objetivos sociais e políticos mais amplos, que cada vez se multiplica em novas dimensões de atuação e complexifica suas formas de mobilização e suas estruturas de participação. Quem *é do MST* experimenta o sentido de fazer parte de uma coletividade que funciona de acordo com determinados valores e princípios e que, ao mesmo tempo, se constitui como uma grande família, cujos laços afetivos independem do parentesco ou mesmo do conhecimento direto de todos os seus membros, até porque eles aumentam e se modificam a cada dia.

A profunda solidariedade que une hoje a *família sem-terra do Brasil* nasce de um destino que se transformou em um projeto de futuro comum. Dirce, de cujo depoimento foi extraída a epígrafe deste tópico, descreve muito bem a dimensão afetiva dessa vivência, contando sobre a chegada da Marcha Nacional do MST a Brasília em 17 de abril de 1997:

... Quando a gente começou a ver o pessoal da outra Marcha, ninguém mais se controlava na fila! Todo mundo começou a chorar... Era um monte de gente chorando! A emoção era muito grande... Era o encontro de pessoas que a gente não conhecia, nunca tinha visto, eram dois extremos (do país). *Era aquela emoção de quem está marchando por um mesmo objetivo... Então, a gente se sentia mais que irmão naquele momento! No dia 17 de abril, para mim, o que mais me emocionou foi quando a gente estava chegando e... quando, ao redor da bandeira do Movimento, a gente se encontrou... Tinha aquela bandeira grande... uma Marcha ficou de um lado e a outra ficou no outro. A gente não aguentava mais de vontade de correr, de abraçar os companheiros! Era muito tempo esperando por aquele momento! E o momento mais emocionante da Marcha foi o abraço embaixo da bandeira... Porque parecia que não tinha mais fim! Parecia até que conhecia todo mundo, que todos tinham caminhado com a gente! E na verdade a gente nunca tinha se visto! E, assim, eu chorei... Chorei, chorei... Nossa!* (Santos, 1998, p. 162-63).

Não seria assim se Dirce não tivesse a oportunidade de participar de ações tão densas de significados como foi essa marcha; e Dirce somente pôde participar dessa marcha porque faz parte do MST.

Os aprendizados ou elementos educativos que podem ser identificados nessa vivência têm sua *matriz formadora*, pois, na condição humana proporcionada às pessoas pelo MST, que no início deste capítulo chamei (desde Weil e Bosi) de *enraizamento projetivo*. Depoimentos como o de Dirce ou de Dora (citado em outra parte) nos permitem pensar que, quanto mais o MST avança em sua trajetória de organização social, mais é possível perceber como a entrada das pessoas no Movimento não pode ser compreendida apenas pelo motivo da busca de um pedaço de terra. As pessoas, especialmente as mais jovens, estão em busca de um sentido para sua vida, de um espaço social que lhes tire a angústia da desorientação e da falta de *pressentimentos de futuro*. Talvez seja por isso que também outras pessoas que não os trabalhadores e as trabalhadoras sem-terra busquem fazer parte do MST.

No caso do MST, então, esse enraizamento, que é a base sobre a qual a formação humana acontece, dá-se em uma coletividade com características muito próprias e marcantes, construídas por uma luta que também pode ser considerada *de raiz*, à medida que toca em uma questão humana e social tão relevante.

Há duas características especialmente importantes nos processos de formação humana de que aqui se trata. Uma dessas características é a de que o MST é uma coletividade já com uma certa *cultura organizativa*, quer dizer, seus princípios, valores, ideário, mística não são uma invenção dos sem-terra do MST, mas sim fruto da disposição que tiveram de aprendê-los com outras organizações e movimentos da história da humanidade e que, ao consolidá-los nas suas próprias ações, recriando-os ou dando-lhes novos formatos práticos e teóricos, deixam agora esse *patrimônio de organização* como herança cultural também para outros grupos, seus contemporâneos ou os que virão sucedê--lo, nessa ou em outras lutas sociais. Estou me referindo, por exemplo, ao jeito de lutar e de fazer mobilizações que somem em organização do povo e não apenas em conquistas corporativas; à convicção de que a luta pela terra somente avança se colocada no contexto de um projeto político maior; também a de que uma organização somente se consolida se tiver como prioridade a formação de seus próprios quadros; refiro-me também ao exercício dos princípios da direção coletiva, da distribuição de tarefas, da autocrítica permanente, da autonomia política...; ao cultivo de valores humanistas e de uma mística que forma as pessoas para o exercício da utopia... Enfim, ser do MST significa se apropriar dessa cultura, ajudando a produzi-la e a reproduzi-la a cada dia.

Outra dessas características, talvez uma das mais ricas do ponto de vista do que aqui buscamos compreender, é a de que se trata de uma organização coletiva onde a experiência do *movimento da história* é uma experiência de cada pessoa, e acontece de modo muito concreto, cotidiano, produzindo aos poucos uma nova visão de mundo em quem dela participa. Quando tratamos da história do MST e de cada um dos momentos de formação dos sem-terra, estamos diante de uma mesma geração (e em muitos casos das mesmas pessoas), acompanhando transformações que, embora somente possam ser compreendidas como tais à medida que sejam vinculadas a mudanças históricas de mais longo prazo, são perceptíveis dentro de um mesmo tempo da história, e pelos seus próprios sujeitos.

Os mesmos sem-terra que começaram a fazer a luta pela terra de algumas poucas famílias foram os que prosseguiram assumindo a luta de todas as famílias sem-terra pela Reforma Agrária, e agora se integram à luta do povo brasileiro para transformar seu país. Essa condição permite que a ideia de *historicidade*, mesmo que não chegue a ser intelectualmente produzida, possa ser vivenciada com mais naturalidade.

Ser do MST significa, pois, *acostumar-se* com uma realidade *em movimento*, na qual a transformação de qualquer coisa é uma possibilidade real e, aos poucos, passa inclusive a ser culturalmente desejável. Os sem-terra veem ou sentem isto em sua própria vida: anteontem estavam em uma fazenda humilhados por um patrão de latifúndio, ou então já expulsos do campo e vivendo em uma favela; ontem estavam em um acampamento; hoje já estão no seu assentamento, e amanhã talvez possam estar ajudando a fazer uma nova ocupação em outro canto do país, ou participando de mais uma grande Marcha até Brasília.

Compreendem esse sentido de movimento também quando ajudam a decidir sobre novas formas de luta ou a redefinir as linhas políticas de atuação do MST como um todo. Ou então quando, ao buscar implementar essas linhas que ajudaram a definir se dão conta de que nem sempre a realidade obedece à lógica da estratégia traçada, o que exige saber analisar as contradições presentes no desenlace de cada momento e compreender que os saltos e sobressaltos também fazem parte do processo, talvez até mais do que o caminhar compassado. Se o movimento da vida não costuma ser linear, por que o da luta centrada na terra, talvez o símbolo maior da vida, deveria sê-lo?

Por sua vez, o caráter popular do MST (*entra todo mundo o tempo todo*), fortalece ainda mais a vivência prática da noção de processo histórico: sempre entram pessoas novas e o Movimento está em permanente construção, recomeçando a cada nova ocupação de terra, mas nunca partindo do mesmo patamar. Uma herança de aprendizados coletivos permite, por exemplo, que uma ocupação realizada hoje, e que inaugure a organização dos sem-terra em determinado estado ou região, possa trazer incorporado todo saber já produzido pelo MST através dessa forma de luta. Ao mesmo tempo em que, certamente, essa ocupação trará aprendizados novos não apenas para os sem-terra nela envolvidos mas também para o conjunto da organização.

Esses aprendizados, se combinados e amadurecidos pela reflexão, podem ir constituindo um determinado jeito de ver o mundo, bastante próximo, penso, do que se costuma identificar como sendo uma visão dialética da realidade, que pode ou não consolidar-se na postura de cada pessoa, à medida que se entrelaça com as marcas culturais herdadas e retrabalhadas nesse tipo de experiência de vida.

Faz parte também desse aprendizado a construção de uma visão mais relacional das coisas e dos fatos, ou a capacidade de analisar cada situação particular dentro de um contexto mais amplo. Novamente, isso é algo que pode ser percebido mais nitidamente quando se observam as diversas formas de luta adotadas de forma simultânea e combinada, o que às vezes até confunde quem as tente compreender desde uma lógica mais linear ou formal. Explicando o exemplo: em sua história, o MST foi construindo o entendimento de que não existe uma forma de luta que seja mais ou menos radical, melhor ou pior, em si mesma. É a conjuntura específica e a análise da correlação de forças onde será inserida que a tornará mais ou menos eficaz; mais ou menos radical; por isso o Movimento às vezes surpreende a sociedade, quando retoma formas antigas e as recria tornando-as perfeitamente justas para o momento histórico atual. É o caso das marchas; para muitos, essa forma de lutar através de caminhadas era própria do início da luta pela terra, quando a influência da ideia religiosa de romaria era muito forte. No entanto, em 1997, 1998 e 1999, quando o MST voltou a fazer marchas, mostrou que, em determinados momentos, essa forma pode ser até mais radical (no sentido de um enfrentamento político mais forte e direto com os opositores) do que a ocupação, desde que se tenha a sensibilidade e a plasticidade necessárias à sua nova contextualização e ressignificação política e simbólica.

A visão de contexto, por sua vez, é bastante facilitada à medida que os sem-terra do MST são exigidos também em um aprendizado muito importante que é o da *descentração de si mesmos*, que inclui tanto aquela atitude mencionada por Dirce de *pensar nos outros e não apenas em mim*..., como também a abertura para entender uma realidade nacional, bastante diferenciada, desde múltiplos pontos de vista e não apenas desde o seu e de sua cultura. Todos os militantes do Movimento que têm a experiência de sair do seu local e ir ajudar na organização dos sem-terra de outro lugar, de outro Estado, *de outro extremo*, como contou Dirce, vivenciam com bastante intensidade os conflitos pessoais necessários para a produção desse aprendizado.

Junto com a vivência da historicidade a vivência da integralidade, ou seja, a de que é possível cultivar ao mesmo tempo as diversas dimensões da vida, em um Movimento que não separa de maneira estanque tempos e espaços; apenas os organiza para melhor trabalhá-los. A realidade de uma luta que não tem data para terminar exige que se quebre a lógica de que existe um tempo (ou um espaço) para lutar, outro para trabalhar, outro para estudar, para amar, para ter filhos, para ser feliz. O tempo de participar do Movimento deverá ser o da combinação de todos os tempos ou do contrário eles não acontecerão.

Da mesma forma que em um acampamento ou em uma marcha a vida se realiza em suas diversas dimensões, a organização MST aos poucos também incorpora em si mesma a preocupação e a tarefa de trabalhar com um conjunto cada vez maior de dimensões da vida social e pessoal de seus membros.

Desse modo, parece-me, acabam se combinando dois ingredientes aparentemente contraditórios, em uma síntese que, produzida às vezes sob forte tensão pessoal, também pode ser compreendida do ponto de vista educativo: trata-se de combinar essa lógica que também é parte da cultura camponesa, a de não separar a vida em fragmentos, com a lógica mais formal de uma organização complexa como já é o MST. Um exemplo simples para entender de que síntese estou falando: se, em todas as atividades do Movimento, as crianças estão presentes porque as famílias ali estão e a vida continua, pode-se organizar essa situação criando uma *ciranda infantil*...[122]

A segunda dimensão se refere à experiência do *cultivo da mística e da pedagogia da autorrepresentação cultural que a acompanha*.

O MST trata da mística como sendo o *tempero da luta* ou *a paixão que anima os militantes*.[123] Não é simples explicá-la, exatamente porque sua lógica de significação não se expressa

---

[122] Nome dado pelo MST ao espaço organizado de educação infantil na faixa do 0 aos 6 anos, substituindo a antiga denominação de *creche*.
[123] Peloso, Ranulfo. *A força que anima os militantes*, MST, 1994, p. 4. A explicação de Ranulfo sobre o que é mística começa assim: *Há pessoas e grupos que vivem tão fortemente as suas convicções que passam a semear um entusiasmo contagiante. Essas pessoas caminham na vida com tanta esperança que parecem enxergar a certeza da vitória. E com o tempo, elas vão ficando mais destemidas, mais disponíveis e mais carinhosas. Mesmo no meio da maior escuridão elas continuam anunciando e celebrando a chegada da aurora. Que força teimosa é essa que perturba o ódio dos inimigos e envergonha a mesquinhez dos que se dizem companheiros?* Diz ainda que a mística é, afinal, *a alma do combatente* (*Idem*, p. 3).

tanto em palavras mas muito mais em gestos, em símbolos, em emoções. Na própria palavra está contido o limite de sua compreensão: mística quer dizer *mistério*, ou seja, se for completamente desvelada perderá a essência do seu sentido. É por isso que no Movimento se costuma concordar com a afirmação segundo a qual a mística *é uma realidade que mais se vive do que se fala sobre ela* (Peloso, 1994, p. 3). Mas, de qualquer modo, é possível identificar alguns elementos desse sentido para podermos compreender como participam da formação dos sem-terra.

A ideia de mística no Movimento evoca dois significados combinados. Mística quer dizer um sentimento muito forte que une as pessoas em torno de objetivos comuns, e que se manifesta naquele *arrepio da alma* que se materializou em choro incontido nos caminhantes da Marcha Nacional, quando se encontraram no abraço demorado sob o vermelho da bandeira que os levou a Brasília naquele 17 de abril de 1997. No plano do *mistério,* evoca a pergunta: o que manteve essas pessoas em Marcha, tomando chuva, fazendo bolhas nos pés, exaurindo sua força física, mesmo sabendo que ainda não era para sua terra que caminhavam?

E a associação de datas evoca uma pergunta ainda mais difícil, ela própria provocadora daquele mesmo arrepio: o que levou o jovem Oziel, de 17 anos, durante o massacre de 17 de abril de 1996 em Eldorado dos Carajás, no Pará, mesmo sob tortura, continuar gritando, até morrer, *viva o MST?* Não há como responder apenas intelectualmente a essas perguntas. Mas certamente não foram poucos os caminhantes da marcha que se lembraram de Oziel, cada vez que o cansaço os fazia pensar em desistir de tudo. Cada obstáculo parece muito menor, quando se evoca a lembrança do que está em jogo, e então a paixão pela luta vai ficando maior do que o cansaço, maior do que a dor, maior do que o medo... Mas a mística também evoca a materialização (geralmente simbólica) desse sentimento na beleza da ambientação dos encontros, nas celebrações, na animação proporcionada pelo canto, pela poesia, pela dança, pelas encenações de vivências que devem ser perpetuadas na memória, pelos gestos fortes, pelas homenagens solenes que se prestam a combatentes do povo; lembra os símbolos do Movimento, seus instrumentos de trabalho e de resistência, seus gritos de ordem, sua agitação, sua arte.

A palavra e boa parte do seu sentido o MST trouxe como herança de sua relação de origem com a Igreja, por sua vez já misturada com a própria cultura camponesa, acostumada a atribuir novos significados às coisas da natureza com as quais convive e trabalha todo dia, geralmente vinculados a sonhos de uma vida melhor. Se *terra é mais do que terra*, uma bandeira pode ser mais do que uma bandeira; uma cruz pode ser mais do que uma cruz; uma foice..., uma canção..., um grito..., uma escola... A mística é exatamente a capacidade de produzir significados para dimensões da realidade que estão e não estão presentes, e que geralmente remetem as pessoas ao futuro, à utopia do que ainda não é, mas que pode vir a ser, com a perseverança e o sacrifício de cada um. É uma experiência pessoal, mas necessariamente produzida em uma coletividade, porque o sentimento que lhe gera é fruto de convicções e de valores construídos no convívio em torno de causas comuns. Nesse sentido, pode-se dizer que o MST ressignificou a própria experiência da mística, ainda que mantenha sua raiz cultural e utilize símbolos muito semelhantes a dos grupos que lhe deram origem.[124]

Do ponto de vista da formação dos Sem-Terra, a reflexão sobre o sentido de vivenciar a mística no e do Movimento pode ser centrada em alguns dos aspectos identificados no processo de seu cultivo. Um deles é a relação entre a mística e a *formação dos valores humanos que sustentam a escolha de continuar na luta*. A raiz do sentimento que é simbolizado e cultivado na mística está nos valores que sustentam uma determinada concepção de humanidade, exatamente a que justifica certas opções históricas que o MST vem fazendo ao longo de sua trajetória. Ao mesmo tempo que expressa esses valores e suas convicções correspondentes, a mística os cultiva entre os membros da organização; para os militantes mais antigos, trata-se de estimulá-los a manter-se no próprio caminho que têm ajudado a definir; para as novas gerações ou para os sem-terra que a cada dia entram no Movimento, ajuda a construir a disposição subjetiva de entrar no processo, de vivenciar de modo mais denso e rico as ações de que começam a participar. Em outras palavras, a mística

---

[124] Um exemplo forte desse processo de simbolização e, ao mesmo tempo, de ressignificação dos símbolos é o da cruz que acompanhou, durante muito tempo (e continua hoje em alguns lugares embora com menor intensidade), as mobilizações do MST. Primeiro era uma cruz com estacas que representavam a ajuda de que precisavam para carregá-la; depois veio a cruz fincada na terra, simbolizando a resistência; aos poucos essa cruz se transformou no lugar onde se podia apresentar os instrumentos de trabalho, foice e enxada cruzadas; mais adiante a cruz de madeira foi substituída por uma representação em pano, talvez a gênese do que seria logo depois a bandeira vermelha, hoje o símbolo maior do MST. Cada um desses momentos de simbolização e ressignificação precisam ser compreendidos na relação com a trajetória da formação da identidade sem-terra, uma análise que ainda está para ser feita (Conversa com Paulo Cerioli e Elda Broilo, religiosos que acompanham o MST desde o seu início).

realiza uma espécie de *ritual de acolhida*, através do qual as pessoas passam a sentir-se parte do Movimento mesmo sem ainda conhecê-lo com mais profundidade. Exatamente como e por que isso acontece faz parte do *mistério*, mas o MST sabe da importância dessa dimensão e por isso tornou-a uma prática intencional nas suas atividades de formação.

Outro aspecto é o da relação entre mística e *cultivo da história* ou da *memória do povo*. De novo a história, certamente um dos ingredientes básicos da constituição da *matriz de formação humana do MST*, sobre o que vou tratar mais especificamente no capítulo 4. No caso aqui, trata-se de observar que talvez sejam os chamados *momentos de mística*, no sentido de tempo e espaço intencionalmente reservado ao processo de simbolização e emocionalização da luta, aqueles nos quais, no Movimento, mais se trabalha a postura de respeito à história. Fazem isso pela valorização dos lutadores sociais do passado e também pelo cultivo da memória das lutas, socializando conhecimentos sem os quais a postura não conseguiria ser materializada. Não há como respeitar uma história que não se conhece.

Um terceiro aspecto é o da mística como experiência de *produção cultural*, aqui entendida especificamente como *autorrepresentação* através dos símbolos, da arte, da imagem pública do sentido de *ser Sem Terra, ser do MST*. Prestando atenção é possível perceber que, enquanto materialidade, a mística nada mais é do que a expressão do processo de simbolização ou de nomeação da identidade Sem Terra, revelando ou tornando pública a autoimagem que historicamente o Movimento vem construindo. Do mesmo modo que prima pela sua autonomia política, o MST tem buscado ser sujeito de sua própria representação perante a sociedade, o que, pelo contexto social onde se insere, significa uma prática de resistência cultural e também uma acirrada disputa com a imagem que o Estado e os meios de comunicação têm deliberado fazer dele,[125] e que aliás somente se modifica no jeito da caracterização, mas permanece no mesmo espírito desde que o MST foi criado: os sem-terra devem ser vistos pela opinião pública como bandidos, seja em uma figura mais simples de um grupo de vagabundos que invadem a propriedade alheia, seja na figura mais sofisticada de guerrilheiros que querem semear a violência no país.

Do ponto de vista do MST, a figura do Sem Terra que ele projeta vai sendo modificada à medida que se firmam novas características ou se exigem novas posturas na própria relação com a sociedade. O Sem Terra, *coitado que inspira piedade,* é a imagem dos primeiros tempos do Movimento; aos poucos foi sendo substituída pela figura mais altiva do *trabalhador que tem direitos e merece respeito,* e que hoje começa a receber um novo complemento dessa nomeação, ou seja, o Sem Terra como um *trabalhador que merece respeito e um exemplo de cidadão a ser seguido.* Na primeira figura, cabia muito bem a cruz como símbolo; na segunda, coube melhor uma bandeira vermelha; na terceira, a imagem é a da bandeira vermelha que, aos poucos, se funde com uma bandeira do Brasil...

É preciso ter presente, no entanto, que não se trata de uma *evolução,* no sentido linear que geralmente é associado a esse termo. No cotidiano do Movimento, do qual fazem parte os

---

[125] Sobre os bastidores de como os meios de comunicação constroem a imagem do MST que repassam à opinião pública, é possível encontrar uma análise bastante consistente em Berger, Christa. *Campos em confronto: a terra e o texto,* 1998.

sem-terra de todos os tempos dessa história, essas imagens se entrelaçam, se contradizem, se confundem, porque fazem parte, todas elas, da identidade do Movimento. Mas a riqueza pedagógica desse processo é que ele é conduzido pelos próprios sem-terra, que também lutam para se tornar sujeitos de sua própria representação e produção cultural, um passo necessário para que, encontrando-se com sua própria identidade, participem também como sujeitos da cultura que se projeta em sua universalidade.

Ocupar a escola
Sem estudo não vamos a lugar algum.
Faixa presente na ornamentação do Encontro Nacional do MST, 1987, Piracicaba, São Paulo.

... Então nós estamos estudando uma forma de colocar todo mundo na escola, mesmo que trabalhe durante o dia, mas que tenha um tempo de estudar, porque hoje o estudo é muito importante e a meta do Movimento Sem Terra é colocar todo mundo na escola, desde o companheirinho até o companheirão, desde a criança até o adulto.
Maurílio, MST do Pará, 1997.[126]

O Movimento (Sem Terra) está fazendo pelo ensino no campo o que nunca se fez (no Brasil) em 500 anos de história.
João Cláudio Todorov, ex-reitor da Universidade de Brasília.[127]

---

[126] Extraído da entrevista dada ao projeto História do MST, em maio de 1997.
[127] Em entrevista à revista *IstoÉ*, de 17 de junho de 1998, p. 66, em matéria feita sobre a educação no MST.

A ocupação da escola é também uma das vivências socioculturais que participam do processo de formação do sem-terra brasileiro. Na verdade, essa é mais uma das dimensões do ser do MST, mas, se opto por destacá-la como uma vivência específica, é porque, não sendo comum (nem dentro nem fora do Movimento) olhar para a relação dos sem-terra com a escola nessa perspectiva, parece-me necessário conceder-lhe essa focalização própria. Não estou me referindo a uma possível reflexão sobre como a escola ajuda na formação dos sem-terra. Estou tratando aqui do *sentido educativo* da ação de ocupar a escola e então passar a integrá-la na dinâmica do Movimento e no cotidiano das famílias sem-terra.

A expressão *ocupar a escola* está sendo usada em um sentido ao mesmo tempo literal e não literal, o que também é necessário explicar um pouco mais. Tem a ver com a ideia que atravessa o conjunto da análise feita ao longo deste trabalho: para o MST, *escola é mais do que escola*, e essa compreensão é fundamental para apreendermos o sentido mais profundo de sua proposta de educação.

Ocupar a escola quer dizer, em um primeiro e básico sentido, *produzir a consciência da necessidade de aprender*, ou de saber mais do que já se sabe. De modo geral, quando os sem-terra falam da importância do *estudo,* podem até estar se referindo à escola, mas não no sentido restrito de *escolaridade,* que remete ao significado historicamente construído de escola como um lugar onde se deve ir para conseguir um diploma, para então conseguir um emprego melhor, e de onde se é excluído quando a *cabeça não dá pra isso...* O sentido de estudo que aparece na faixa daquele Encontro de 1987 (quando apenas começava a germinar a ideia do MST trabalhar com educação) é o de que os sem-terra não conseguiriam avançar na sua luta se não se dedicassem à sua formação, se não se dispusessem a aprender e a conhecer cada vez mais, e uma realidade cada vez mais ampla. É por isso que o estudo foi incluído logo como um dos *princípios organizativos* do MST.[128] É o jeito de ser ou a dinâmica de funcionamento do MST que garante esse processo de produção da necessidade de aprender, à medida que se constitui pelo desafio que faz às pessoas (muitas pessoas) para que se tornem sujeitos. Em um acampamento há muitas tarefas e elas vão se multiplicando em exigências e responsabilidades conforme o tempo em que a luta vai acontecendo. No assentamento, especialmente se for organizado de forma cooperativa, há inúmeros postos de trabalho a serem assumidos. O MST como organização cresce e multiplica as frentes de atuação, abrindo sempre novas possibilidades de participação a um número cada vez maior de pessoas. E uma das lições que o MST herdou de outras organizações e também foi construindo ao longo de sua trajetória é que são justamente as tarefas delegadas a cada pessoa que permitem a sua formação; e a cada momento novas tarefas que representem novos desafios. São os desafios presentes na responsabilidade pessoal de contribuir na direção de uma organização tão grande que produzem esta condição básica da formação: *de repente, eu me dei conta de que achava que já sabia tudo, mas, na verdade, ainda não sabia nada; a cada*

---

[128] Nas *Normas Gerais do MST*, documento de setembro de 1989, o *estudo* aparece como o sexto princípio organizativo (junto com direção coletiva, divisão de tarefas...) tendo a seguinte descrição: *Estudo: estimular e dedicar-se aos estudos de todos os aspectos que dizem respeito às nossas atividades no Movimento. Quem não sabe é como quem não vê. E quem não sabe não pode dirigir.*

coisa nova que aprendo, percebo que tenho outra coisa ainda a aprender.[129]

Essa consciência da necessidade de aprender leva, então, à disposição de *estudar*, no sentido de buscar conhecimentos mas também buscar transformar-se enquanto pessoa, enquanto jeito de ser. Para dar conta das tarefas delegadas pelo MST são necessários conhecimentos, habilidades, mas não só; às vezes o que mais entra em jogo é a postura diante da realidade, as convicções, os valores, os comportamentos, a mística, o equilíbrio pessoal. Por isso também é que, para o Movimento, *estudo* (no sentido de formação) não pode ser compreendido apenas como produção do conhecimento, embora até possa considerar que este seja um de seus principais componentes... Essa é uma reflexão que depois o MST buscará levar à escola formal, problematizando concepções pedagógicas que reduzem o papel da escola à socialização do conhecimento ou, ainda pior, ao repasse de conteúdos.

Um dos desdobramentos desse processo está exatamente no sentido literal de *ocupar a escola propriamente dita*, ou seja, incorporar no MST a luta pelo direito à ocupação de um espaço específico onde esse *estudo* ou essa formação pode acontecer, de forma organizada, sistemática e, o mais importante, desde a infância, o que quer dizer, incluindo uma preocupação com as novas gerações de *continuadores da luta do povo*.

Nesse sentido, a expressão *ocupar* a escola constitui-se de dois significados fundamentais. Se é preciso ocupá-la é porque,

---

[129] Depoimento que ouvi de um militante do Setor de Educação do Ceará e que participa do curso *Pedagogia da Terra*, uma parceria entre o MST e a Universidade Regional do Noroeste do Estado do Rio Grande do Sul, UNIJUÍ.

tal como a terra de que foram arrancados, a escola também é um direito negado aos sem-terra, pela sua própria condição de trabalhadores do campo em uma sociedade cujo modelo de desenvolvimento pôde prescindir da escolarização do povo, especialmente desse que vive e trabalha no meio rural. Talvez seja esse o sentido da afirmação de Todorov colocada como epígrafe, indicando que no Brasil, o simples fato de o MST ajudar na entrada dos sem-terra na escola pode ser considerado uma ação quase tão radical quanto aquela de derrubar a cerca e entrar no latifúndio sendo, pois, um fato histórico. E também aqui talvez se possa dizer que, depois de fazerem isso, os sem-terra novamente *perdem a inocência* e nunca mais serão como antes...

O segundo significado diz respeito à *resistência* e à *produção* no território ocupado. À medida que não foi pensada para ser ocupada por um tipo de população como a dos sem-terra, a escola, de um modo geral, não se encontra preparada para recebê-los e, muito menos, para atender aquela demanda de *estudo* e formação que justificaram essa decisão de ocupá-la. Daí que essa ocupação implique também em um processo de transformação da escola, de modo a produzir nela uma proposta de educação que esteja em sintonia com os seus novos sujeitos.

Essa vivência de ocupar a escola traz ainda alguns aprendizados específicos que se juntam a esses significados no processo de formação dos sem-terra. Destaco três deles. O primeiro é o de compreender que se trata aqui de uma outra lógica de ocupação. Quando o sem-terra ocupa um latifúndio e o transforma em assentamento, ele desapropria da terra conquistada o latifundiário e constrói com ela a sua própria história. Quando ocupa uma escola em busca de formação, o sem-terra precisa aprender a apropriar-se dela sem desapropriar quem nela já é *dono* do patrimônio que procura. A relação pedagógica não é uma relação de *desapropriação* mas de *apropriação compartilhada*, o que talvez torne ainda mais complexa a ação do *alicate* que corta esse tipo de cerca que separa o sem-terra de sua própria condição de sujeito que aprende e ensina. E no caso das escolas dos assentamentos e acampamentos, que são públicas, isso quer dizer também que é preciso aprender a construir um novo tipo de relação com o Estado, que pode não ser exatamente a mesma que permitiu sua chegada na terra.

Um outro aprendizado está na transformação dessa vivência coletiva de que *escola pode ter relação com a luta e com a terra* na efetiva atribuição de novos significados à escola concreta, aquela em que cada família busca colocar seus filhos para que tenham *um futuro melhor*. Na herança cultural que carregam enquanto trabalhadores e trabalhadoras do campo, os sem-terra também trazem dentro de si aquela representação tradicional de uma escola *irremediavelmente comprometida com concepções e valores urbanos e dominantes na sociedade capitalista* e que funcionam como instrumento da própria *negação do mundo rural*,[130] contradizendo no imaginário aquilo que vivenciam no processo de luta.

Para muitas famílias sem-terra a escola ainda é vista como uma alternativa para seus filhos terem um emprego na cidade, especialmente nos casos em que os assentamentos atravessam dificuldades econômicas maiores. Esse imaginário se mistura

---

[130] Esta análise aparece em José de Souza Martins, no texto *A valorização da escola e do trabalho no meio rural*, escrito em 1972 e incluído em seu livro *Capitalismo e Tradicionalismo. Estudos sobre as contradições da sociedade agrária no Brasil,*1975.

com a nova representação que começam a construir à medida que participam das discussões sobre o tipo de escola a ser implementada no assentamento, provocando a necessidade de uma nova síntese, que, em alguns casos, terá um demorado processo de elaboração. O terceiro aprendizado é exatamente aquele que pode acelerar essa nova síntese. Trata-se da descoberta de que sua vida no Movimento tem sido, de fato, *uma grande escola*, e que através da luta já aprendeu muito mais coisas do que lembra ter aprendido no seu tempo de escola formal. Se é assim, então há duas reflexões que passa a perceber como necessárias: a primeira é a de que havia *algo de errado* na escola em que esteve e é preciso pensar sobre o que era para não repetir o mesmo erro com a escola dos filhos; a segunda é a reflexão de que, se *a luta é uma escola de vida, então o mais razoável é que a luta também possa ter direito de entrada nessa outra escola, em tese aquela onde as pessoas entram justamente para aprender coisas que sejam importantes para sua vida. Estão dadas aí as condições objetivas para que o MST comece a construir sua própria proposta de escola.*

A ocupação da escola pelo MST já representa hoje um capítulo específico da história do MST e da formação dos sem-terra brasileiros, sendo necessário buscar compreender com mais cuidado o processo através do qual se vem produzindo essa relação entre um movimento social e a escola. Existe uma trajetória a ser analisada desde a primeira vez que famílias sem-terra decidiram lutar pela escola de seus filhos, e isso ainda no período da gênese do MST, até 1999, quando a educação e a escola passam a ser vistas como parte da estratégia de luta pela Reforma Agrária e pela participação na construção de um novo projeto de país, ao mesmo tempo que como parte do cotidiano das famílias sem-terra, e traço característico dos assentamentos e acampamentos do MST. Uma trajetória que também possui um sentido sociocultural e educativo específico dentro do processo que tem produzido o sujeito Sem Terra. Esse é o tema específico do capítulo que vem a seguir.

Capítulo III

O MST E A OCUPAÇÃO DA ESCOLA

No reino inteiro eles debatem apaixonadamente a reforma das escolas", escreveu Comênio em 1641, "para que todos os jovens, sem nenhuma exceção, sejam instruídos.
Revolução Inglesa de 1640.[131]

Na nossa militância existe disseminada uma vontade generalizada de estudar. As palavras de ordem "sempre é tempo de aprender" e "todos Sem Terra na escola" já representam um verdadeiro objetivo!
João Pedro Stedile, MST. Brasil, 1998.

Em síntese, a reflexão formulada até aqui é a seguinte: não é possível compreender o sentido da experiência de educação no e do MST, se o foco de nosso olhar permanecer fixo na escola. Somente quando passamos a olhar para o conjunto do Movimento, e com a preocupação de enxergá-lo em sua dinâmica histórica (que inclui a escola), é que conseguimos compreender

---

[131] Christopher Hill em *O mundo de ponta-cabeça*, 1987, p. 289, destacando como a visão dos radicais da revolução inglesa incluía uma *reforma no sistema educacional*. A epígrafe que Hill escolheu para o capítulo em que

que *educação pode ser mais do que educação*, e que *escola pode ser mais do que escola*, à medida que sejam considerados os vínculos que constituem sua existência nessa realidade.

Trata-se de um olhar especificamente preocupado em estudar o processo educativo que perpassa o conjunto das ações do MST e a vivência de cada sem-terra no movimento de sua própria história, ou no fazer-se de sua formação. Está afirmado também que esse processo é educativo, constituindo-se como um *movimento sociocultural*, cujo centro motriz está no processo de formação do sujeito *Sem Terra*, que também se produz como um sujeito cultural, à medida que suas ações e sua forma de atuação na sociedade produz e reproduz um determinado *modo de vida* que ao mesmo tempo recupera, consolida e projeta valores, princípios, convicções, e também um determinado *jeito de conceber as relações sociais* (Williams, 1969) que extrapola os interesses corporativos ou as características diferenciais do grupo social específico dos trabalhadores e das trabalhadoras rurais sem-terra.

Esse movimento sociocultural que forma os sem-terra se constitui também das vivências pessoais, de certo modo *extraordinárias*, de cada grupo, no sentido de que não seriam experimentadas dessa forma, se essas pessoas não estivessem vivendo neste momento histórico e fazendo parte desse movimento

---

trata disso não deixa de estimular também nossa reflexão: *Não se adotará essa praxe do governo monárquico, que consiste em educar uma parte das crianças apenas para o aprendizado livresco, sem conhecer nenhum outro ofício, a elas se chamando pessoas estudadas; porque depois disso elas, devido à sua indolência e treinamento mental, passam o tempo montando estratagemas graças aos quais possam elevar-se à posição de senhores e chefes de seus irmãos trabalhadores.* Winstanley, *A lei da liberdade, 1652* (p. 278).

social. A ocupação da escola foi identificada como uma dessas vivências educativas, cujo sentido mais profundo somente pode ser compreendido no seu entrelaçamento com as demais ações substantivas que participam desse mesmo processo de formação do sem-terra brasileiro.

Este capítulo é específico sobre a *ocupação da escola* em seu sentido mais literal, tal como explicado no final do capítulo anterior. Ele busca atingir dois objetivos principais. Um deles é o de aprofundar a análise do sentido sociocultural e educativo dessa ação no processo de formação dos sem-terra, desde a materialidade específica em que ela se apresenta. O outro objetivo é o de narrar com um pouco mais de detalhes, e desde esta ótica, uma experiência que costuma ser confundida com a própria história da educação no MST. Tratar de educação no Movimento é tratar de escola, ainda que em um conceito e em uma significação bastante diferenciados em cada momento de sua história. O Setor de Educação do MST tem sua centralidade de atuação na escola, e a referência construída na sociedade em relação a esse campo também está centrada nela. Nesse sentido, parece-me importante reconhecer uma certa especificidade nessa história, mas agora compreendida na rede de sentidos que problematiza a própria forma como é considerada a educação pelo Movimento.

Ao afirmar que existe uma trajetória histórica da ocupação da escola pelo MST, estou dizendo, pois, que não se trata aqui de um *momento* de ocupação mas sim de um *processo*, onde até é possível identificar um começo mas não o instante exato em que *o alicate morde o fio* e *a cerca vem abaixo*. A materialidade dessa cerca é de outra natureza e o *estalar do arame*, cujo som evocou no poeta um acorde de violino representa, nesta metáfora, uma longa sinfonia, com instrumentos, tempos e movimentos diferentes e combinados.

Olhando para a história do MST, não é difícil identificar nela a existência desse processo de ocupação da escola, exatamente o que vou buscar descrever no próximo tópico, mas isso não significa dizer que, em todos os assentamentos e acampamentos, esse seja um processo concluído, ou mesmo em andamento. Muitas famílias sem-terra convivem com a escola, até porque a relação que têm com ela é anterior à sua entrada no Movimento, mas não chegaram ainda à ocupá-la. A ocupação da escola não é uma decorrência necessária da ocupação da terra, embora tenha sido uma ação produzida no mesmo processo e pelos mesmos sujeitos. Mas ela se constitui como uma possibilidade histórica para todos os sem-terra que integram o MST ou partilham de sua herança.

Trajetória da questão da educação escolar no MST
gênese e nascimento

Olhando hoje, 1999, para a história do MST, a afirmação de que o Movimento *ocupou a escola* tem pelo menos três significados:

Primeiro: as famílias sem-terra *mobilizaram-se* (e mobilizam-se) *pelo direito à escola* e pela possibilidade de uma escola que fizesse diferença ou tivesse realmente sentido em sua vida presente e futura (preocupação com os filhos). As primeiras a se mobilizar foram as mães e professoras, depois os pais e algumas lideranças do Movimento; aos poucos as crianças vão tomando também lugar, e algumas vezes à frente, nas ações necessárias para garantir sua própria escola. Esse é, de fato, o nascimento do trabalho com educação escolar no MST.

Segundo: o MST, como organização social de massas, decidiu, pressionado pela mobilização das famílias e das professoras, tomar para si ou assumir a tarefa de *organizar e articular por dentro de sua organicidade essa mobilização, produzir uma proposta pedagógica específica* para as escolas conquistadas, e *formar educadoras e educadores* capazes de trabalhar nessa perspectiva. A criação do Setor de Educação formaliza o momento em que essa tarefa foi intencionalmente assumida. E, a partir de sua atuação, o próprio conceito de escola, aos poucos, vai sendo ampliado, tanto em abrangência (*do companheirinho ao companheirão*) como em significados (*escola é mais do que escola*).

Terceiro: através desse processo a que se referem as duas afirmações anteriores, o MST *incorporou a escola em sua dinâmica*, e isso em dois sentidos combinados: a escola passou a fazer parte do cotidiano e das preocupações das famílias sem-terra, com maior ou menor intensidade, com significados diversos dependendo da própria trajetória de cada grupo mas, inegavelmente, já consolidada como sua marca cultural: acampamento e assentamento dos sem-terra do MST *têm que ter* escola e, de preferência, que não seja *uma escola qualquer*;[132] e a escola

---

[132] Na época do massacre dos sem-terra de Eldorado dos Carajás no Pará em 1996, a opinião pública foi ainda mais sensibilizada pelo destaque da imagem e dos depoimentos sobre a importância dada pelos sem-terra à escola do acampamento. No mesmo cenário de violência e dor, as pessoas que lá foram para documentar o massacre encontraram um broto de esperança na continuidade da luta e da vida, com *terra, escola e dignidade*. Foi na emoção desse encontro que o poeta Pedro Tierra escreveu: *Para o MST, investir em educação é tão importante quanto o gesto de ocupar a terra, um gesto, aliás, que se encontra no cerne da pedagogia do movimento. Aqui, educar é o aprendizado coletivo das possibilidades da vida. As dores e as vitórias são face e contraface do mesmo processo* (Memória de viagem a Eldorado dos Carajás, em abril de 1996).

passou a ser vista como uma questão também política, quer dizer, como parte da estratégia de luta pela Reforma Agrária, vinculada às preocupações gerais do Movimento com a formação de seus sujeitos.

Por sua vez, já é possível perceber nesses sujeitos alguns traços produzidos ou pelo menos influenciados pela sua vivência em uma *cultura escolarizada*. Este processo não acontece sem algumas tensões e conflitos entre valores. Primeiro, porque são lógicas distintas, a do Movimento e a da escola; a instituição escola traz em si uma história que começou bem antes do MST e com sujeitos próprios, não necessariamente vinculados aos projetos e à cultura organizativa do Movimento. Segundo, porque a compreensão de que a questão da educação (no próprio sentido de estudo) é estratégica para o Movimento não é igual no conjunto da organização e das próprias famílias sem-terra, que, quando começaram esta história, certamente tinham pretensões bem menos ousadas.

Analisando, pois, a história da educação (escolar) nos acampamentos e assentamentos, é possível afirmar também que a relação entre os sem-terra e a escola é, ao mesmo tempo, geradora e produto do trabalho do MST nesse campo. Foi exatamente a existência dessa relação, já durante o processo de gestação do Movimento, que acabou exigindo que a organização coletiva a assumisse como tarefa. Por outro lado, à medida que se compromete em garantir a escolarização de seus membros, o MST acaba produzindo um outro tipo de relação entre ambos. Poderíamos estar hoje estudando uma história em paralelo, o que, de modo geral, aconteceu com outros movimentos e organizações de trabalhadores em nosso país e em outros lugares. Mas o fato histórico é que, por algumas circunstâncias e escolhas, podemos tratar de uma mesma história: a história da relação dos sem-terra com a escola é parte da história do MST. Esse me parece, afinal, o sentido principal da metáfora que escolhi para identificar aqui esta relação.

Na gênese do trabalho do MST com a educação escolar aparecem pelo menos cinco elementos ou fatores que podem ser identificados como aquelas circunstâncias que pressionaram o seu nascimento.[133]

O primeiro elemento diz respeito ao contexto social objetivo em que se insere o nascimento do MST como um todo, com o componente específico da situação educacional brasileira, e particularmente da realidade do meio rural. Assim como não é possível compreender o surgimento do MST fora da situação agrária e agrícola brasileira, também é preciso considerar a realidade educacional do país para entender por que um movimento social de luta pela terra acaba tendo que se preocupar com a escolarização de seus integrantes.

O mesmo modelo de desenvolvimento que gera os sem-terra também os exclui de outros direitos sociais, entre eles o de ter acesso à escola. A grande maioria dos sem-terra tem um baixo nível de escolaridade e uma experiência pessoal de escola que não deseja para seus filhos: discriminação, professores despreparados, reprovação, exclusão. O Censo da Reforma Agrária, realizado pelo INCRA durante o ano de 1997, em parceria com algumas universidades brasileiras, apontou um índice de 29,5% de jo-

---

[133] As principais fontes para a construção desta interpretação da história da educação escolar no MST foram: a compilação específica dos depoimentos feitos para a pesquisa sobre a história do MST, realizada em 1997; entrevistas complementares realizadas no decorrer de 1998; documentos recuperados na mesma pesquisa; cadernos de anotações feitas nas reuniões do MST, que acompanho desde 1987.

vens e adultos analfabetos nos assentamentos, uma realidade que sabemos chegar a mais de 80% em algumas regiões, e uma escolaridade média não superior a 4 anos, sendo encontrado um índice inferior a 2% de assentados com o ensino médio.[134] Ou seja, de modo geral, a realidade dos sem-terra repete e em alguns casos aprofunda os índices que caracterizam especialmente o meio rural brasileiro. Se observarmos que esta pesquisa aconteceu depois de mais de uma década de trabalho do MST para promover a escolarização de sua base social, fica ainda mais clara a situação encontrada no início da luta. Uma situação que não é, então, apenas dos sem-terra mas do conjunto dos povos do campo, dada a inexistência de políticas públicas que visem, de fato, a garantir o acesso a uma educação de qualidade para o conjunto da população brasileira, seja do campo ou da cidade.[135] Em resumo, se no Brasil a escolarização do povo fosse uma prioridade e se as discussões pedagógicas incluíssem como preocupação a realidade específica dos trabalhadores e das trabalhadoras do campo, tratando-os efetivamente como sujeitos da educação no país, talvez o MST não tivesse tomado a si a tarefa de garantir escola para as famílias que o integram e nem de entrar na discussão específica sobre pedagogia escolar. Ou pelo menos talvez tivesse demorado um pouco mais a perceber essa tarefa também como sua.

---

[134] INCRA/UnB. Censo da Reforma Agrária, 1997.

[135] A Conferência Nacional Por uma Educação Básica do Campo, realizada em 1998, discutiu essa realidade específica. Em seu texto-base podem ser encontrados dados da trajetória de marginalização do meio rural bem como uma análise da situação atual que inclui também as alternativas que vêm sendo encontradas para revertê-la, entre elas o trabalho educacional desenvolvido pelo MST.

O segundo elemento foi a preocupação das famílias sem-terra com a escolarização de seus filhos. Na base social que constituiu o Movimento, encontravam-se muitas famílias que traziam como herança o valor da escola, em geral naquela visão de que ela pode ser a porta de entrada para um futuro melhor, *menos sofrido*. Exatamente por terem sido excluídas dela não queriam o mesmo destino para seus filhos: *se estudarem vão ter mais escolhas*, diziam, alguns pensando em escolhas na própria terra que sonhavam conquistar; outros também pensando na alternativa de ir para a cidade *procurar um emprego melhor*.

Conta Bernardete Schwaab, uma das primeiras professoras do acampamento da Fazenda Anoni no Rio Grande do Sul, que essa questão, no começo, chegava a gerar alguns conflitos. *Os pais, preocupados de voltar para o município, para deixar os filhos com as famílias (os avós e parentes que ficaram no município), para as crianças não perderem o ano escolar. E a luta pela terra se estenderia por vários anos, a partir de 85, até serem definidos os assentamentos das 1500 famílias da Anoni.*[136] Mas deixar os filhos em outro lugar significaria descaracterizar uma luta que começou *em família*, gerando também uma tensão emocional a mais naqueles que ficavam no acampamento. Por sua vez, algumas lideranças da época consideravam que iniciar nos acampamentos uma luta específica por escola poderia desconfigurar a luta principal que era pela terra. Afinal, estamos nos referindo a um tempo em que o MST havia sido recentemente criado de maneira formal.

Nem todas as famílias tinham naquela época, como ainda hoje, a preocupação com a educação assim tão forte, mas quan-

---

[136] *História da educação no MST*, 1998, p. 18.

do se trata de uma coletividade e orientada pelo princípio da direção coletiva, o que é uma demanda importante para alguns pode se tornar uma questão do conjunto. Foi o que aconteceu em diversos acampamentos e depois nos assentamentos da etapa inicial do Movimento, em uma circunstância que se combinou com outras e então deu origem à organização e ao trabalho que continua até hoje.

O terceiro elemento ou circunstância que pressionou fortemente o início do trabalho do MST com a educação escolar foi a iniciativa de mães e professoras (e em alguns lugares de religiosas que viviam nos acampamentos) em levar adiante essa preocupação que aparecia nas famílias sem-terra. Essa iniciativa incluía, com intensidade maior ou menor em diferentes tempos e lugares, três dimensões principais:

1ª) *A organização de atividades educacionais com as crianças acampadas.*

Antes mesmo de se começar a luta específica por escola, as pessoas com certa sensibilidade para essa dimensão da educação (via de regra mães, professoras ou religiosas) passaram a se preocupar com o atendimento pedagógico às crianças. Às vezes, isso significava apenas reunir as crianças para fazer algumas brincadeiras que amenizassem o peso da realidade que já enfrentavam, e também para explicar a elas o que estava acontecendo, principalmente quando havia ações mais violentas. Dependendo também das experiências anteriores das educadoras, essas brincadeiras podiam avançar para atividades mais elaboradas como encenações, cantos, desenhos, apresentados depois para os adultos em concorridas *tardes culturais*, que deixavam os pais muito orgulhosos da desenvoltura de seus filhos. Além de lhes descontrair das tensões da luta, esse tipo de atividade cultural também lhes permitia uma nova leitura de sua própria história, à medida que dela eram extraídos os principais elementos para a pedagogia dessas manifestações.[137]

Não foi difícil passar daí às primeiras tentativas de retomar o processo de alfabetização das crianças, nem que para isso a própria terra ocupada tivesse que se transformar em um quadro *de giz*, escrito com um galho de árvore ou uma lasca de pedra. Também não foi difícil perceber, dadas as circunstâncias e com um pouco de intuição pedagógica, que o processo de alfabetização somente teria sentido ali, se combinado com as dimensões educativas anteriores. O que estava em jogo, afinal, era manter a dignidade da infância, mesmo nas situações-limite em que a vida se apresentava nesse momento, nesse lugar.

---

[137] Era (e é ainda hoje) muito comum as crianças encenarem os principais fatos da luta que testemunhavam. Ao assistir a essa representação, muitos sem-terra se davam conta de detalhes que não haviam percebido ou refletido antes. Quando as professoras tinham clareza sobre a conjuntura interna do acampamento, isso acabava sendo uma importante ferramenta de *trabalho de base* com toda a comunidade acampada. Um caso que me foi contado em conversa informal ilustra bem o sentido disso. O fato ocorreu em um acampamento do RS, em meados da década de 1980, quando uma situação-limite, a fome, levou os sem-terra a saquearem um galpão onde estavam depositados alimentos que deveriam já ter sido distribuídos às famílias acampadas mas que, por algum motivo, ainda estavam lá, protegidos por um cadeado de ferro. Embora tivessem feito isso movidos pela fome, muitos sem-terra ficaram moralmente em conflito com seu próprio ato. Alguns dias depois, em uma encenação preparada pelas crianças com a ajuda das professoras (que ali eram irmãs religiosas), o fato foi trabalhado de modo a permitir uma nova síntese: o cadeado que separava as famílias dos alimentos que saciariam sua fome foi pendurado na enorme cruz de madeira que acompanhava o grupo, como mais um dos símbolos de sua luta. Através de uma simbolização reflexiva, esses sem-terra compreenderam que a vida humana sempre está acima da propriedade, e que aqueles alimentos, afinal, eram seus por direito. Direito de ser humano.

2ª) *A pressão exercida para a mobilização das famílias e lideranças de cada acampamento e assentamento em torno da luta por escolas.*

Um depoimento da época fala por si mesmo e certamente reflete situações semelhantes em outros locais e em outros tempos desse mesmo momento histórico. *Iniciamos a luta pela educação no momento em que se organizaram as equipes de trabalho e os debates no acampamento. Essa equipe, de início, tinha como objetivo o encontro de crianças para conhecerem-se, dialogar e brincar. Após alguns meses de acampamento, integraram-se nessa equipe professoras que tinham experiências nos municípios de onde vieram, e aí começou o questionamento: o que se pode fazer com tantas crianças sem escola? Pois muitas não tinham concluído o ano de 1985 e, em 1986, não havia perspectiva de estudar. Começamos a fazer um levantamento de quantas crianças de 7 a 14 anos existiam no acampamento. Feito o levantamento, constatamos mais ou menos 760 crianças em idade escolar. Logo iniciamos reuniões com as outras professoras (apareceram 25) e fomos à luta, pois chegamos à conclusão que a educação não pode parar. As primeiras dificuldades encontradas aconteceram no próprio acampamento com os pais e alguns membros da direção, pois diziam que "estavam ali para conseguir terra e não escola"... Após algum tempo juntaram-se a nós, e então fomos à luta lá fora. Iniciou-se a luta com os órgãos públicos...*[138] Um outro depoimento dá a ideia de como o processo continuou: *O que mais marcou no começo*

---

[138] *Relatório sobre a educação escolar da Anoni e assentamentos do RS*, p. 1. O documento não tem data nem registro de quem o elaborou. Oralmente, obtive a informação de que foi escrito no final de 1986 pela equipe de educação da Anoni, célula matriz do que depois viria a ser o Setor de Educação do MST, Rio Grande do Sul.

da luta por escola foram as conquistas. Logo dobramos o número de escolas. E para nós professores foi muito marcante também a vontade dos pais de apoiar e se entusiasmar...[139]

3ª) *A preocupação das professoras com sua própria articulação e formação para assumirem a tarefa de educar as crianças sem-terra de um jeito diferente.*

Na criação das chamadas *equipes de educação* pode ser identificado o início da discussão do que seria depois a proposta pedagógica do MST. *A equipe* (de educação) *surgiu por iniciativa de algumas professoras que estavam iniciando o seu trabalho nas recém-criadas escolas dos acampamentos e assentamentos, tendo necessidade de discutir sua prática com as companheiras. O que moveu o grupo (umas dez professoras) foi a certeza de que uma escola de assentamento e ligada ao MST não pode ser igual às escolas tradicionais. Ela deve ser diferente. Foi exatamente pretendendo definir qual é essa diferença que a equipe começou a se reunir.*[140]

As professoras sentiam que não podia ser como antes. As crianças já não eram as mesmas. Algo tinha de ser diferente. Ao mesmo tempo, havia a nova pressão das famílias. Pelo menos algumas daquelas que iniciaram ou foram convencidas a iniciar a luta também por escola, passaram então a exigir uma escola que

---

[139] Depoimento de Maria Salete Campigotto, assentada em Nova Ronda Alta, no Rio Grande do Sul, uma das primeiras professoras de assentamento do Brasil. *História da educação no MST*, p. 17.

[140] Registro meu de exposição feita pela equipe de educação na abertura do *I Encontro Estadual dos Professores de Assentamento do RS*, de 9 a 11 de dezembro de 1988, na Anoni. Nesse encontro foi discutida a reestruturação do MST em setores e então a denominação da equipe passou a ser *Setor de Educação do MST*. Pelo registro histórico que tenho, nessa época já existia a articulação do Setor também em Santa Catarina, Paraná, São Paulo, Mato Grosso do Sul, Espírito Santo, Bahia e Piauí.

correspondesse a todo esse esforço: *Eu gostaria que tivéssemos uma escola para nossos filhos, que ensinasse a lutar pelos seus direitos, a trabalhar unidos, organizando com os companheiros as lutas, para fazer valer os direitos que os colonos têm. O próprio direito de ocupar terra, e assim por diante. Uma educação que mostre 'os dois lados da moeda', por um lado os valores do homem da roça, a vida sadia que pudesse levar aqui... e por outro lado também mostrar como é a vida na cidade, de acordo com a verdadeira realidade, para que, quando a criança chegar a uma certa idade, ela possa ter clareza dos dois tipos de vida e possa fazer uma opção certa...*[141]

Talvez estas famílias já começassem a compreender o quanto estavam aprendendo em sua nova coletividade e o quanto ainda tinham de aprender para dar conta dos novos desafios. Então, não seria justo que a escola (conseguida na luta) não ajudasse nessa tarefa. Além disso, era comum a sensação dos sem-terra de terem perdido muito tempo da sua vida *sem saber como as coisas são de fato*. Nas primeiras discussões sobre a escola, não eram poucos os que diziam: *queremos que os nossos filhos aprendam a enxergar a realidade mais cedo do que nós*, incluindo nesse desejo uma crítica à escola que conheciam: *No meu tempo a escola sempre veio de cima para baixo, ensinando aquilo que o governo queria. Não me ensinou o necessário para me defender na vida, como direitos dos colonos, leis, organização do povo... Apenas ler, escrever e fazer algumas contas. Talvez pelo pouco tempo que fui na aula. Mas em geral, a escola só ensina coisas que pouco tem a ver com a vida da gente...*[142] Estavam dadas, pois, as condições para que um trabalho maior fosse desencadeado.

---

[141] Depoimento de Geraldo, acampado de Erval Seco no Rio Grande do Sul em 1984, *apud* Stival, 1987, p. 150.

[142] *Apud* Stival, 1987, p. 146.

Olhando para essa trajetória, fica bastante evidenciado o papel que tiveram as professoras[143] dos primeiros acampamentos e assentamentos do MST, junto com as famílias sem-terra, para que esse trabalho iniciasse. Sejam as que já exerciam essa profissão antes, sejam aquelas que se ofereceram para passar a exercê-la ali mesmo, geralmente porque tinham uma escolaridade um pouco maior do que a média dos acampados, e também porque eram consideradas *jeitosas* para o trabalho com as crianças. Isso nos remete a pensar que a história também é feita de algumas coincidências. A maioria dessas professoras foi parar lá porque era esposa de trabalhadores sem-terra que decidiram junto com suas famílias entrar nessa luta. Fica então a pergunta: se os sem-terra não fossem casados com professoras a história teria sido diferente?

O quarto elemento a ser considerado nessa gênese tem a ver com as próprias características do MST, que acabaram produzindo as condições para que uma necessidade das famílias fosse transformada em tarefa da organização. Em primeiro lugar é preciso levar em conta que, se não fosse o caráter massivo e popular do Movimento e esse seu traço específico de fazer a luta com as famílias, não haveria crianças nos acampamentos, tampouco professoras. Talvez a necessidade aparecesse depois, nos assentamentos, mas então o processo certamente teria sido outro, porque outro seria o jeito de ser da coletividade *Sem Terra*. Da mesma forma, é importante destacar que, desde o seu nascimento, o MST buscou afirmar o seu caráter político

---

[143] Uso *professoras*, no feminino, porque embora também houvesse homens nesse trabalho, a maioria quase absoluta eram mulheres, dado que permanece até hoje, embora já com uma tendência de maior presença masculina do que naquela época.

e não apenas corporativo, o que, já naquela época, indicava não ser a sua luta apenas pela terra. Foi esse caráter que exigiu uma conformação organizativa aberta a um tipo de demanda como a da educação e da escola. Não fosse assim, talvez essa preocupação até continuasse a se desenvolver entre famílias e professoras, tal como acontece em muitas comunidades, rurais ou urbanas, mas então estaríamos tratando de outra história, de outros vínculos, de outro desenlace.

O quinto e último elemento é apenas um detalhe, mas que me parece ter feito muita diferença tanto na gestação como no posterior desenrolar deste trabalho. Trata-se do perfil das pessoas que ajudaram a organizar o MST e que se tornaram suas principais lideranças. Para a maioria delas, o estudo sempre foi visto como um valor, tão importante a ponto de ser destacado como um dos princípios organizativos do Movimento. Este detalhe certamente influenciou em dois sentidos: primeiro, na inclusão da luta por escola como tarefa do MST; segundo, na progressiva ruptura de um conceito mais tradicional de escola, buscando aproximá-la das discussões mais amplas do Movimento sobre formação humana, e especificamente sobre a formação dos membros de uma organização social de massas com os objetivos e os princípios que tem o MST.

A escola e a história da formação dos sem-terra

No capítulo anterior, foram identificados três momentos através dos quais é possível compreender o processo histórico de formação do sem-terra: o primeiro, que é o da *articulação nacional da luta pela terra*, o segundo momento, que é o da *constituição do MST como uma organização social dentro de um movimento de massas*, e o terceiro, da *inserção do MST na luta por um projeto popular de desenvolvimento para o Brasil.* Trago de volta aqui a referência desses momentos para então poder contar *uma história dentro desta história*, levando em conta a mesma observação feita antes de que, embora se possa estabelecer um parâmetro cronológico nacional, e ele é importante para compreender esta história, é preciso sempre relativizá-lo quando se pretende trabalhar com a experiência do Movimento como um todo, na diversidade do processo que se desenvolve em cada Estado. E também aqui é importante chamar a atenção para a recentidade do terceiro momento e de como a atuação do MST se complexifica mais à medida que esse momento permanece entrelaçado com os desafios do segundo.

Em relação à história da educação escolar, serão destacados, em cada momento, os aspectos da organização deste trabalho no Movimento, o processo de reconceituação e ressignificação da escola e as principais discussões que marcaram cada período. Tendo sempre presente a metáfora da *ocupação da escola*, parece-me possível identificar a ênfase desse processo em cada um dos três momentos, relacionando-o com o processo mais amplo da formação dos sem-terra. Vou, por vezes, retomar algumas reflexões do capítulo anterior para facilitar a leitura, embora esteja considerando a relação entre os tópicos como dada.

Nesta nova síntese, os momentos foram então renomeados, indicando um entrelaçamento de tempos, lugares e sentidos.

Primeiro momento: A luta pela escola na luta pela terra. Ou: *somos Sem Terra sim senhores, e exigimos escola para nossos filhos!*

Do ponto de vista do processo de formação dos sem-terra, analisei antes duas marcas principais deste momento: a da decisão dos trabalhadores e das trabalhadoras sem-terra de reagir à sua condição social e entrar na luta pela terra, e a construção do jeito de fazer essa luta, com o destaque para a escolha da ocupação da terra como sua forma principal.

A descrição feita antes, da gênese do trabalho do MST com a educação escolar, coincide exatamente com o desenrolar deste momento. Do ponto de vista do processo de ocupação da escola, pois, a ênfase esteve na formação do *sujeito de direitos* e na consolidação de uma coletividade para conquistá-los. A consciência do direito à terra pôs os sem-terra *em movimento*. A consciência do direito à escola representou, naquele momento da história do MST, a projeção dos contornos que sua organização viria a ter. *Terra é mais do que terra...*

Nessa trajetória específica do trabalho com educação escolar, a referência cronológica nacional que podemos estabelecer situa o início deste momento nas primeiras preocupações e iniciativas educacionais realizadas nas ocupações e acampamentos já do começo da década de 80 no centro-sul do país,[144] e demarca a passagem para o momento seguinte em um fato que pode ser considerado histórico, exatamente porque representou, na época, a culminância de um processo que estava em andamento há quase uma década, e também pelos desdobramentos que teve. Trata-se do *Primeiro Encontro Nacional de Professores de Assentamento,* que aconteceu em julho de 1987 no município

---

[144] As primeiras atividades de que tenho registro aconteceram no acampamento de Encruzilhada Natalino, Rio Grande do Sul, iniciado no final de 1980. Há depoimentos das próprias professoras que atuaram na época, Maria Salete Campigotto e Lúcia Vedovatto, ambas de Ronda Alta, descrevendo essas atividades. As duas continuam hoje, 1999, desenvolvendo trabalhos de educação no MST, o mesmo acontecendo com Bernardete Schwaab, atualmente secretária de Educação no município de Pontão, RS, que foi uma das iniciadoras do trabalho no acampamento da Anoni em 1985.

de São Mateus, Espírito Santo, organizado pelo MST para começar a discutir uma articulação nacional do trabalho que já se desenvolvia, de forma mais ou menos espontânea, em vários Estados. Participaram professores do Rio Grande do Sul, Santa Catarina, Paraná, Mato Grosso do Sul, São Paulo, Espírito Santo e Bahia.[145]

Para compreender melhor o sentido dessa trajetória, é necessário também aqui identificar algumas marcas principais da construção deste momento. Estou entendendo que são *marcas,* porque afirmaram práticas que permanecem até hoje, ou então projetaram aquelas que constituiriam os momentos seguintes.

A primeira marca é a da própria *decisão do MST de lutar por escola.* Tratei antes do que pressionou essa decisão, mas gostaria de chamar a atenção para um detalhe a mais: à medida que a discussão sobre escola começou com mais força nos acampamentos, na prática isso quer dizer que, em alguns casos, o Movimento acabou resolvendo antes o problema da escola do que o da terra. Isso me parece importante por dois motivos. O primeiro é que essa circunstância acaba afirmando e projetando um modo menos linear e hierárquico de conceber e de direcionar a luta, tornando-a mais parecida com a vida mesma, sem desconhecer o peso diferenciado das pressões objetivas que

---

[145] Um dado complementar que obtive na pesquisa: o Rio Grande do Sul consta nos registros desse encontro porque seus representantes participaram na sua preparação. Todavia, por motivos de saúde da pessoa delegada para a representação do Estado, o RS acabou não participando do encontro propriamente dito. No Espírito Santo, Estado sede desse primeiro encontro, o primeiro registro de escola de assentamento é de 1984. Uma sistematização e análise da *história da educação nos assentamentos do ES* está em Pizetta, Adelar. *Formação e práxis dos professores de escolas de assentamentos: a experiência do MST no Espírito Santo.* Dissertação de Mestrado, 1999.

historicamente a determinam. Ou seja, o eixo fundamental que define a própria existência do MST é a luta pela terra, mas, à medida que ele sozinho não dá conta dos objetivos a serem alcançados através dessa luta, outras dimensões vão sendo incorporadas e em determinados momentos, podem emergir até com mais força do que ela, sem que isso desconfigure a centralidade da luta ou do Movimento. Se nas primeiras lideranças isso causava uma certa dúvida, hoje é uma questão resolvida. O segundo motivo se refere a como essa decisão, que foi primeiro tomada pelas famílias sem-terra, ajudou então a consolidar a ideia, presente desde a gênese do MST, de que a luta não seria apenas por terra, o que o início das discussões sobre a produção dos assentamentos já apontava e depois firmaria como princípio de organização e de atuação do Movimento.

A segunda marca também aqui diz respeito ao *jeito de fazer essa luta*. Em relação à terra, o começo da luta foi marcado pela prática da reivindicação do direito, através de atos ou audiências com os governos. O nascimento do MST traz a marca de um outro jeito: ocupar a terra, criar o fato político e então fazer audiências, negociar, prosseguir a luta. Em relação à escola, o processo não foi diferente. As famílias sem-terra começaram reivindicando escolas, seja para os acampamentos ou para os assentamentos. Como negociar geralmente não era suficiente, logo a palavra de ordem do conjunto passou a valer também para a questão das escolas: *ocupar é a única solução!* A forma é que até podia ser um pouco diferente: ocupar a escola significava primeiro organizá-la por conta própria, começar o trabalho e os registros formais já sabidos como obrigatórios, mesmo que em condições materiais precárias, e então iniciar as negociações com os órgãos públicos para sua legalização. Às vezes esse se transformava, então, no momento da ocupação literal: se a legalização tardasse muito, secretarias de educação poderiam ser ocupadas, marchas poderiam ser realizadas, e de preferência de forma massiva, envolvendo todas as pessoas que tivessem alguma relação com a escola em questão: a comunidade, as professoras e as crianças, repetindo a cada ação o círculo da história que lhes permitiu assumir esta condição de sujeitos: *somos Sem Terra sim senhores e exigimos escola para nossos filhos!* Este continua sendo o jeito principal através do qual o MST tem conseguido garantir escola para seus integrantes, chegando hoje a um universo de pouco mais de mil escolas de 1ª a 4ª séries do ensino fundamental em suas áreas.[146] A cada novo acampamento a história se repete, embora, como em relação ao conjunto, já com os aprendizados coletivamente construídos, de ambos os lados.

A terceira marca é a da *constituição dos coletivos de educação*. Desde o início, o jeito de organizar o trabalho de mobilização e de reflexão sobre a escola nos acampamentos e assentamentos foi através da organização das chamadas *equipes de educação*, geralmente compostas pelas professoras e outras pessoas da comunidade acampada ou assentada que tivessem sensibilidade para a questão. Em alguns casos, logo foram envolvidas também as crianças e os jovens; em outros, isso foi fruto do amadurecimento da própria proposta de educação do Movimento.

É interessante observar que, nos primeiros acampamentos, havia uma equipe que começava a funcionar depois de vários meses em que a mesma coletividade permanecia em luta, ou

---

[146] O grande desafio hoje fica por conta de ampliar o número de escolas com o ensino fundamental completo, que, em 1999, chegava apenas a cem em todo o país.

seja, geralmente depois que as famílias percebiam que o problema da terra não teria solução imediata, e ou quando as crianças começavam a *demonstrar sua presença com mais força*, exigindo algum atendimento especial. *Crianças acampadas, o que fazer com elas?* foi talvez a primeira questão que motivou a reunião de mães e professoras para essa discussão pedagógica específica. Aos poucos, a necessidade desse trabalho tornou-se um daqueles aprendizados coletivos, e a equipe de educação passou a integrar a estrutura organizativa dos acampamentos, desde o seu primeiro dia. E, como já mencionei em outro lugar, se nos primeiros acampamentos a presença das professoras foi uma coincidência, depois tornou-se uma articulação planejada.[147]

Não demorou muito para que as equipes de educação locais fossem transformadas em uma articulação dos acampamentos e assentamentos entre si, ampliando-se depois para regiões e chegando então à constituição do chamado *coletivo estadual de educação*. No Rio Grande do Sul isso aconteceu logo depois da experiência local de maior fôlego que foi a do acampamento da Anoni. *Ter um coletivo de educação ajudaria a conquistar outras escolas. A primeira reunião que tivemos como equipe estadual foi junto com um pessoal que veio lá da faculdade de Erexim. Foi*

---

[147] No caso dos acampamentos do Rio Grande do Sul, a experiência atual da chamada *Escola Itinerante* (aprovada oficialmente pelo Conselho Estadual de Educação em novembro de 1996) permite que a própria escola chegue junto com as famílias sem-terra na área ocupada. Segundo a equipe de educadoras e educadores dessa escola, esse avanço histórico pode ser, contraditoriamente, um retrocesso organizativo, à medida que aquele novo grupo não precisa lutar pela escola e então se compromete menos com ela. O desafio é cultivar a memória da luta e fazê-la prosseguir em novas dimensões a cada acampamento (Conversas informais com membros da equipe).

em 1987, na casa paroquial de Ronda Alta... Este coletivo durou um bom tempo e ia cada vez entrando mais pessoas, de outras regiões...[148] De modo geral, esse foi o processo nos Estados que participaram do período histórico de criação do Movimento, e que pode ser identificado como uma *organização ascendente*. Naqueles onde o início do Movimento aconteceu depois dos setores já estarem consolidados como estrutura nacional, o processo modificou-se um pouco. Em vários deles o próprio MST delegou a uma ou mais pessoas a tarefa de começar a articulação do trabalho de educação nos acampamentos e assentamentos em um processo, então, de *organização descendente*. Não vejo necessidade aqui de analisar mais detidamente essa diferença, mas trata-se de um detalhe importante para compreender a história específica de cada Estado.[149]

De modo geral, os coletivos de educação surgiram para dar conta de duas demandas: a de garantir com mais eficiência a mobilização pelo direito à escola (*ter um coletivo ajudaria a conquistar outras escolas*), e a de *trocar experiências* em relação a como desenvolver a tal *escola diferente* que todos queriam, mas ninguém sozinho sabia exatamente como fazer. À medida que o trabalho foi sendo ampliado, mudou um pouco o jeito de se reunir e os focos da reflexão, mas a ideia de que a questão da educação é algo a ser pensado e implementado através de cole-

---

[148] Depoimento de Maria Salete Campigotto. *História da educação no MST*, p. 17. Detalhe: foi esse o momento em que comecei a participar desta história.

[149] Diferença da mesma natureza que a existente na própria história da *formação* e *territorialização* do MST como um todo: Estados onde o Movimento nasceu dele mesmo, ou seja, através do deslocamento de militantes de um lugar para outro, com o objetivo mesmo de criá-lo.

tivos tornou-se prática comum e depois princípio organizativo que permanece até hoje.

E a quarta marca é a do início da *discussão sobre que escola interessa aos sem-terra*. O mote para esta discussão, já vimos, era a chamada *escola diferente*, que dizia respeito principalmente ao objeto da luta neste momento, ou seja, escolas de primeira a quarta série nos assentamentos já conquistados, ou ainda nas áreas de acampamento. Em síntese, a reflexão movia-se em torno de duas preocupações básicas: a de considerar que as crianças sem-terra tinham uma experiência de vida diferenciada de outras crianças e isso deveria ser considerado no jeito de trabalhar com elas; e a de que a luta, de alguma forma, pudesse *entrar na escola*, especialmente para que fosse lembrada e valorizada pelas novas gerações. Embora nessa época não houvesse uma reflexão mais elaborada sobre o significado de uma expressão que começava a ser usada pelos sem-terra, *a luta é nossa escola*, havia já uma intuição sobre a necessidade de juntar, de alguma maneira, uma *escola* com a outra.

Na origem dessa discussão podemos encontrar duas vertentes. Uma delas, que já foi tratada na gênese deste trabalho, diz respeito às iniciativas das primeiras professoras que começaram a *experimentar* esse *jeito diferente* de educar as crianças e a buscar interlocuções entre si e com outras pessoas para poder avançar. A outra vertente foi o da reação das famílias diante de um fato que passou a se repetir em diversos lugares: depois de conquistada a escola junto ao município ou ao Estado,[150] eram designadas para essas áreas professoras da rede oficial de

---

[150] A luta dos sem-terra sempre foi por escolas públicas em suas áreas, mesmo as de acampamento.

ensino que muitas vezes iam para lá por imposição, e em alguns casos tendo uma visão bastante preconceituosa em relação aos sem-terra.

Ao trabalhar com as crianças, esse preconceito vinha à tona, e às vezes de forma bastante agressiva, como aparece no depoimento de Margarete Santin, uma das professoras que iniciou essa discussão nos assentamentos de Santa Catarina: *em alguns dos casos, professores que vinham de fora questionavam e colocavam assim: "olha, se o seu pai for para a ocupação isso é crime; se o cara lá tem terra é porque ele trabalhou, ele é dono", então criava um conflito assim muito forte na cabeça das crianças; então começou toda essa discussão... que educação nós queremos? Vamos continuar reproduzindo que ocupar terra é crime..., vamos continuar dizendo para nossos filhos que somos ladrões...?*[151]

Parecia incoerente, pois, lutar por uma escola que se colocava como uma verdadeira arma contra os sem-terra e isso acabou motivando um interesse maior das famílias para discutir algo mais do que ter ou não ter escola; era preciso discutir também sobre *que escola* e qual afinal o seu papel em uma realidade como essa.

Um desdobramento imediato foi a discussão específica, então, sobre quem deveria trabalhar nas escolas de assentamento. Nos acampamentos, essa era uma pergunta circunstancialmente respondida. Não havia professoras *de fora* dispostas a trabalhar em uma *rotina de conflitos* como aquela. Mas, quando começaram os assentamentos, isso se tornou uma questão relevante, sendo inclusive motivo de alguns desentendimentos entre as famílias. A maioria das chamadas *professoras de dentro* não tinha

---

[151] *História da educação no MST*, p. 27.

titulação adequada, somente permanecendo nas escolas dos assentamentos através de pressão da comunidade. Acontece que nem sempre a comunidade considerava importante fazer essa pressão, porque temia que o *despreparo* das professoras pudesse implicar em uma educação de pior qualidade para seus filhos. No acampamento até servia, mas agora... Quando então começaram os conflitos com as *professoras de fora*, essa posição de somente aceitar *professoras de dentro*, que em alguns assentamentos foi condição desde o início (*quem não sabe da nossa luta não pode educar bem nossos filhos...*), tornou-se uma nova bandeira de luta. Algo que somente viria a ser flexibilizado anos mais tarde, depois de algumas experiências bem-sucedidas de professoras de fora que passaram a realizar um trabalho considerado *até mais militante do que o de dentro*.

Essa nova mobilização em torno de garantir que as professoras fossem das próprias áreas de assentamento desdobrou-se, por sua vez, no que viria a ser uma das marcas importantes do trabalho do MST nesse campo: a preocupação com a formação e escolarização de professores. *A gente começou a se preocupar com a titulação dos nossos próprios professores. De um lado, a luta para manter os professores de dentro e de outro, para conseguir um Curso Normal que os titulasse.*[152] Essa discussão iniciou-se no Rio Grande do Sul e deu origem, depois, à primeira turma de Magistério do MST, iniciada em janeiro de 1990, no município de Braga, em parceria com a Fundação de Desenvolvimento, Educação e Pesquisa da Região Celeiro

---

[152] Depoimento de Bernardete Schwaab. Fonte: registro de entrevista realizada em final de 1989, a propósito da articulação do curso Magistério do MST, que seria iniciado no ano seguinte.

– FUNDEP, uma entidade criada pelos movimentos populares para atender demandas desse tipo. A partir dessa iniciativa, a discussão sobre a *escola diferente* passaria a ter um espaço sistemático e necessariamente entrelaçado com o processo de formação de educadoras e educadores do MST.

Chamo a atenção para dois detalhes que me parecem muito importantes nesta história. O primeiro: ao ter que se preocupar também com a escolarização das professoras sem-terra, o MST, já nesse primeiro momento, acabou definindo que sua luta nesse campo não ficaria restrita às escolas de primeira a quarta séries, mas sim acompanharia o próprio avanço da trajetória das famílias sem-terra, o que não parou mais de fazer até hoje.

O segundo detalhe se refere à matriz originária desse começo de reflexão pedagógica sobre as escolas, que foi a experiência de educação das crianças nos acampamentos. Naquela situação *extraordinária,* não parecia difícil aceitar que o processo de ensino e aprendizagem fosse diferente daquele usualmente desenvolvido nas escolas oficiais, e que a referência de organização *curricular* fosse a própria vivência das crianças e de suas famílias, e o desafio de seu *enraizamento* nessa nova coletividade. Para as professoras que iniciaram sua trajetória com essa experiência também parecia mais fácil compreender o sentido da *diferença* que então se passava a exigir no assentamento, embora fossem inevitáveis alguns conflitos com a representação anterior que traziam da *escola de verdade,* elas próprias e a maioria das famílias sem-terra.

Em muitos casos, a primeira preocupação de que *a luta entrasse na escola* foi cedendo lugar a uma visão mais tradicional: *nossos filhos tem que aprender o que as outras escolas ensinam porque senão vão se prejudicar quando tiverem que ir estudar fora.*

Era na verdade uma contradição com a qual tinham de conviver (e convivem até hoje), ou seja, queriam e não queriam a *sua escola*, e por isso não deixavam de se emocionar quando, por exemplo, eram chamados na escola de seus filhos para contar a história do assentamento e isso era considerado como uma *aula de verdade*.

Foram questões como essas que os participantes daquele primeiro encontro nacional de professores, em 1987, levaram na sua bagagem. Sentiam que, se ficassem discutindo apenas no âmbito da relação escola e comunidade, e contando apenas com sua própria força de articulação, não avançariam tanto quanto sua *intuição pedagógica* lhes dizia que seria possível avançar, trabalhando nessa realidade. Era preciso que o Movimento tomasse uma posição coletiva sobre as questões levantadas, incluindo os *novos personagens que entravam em cena*, em sua organicidade e em seu projeto.

Segundo momento: A inserção da escola em uma organização social de massas. Ou: *Queremos estudar em uma escola do MST!*

No processo de formação dos sem-terra (ou já dos *Sem Terra*) este é o período de consolidação da sua identidade como um *lutador permanente* e membro de uma *organização social duradoura* que ele mesmo ajuda a construir à medida que decide participar desse *movimento de massas* que luta pela Reforma Agrária no Brasil. Trata-se do momento que se constitui a partir da emergência dos assentamentos, e do desafio de construir junto com eles outro tipo de relações sociais no campo, implicando na multiplicação das frentes de atuação do MST, entre elas a da educação.

Em termos de referência cronológica nacional, este é o momento que se inicia com o processo de criação do Setor de Educação do MST, um dos desdobramentos organizativos daquele primeiro encontro nacional de 1987, e que culmina com a realização de um outro evento nacional importante, o *I Encontro Nacional de Educadoras e Educadores da Reforma Agrária* – I ENERA, que aconteceu em Brasília, de 28 a 31 de julho de 1997. Novamente, trata-se de um encontro que se transforma em um fato histórico, à medida que sua articulação e realização representaram a síntese do processo desenvolvido em educação pelo Movimento nesse período, (precisamente uma década), prenunciando o que seriam os desafios do momento seguinte. Alguns dos desafios deste segundo momento continuam hoje. No entanto, acompanhando a trajetória histórica do MST no seu conjunto, já estava demarcada a passagem para um novo momento, o que quer dizer que estavam sendo acrescidos alguns elementos a mais para considerar no desenlace dos próprios desafios anteriores.

A ênfase deste segundo momento esteve no processo de produção da chamada *proposta de educação* ou *proposta pedagógica do MST*, configurando-se como uma ampliação da própria noção de *direito*: não apenas ter acesso à escola mas também ter o direito de tconstituí-la como parte da sua identidade: fazer de cada escola conquistada uma *escola do MST*.

Do ponto de vista da formação dos sem-terra, o fato de o MST passar a *se ocupar* da escola projetava um elemento muito importante da continuidade de sua trajetória: as crianças e os jovens também estavam sendo incluídos na categoria *Sem Terra*, e isso apontava para uma visão mais histórica (de longo prazo) da luta, e para uma aproximação maior entre as tarefas de *formação* e *educação* no Movimento. A formação dos sujeitos sem-terra também poderia ser feita na escola; a escola também poderia ser lugar de formação para a continuidade do MST. Um processo de ressignificação do Movimento e da escola estava sendo posto *em marcha*.

As marcas deste momento são, ao meu ver, três principais, com diversos traços que se desdobram de cada uma delas.

A primeira marca é a da construção do que o Movimento costuma chamar de *organicidade da educação*, exatamente o processo em que a luta pela escola e a discussão sobre como ela deve ser em uma realidade de assentamento ou acampamento, passam a acontecer por dentro da estrutura organizativa do MST, como parte da sua própria constituição enquanto uma *organização social de massas*.

O encontro nacional de 1987 representou, pois, uma mudança de eixo no processo de *ocupação da escola* pelos sem-terra. Através dele e da decisão que o motivou, ou seja, a de desencadear essa articulação nacional, o MST, atendendo a pressão de sua base social, tomou a si a tarefa de organizar o trabalho de educação escolar nos acampamentos e assentamentos conquistados através de sua luta. Da organização mais ou menos espontânea surgida nos Estados do centro-sul do país (onde o Movimento foi gestado e já estava em processo de consolidação organizativa através de vários assentamentos), nasceu, então, o *Setor de Educação do MST*, que passou a ser organizado com esse nome (e essa lógica) nos Estados, principalmente a partir de 1988, acompanhando a nova estruturação do Movimento em setores, com elos presentes desde a base local até as instâncias nacionais.

A principal função do Setor de Educação seria (como tem sido) a de articular e potencializar as lutas e as experiências educacionais já existentes, ao mesmo tempo que desencadear a organização do trabalho onde ele não havia surgido de forma espontânea, ou nos assentamentos e acampamentos que fossem iniciados a partir daquele momento. Os encontros nacionais de professores de assentamento logo se transformariam nas reuniões ordinárias do *Coletivo Nacional de Educação do MST*, instância máxima de decisão do Setor de Educação até hoje.

Na nova lógica, então, o Movimento tirava das famílias e das professoras a responsabilidade isolada de fazer esse trabalho, ao mesmo tempo que lhes devolvia a tarefa, agora como parte de sua participação na organização do MST. O Movimento, enquanto organização, não tinha respostas para as perguntas trazidas pelas professoras. Como explica João Pedro, *diferente da luta pela terra e da prática da formação de militantes que fomos buscar na história as lições para nossa organização, na educação tivemos que aprender com nossa própria experiência. No leque das experiências que o MST conhecia, nenhuma incluía a educação* (escola) *como dimensão da organização. Tinha o Paulo Freire e o Movimento de Educação de Base, que fazia uma certa ligação com os sindicatos, mas era diferente...*[153] O que se fez neste momento foi dizer às professoras que suas preocupações eram importantes e que precisavam continuar a buscar em sua própria prática essas respostas, qualificando seu processo de articulação e de reflexão, à medida que passassem a compreender mais profundamente a luta como um todo.

Na verdade, isso que mais parece um jogo de palavras (afinal o Movimento e as pessoas que o integram não são a mesma coisa?) representou a constituição dos vínculos que permitem hoje tratar da história da educação como parte da história do

---

[153] Entrevista com João Pedro Stedile em setembro de 1998.

MST. Porque afirmar que o MST assume uma tarefa *é e não é* a mesma coisa do que dizer que as famílias sem-terra a realizam. O Movimento *é* as famílias, mas é mais do que elas, consideradas em cada assentamento ou ocupação.

Essa é uma compreensão que também na prática se torna complexa, porque às vezes se tem a impressão de que uma coisa substitui a outra. O limite disso, já como desdobramento do próprio salto qualitativo que representou na história do MST, é que na educação, como em outras questões do Movimento, ter um setor responsável pode passar a descomprometer as famílias dessa tarefa, rompendo com a organicidade necessária à implementação da escola que foi desejada e projetada por elas próprias. Isso geralmente acontece quando o setor não cumpre adequadamente o seu papel (que é principalmente o de organizar a participação das famílias), ou então quando, à decisão organizativa, não se junta a consciência da importância política de determinada tarefa para o conjunto do Movimento. É por isso que, quando algo é considerado realmente estratégico no MST, até pode ser assumido como tarefa de um setor específico, mas se torna preocupação e objeto de discussão do conjunto das instâncias da organização. É o caso da luta pela terra propriamente dita e, mais recentemente, das questões ligadas à produção nos assentamentos. Alguns fatos prenunciam que poderá ser assim também com a educação, exatamente como marca da passagem para o momento histórico seguinte.

A expressão *organicidade* indica no Movimento o processo através do qual uma determinada ideia ou tomada de decisão consegue percorrer, de forma ágil e sincronizada, o conjunto das instâncias que constituem a organização, desde o *núcleo de base* de cada acampamento e assentamento até a *direção nacional* do

MST, em uma combinação permanente de *movimentos ascendentes e descendentes* capazes de garantir a participação efetiva de todos na condução da luta em suas diversas dimensões. Essa é, aliás, a própria noção de democracia do MST: demandas podem vir das famílias até as instâncias nacionais ou o inverso; o fundamental é o caminho que essas demandas percorrem até poderem ser consideradas como sendo uma definição *do Movimento*.[154] Por isso, a construção da organicidade é considerada uma tarefa fundamental em cada um dos seus setores, instâncias ou frentes de atuação. Um desafio que é permanente, dada a progressiva complexidade de uma estrutura organizativa de caráter nacional e popular, e que contradiz em sua lógica a tradição cultural de isolamento, de não participação política, e também a experiência de um *tempo menos acelerado* (Bosi) que está presente em boa parte da base social que constitui o MST.

Para o funcionamento adequado dessa lógica organizativa precisam estar garantidos os espaços de participação em todos os níveis. Do contrário, o processo estanca. No caso da educação, se existe uma articulação nacional, mas não a sua correspondente estadual que faça chegar as discussões nacionais em cada assentamento e acampamento, e vice-versa, o trabalho não acontece; por sua vez se, em cada área, não estiver organizada uma equipe de educação, como espaço de articulação das ações concretas, na prática nada é feito com as informações ou questões que ali chegam. Se assim for, as decisões vão aos poucos se descolando de seu próprio destino e a estrutura perde

---

[154] Esse processo é facilitado pela existência de linhas políticas e princípios (também produzidos dessa forma) que aceleram as definições, ou seja, nem tudo precisa ser discutido por todo o mundo o tempo todo.

o sentido de sua existência. É nesses momentos que costumam ser feitos os ajustes na própria estrutura.

Não podemos esquecer, no entanto, que essa lógica mais formal de organização é no MST quase sempre *temperada* com os seus ingredientes *de movimento de massas*, o que, se até pode ser considerado em alguns momentos uma vitória da tradição cultural anterior, também representa esse jeito todo próprio dos sem-terra de ajustar permanentemente o formato da organização de que afinal são os sujeitos.

Um exemplo disso no campo da educação está na constituição e funcionamento do Coletivo Nacional. Na proposta formal, ele é a instância que reúne os representantes de cada Estado atrás dos quais, portanto, deveria haver toda uma organização estadual que chegasse até as equipes de educação de cada assentamento e acampamento. Isso lhes permitiria efetivamente *representar* o Estado, trazendo e levando demandas e reflexões. Na prática, pelo que sei, não chegou nunca a acontecer uma reunião na qual todos os participantes estivessem nessa condição. Em alguns casos, o Estado acaba enviando pessoas que estão sendo apenas cogitadas para assumir o trabalho de educação, na visão de que, se vivenciarem o *clima* ou a *mística* do Coletivo e estiverem em contato com as discussões *mais avançadas* e com as pessoas mais experientes, sua atuação começará de um jeito melhor. Isso tem significado que, a cada reunião, há algum *membro novo* do coletivo, e isso não necessariamente porque o MST tenha começado a sua articulação em algum novo lugar. Ao mesmo tempo, também é verdade que, em certos casos, isso realmente acelerou a organização do setor nos Estados. Por sua vez, a dificuldade de sincronia que esse *ajeitamento* de lógica às vezes provoca, precisa ser compensado com algumas outras iniciativas. Há situações em que a instância nacional busca fazer contato direto com as escolas para garantir que determinadas ações definidas no Coletivo sejam de fato realizadas, forçando, através delas próprias, a organicidade nos níveis intermediários.[155]

Há ainda um detalhe importante para compreender o processo histórico de construção dessa organicidade e também os seus limites: para organizar o trabalho do Movimento em torno das escolas foi preciso sair delas. E isso em dois sentidos. Primeiro, que a articulação dessa rede requer a disponibilidade de pessoas para passar de local em local, promovendo discussões com os assentados e acampados e ajudando a constituir as equipes de educação, a organizar as lutas por escola ou pela garantia dos professores, e também planejando atividades de formação regionais, estaduais e assim por diante. Isso quer dizer que quem está na escola, em sala de aula, de modo geral não tem a disponibilidade para essa tarefa, especialmente levando em conta os *muitos quilômetros a percorrer* (às vezes a pé) que ela exige. Algumas professoras deixaram o trabalho específico de sala de aula para poder assumir esse

---

[155] Exemplo recente: a partir de 1998, o Setor de Educação passou a promover um Concurso Nacional de produções artístico-culturais para o conjunto de estudantes de suas escolas em todo o Brasil, com o objetivo tanto de chamar a atenção sobre um determinado tema de interesse para a formação de sua infância e juventude, como de avançar no processo de inserção das escolas na organicidade do Movimento. Em 1998, o tema do concurso foi *O Brasil que queremos*. Em 1999, a propósito dos 15 anos do Movimento, o tema escolhido foi *Feliz aniversário, MST!* Para garantir uma participação maior, o setor enviou materiais com orientação sobre o concurso direto para as escolas (pelo menos daquelas que já estão em seu cadastro). O que acontece: se a escola for sensibilizada para participar da atividade, terá de necessariamente buscar uma articulação regional ou estadual para que os trabalhos de seus alunos cheguem até o destino final. Ou seja, uma ação *descendente* pode então estimular um movimento de *organização ascendente* e, como se diz, *uma coisa puxar a outra...*

outro, que afinal tinham desencadeado; mas em muitos lugares outras pessoas foram sendo incorporadas ao setor com a função prioritária de organizar a participação das famílias sem-terra nas lutas e discussões sobre a escola.

Foi a partir daí que se tornou mais usual a expressão *educadores do MST* (agora já com maior presença masculina), porque ela incluía as professoras, mas não deixava fora esses outros militantes que, não sendo professores de escola, são também *trabalhadores e trabalhadoras da educação*. Isso seria ainda mais reforçado com a introdução de novas frentes de ação do Setor, como a educação de jovens e adultos, as mobilizações infantis e outras.

O segundo sentido deste *sair da escola* chegou em alguns lugares a ser literal. Isso porque tentar inserir a escola na organicidade do Movimento tem sido uma tarefa bastante difícil, especialmente quando se quer tratar não de algumas experiências pontuais mas sim do universo inteiro das escolas públicas que fazem parte das áreas de Reforma Agrária. Se a relação entre escola e comunidade (local) já costuma ser complicada, tanto mais quando essa comunidade integra uma coletividade nacional, e ainda com essa peculiaridade da mistura entre características de organização social e de movimento de massas.[156] É uma *subversão da ordem e da tradição* que costuma ir muito além do que conseguem compreender (e aceitar) algumas das secretarias de educação ou alguns dos municípios aos quais essas escolas necessariamente se vinculam. Igualmente para os professores que se colocam como funcionários do Estado, a presença do Movimento na escola é algo *que não podem admitir*. De novo os *Sem Terra* querendo *virar o*

---

[156] Que pode implicar, por exemplo, naquela diferença de posição entre o MST e determinado assentamento em particular, o que torna mais complexo o jeito de promover a relação entre escola, comunidade e MST.

mundo de ponta-cabeça! e assumir o comando de uma instituição que integra outra hierarquia...

Por esse motivo, muitas vezes as equipes de educação, que na origem surgiram vinculadas diretamente às escolas, acabam se estruturando e fazendo ações educacionais paralelas à escola, que então segue em sua lógica burocrática intocável, como se estivesse em qualquer outro tempo e espaço, *não se deixando ocupar*, de jeito nenhum, pelos que nega serem seus sujeitos. Há diversas variáveis internas e externas ao Movimento que costumam influir no processo. Por isso, a realidade nacional é bastante heterogênea nesse sentido. O fato é que uma boa parte das escolas de assentamento (nos acampamentos a situação objetiva obriga a ser diferente) continua realizando seu trabalho sem qualquer vínculo com a organicidade do Movimento. A ocupação da escola ou não aconteceu ou foi aceito o seu *pedido de reintegração de posse*...

De qualquer maneira, com todos os limites que as próprias análises internas do Movimento não cansam de apontar, é essa organicidade que tem permitido a disseminação da *vontade generalizada de estudar*, de que fala João Pedro na epígrafe deste capítulo, que também tem permitido eventos nacionais do porte do I ENERA, assim como construiu as condições para que se desenvolvessem as outras marcas desse mesmo momento.

A segunda marca, então, é a da *elaboração teórica coletiva da proposta pedagógica do MST para suas escolas*.

O processo começou[157] com as discussões dos encontros nacionais que seguiram o de 1987, e que, através de seus par-

---

[157] Uso a expressão tendo presente a observação de Stedile: *no Movimento é sempre difícil precisar quando uma coisa começa; tudo é um processo permanente, e atrás de um fato sempre tem outro...* (Entrevista para a *história do MST*, 1997).

ticipantes, refletiam as práticas e as perguntas já formuladas nos Estados. A cada encontro eram retomadas as duas questões que foram transformadas em eixos da reflexão coletiva naquele período: *o que queremos com as escolas dos assentamentos* e *como fazer essa escola que queremos*. Em um dos encontros do Coletivo Nacional de Educação do ano de 1990, foi tomada uma decisão (processada pelo menos desde 1987) sobre o que viria a ser um dos aspectos importantes desse processo: esse coletivo deveria *elaborar por escrito a proposta de educação do MST*.

A avaliação foi a de que, dada a rotatividade das pessoas que participavam da discussão em cada encontro, a memória oral (ou apenas o registro em relatórios sucintos) não estava sendo suficiente para avançar na reflexão e influenciar mais massivamente na prática. Já seria tempo de dar um salto de qualidade na discussão, a exemplo do que o Movimento fazia também em outras áreas. *Escrever a proposta* seria o jeito de avançar em dois sentidos: socializando com mais gente o que se discutia nos encontros, e tendo que dar um formato de elaboração mais rigoroso (teórico) às questões tratadas.[158] Como não se sabia bem a que resultados o grupo chegaria, a palavra *proposta* parecia aliviar um pouco o peso da responsabilidade assumida por aquele *jovem coletivo*. Para ajudar na tarefa foram convidadas algumas pessoas que, já há algum tempo, assessoravam os encontros das equipes de educação dos Estados. E o

---

[158] Embora sem uma discussão intencional sobre isso, a prática do Movimento de registrar sua memória e elaborar por escrito suas propostas e linhas políticas, ao mesmo tempo que reflete a sua constituição heterogênea (o *entra todo mundo* também permitiu a entrada de pessoas com forte influência da cultura letrada), representa também a inclusão da escrita como parte ou mesmo característica de uma expressão da cultura popular, apontada geralmente como de tradição apenas oral.

Coletivo Nacional de Formação, com uma trajetória mais antiga na organização, foi definido como um dos espaços principais da interlocução política com as instâncias do MST durante essa fase inicial do processo.

O desafio era duplo: avançar na elaboração e simultaneamente traduzi-la em uma linguagem capaz de ser compreendida pelo conjunto do Movimento, em especial pelos professores e pelos outros militantes que neste momento ajudavam na construção da organicidade do trabalho nos acampamentos e assentamentos. Talvez por isso o primeiro texto, *O que queremos com as escolas dos assentamentos*, tenha passado por pelo menos cinco ou seis versões antes de ser editado sob forma de cartilha em meados de 1991. Os materiais escritos que se seguiram a ele tiveram processo bastante semelhante.[159]

---

[159] Trata-se do Caderno de Formação nº 18 do MST, considerado o primeiro material produzido de forma coletiva pelo Movimento para orientar o trabalho de educação. Depois disso, foi criada uma coleção específica chamada *Cadernos de Educação*, que a cada número vai socializando o avanço da elaboração da proposta pedagógica do MST, bem como sua própria ampliação do conceito de escola. Até 1999, foram produzidos dez desses cadernos, combinados com outras três coleções: *Boletim da Educação*, com subsídios mais gerais para o trabalho dos educadores, *Fazendo história*, literatura específica para crianças e adolescentes e, a mais recente, *Fazendo escola*, que retoma em outra forma a prática inicial de *troca de experiências* entre os educadores. Do processo de elaboração do primeiro, ficou o aprendizado do jeito de fazer coletivamente essa produção: cada material editado passa pelas seguintes fases: primeiro o coletivo discute sobre o que será produzido; depois, uma pessoa ou uma equipe recebe a tarefa de fazer a primeira versão do texto. Essa versão passa, então, por diversos coletivos, de preferência não somente os da educação, para que seja apreciado; o coletivo inicial de discussão é o que geralmente *'bate o martelo'* para dizer se o texto já o representa. Em seguida, se define, então, a forma através do qual será editado para socialização massiva. Muitas vezes, são aproveitados os próprios espaços de cursos de formação de educadores para desencadear ou para fechar a produção de um determinado material.

Um elemento importante desse processo diz respeito ao *método de princípios*, através do qual o Movimento entendeu que devia ser feita essa elaboração. Se o objetivo era ter uma proposta nacional, então o jeito era buscar transformar todo o acúmulo das experiências e das discussões já realizadas em princípios organizativos e pedagógicos que pudessem orientar (sem normatizar) o trabalho de educação em todos os acampamentos e assentamentos do país. Tal como foi feito em relação ao conjunto das lutas do MST, era preciso clarear as convicções e os valores que deveriam nortear a ação das escolas vinculadas ao Movimento.

Como explica João Pedro, no início do Movimento os princípios foram a forma de considerar os aprendizados das lutas e das organizações anteriores: *não eram normas deliberadas mas também não eram só sugestões; eram princípios, ou seja, aquilo que, se fosse respeitado, nos ajudaria a avançar*. Foi assim que surgiram os *princípios organizativos* do MST. *Implantar regras na marra seria imobilista; só difundir princípios e achar que naturalmente se realizariam seria idealismo. Mas no método dos princípios está o caráter dialético do nosso Movimento. Definimos os objetivos e princípios e daí o processo vai se adequando à realidade, com suas contradições, seus ritmos diferentes. Somos um movimento social, um movimento de massas, com pessoas que reagem de formas diferentes. Às vezes dá a impressão de que a realidade não deslancha, mas é a natureza desse processo, que pode andar mais rápido num lugar do que em outro, o que permite sua implantação. Não me preocupo com a homogeneização porque é justamente a diversidade da implementação dos princípios que dá a riqueza ao nosso processo. A realidade vai interagindo com os princípios e gerando novas sínteses...*[160]

---

[160] Entrevistas 1997 e 1998. Nessa última, analisando o método desde a questão específica da proposta de educação, disse ainda: *a massificação da*

Na produção coletiva inicial desta primeira síntese dos *objetivos e princípios da educação no MST* podem ser identificadas três fontes principais. A primeira delas foi então as experiências e as perguntas trazidas pelos sujeitos mais diretos do trabalho de educação nos acampamentos e assentamentos, através de um processo de sistematização que já havia sido iniciado em alguns Estados com tempo maior de trabalho.

A segunda fonte foi o Movimento como um todo, através dos objetivos, princípios e aprendizados coletivos que a sua trajetória já tinha acumulado. Como exemplo a própria noção segundo a qual, se *sem luta nada se conquista*, então a luta pela escola também deveria ser massiva para educar as pessoas para seu valor; também o princípio do valor educativo do trabalho, da direção coletiva, do cultivo da mística, todos já consolidados na formação dos sem-terra deste momento. No coletivo inicial, a preocupação maior e consciente era compreender os documentos gerais do Movimento e então relacioná-los com a questão da educação. Não havia na época tanta clareza sobre como o *jeito de ser* do MST, mais do que seu discurso escrito, era na prática o que já estava influenciando no próprio processo de elaboração dessa proposta. Esta reflexão mais detida sobre

implementação dos princípios é desafio; mas desafio não é impasse e este desafio está no conjunto das dimensões do Movimento. É interessante observar a diferença que o Movimento faz entre *princípio* e *norma*. Muitos analistas costumam criticar o número de vezes em que aparece a palavra *deve* nos documentos do MST, incluídos os da educação. O que talvez não cheguem a perceber é a sutileza desta diferença: dizer *faça assim!* não é a mesma coisa do que dizer *o Movimento está convencido de que deve ser assim.* Ou seja, trata-se de explicitar em linguagem direta uma convicção que a coletividade tem em um determinado momento, e que até poderá ser modificada, se a realidade ou a prática das pessoas mostrar que *deve* ser diferente.

sua identidade emergiria no MST somente alguns anos mais tarde.[161]

A terceira fonte foi constituída por alguns elementos de teoria pedagógica trazidos na bagagem de algumas professoras e também dos *pedagogos* que começaram a ajudar na sistematização. Pelos registros da época a ênfase esteve no estudo de Paulo Freire e também de alguns pensadores e pedagogos socialistas: Krupskaya, Pistrak, Makarenko e José Martí, sendo que esses dois últimos já eram estudados há mais tempo dentro do MST, pelas contribuições que traziam a outros setores de atuação do Movimento.[162]

O grande desafio era juntar essas fontes, tendo a realidade como base e o método proposto como guia da sistematização pretendida. A marca do processo coletivo foi a garantia de um equilíbrio entre a influência das fontes, de modo geral representada por pessoas diferentes. Analisando o resultado, no entanto, é possível perceber que talvez os mais *educados* pelo processo tenham sido os chamados *intelectuais*, cuja formação em geral os torna excessivamente obcecados pelo valor absoluto de teorias e de ideias com autoria individual e formalizada. Desde o seu início, o MST buscou um outro tipo de relação com as teorias,

---

[161] É bom mencionar que estávamos no Brasil em plena *era Collor*, caracterizada por muita repressão e perseguição aos movimentos populares. Usar uma camiseta do MST naquela época, por exemplo, significava necessariamente ser incomodado pela polícia. Resistir sem ser eliminado era a principal preocupação dos sem-terra. Nos anos seguintes, a partir de um outro tipo de relação com a sociedade, é que apareceram as condições para fazer análises como estas que fazemos hoje.

[162] Fonte: Anotações sobre estudos feitos em reuniões das equipes de educação do Rio Grande do Sul de 1987 a 1990, e das primeiras reuniões do Coletivo Nacional.

valorizando muito os *clássicos do pensamento*, mas autorizando-se a fazer sínteses bastante livres de suas ideias, trabalhando bem mais com a noção de *continuadores* de determinadas trajetórias ou experiências do que de *discípulos* de autores ou correntes de pensamento.[163]

O eixo da elaboração da *proposta pedagógica* foi no início, e continua sendo hoje, a prática dos sujeitos *Sem Terra*, desdobrada em questões do cotidiano pedagógico, da escola e do Movimento como um todo. A primeira necessidade foi a de ter mais clareza sobre o próprio sentido da escola nessa nova realidade (*definir a diferença* e *o que se quer com ela*) e ter algumas orientações gerais sobre o que ensinar e como valorizar a experiência de vida das crianças sem-terra e de suas famílias; logo vieram os desdobramentos específicos da implementação dos princípios mais gerais: como fazer o planejamento de forma coletiva, como organizar o trabalho e as brincadeiras das crianças, como alfabetizar desde a realidade, e assim por diante. Depois foi a vez de desdobrar a reflexão sobre as novas frentes de atuação do setor de educação: a proposta de Educação de Jovens e Adultos, de Educação Infantil...

Ao mesmo tempo, o jeito do Movimento de nomear o objeto de sua reflexão pedagógica vai trazendo junto com as discussões da escola as ênfases do próprio processo de for-

---

[163] Disse João Pedro em sua entrevista: ... *como o nosso Movimento é muito ligado à realidade do dia a dia, não tem como ficar defendendo a ideia pela ideia* (doutrinarismo) ...; *o espírito sempre foi analisar o que já foi descoberto pelos clássicos através de outras experiências e que pode ser universalizado na luta de classes. Daí aproveitamos também na nossa experiência...* Além disso, levamos em conta que *a pedagogia camponesa vai muito mais pelo exemplo do que pela teoria...* (História do MST, 1997).

mação dos sem-terra. A *escola diferente*, de onde emergiram as experiências que foram o ponto de partida da elaboração da proposta pedagógica do MST, é a expressão de um tempo em que apenas se prenunciava um vínculo orgânico entre a escola e o Movimento. O MST ainda não *se ocupava* da escola como viria a fazer logo depois. Já a expressão do momento em que se inicia essa elaboração teórica é *a escola de assentamento*, indicando que afinal era preciso ter argumentos, políticos e pedagógicos, para justificar perante a sociedade essa luta específica por escola nas próprias áreas de Reforma Agrária. Isso ficou ainda mais necessário, quando começaram a aparecer variáveis do tipo *transporte escolar*: para que ter escolas nos assentamentos, se as prefeituras se oferecem para levar as crianças até as escolas da cidade?

Na discussão da prática em andamento construiu-se a clareza de que essa luta tinha sentido à medida que se conseguisse mais do que colocar escolas *nos* assentamentos; era preciso construir uma escola *de* assentamento, ou seja, com uma identidade entrelaçada aos desafios mais importantes do Movimento naquele período histórico (estou me referindo ao final da década de 1980, início dos anos de 1990), e que se referiam prioritariamente às relações que a escola poderia ter com a organização da produção e, mais diretamente, com a implementação da proposta de cooperação agrícola, que estava em um momento forte de discussão no MST.

Na continuidade do processo, surgiu então a expressão que ficaria como marca deste momento: *escola do MST*, com um sentido que inclui, mas extrapola, o do nome anterior. Traz consigo as preocupações que motivaram a elaboração pelo Movimento de seu *programa de Reforma Agrária*, documento que aponta para uma ênfase mais forte em seu caráter político e com o compromisso de garantir não somente a continuidade da luta, mas um envolvimento maior da sociedade com a questão da Reforma Agrária no Brasil. Neste momento, que já prenuncia o próximo, começa a ficar mais claro que a vinculação da escola com as questões da realidade específica de cada assentamento é muito importante, mas não basta. Porque, se o próprio assentamento não se vincular com a luta maior do Movimento, estará em risco o seu destino como espaço em que os sem-terra estavam buscando construir uma vida com mais dignidade.

A *escola do MST* se insere nesta discussão, onde então certos detalhes começam a ser bastante valorizados na proposta: a presença da bandeira do MST na escola, o tipo de canções que acompanham as brincadeiras das crianças, a resposta que costumam dar à pergunta: *você é Sem Terra?* Emerge, pois, com força uma nova dimensão da proposta: a preocupação com o cultivo da identidade histórica do Movimento e de seus sujeitos.

E um detalhe que me parece significativo: a *escola do MST* faz voltar à cena as experiências educacionais dos *acampamentos*, que embora tenham dado origem à discussão pedagógica, foram, em um primeiro momento, deslocadas do foco principal de atenção do Movimento. Mas agora, se o que interessa é a formação da identidade Sem Terra, o caráter provisório e precário das escolas de acampamento é compensado pela densidade pedagógica dessa vivência pelos seus sujeitos, capaz sim de continuar fornecendo algumas lições muito importantes para o trabalho das escolas que estão em um cotidiano *mais regular*. Essa é, aliás, uma reflexão que permanece como desafio no MST.

Logo depois, já na passagem para o momento seguinte, se entrelaçará com essa discussão uma outra: a da identidade partilhada pelas escolas do MST com as *escolas do campo*, projetando uma nova preocupação: se o que está em jogo é o próprio futuro das gerações dos trabalhadores e das trabalhadoras do campo, então não adianta ficar restrito a pensar em uma proposta específica para a educação dos sem-terra; é preciso estabelecer novos vínculos e integrar outros elementos na discussão pedagógica. Também esta é uma questão que apenas começa a ser processada no Movimento.

Um outro aspecto do processo de elaboração da proposta pedagógica do MST é o seu vínculo direto, já mencionado, com os programas de formação de educadoras e educadores. O setor de educação, vimos antes, nasceu colado às práticas de formação das professoras. A passagem acelerada das atividades informais ao curso de Magistério decorreu de uma circunstância externa objetiva: sem titulação adequada não havia como garantir professoras do próprio Movimento nas escolas de assentamento. Essa circunstância, por sua vez, gerou outra: quando os sem-terra conquistaram a possibilidade de organizar e desenvolver seu próprio curso de Magistério, a celebração veio junto com perguntas: como formar uma professora de assentamento? E como responder esta pergunta sem pelo menos formular a que lhe pressupõe: para qual escola?

Foi preciso que o próprio processo do curso ajudasse a responder as perguntas, porque não havia respostas já construídas simplesmente para serem *repassadas* às professoras-alunas; o diálogo foi primeiro condição para depois se tornar princípio. Logo, essas circunstâncias combinadas foram transformadas em *opção metodológica* do Movimento: ter sempre em andamento processos mais longos e sistemáticos de formação de educadores, como forma de ir produzindo e socializando as *novas sínteses* da implementação de sua proposta de educação, incluindo as que se referem às próprias atividades não formais de formação de educadores. O método das chamadas *oficinas de capacitação pedagógica*, por exemplo, é fruto da experiência de formação desenvolvida no interior das turmas de Magistério.[164] Por isso, as turmas têm se constituído uma após a outra, cada vez com uma abrangência maior de estados envolvidos, chegando em 1999 com sete turmas realizadas e mais duas em andamento. Por isso, também, o MST começou, a partir de 1998, a sua trajetória com o Curso Superior de Pedagogia, dessa vez em parceria com as Universidades, aqui já processando algumas das tendências do momento seguinte.[165]

A terceira marca deste momento é a da *ampliação do conceito de escola*, uma expressão a ser compreendida em dois sentidos, geralmente combinados.

O primeiro sentido é o do aumento das frentes de ação do Setor de Educação. O embrião já foi identificado no momento anterior, com o desafio da formação e titulação das professoras, e a criação do curso de Magistério do MST, aos poucos desdobrado em diversas turmas e em diferentes locais. Por sua vez,

---

[164] Uma descrição detalhada desse método, bem como da trajetória das experiências do MST com o curso de Magistério pode ser encontrada no livro *Educação em Movimento*, 1997.

[165] Em relação ao Magistério, até agora foram realizadas seis turmas e uma está em andamento no Rio Grande do Sul; uma turma realizada no Espírito Santo (que se iniciou em julho de 1995) e uma em andamento na Paraíba. O curso de Pedagogia foi iniciado em 1998 com uma primeira turma nacional no Rio Grande do Sul, em parceria com a Universidade de Ijuí, e continua com a projeção de duas novas turmas, uma no Espírito Santo, com a Universidade Federal, e outra no Mato Grosso, com a Universidade Estadual de lá, esta última iniciada em julho de 1999. Ou seja, nesses últimos anos, há em torno de duzentos educadores em processos simultâneos de formação desse tipo.

o próprio jeito como foi sendo construída a organicidade da educação criou as condições para a compreensão progressiva de que os sem-terra tinham outras demandas educacionais além da escola de ensino fundamental.

Na mesma época em que se iniciava a primeira turma de Magistério surgiu no MST a preocupação com o grande número de analfabetos existentes nos assentamentos, especialmente evidenciado quando se buscava iniciar experiências de cooperação agrícola, e então *não tinha ninguém para fazer a ata das reuniões*. Em 1989, foi feita no Coletivo Nacional uma primeira discussão sobre a necessidade de fazer uma *Campanha Nacional de Alfabetização nos Assentamentos*. A partir daí, começaram algumas iniciativas nos estados.[166] Pelos registros do Setor de Educação, uma das experiências de maior fôlego aconteceu entre 1991 e 1992 no Rio Grande

---

[166] Há registros orais de experiências localizadas que aconteceram em anos anteriores, embora todas elas desarticuladas do conjunto do Movimento e geralmente de duração efêmera. Segundo o relato de Frei Sérgio Görgen, ele chegou a acompanhar, durante um tempo, a experiência de alfabetização de adultos que aconteceu em 1984, no acampamento de Erval Seco, no Rio Grande do Sul. O trabalho começou através da visita de estudantes de um curso de Magistério da região que, aproveitando seu período de férias escolares, se dispuseram a desenvolver algumas atividades educacionais com as crianças acampadas, que estavam sem escola. Os adultos gostaram e pediram para que elas organizassem alguns turnos de aula para eles também. Assim aconteceu durante alguns meses. Frei Sérgio, ao narrar este fato, relembrou também da emoção que sentiu treze anos mais tarde, ao encontrar com uma sem-terra, agora assentada, que lhe disse ter aprendido a assinar seu nome lá naquele acampamento (Entrevista para a *história do MST*, 1997). Em conversa informal com Isabel Grein, que participou de Encruzilhada Natalino, e hoje coordena o setor de educação no Estado do Paraná, fiquei sabendo que, já nesse acampamento, em 1981, houve algumas tentativas de alfabetizar jovens e adultos.

do Sul, tendo o destaque da presença de Paulo Freire em sua abertura solene, *em um assentamento enorme*, como relataria ele próprio, anos mais tarde.[167] Somente a partir de 1995, 96, no entanto, o MST conseguiu desencadear um *movimento nacional de educação de jovens e adultos*, assumindo-o como uma das tarefas de seu setor de educação. Projetos e parcerias com diversas entidades têm mantido, embora ainda com certa descontinuidade, esse trabalho nos assentamentos e acampamentos da maioria dos estados em que está organizado o MST. De certo modo, passou a ser um assunto com presença até mais forte na agenda dos coletivos de educação do que a questão das escolas de ensino fundamental. Talvez porque as escolas, depois de conquistadas, continuam seu trabalho com ou sem uma presença mais influente do Movimento. Já a existência e mesmo a continuidade de EJA, como passou a ser chamada essa nova frente, tem dependido direta e quase exclusivamente da organicidade do MST. Para as próprias famílias sem-terra parece mais *natural* lutar pela escola dos filhos do que pelo seu próprio retorno a ela, dadas também as marcas da exclusão que carregam.

---

[167] Depoimento gravado em vídeo para o MST em 1996. Em um dos trechos diz Paulo Freire: *Eu nunca me esqueço de uma frase linda de um educador, alfabetizador, um camponês sem-terra, de um assentamento enorme do Rio Grande do Sul aonde eu fui: "um dia pela força de nosso trabalho e de nossa luta, cortamos os arames farpados do latifúndio e entramos nele. Mas quando nele chegamos, descobrimos que existem outros arames farpados, como o arame da nossa ignorância, e então ali eu percebi, melhor ainda naquele dia, que quanto mais ignorante, quanto mais inocentes diante do mundo, tanto melhor para os donos do mundo, e quanto mais sabido, no sentido de conhecer, tanto mais medrosos ficarão os donos do mundo"... Não há Reforma Agrária sem isto...* O assentamento a que Freire se refere fica no município de Bagé, região de latifúndios no Rio Grande do Sul.

Outra frente de ação que foi se constituindo aos poucos é a da *educação infantil*, entendida como aquela que abrange o atendimento das crianças de zero aos seis anos. Iniciativas educacionais com essa faixa etária já existiam desde os primeiros acampamentos (*afinal elas também estavam lá!*). Nos assentamentos que passaram a discutir processos alternativos de organização da produção e que incluíam a participação das mulheres, também começaram a ser criadas novas formas de *cuidar das crianças*, sendo o rodízio de mães e as creches improvisadas em uma das casas talvez o embrião do que viriam a ser depois as *cirandas infantis* do Movimento. Foi já no andar da década de 1990 que essa dimensão também veio a ser considerada como tarefa do setor de educação.

Nas atividades de formação das educadoras começava então a discussão sobre como combinar o atendimento às crianças com um *cuidado pedagógico* mais amplo a essa faixa etária. O nome *creche* não parecia sugerir isso, já que, com essa denominação, havia verdadeiros *depósitos de crianças* que não coincidiam em quase nada com os princípios pedagógicos do Movimento. No desafio de *inventar outro nome,* certamente influiu a experiência cubana dos *círculos infantis*, já conhecida de alguns membros do setor de educação. Logo veio o novo batismo: *cirandas infantis,* nomeando esse esforço de educar as crianças pequenas segundo princípios que estavam implícitos na expressão *ciranda*, e que a associam com igualdade, solidariedade, brincadeiras e muita alegria.

Ao mesmo tempo que eram abertas novas frentes de ação, a da escola de ensino fundamental seguia como preocupação e se ampliava para a continuidade de 5ª a 8ª série, também exigindo desdobramentos de organização e de formação de novos professores. E naqueles lugares onde o MST ainda não tinha (ou não tem) acesso às escolas, as iniciativas de trabalho pedagógico paralelo ou complementar ao tempo escolar acabaram gestando uma nova frente ainda, conhecida no Movimento como *mobilizações infantojuvenis*. Essas mobilizações envolvem as crianças e os adolescentes dos assentamentos e acampamentos em atividades e encontros de ênfase geralmente cultural, e em muitos casos acabam trazendo junto ou pelo menos repercutindo nas escolas. Ou seja, de certo modo *os Sem Terrinha*, como passaram a ser chamados em seu começo de *organização infantil*, são preparados para assumir sua condição de sujeitos e, quem sabe, comandarem eles próprios o processo de *ocupação da escola*.

Uma das atividades que deu forma específica a essa nova frente de ação do setor foi a *comemoração alternativa do dia da criança*, 12 de outubro, através de encontros regionais ou estaduais de Sem Terrinha em que é trabalhada a dimensão cultural da combinação das identidades: ser criança e ser Sem Terra. O primeiro encontro desse tipo que o MST tem registro foi em 1994, no Rio Grande do Sul. A partir da experiência partilhada, especialmente através do Coletivo Nacional, no ano seguinte já aconteceram encontros em diversos estados e hoje, 1999, trata-se de uma atividade incorporada ao calendário do MST. A preocupação do setor de educação em produzir materiais de leitura específicos para crianças e adolescentes foi um dos desdobramentos dessa nova frente.

A partir dessa ampliação das frentes de atuação, *lutar por escola* e discutir *proposta pedagógica* passaram a ser compreendidos com novas dimensões no Movimento. E, se no início, foram os pais e as mães que fizeram ocupações e marchas pela conquista da escola de seus filhos, hoje a recíproca também passa a existir: em 1998 e 99 tiveram destaque as mobilizações das crianças sem-terra em todo o país para exigir do governo projetos de alfabetização de jovens e adultos: *queremos escola também para os nossos pais!*

O segundo sentido da ampliação do conceito de escola está na progressiva compreensão de que ela deve ser vista não apenas como um lugar de *aprender a ler, a escrever e a contar*, mas também de *formação dos sem-terra* como trabalhadores, como militantes, como cidadãos, como sujeitos. Para que isso aconteça, então, é preciso estabelecer vínculos mais concretos da escola com as demais experiências educativas presentes no cotidiano do Movimento: lutas, organização, produção, mística..., e compreender também que uma proposta pedagógica de *escola do MST* não pode ficar restrita às questões do ensino, mas precisa ficar atenta a todas as dimensões que constituem o seu *ambiente educativo*.

Ao mesmo tempo como agente e produto desse processo, têm surgido no MST algumas iniciativas de escolarização combinadas com formação de jovens militantes, através de cursos de nível médio organizados pelos setores de produção e formação do Movimento.[168] A primeira experiência desse tipo foi (e continua) a do curso técnico em Administração de Cooperativas, o TAC, iniciado já como turma nacional, em 1993, através da FUNDEP, no Rio Grande do Sul. Junto com o Magistério, esse curso acabou dando origem ao Instituto Técnico de Capacitação e Pesquisa da Reforma Agrária, o

---

[168] Projetando já uma tendência intersetorial que aparece no momento seguinte.

ITERRA, entidade educacional do MST que mantém a Escola Josué de Castro, reconhecida legalmente como escola de ensino supletivo (primeiro e segundo graus) e de educação profissional, desde 1996.[169] A combinação de lógicas pedagógicas, a de uma pedagogia escolar e a da pedagogia dos chamados *métodos de capacitação massiva*, desenvolvidos pelas atividades de formação política e técnica dos sem-terra pelo Movimento, desdobrou--se em um conjunto de novas questões para a continuidade da elaboração da proposta pedagógica do MST para suas escolas.

Muitos dos princípios de educação afirmados nos textos mais recentes do Movimento são fruto dessas experiências, onde se enfatizam os vínculos da escola com os processos organizativos, econômicos, políticos e culturais vivenciados pelos sem--terra no conjunto do MST. Ainda não foram trabalhados mais profundamente os desdobramentos desse acúmulo pedagógico no conjunto heterogêneo das escolas de educação fundamental dos assentamentos e acampamentos ligados ao Movimento. É outro desafio que permanece para o momento seguinte.

Terceiro momento: a escola do MST e a formação dos sujeitos de um projeto popular de educação e de país. Ou: *somos Sem Terra, somos brasileiros, temos o direito e o dever de estudar!*

No processo de formação dos sem-terra este é o momento que *projeta* novas formas de relação do MST com a sociedade, incluindo a Reforma Agrária como *uma luta de todos* e os

---

[169] A aprovação legal da Escola do ITERRA coincide com o início da sexta turma de Magistério do MST, antes realizada em parceria com a FUNDEP. Uma reflexão pedagógica específica sobre o TAC pode ser encontrada em Cerioli, Paulo Ricardo osfs. *Educação para a cooperação. A experiência do Curso Técnico em Administração de Cooperativas do MST.* Monografia, 1997, e também em *Formação para a gestão do trabalho no Curso Técnico em Administração de Cooperativas – TAC do MST*, artigo,1999.

sem-terra como *lutadores do povo*, e que se sabem sujeitos da história de seu país.

Do ponto de vista da trajetória específica do trabalho com educação escolar no MST, a referência cronológica nacional situa o seu início no processo desdobrado do *I ENERA*, que aconteceu em julho de 1997, passando pela realização da *Conferência Nacional: Por uma Educação Básica do Campo*, exatamente um ano depois do I ENERA, e alguns dias antes de o MST dar início à sua *Marcha pelo Brasil*, em 98. Dada a recentidade deste momento, ainda não há desenlaces; mas, em uma leitura *de processos*, é possível identificar alguns fatos que sinalizam também nesta dimensão da educação um movimento de passagem para um novo período histórico, e que projeta algumas transformações importantes.

O primeiro Encontro Nacional de Educadoras e Educadores da Reforma Agrária[170] reuniu, nas dependências da Universidade de Brasília, em torno de 700 participantes, entre professores de escolas de acampamentos e assentamentos, alfabetizadores de jovens e adultos (eram a maioria), educadores infantis, e outras pessoas convidadas por terem alguma relação com o trabalho de educação do Movimento. Participaram delegações de 19 estados e do Distrito Federal[171] (nessa época, o MST estava

---

[170] Detalhe da flexão de gênero na linguagem do MST, uma novidade proposta pelo setor de educação e que aos poucos vai sendo incorporada por grande parte dos integrantes do Movimento. Na denominação de eventos nacionais essa foi a primeira vez que esta flexão foi utilizada.

[171] Estiveram presentes delegações dos seguintes Estados: Rio Grande do Sul, Santa Catarina, Paraná, São Paulo, Mato Grosso do Sul, Espírito Santo, Rio de Janeiro, Minas Gerais, Bahia, Sergipe, Alagoas, Pernambuco, Paraíba, Ceará, Maranhão, Goiás, Pará, Rio Grande do Norte e Mato Grosso, além do Distrito Federal.

organizado em 22 estados mais o Distrito Federal) escolhidas nos encontros estaduais preparatórios que aconteceram durante o primeiro semestre de 1997. O Encontro incluiu apresentação e debate de experiências em cada uma das frentes de ação do setor de educação, também escolhidas nos estados, e culminou com o lançamento do *Manifesto das Educadoras e dos Educadores da Reforma Agrária ao Povo Brasileiro*, uma espécie de síntese política da proposta de educação do MST.[172]

Segundo a própria análise do Movimento, há pelo menos três aspectos que transformaram esse evento em um *fato histórico*: primeiro, ele conseguiu ser a expressão da organicidade construída em dez anos de trabalho, mostrando ao mesmo tempo o crescimento acelerado dos coletivos e das frentes de ação do setor, e as fragilidades a serem superadas para dar conta de uma tarefa explicitada, então, em diversas dimensões de sua complexidade; segundo, o clima do encontro (antes, durante e depois) e a mística dos educadores surpreenderam aos próprios sem-terra: *a educação passou a ser olhada pelo Movimento com outros olhos depois do ENERA*; e terceiro, ele despertou um maior interesse e reconhecimento da sociedade para essa dimensão da luta do MST, de modo geral pouco divulgada à opinião pública.[173] Por isso ele não começou nem

---

[172] O texto desse manifesto é o Anexo C deste trabalho.

[173] Foi durante o I ENERA que Ana Catarina Braga, que estava representando o UNICEF Brasil, entidade apoiadora do evento, lançou publicamente o desafio ao MST de articular a realização de um encontro para discutir as questões da educação no meio rural, o que acabou acontecendo no ano seguinte. O interesse do UNICEF pela experiência de educação do MST já vinha pelo menos desde 1995, quando o Movimento ficou entre as organizações que receberam o Prêmio Itaú-UNICEF, *Educação & Participação*, pelo trabalho que realiza tendo em vista melhorar a qualidade das escolas públicas do campo.

terminou em si mesmo; os desdobramentos continuam até hoje.[174]

Mas, sem dúvida, o desdobramento com maior densidade pedagógica na projeção deste terceiro momento da trajetória da educação no MST, foi o processo desencadeado em torno da discussão *por uma educação básica do campo*. Aceitando o desafio que lhe foi feito no I ENERA, o MST articulou parceiros importantes[175] para começar a participar de um debate que coloca o seu trabalho de educação em sintonia com a opção já feita de participar da construção de *um projeto popular de desenvolvimento para o Brasil*. A Conferência Nacional demarcou novas possibilidades de desenlace para essa trajetória, mas é um fato que ainda não se desenrolou até o final.

---

[174] Em 1998, o MST realizou o seu primeiro Encontro Nacional de Educadoras e Educadores de Jovens e Adultos. A força de sua presença no ENERA acabou provocando esse tratamento específico. O encontro aconteceu em Pernambuco, marcando também uma homenagem do MST ao educador Paulo Freire por ocasião do primeiro aniversário de sua morte. O Concurso Nacional de Produções Artístico-culturais para escolas e estudantes do Movimento, que teve sua primeira edição em 1998 e a segunda em 99, também foi uma atividade proposta durante o ENERA. No segundo semestre de 1999, aconteceu o primeiro Encontro Nacional de Educadoras e Educadores do Ensino Fundamental – 5ª a 8ª séries, em parceria com a Secretaria de Estado da Educação do Rio Grande do Sul.

[175] Como referido brevemente no capítulo 2, foram parceiros do MST na promoção da Conferência Nacional Por uma Educação Básica do Campo: A Conferência Nacional dos Bispos do Brasil, CNBB, a Universidade de Brasília, a Organização das Nações Unidas para a Educação, a Ciência e a Cultura, UNESCO Brasil, e o Fundo das Nações Unidas para a Infância, UNICEF. A Conferência reuniu entidades e educadores que trabalham com educação básica no meio rural, para intercâmbio de experiências e discussão sobre políticas públicas e projeto pedagógico que possam garantir a implementação de uma *educação básica do campo*. Foram mil participantes reunidos em Luziânia, município próximo a Brasília, de 27 a 31 de julho de 1998, buscando cultivar uma identidade cultural e política comuns, para o que a vivência da mística produzida no encontro contribuiu especialmente.

Se ainda é muito cedo, pois, para identificar as ênfases deste novo momento do processo de ocupação da escola, já é tempo de tentar compreender quais são os principais aspectos do movimento de transição, uma vez que alguns dos seus sinais já podem ser observados nos últimos três ou quatro anos. O primeiro aspecto é interno ao MST e se refere a um progressivo fortalecimento dos sujeitos produzidos nesse processo específico de ocupação da escola, significando uma ampliação da importância política atribuída às questões da educação no Movimento, que acontece em uma escala diretamente proporcional à compreensão coletiva dos desafios da formação dos sem-terra como *lutadores do povo*, e da continuidade histórica das lutas do MST.[176] O Programa de Reforma Agrária aprovado em 1995, já aponta para a relação entre o direito social à educação, a luta pela Reforma Agrária e um projeto alternativo de desenvolvimento para o campo. Mas a dinâmica da realidade do país e as novas discussões sobre os desafios históricos do MST neste momento, estão pressionando a elaboração de uma nova síntese desse programa. Isso provavelmente irá incluir também uma nova reflexão sobre o ponto da educação, que aparece de forma ainda bastante tímida na versão de 1995. O acréscimo que está maduro, pelo que percebo hoje, é o da ampliação da noção da educação como direito: se a educação é um direito social, é

---

[176] Um detalhe simbólico de como se movimenta esse aspecto: O III Congresso Nacional do MST, em julho de 1995 (exatamente o que aprovou o Programa de Reforma Agrária), teve a sua mística de abertura preparada pelos alunos da quinta turma de Magistério do MST. Foi a primeira vez que isso aconteceu em um evento geral do Movimento; uma inovação nos *personagens* e no *jeito*, já que também pela primeira vez se iniciou um Congresso com uma produção artístico-cultural: o grupo fez uma encenação da história da luta pela terra no Brasil.

também para os sem-terra do MST hoje um dever político. Ou seja, se antes a palavra de ordem era *somos Sem Terra e temos direito à escola*, hoje se caminha para algo como *porque somos Sem Terra temos o dever de estudar!*, à medida que os novos desafios exigem uma intervenção cada vez mais qualificada em termos de análise da realidade e dos próximos passos a dar em cada conjuntura. O MST sabe que o estudo, ou mais particularmente a escola, não garante essa capacitação, mas abre algumas possibilidades importantes para que ela se desenvolva, especialmente em' uma *época de leitura universal* (Williams, 1969) como a nossa.

O segundo aspecto desse movimento de passagem é da relação entre o MST e a sociedade, e se refere a uma nova lógica de participação do Movimento no debate mais amplo sobre educação no Brasil. Isso quer dizer ir avançando do respeito construído em torno de uma experiência educacional específica à interlocução nas discussões pedagógicas de nosso tempo, e na própria formulação de políticas públicas para a educação. Também quer dizer uma tendência do Movimento em considerar mais efetivamente outros aspectos e outras possibilidades de diálogo no seu processo de elaboração pedagógica. Está mudando o olhar da sociedade, está mudando o olhar do MST.

Nesse processo de transição histórica também não é possível já tratar de *marcas*, como fiz em relação aos momentos anteriores, mas sim de algumas *tendências* ou de alguns *pressentimentos de futuro* que os fatos atuais parecem apontar. As principais tendências, que também podem ser lidas como desafios, são a meu ver quatro, vistas com o olhar de hoje, primeiro semestre de 1999, e sem uma ordem cronológica ou de importância.

A primeira tendência é a de uma *transformação na organicidade do trabalho de educação* no Movimento.

Essa transformação se projeta em dois processos combinados. O primeiro deles diz respeito a quem cabe a tarefa da educação. Como foi mencionado antes, o prenúncio é o de que a educação passe a ser vista como uma tarefa *da organização* e não apenas de um setor específico. Primeiro, a questão da escola foi tarefa das famílias sem-terra; depois, foi assumida pelo MST através de um dos seus setores de trabalho, o que acabou produzindo um alargamento bastante significativo das próprias dimensões da tarefa inicialmente assumida; agora, o crescimento das demandas e o jeito de olhar para elas estão exigindo um novo salto orgânico: a educação já não *cabe* no setor de educação. E isso tanto do ponto de vista político como da própria execução das ações. Se é parte da estratégia, precisa ser garantida pelo conjunto, embora isso não queira dizer que não existam setores responsáveis pelas tarefas. Os novos contornos dessa reorganização do trabalho ainda não estão definidos, mas as iniciativas chamadas pelo Movimento de *intersetoriais* parecem indicar alguns de seus traços, assim como os diversos ajustes que o setor de educação tem feito em sua própria estrutura.[177]

---

[177] Desde 1996, o setor passou a incorporar em sua estrutura de organização nacional a figura das *Comissões por Frente de Ação*, como uma forma de ampliar o leque das ações e das reflexões pedagógicas próprias de cada frente, e descentralizar a execução de tarefas e a delegação de responsabilidades, o que já vimos ser um dos princípios pedagógicos do Movimento. As Comissões criadas foram: Primeiro grau (hoje chamada de Educação Fundamental), Educação de Jovens e Adultos (EJA), Educação Infantil e Formação de Educadores (cursos formais). Junto com as Comissões também foram feitos alguns ajustes na constituição do Coletivo Nacional. Em 1999, estavam sendo feitas discussões em vista de novos ajustes na forma de organização do trabalho.

O segundo processo de transformação da organicidade, que ao mesmo tempo gera e desdobra o primeiro, é o da ruptura das fronteiras anteriormente fixadas no MST entre *educação* e *formação*. Historicamente nasceram como setores separados, sendo a formação uma preocupação que surgiu colada à dimensão central de atuação do Movimento, e como um dos principais aprendizados herdados de lutas e organizações populares anteriores.

Mas a trajetória do MST foi produzindo um alargamento tal das concepções e das tarefas tanto da formação como da educação que hoje elas, em muitos momentos, se entrelaçam, ainda que sem perder sua especificidade. Na prática, afinal, o centro das preocupações de ambas está na *formação humana*, desdobrada em questões específicas da *formação dos sujeitos Sem Terra* e dos *lutadores do povo*, conforme ela aconteça em um ou outro tempo da vida, na escola ou em outros lugares. Há, pois, uma tendência de ajuste nas concepções: *formação* no MST não é mais apenas formação política e ideológica de militantes sem-terra jovens e adultos; *educação* não é mais apenas escolarização das crianças acampadas e assentadas; a formação também pode acontecer na escola; a educação não acontece apenas na escola; formação e educação são tarefas históricas, de longo prazo, tendo em comum um horizonte de gerações e não apenas de pessoas com necessidade de preparo imediato. Trata-se possivelmente de uma nova síntese pedagógica, ainda sem formulações muito precisas mas já com uma imensa gama de possibilidades que certamente a história desdobrará.

A segunda tendência que identifico é a de um progressivo *deslocamento da escola como centro da proposta de educação do MST, combinado com sua maior valorização*.

Esse processo está prenunciado no número cada vez maior de militantes do MST que atuam na educação mas não nas escolas formais,[178] e também pela multiplicação das iniciativas pedagógicas que até possuem a escola como referência mas vão além dela. Em outras palavras, *o processo de ocupação da escola* está implicando em que *se saia dela*, não para a desvalorizar mas para melhor situar o seu lugar dentro do conjunto de processos pedagógicos que acontecem no interior do MST e da construção de seu projeto histórico.

Essa tendência, se confirmada, significará uma nova síntese da proposta de educação do Movimento, projetada em pelo menos três aspectos. Primeiro: *Não atribuir à escola um papel que ela não tem, porque não pode ter.* Neste momento de transição histórica, quando se produz entre os sem-terra a consciência da importância da educação das novas gerações para a continuidade da luta e do projeto do MST, mas em que ainda se confunde educação e escola, por vezes acontecem alguns exageros no sentido de cobrar dos professores uma atuação mais decisiva na formação de *militantes*, especialmente naqueles assentamentos onde o vínculo com a organização é mais frágil e então se percebe mais claramente um *futuro ameaçado*.

A análise do processo de formação dos sem-terra, de um lado, e a trajetória histórica da instituição escolar, de outro, nos permitem compreender, no entanto, que não é a escola que tem a força pedagógica capaz de garantir a formação dos *continuadores da luta*, nem é ela o lugar da produção do *sujeito Sem Terra*; a natureza de sua materialidade não permite isso.

---

[178] Segundo as estimativas do Setor, há pelo menos 2 mil pessoas atuando nessa condição em todo o Brasil hoje, final de 1999.

Contraditoriamente, porém, ela tem sim a capacidade de ajudar na destruição de ideias, de ideais, de convicções, de valores, de identidades, à medida que não as cultiva; e faz isso especialmente quando, no dia a dia de seu longo tempo de permanência com as crianças, os adolescentes, os jovens, mesmo os adultos, mata a memória do processo que produziu os Sem Terra e se distancia da *cultura material* que o alimenta. É uma diferença sutil mas grandiosa na definição de como o Movimento pode continuar sua ação de *ocupar a escola*, sem no entanto iludir-se sobre uma tarefa em que ela não lhe substitui, na centralidade das dimensões que o caracterizam e sustentam.

Segundo aspecto: *escola é mais do que escola*, uma expressão que estou usando em analogia com a outra, mais usual no Movimento e que diz: *terra é mais do que terra*. O sentido é o de que a escola pode representar, na relação com um movimento social como o MST, muito mais do que ela é como uma instituição educacional considerada em si mesma. Não porque a escola seja, então, uma força educativa *todo-poderosa* mas porque, através desse vínculo, passa a integrar uma *rede de vivências educativas*, esta sim com o poder de *reacender esperanças e propostas*. Os princípios pedagógicos atuais da proposta de educação do MST apontam um pouco nessa direção, quando propõem vínculos que significam a possibilidade de a escola sair de si mesma: escola e produção, escola e participação política, escola e cultura...

Terceiro aspecto: *a escola é um tempo e um espaço fundamentais no processo atual de formação dos sem-terra*. O processo de ocupação da escola ajudou a produzir o *Sem Terra* como *sujeito que tem o direito e o dever de estudar*, e isso parece que não tem mais volta. O grande desafio é que as famílias sem-terra retomem a garra com que assumiram essa luta lá no começo da história do Movimento, agora com todos os aprendizados acumulados no caminho. E isso traz junto um outro desafio correlato: criar novas formas de envolver *as professoras* na organicidade do trabalho de educação do Movimento, respeitando as características peculiares da sua atuação. Talvez não fosse supérfluo retomar certas *questões pedagógicas de origem*, trazidas pelas professoras, agora com outros ingredientes e outros sujeitos para processar as respostas.

A terceira tendência deste momento é a da *busca de novos interlocutores* e *da participação em discussões sobre educação em geral*. A realização da Conferência Nacional Por uma Educação Básica do Campo é um indicativo importante da possibilidade que o MST já tem de *sair de si mesmo sem perder a identidade*. E isso está começando a acontecer por uma dupla pressão social, interna e externa. Do ponto de vista dos assentamentos, há um dado da realidade que é bastante significativo nesse processo. Em muitas áreas, a luta por escola tem parado de 1ª a 4ª série, porque o assentamento não possui um número de crianças que atenda às exigências legais para implantação das demais séries do ensino fundamental. Onde a escola ainda não foi consolidada como um valor cultural, ou onde não há realmente outras alternativas, os adolescentes e jovens param de estudar. Embora o MST não tenha o dado preciso, sabe-se que essa é uma realidade quantitativamente ainda muito significativa. Muitas famílias, no entanto, têm buscado alternativas: algumas, mesmo abrindo mão de seus princípios históricos, acabam fazendo a opção mais *fácil*, ou seja, a de enviar seus filhos para estudar na cidade; mas, para outras, esta não é a escolha a ser feita, até mesmo pela observação da trajetória de alguns adolescentes que acabam não mais retornando ao campo e, o mais grave, seu novo tipo de existência social por vezes os leva a assumir antivalores contra os quais as famílias sem-terra vêm lutando a sua vida inteira. Em muitos lugares, então, as comunidades assentadas têm se organizado para novas alternativas: quando há diversos assentamentos próximos, uma possibilidade é construir uma escola regional, para onde possam vir adolescentes de todos eles; em outros lugares, trata-se de abrir a escola do assentamento para outros estudantes, geralmente filhos de pequenos agricultores ou de outros trabalhadores do campo, do município ou da região.

Essa realidade começa a exigir um novo tipo de reflexão: de um lado a ideia de uma escola regional implica em pensar algo maior e possivelmente vinculado a outras estratégias de articulação entre esses assentamentos e a região em que se situam; de outro, é preciso pensar sobre o que significa uma escola dos sem-terra educando crianças e adolescentes que não sejam sem-terra; como tratar do que é comum e ao mesmo tempo respeitar experiências diferentes, histórias de vida diferentes; e *a cooperação agrícola entra ou não entra nessa escola?*; *E a mística do MST, como se trabalha sem parecer que estamos impondo isso para os outros alunos? E qual é a mística que unifica os sujeitos de uma escola do campo?* Esses são exemplos de perguntas que as equipes de educação começam a se fazer.

Trata-se de uma nova necessidade das famílias sem-terra que acaba *empurrando* o Movimento para outras discussões, tanto mais quando ela é percebida como em perfeita sintonia com as linhas do programa de Reforma Agrária, que não propõe uma estratégia para os assentamentos isoladamente, mas projeta um novo modelo de desenvolvimento para o campo como um todo. Isso, no entanto, não é algo que o MST já saiba como fazer; a necessidade de interlocução é real, tanto no geral como no específico da educação e da escola. A pressão social externa, por sua vez, tem vindo de pelo menos duas direções. Uma é de âmbito localizado e restrito, porém muito significativo na projeção da tendência. Alguns municípios, especialmente através de suas secretarias de educação, têm procurado o MST para discutir sua proposta pedagógica (alguns mesmo para realizar atividades de formação de seus professores), porque entendem que a experiência educacional do Movimento pode ajudar também na sua realidade específica, especialmente quando se trata de municípios predominantemente rurais. O Movimento tem consciência de que, mais do que um mérito especial de sua proposta, o que está em jogo é a histórica ausência de políticas públicas e de discussões pedagógicas que considerem essa realidade, caracterizada pelo abandono não somente em relação à educação. Mesmo que às vezes nem se considerem muito habilitados para ajudar, os sem-terra percebem que essas iniciativas não podem ser desconsideradas. De qualquer forma, a existência de demandas desse tipo pressiona o MST a um novo jeito de olhar para sua própria experiência.

Outra pressão tem vindo de algumas entidades que acompanham e apoiam o trabalho do Movimento. As que conhecem a realidade do meio rural, tanto em sua situação politicamente marginalizada, quanto em suas alternativas de resistência a essa marginalização, passam a estimular o intercâmbio e a articulação também organizativa entre os sujeitos das diversas experiências, como forma de aumentar a pressão social em torno das transformações necessárias ao próprio cumprimento dos preceitos constitucionais, e dos compromissos que o país sistematicamente vem assumindo em fóruns nacionais e internacionais que discutem a educação como um direito social para todos. A chegada do MST à Conferência sobre *educação básica do campo* precisa ser compreendida nesse contexto.

Uma tendência importante que pode ser identificada nesse tipo de iniciativa, e que mencionei antes como sendo um dos próprios aspectos do movimento de passagem de um momento histórico para outro, é a de projetar *uma identidade na universalidade*, quer dizer, passar a olhar para a experiência educacional do MST não como algo *à parte*, exótico, e que interessa apenas aos sem-terra, mas sim como *parte* da história da educação do povo brasileiro. Se assim for, muda tanto o jeito de a sociedade olhar para a sua história da educação como mudam também os nexos a serem considerados pelo Movimento na continuidade de sua própria experiência. Do ponto de vista de projeto histórico e de projeto político-pedagógico, esse é um olhar que já estava em processo desde o momento que o MST decidiu que sua luta seria por escolas públicas, projetando um vínculo necessário com esse universo. De qualquer modo, os contornos projetados para esse vínculo certamente ocuparão novos espaços de reflexão no Movimento.

Um passo significativo dessa tendência está, pois, nessa relação com as escolas do campo. Compreender que uma escola do MST também é uma escola do campo altera o modo de pensar sobre ambas. E com um detalhe que pode se tornar mais um desafio: é continuando, e não abrindo mão de ser uma escola do MST, que ela conseguirá contribuir para a construção ou para a recuperação da identidade das escolas do campo. Da mesma forma que as escolas do campo poderão ajudar na identidade das escolas públicas brasileiras.

E a quarta tendência ou *pressentimento de futuro* deste terceiro momento aponta para a emergência de *novas ênfases na discussão pedagógica que integra a proposta de educação do MST.*

Ênfases são aspectos que, em determinados momentos, merecem maior atenção, embora não excluam outros. Nas práticas concretas, e com as características de heterogeneidade, irregularidade e movimento das que aqui se trata, isso aparece de forma muito mais processual do que qualquer exposição consegue dar conta.

A discussão inicial da proposta de educação do MST esteve centrada em questões mais tradicionalmente *escolares,* ou seja, o que ensinar e como ensinar, tendo a sala de aula (seja em um prédio escolar, em um barraco ou debaixo de uma árvore) como foco. É interessante observar que já neste momento, embora a reflexão estivesse centrada na escola, a referência pedagógica era buscada em outras experiências. Na discussão pedagógica que acontecia no Brasil dessa época, início dos anos 80, uma questão que gerava polêmica era sobre a possibilidade ou não de fazer *educação popular* na escola formal, com uma forte inclinação a considerar que havia uma incompatibilidade entre ambas. No Movimento, essa nunca foi uma questão considerada relevante. Por intuição ou outra coisa, as primeiras professoras começaram a discutir sobre ensino e aprendizagem na escola, exatamente a partir das experiências que várias delas tinham com os métodos de educação popular, especialmente os vivenciados nas *comunidades eclesiais de base.* Os motes: *ver, julgar e agir* e depois: *prática, teoria e prática* foram motivadores de reflexões e de práticas pedagógicas que influenciam as escolas do MST até hoje.[179]

Aos poucos, o eixo da discussão foi se deslocando para fora da sala de aula e mesmo da escola, sendo enfatizados os processos de gestão e de relacionamento entre o mundo da escola e as questões da realidade do assentamento ou acampamento. A grande preocupação, no fundo, era como o Movimento poderia influenciar nas decisões sobre o que fazer dentro da sala de aula. *Escola e Assentamento devem estar ligados igual aos namorados: são dois, mas tão agarradinhos que até parecem um só!* dizia o primeiro caderno de sistematização da proposta...[180]

Em um momento seguinte, a discussão voltou novamente para o interior da escola, mas já considerando-a um espaço pedagógico bem mais amplo do que a sala de aula propriamente dita, e dessa vez para enfatizar o jeito de organizar o processo pedagógico, começando pela própria forma de funcionamento da escola, de modo a ser mais *parecida com o MST*, e então desenvolver um tipo de educação voltada aos seus principais desafios daquele momento. Nessa ênfase, aparecem as reflexões sobre *escola cooperativa* (para ajudar na implementação da cooperação agrícola nos assentamentos), sobre a necessidade do cultivo da *mística do MST* e dos professores serem *militantes*

---

[179] A pesquisadora da Universidade Federal do Rio Grande do Sul, professora Malvina Dorneles, destacou a importância desse fato em uma exposição que fez no *Encontro Estadual Por uma Educação Básica do Campo*, realizado em Porto Alegre em junho de 1998. Segundo ela, o MST acabou mostrando, através de suas escolas, que essa discussão sobre ser possível ou não levar a educação popular para dentro da escola era uma preocupação dos intelectuais, mais do que dos educadores e de suas práticas concretas.

[180] MST, Caderno de Formação nº 18, p. 16.

(para fortalecer a pertença das novas gerações ao Movimento),[181] sobre a importância do *planejamento coletivo* das aulas, do envolvimento dos estudantes em processos de *trabalho produtivo*... As questões de sala de aula voltavam-se, então, para o desafio de juntar as diversas experiências consideradas educativas: *Como trazer as questões vivenciadas no trabalho para dentro das aulas? Serão os temas geradores a saída para discutir questões da realidade sem cair no espontaneísmo dos interesses de cada aluno ou de cada momento? Como ensinar Matemática a partir da horta que as crianças estão cuidando?* Esses são exemplos de questões discutidas especialmente nos cursos de Magistério e nas oficinas pedagógicas desse período.

Agora, na passagem para este terceiro momento histórico, parece-me estar sendo produzido um novo deslocamento do eixo central da discussão pedagógica. Quando as reflexões sobre o *jeito de ser* da escola começam a se combinar com uma maior preocupação do Movimento em cultivar a *identidade Sem Terra*, os *valores* e a *postura* dos *continuadores da luta*, a ênfase passa da escola para os *sujeitos do processo pedagógico*: é preciso saber quem são esses sujeitos e como estão sendo (e podem ser) educados para levar adiante o projeto histórico do Movimento. No caso de se pensar no processo pedagógico que acontece na escola, não se trata tanto de formular novas questões, mas muito mais de alterar a perspectiva do olhar

---

[181] *Professor tem que ser militante / ensinar dentro da realidade / a importância da Reforma Agrária / a aliança do campo e cidade...* Este é um trecho da canção de Zé Pinto, feita em 1993, e que é considerada o *hino da educação do MST*. Em outra estrofe, o tema é a cooperação: *Discutindo cooperativismo / o avanço da organização / é na vida do assentamento / que a criança aprende a lição...*

sobre elas, incluindo novas dimensões. Pensar no jeito de ser da escola como o *ambiente educativo* onde acontece a *formação humana*, e então buscar organizá-lo de modo que ele ajude a produzir aquela concepção de relações sociais que integra a cultura própria dos grupos sociais que assumem conscientemente sua condição de sujeitos históricos; uma cultura que ajuda a formar esses sujeitos.[182]

De certo modo é o retorno a uma *preocupação de origem*, quando as primeiras professoras sem-terra acreditavam ter de conhecer melhor *as mentes e os corações* das crianças que participavam da luta pela terra, para então saber como trabalhar com elas. Hoje, o leque das dimensões a serem conhecidas ficou mais

---

[182] Um exemplo para que se compreenda melhor isso: a discussão sobre a relação entre os processos de gestão da escola e o desafio de ajudar na implementação da proposta de cooperação agrícola vem desde o início da reflexão sobre a *escola de assentamento*. Ou seja, foi aos poucos sendo construído o princípio segundo o qual, se os estudantes experimentarem, na prática da gestão de sua escola, a cooperação, estarão melhor preparados para compreender e ajudar no avanço das práticas de cooperação do assentamento. Essa reflexão continua atual no Movimento, até pela dificuldade de ser implementada; mas, nos últimos anos, ela começou a incluir dimensões que a tornam ainda mais complexa. Com o deslocamento do eixo da própria discussão geral do Movimento sobre cooperação (de alternativa de desenvolvimento econômico para opção de construir novas relações sociais, novo jeito de viver no campo), educar para a cooperação passou a ser visto como algo que envolve também a dimensão cultural, mexendo com valores, com jeito de viver e de olhar para a realidade. Se é assim, o processo pedagógico precisa considerar quem são esses assentados, por exemplo, que rejeitam as formas cooperadas, por que o fazem e qual o sentido de sua rejeição. Nessa lógica, há bem mais coisas em jogo quando se discute como devem ser os processos de gestão da escola ou de um curso, porque eles passam a ser compreendidos como ferramentas de formação humana. Representam a materialização de relações sociais capazes de fazer emergir determinados comportamentos, em torno dos quais se identificam valores, convicções, heranças culturais e que, ao serem explicitados, mostram aos educadores qual deve ser a ênfase de sua ação pedagógica.

amplo, as razões para fazer isso foram politizadas e inseridas em uma dimensão de *projeto histórico*, e se descobriu que esse conhecimento em relação aos sujeitos não é uma condição prévia mas sim uma parte do próprio processo pedagógico. Na verdade, é preciso considerar que as ênfases se modificam também de acordo com quem seja os sujeitos principais da discussão em cada momento. Essa nova ênfase já é fruto do início de uma aproximação maior no Movimento entre *formadores* e *educadoras*, e também da sua entrada nas discussões do campo da cultura. Por isso mesmo, é uma reflexão que está surgindo nas experiências de educação de adultos, sendo a Escola Josué de Castro, do ITERRA, um dos principais lugares onde atualmente ela se desenvolve. Envolver o conjunto dos professores nessa discussão, e desdobrar essa preocupação em relação às crianças e aos jovens sem-terra, mais do que uma tendência é um desafio que este novo momento coloca ao MST.

A ocupação da escola na formação dos sem-terra

O sentido fundamental da ocupação da escola, nesta perspectiva de análise, está em sua participação na trajetória que desenhou a configuração atual dos sem-terra do MST. E isso através de dois aspectos que me parecem especialmente importantes. O primeiro diz respeito à emergência de *novos sujeitos* (ou de novos estratos) dentro da constituição do *sujeito social Sem Terra*. E o segundo aspecto refere-se a novos elementos ou traços que passam a constituir *o jeito de ser* desse sujeito. Em relação aos novos sujeitos, quero destacar aqui especialmente dois: *as professoras* e as *crianças Sem Terra* que, além de emergirem como novos personagens no cenário da luta pela terra e pela Reforma Agrária no Brasil, passam a participar, com seus traços de identidade específica (gênero, ciclos etários, tipo de ações e de atividades em que se envolvem, estilos ou jeitos de participar do Movimento) da constituição da identidade Sem Terra como um todo. Os sem-terra do MST são hoje também as crianças e os adolescentes dos acampamentos e assentamentos; são também as professoras e todos os educadores que atuam vinculados ao Movimento. Essa é uma análise que possivelmente também caberia ser feita em relação a outras dimensões de atuação do MST, mas é preciso reconhecer que talvez nem todas tragam à cena da luta pela terra personagens tão *inusitados*.

Ao mesmo tempo, então, há a emergência de novos traços da identidade dos sem-terra do MST. Destaco novamente dois: os sem-terra como *sujeitos que estudam*, no sentido de que *estudar* passou a ser uma ação incorporada às características (ou aos princípios) dos sem-terra que militam no MST; e os sem-terra como *sujeitos de sua pedagogia*, ou seja, como uma coletividade que já se sabe detentora de uma experiência de vida fortemente educativa, e que busca intencionalmente trabalhá-la na formação das novas gerações, seja nas escolas ou em outros tantos lugares em que a educação pode acontecer, no Movimento ou fora dele.

A emergência de novos sujeitos: as Professoras e as Crianças Sem Terra

Já vimos antes como as professoras entraram na história do MST: como esposas dos trabalhadores rurais sem-terra que criaram o Movimento, trazendo para dentro da luta pela terra sua preocupação *de ofício*: *Iniciamos este trabalho porque somos professores e achamos importante a questão da educação*.[183] Da

---
[183] Maria Salete Campigotto, *História da educação no MST*, p. 17.

mesma forma que foram personagens importantes na pressão para que o MST passasse a lutar por escolas, também continuam em cena até hoje na pressão para que a educação tenha mais espaço na agenda dos sem-terra, deixando de ser *o último ponto de pauta*, aquele que já é considerado importante para entrar nas reuniões das instâncias, mas que sempre pode ficar para a reunião seguinte, quando o tempo é curto para tantas questões e encaminhamentos da luta e da organização como um todo.[184] Também continuam em cena para serem duramente criticadas, quando as escolas não correspondem às expectativas das famílias sem-terra: *elas ensinam bem, mas não ensinam que nem o pessoal do Movimento, como deve ser a educação no assentamento...* Elas *só dão aulas. Às vezes, o pessoal chama para a reunião, mas elas não vão...*[185]

No começo de sua história o MST repetiu a tradição de que *educação é coisa de mulher e de professora*, reproduzindo relações de poder muito semelhantes às que se estabelecem na sociedade em torno de ambas. A educação e a escola podiam até ser suficientemente importantes para entrar na luta (ainda que pela pressão maior da sensibilidade feminina), ou para ser comentário crítico em alguns intervalos de reuniões, mas não

---

[184] Durante muito tempo (um pouco menos hoje), esta era uma reclamação rotineira nas reuniões do Setor de Educação, em relação ao lugar que as suas questões ocupavam na agenda dos estados: *só entramos como último ponto de pauta e quando o ponto entra, temos apenas cinco minutos!* O que não era percebido neste momento é que talvez ali estivesse em jogo também um elemento de tradição cultural: quando antes os sem-terra tinham sido convocados a decidir sobre o destino de uma escola? Sequer para serem dela excluídos foram consultados. Na sua terra, quando a possuíam, eram afinal os que decidiam (ou julgavam decidir) sobre tudo. Já na escola de seus filhos, talvez sequer tenham entrado algum dia...

[185] Depoimento extraído de Pizetta, 1999, p. 195.

tinham a importância necessária para tornar-se uma questão com que *se ocupassem as lideranças* ou *os homens sem-terra*. Aos poucos, no entanto, o mesmo processo histórico que foi abrindo espaço na agenda do Movimento para *as questões da educação* foi também constituindo suas personagens como sujeitos, não só das tarefas do setor de educação mas do conjunto do MST. Nesse sentido, uso aqui a expressão *professoras Sem Terra* para me referir a uma identidade construída nessa trajetória em que o MST foi *ocupando* e *se ocupando* da escola. As *professoras Sem Terra* de que trato não são simplesmente as professoras que atuam em escolas de assentamento ou acampamento; não basta sê-lo para ter esta identidade.[186] Também não são as professoras camponesas que dividem seu dia entre o magistério e o trabalho da roça. Tampouco são as mulheres que militam no setor de educação do MST; não basta ser mulher e trabalhar com educação para ter a identidade de *Professora Sem Terra*. Ela pode ser tudo isso, mas não é apenas isso.

A história da educação escolar no MST acabou transformando as *professoras de ofício* em uma identidade coletiva específica, que vai além desse ofício, mas não o abandona. *Professora Sem Terra* é o nome que pode ser dado à personagem do MST que combina em si três componentes "identitários" diferenciados, cuja síntese é que acaba sendo a novidade na conformação histórica do sujeito *Sem Terra*. O primeiro componente é a condição de *mulher* e toda a rede de significados que isso envolve do ponto de vista humano, social, político, histórico; o

---

[186] Uma análise sobre quem são as professoras e os professores de escolas de assentamento pode ser encontrada em Camini, Isabela. *O cotidiano pedagógico de professores e professoras em uma escola de assentamento do MST: limites e desafios*. Dissertação de Mestrado, 1998.

segundo é o *ofício de educadora ou educador*, e a sua preocupação específica com a dimensão pedagógica das ações que desenvolve, seja com seus alunos, seus filhos ou qualquer ser humano com quem se relacione; e o terceiro componente dessa identidade é a sua *participação na luta pela terra* e na *organicidade do MST* que produz novos sentidos tanto para a condição de mulher quanto para o ofício de educador.

A emergência das *professoras Sem Terra* traz novos traços para a identidade do Movimento, assim como para a identidade da educadora ou do educador. No Movimento, é possível perceber pelo menos dois traços importantes produzidos pela inclusão desse novo sujeito. O primeiro deles tem a ver com um dos desdobramentos da trajetória de construção dessa *professora* que foi o da *ampliação significativa* da *participação das mulheres como mulheres no MST*. Em um primeiro momento, o predomínio quantitativo de mulheres na realização das tarefas do setor de educação permitiu que a sua participação acontecesse sem que precisassem negar sua identidade de gênero para assumir posições de liderança: participam como mulheres, quer dizer, com seu estilo próprio, com seus filhos e os *rituais* que seu cuidado em público implica; com suas preocupações mais específicas, com seus temas, com sua mística expressa mais fortemente em gestos e em arte, com sua sensibilidade maior para determinadas questões, sua sensualidade, seu *jeito feminino de ser*.

À medida que vai aumentando a presença masculina no setor, por sua vez, se desenvolve um outro tipo de relação, porque *educação ser coisa de mulher* já não é mais uma expressão pejorativa mas sim o reconhecimento de um trabalho que pode até continuar entrando como *último ponto de pauta*, mas que já tem um lugar conquistado na dinâmica de atuação social do Movimento, e na própria relação que o MST tem com a sociedade.

Então, chega o tempo no Movimento em que a educação passa a ser também *coisa de homem, coisa de Sem Terra;* porque, afinal, educação é *coisa de gente,* homens e mulheres, crianças e jovens, adultos ou idosos. Ou seja, é assumida como uma questão social, que diz respeito ao conjunto da organização. Nesse processo abre-se, então, um espaço diferente para a participação das mulheres no conjunto das frentes de ação do Movimento, que vai além da presença, porque incorpora o jeito, permitindo novas sínteses. Não se trata de uma decorrência necessária, mas pelo menos isso já se constituiu como possibilidade.

Um exemplo de *cultura material* desse processo são as *cirandas infantis do MST.* Talvez elas sejam, hoje, o símbolo mais forte do novo jeito do Movimento olhar para a participação da mulher. Foram criadas no âmbito do Setor de Educação, mas, aos poucos, vão se consolidando como traço cultural que marca a forma de participação das mulheres no trabalho do assentamento, nas atividades de formação e nos eventos estaduais e nacionais do Movimento. E os educadores da infância, que também já são os homens, trazem agora o seu jeito, seus temas, seus afetos, sua sensualidade, sua identidade masculina de educador e de Sem Terra, permitindo um novo tipo de diálogo, uma nova síntese.

O segundo traço se refere ao fortalecimento do *jeito pedagógico* de olhar ou de conduzir a participação dos sem-terra no Movimento. Quem é educador costuma ter a preocupação com a formação das pessoas em todas as ações de que participe, assumindo uma postura mais tolerante e persistente diante do processo de formação dos novos militantes, ainda que isso possa implicar, em determinados momentos, que as tarefas sejam realizadas de modo menos eficiente e mais demorado do que o *tempo acelerado* que a luta política às vezes exige. Novamente a possibilidade permanente de novas sínteses dá o *tempero* do processo de formação dos sem-terra: a lógica da luta política empurra, *coloca contra a parede*, faz a pessoa reagir e *aprender na marra*; a lógica da pedagogia acompanha o aprendizado, ameniza o impacto, pressiona e aconchega ao mesmo tempo... Separadas não seriam capazes de sustentar uma luta como esta, *de vida por um fio*, e *de vida inteira*.

De outra parte, a identidade *Sem Terra* transforma o jeito de ser da educadora. Ao mesmo tempo que revaloriza a sua atuação social, coloca novos parâmetros para que reflita sobre ela. Não se trata de educar segundo seus objetivos e percepções individuais, por vezes isoladas de seu próprio tempo e espaço de ação. Trata-se de colocar o seu ofício a serviço de uma causa social, de um projeto humano e histórico, o que produz novos significados mas também novas exigências para seu trabalho e sua formação. Nesse sentido, a própria trajetória histórica que produziu a identidade das professoras Sem Terra aos poucos a desdobra em novos personagens da mesma cena: elas são as *professoras e os professores de assentamento ou acampamento*; são também as *educadoras e os educadores do MST*, de crianças, de jovens e de adultos; são ainda *as educadoras e os educadores da Reforma Agrária*, como foram rebatizados no ENERA. Seja com um nome ou com o outro, seja no feminino ou no masculino, seja atuando na escola ou fora dela, sua identidade já faz parte do sujeito chamado *Sem Terra* e do cotidiano do MST.

Se as professoras entraram nessa história como esposas, *as crianças* entraram nela como filhos e filhas das famílias que fizeram e fazem o MST até hoje. Para uma parte da opinião pública sempre foram vistas como *objeto de manipulação* ou de *escudo* do Movimento, e portanto como estando *fora de lugar* quando participam das ações diretas da luta pela terra e pela Reforma Agrária junto com seus pais e irmãos. Para outra parte da sociedade, ao contrário, vêm sendo vistas com curiosidade e admiração à medida que assumem uma posição de maior destaque e autonomia em algumas das ações e dimensões do MST.

De qualquer modo, já há algum tempo as crianças estão sendo *notadas* como parte da dinâmica e do projeto do Movimento, e a educação tem sido identificada como o espaço mais próprio da sua emergência como sujeitos.

Olhando para o MST, na perspectiva de identificar o lugar ocupado pelas crianças em sua trajetória, é possível perceber pelo menos três configurações distintas desse lugar, que também atravessam e marcam os momentos de formação dos sem-terra do MST.[187] O primeiro lugar ocupado pelas crianças foi como *testemunhas*[188] da luta de suas famílias, ou seja, *estavam lá* e acompanhavam, sofriam o desenrolar dos fatos de cada ocupação, de cada acampamento, de cada assentamento. No colo de suas mães, agarradas às suas mãos ou ainda dentro de suas barrigas, em um primeiro momento não tinham destaque na

---

[187] Com a observação, sempre necessária, de que nem em todos os acampamentos e assentamentos do MST essa mesma trajetória já foi percorrida.

[188] Tomo emprestada aqui a expressão utilizada por José de Souza Martins, *a criança como testemunha*, na pesquisa que relata no texto *Regimar e seus amigos. A criança na luta pela terra e pela vida* (O massacre dos inocentes, 1991, p. 51-80).

cena ou no enredo da ação, a menos que algumas de suas reações infantis espontâneas causassem espanto ou fossem notadas por algum observador mais atento. Pela sua própria condição de crianças, seu testemunho jamais conseguiria ser passivo:

Era o ano de 1981, no mês de julho, ... e o acampamento de Encruzilhada Natalino em Ronda Alta passava por seu momento mais dramático. Estava cercado pelo exército nacional e pela polícia federal a mando do presidente-ditador João Batista Figueiredo. Comandava a operação no local o coronel Sebastião Rodrigues de Moura, o temido coronel Curió... Tudo o que vi ao meu redor foi desilusão, insegurança e desespero. Caminhei por todo o acampamento rodeado por agentes da polícia federal sem poder conversar com ninguém... Tentei trocar algum olhar de encorajamento com algumas lideranças que via pelo caminho, mas àquelas alturas eu mesmo já considerava aquela uma batalha perdida. Meu coração estava aflito e minha mente perturbada. Naquelas condições, não havia resistência possível. Foi quando me chamou a atenção uma criança de uns quatro anos, sentada em cima de um tronco de árvore, na beira da estrada quase ao centro do acampamento, parecendo alheia a tudo o que ali se passava, sem se importar com o aparato militar que a rodeava, cantava a plenos pulmões a música-hino dos sem terra naquela época: "A Grande Esperança". Parei tomado de emoção ouvindo aquela voz infantil rompendo o silêncio imposto pela ditadura militar e pelas elites aos camponeses pobres que estavam ousando levantar sua cabeça e dizer (através de) sua voz: "a classe 'loceila' e a classe 'opelália', ansiosa 'espela' a 'refolma' 'aglália'" – cantava a vozinha inocente acordando em mim a coragem amortecida. Naquele momento vi-me tomado de uma súbita certeza: este povo vai resistir e vai vencer. Pela simples razão de que só assim haveria esperança de futuro para aquela *criança e a multidão de outras que se acotovelavam, sofriam e brincavam pelos barracos daquele acampamento. E assim se deu. A criança venceu o coronel que hoje é cinza na história, e elas continuam por aí pelos acampamentos dos Sem Terra com seus olhinhos brilhando, com sua algazarra alegre, com sua perturbadora felicidade brotando do meio da miséria, com sua esperança sempre viva, com sua vivacidade esperta, instigando a consciência dos que têm coragem de se deparar com elas...*[189]

O segundo lugar ocupado pelas crianças, agora já denominadas *crianças acampadas* ou *crianças assentadas,* foi exatamente o que se desdobrou dessa *presença notada* e se configurou como uma *presença que exige atenção específica*, tanto porque as crianças começaram a requerer um atendimento pedagógico próprio, que como vimos antes, deu início ao processo de inclusão da luta por escola na luta pela terra, como porque demonstraram ser capazes de realizar algumas *missões especiais* no processo da luta. Novamente um *testemunho de época* pode ser mais ilustrativo do que qualquer descrição mais demorada:

Acampamento de Tupancireta, Rio Grande do Sul, em 25 de agosto de 1988, cercado por um batalhão de policiais. *O*

---

[189] Depoimento de Frei Sérgio Görgen, escrito em dezembro de 1998 para integrar o texto *Crianças em movimento,* Coleção *Fazendo Escola* do MST, nº 2. O mencionado coronel Curió também *notou* a presença das crianças. Tanto que, em diversos momentos, tentou *usá-las* para construir uma falsa imagem junto à opinião pública: em uma ocasião chamou as crianças pelo alto-falante prometendo dar-lhes balas. O que não sabia é que as lideranças já tinham se antecipado e conseguido combinar esta *dolorosa renúncia* com as crianças, que então responderam ao coronel em coro: *não queremos balas, queremos terra!* Esta talvez tenha sido a primeira *tarefa delegada às crianças acampadas,* prenunciando o que poderia ser seu novo lugar no Movimento.

acampamento estava em baixa, sem alternativas de negociação com o Estado. Nesse dia, de manhã, eu estava rezando no barraco e me veio uma iluminação: "que tal fazer uma homenagem aos soldados por seu dia, com todas as nossas mais de 500 crianças?" Sentamos com a direção do acampamento e decidimos articular a imprensa e comunicar ao comandante sobre a homenagem. Junto com os professores formulamos frases significativas e ensaiamos as crianças para dizê-las. Carregariam uma faixa de saudação e cada criança entregaria um ramo verde aos soldados. Numa marcha silenciosa, acompanhada pela TV, as crianças chegaram ao local, proclamaram as frases, cantaram parabéns, entregaram a faixa e os ramos verdes com um beijo aos policiais. A este gesto nenhum policial resistiu: todos choraram! O comandante pediu ao subtenente que agradecesse. Terminada a homenagem, as crianças, saltando como cabritinhos, voltaram ao acampamento felizes e vitoriosas contando tudo o que havia acontecido em sua primeira ação-missão...[190]

Logo a participação das crianças nas ações da luta pela terra passou a ter como referência a escola, seja em seu embrião nas atividades informais dos primeiros acampamentos, seja depois nos assentamentos em que o processo de *ocupação da escola* já havia sido desencadeado. De modo geral, eram (e são) as professoras as encarregadas de preparar as crianças para essas suas *participações especiais* nos atos importantes da história do MST. Foi assim na resposta das crianças ao coronel Curió na Encruzi-

---

[190] Depoimento de Irmã Elda Broilo que, junto com outras religiosas, acompanhou esse grupo de sem-terra em suas ocupações e acampamentos por dois anos, desenvolvendo trabalho pastoral e educacional com as famílias e, em especial, com as crianças acampadas. Esse depoimento foi escrito especialmente para este texto em março de 1999.

lhada Natalino em 1981; foi também assim em 1986, quando um grupo de crianças acampadas na Fazenda Anoni do Rio Grande do Sul assumiu a tarefa de passar de escola em escola da capital do Estado, para explicar para outras crianças o que era Reforma Agrária e quais as razões de sua participação nessa luta;[191] e novamente foi assim na participação das crianças (e de sua Escola Itinerante) na Marcha pelo Brasil de 1998. Em um momento ou outro, foram aulas práticas de mobilização, organização, análise de conjuntura, cálculo de possibilidades, expressões diversas de linguagem e compreensão precisa da geografia de cada ato.

O terceiro lugar é o que está sendo construído ou conquistado pelas crianças Sem Terra, ou pelos *Sem Terrinha* como passaram a ser chamadas mais recentemente, nos últimos dois ou três anos,[192] e que os identifica como *sujeitos Sem Terra* e parte efetiva da dinâmica do MST. A partir da conquista da escola como seu espaço específico e da realização de tarefas próprias durante as ações do Movimento, as crianças começaram a *entrar em cena* como personagens que criam seus próprios *espetáculos*, exigindo seus direitos também como integrantes desse Movimento e dessa organização social que vem produzindo sua identidade específica.

É nessa condição de sujeitos que algumas delas passam a pressionar seus professores por uma escola que tenha mais a

---

[191] A imprensa da época deflagrou uma verdadeira campanha de acusações ao MST por *usar* as crianças em suas ações e atos públicos.

[192] O nome *Sem Terrinha* surgiu por iniciativa das crianças que participaram do Primeiro Encontro Estadual das Crianças Sem Terra de São Paulo em 1997. Elas começaram a se chamar assim durante o Encontro e o nome acabou *pegando*, espalhando-se rápido pelo país inteiro (*Sem Terrinha, semente de esperança*, monografia de conclusão do curso de Magistério, de Márcia Ramos, 1999).

ver com sua vida, onde possam *cantar as canções do Movimento, hastear a bandeira vermelha* e *homenagear os Sem Terra mortos* em alguma ação de violência; ou onde lhes convoquem a *participar dos trabalhos e das decisões sobre o funcionamento de sua escola;*[193] é assim também que surpreendem autoridades e lideranças do próprio Movimento quando sua desenvoltura nas negociações vai bem além das ações *ensaiadas* de outros tempos: *queria pedir que vocês, por favor, olhem com carinho esta pauta de reivindicações que nós Sem Terrinha trouxemos hoje aqui para o MEC*, disse a menina Joelma, desconcertando o clima formal de uma audiência realizada em Brasília no mês de março de 1999.[194] E fez isso logo depois de outra criança ter *roubado a cena* em uma audiência anterior, dessa vez com o chefe de gabinete do Presidente da República. Irislane, a Sem Terrinha de Goiás que foi escolhida como *mestre de cerimônia*, não teve dúvida, mas teve bastante

---

[193] Relato sobre a atitude das crianças da Escola Itinerante (MST/RS) ao serem assentadas e se depararem com professores desvinculados da proposta de escola do Movimento (Conversas informais com os responsáveis pela Escola).

[194] Fala final da criança Sem Terra que participou de uma audiência no Ministério da Educação, durante o Encontro Nacional dos Sem Terrinha, para premiação do Concurso de Redações e Desenhos *O Brasil que queremos*, realizado em Brasília de 15 a 17 de março de 1999. Era o último dia do encontro e a menina Joelma estava entregando para a secretária do ensino fundamental e para o chefe de gabinete do ministro a pauta elaborada junto com seus colegas e educadores no dia anterior. Os pontos para os quais pedia *um olhar carinhoso* eram os seguintes: *1. Bibliotecas: livros de literatura e materiais didáticos mais atualizados, mais diversificados e em maior quantidade; 2. Construção de mais escolas, incluindo educação infantil, 5ª a 8ª séries e 2º grau; 3. Construção de parques infantis, quadras e materiais esportivos; 4. Recursos para a Educação de Jovens e Adultos e supletivos de 1º e 2º graus; 5. Recursos para formação de professores em nível de magistério e 3º grau; 6. Transporte escolar, energia elétrica, saneamento básico para as escolas e merenda escolar de boa qualidade* (Depoimento dos participantes e documento final do Encontro).

tranquilidade para interromper o representante do governo que tentava antecipar o final da audiência: *desculpe, mas ainda temos um representante do Movimento para falar... e para fazer uso da palavra chamo o companheiro da Direção Nacional do MST...*[195]

É nessa condição também que começam a se organizar para reivindicar seus direitos ou fazer negociações em sua própria comunidade de assentamento ou acampamento, causando surpresa e provocando a reflexão de seus próprios pais: *Quando escutei meu filho de sete anos falando que ele tinha participado de um manifesto e que também ajudou a organizá-lo, senti a mesma sensação que a gente sentiu quando conseguimos conquistar a terra, este assentamento. Até hoje eu nunca tinha percebido que ele já estava na luta pelos nossos direitos. A escola está ajudando nisso. A partir deste dia é que comecei a discutir com meu filho sobre nossos direitos e deveres...*[196]

Certamente não foi menor a surpresa de uma militante do MST interpelada pela sua filha Marina, de seis anos, que

---

[195] *Idem* à anterior.

[196] Depoimento de Pedro Miotto, do assentamento Conquista da União, de Dionísio Cerqueira, em Santa Catarina. O *manifesto* foi das crianças da escola que, organizadas em uma cooperativa infantil, tentavam abrir espaço na agenda da *cooperativa dos adultos* para renegociar um acordo que tinham firmado tempos atrás. Ficaram de repassar sua primeira produção de húmus para a Cooperativa (em troca da ajuda recebida para desencadeá-la), mas refletindo melhor queriam revisar o acordo: afinal, o húmus seria utilizado em uma plantação de fumo que, segundo tinham estudado na escola, *faz muito mal à saúde*. Então, achavam justo que sua primeira produção fosse destinada às plantas da própria área da escola e era isto que pretendiam negociar. Como não estavam sendo levados muito *a sério* pelos adultos, utilizaram os recursos que aprenderam em sua convivência com eles: marcharam até a sede da cooperativa com faixas e cartazes, enquanto cantavam e gritavam suas *palavras de ordem*. Tudo preparado na escola, com a ajuda de suas professoras (Material de pesquisa utilizado na elaboração de *Crianças em movimento*, Coleção Fazendo Escola nº 2, 1999).

lhe dizia querer fazer uma viagem com seu pai para conhecer mais de perto um determinado local onde ele costumava ir e dizia ser muito bonito. A mãe, para *testar* o nível de *consciência* da menina, arriscou perguntar-lhe: *e você já pensou onde vai conseguir o dinheiro para a viagem?* Marina mais que depressa respondeu: *Não pensei não, porque esta não é minha tarefa. Sou criança e esta parte é de vocês, meu pai e minha mãe.*[197]

A propósito das mobilizações infantis, por sua vez, um novo desafio vem sendo colocado ao Movimento pelas suas crianças: como trabalhar sua organização específica? Os coletivos infantis necessariamente devem estar vinculados à escola? Como potencializar a participação das crianças no processo de ocupação da escola, onde ele ainda não foi efetivado através das professoras ou da comunidade? Como trabalhar intencionalmente a formação política e organizativa das crianças sem deixar de considerar o *tempo da vida* em que se encontram? E como continuar essa mobilização com os adolescentes e os jovens Sem Terra?[198] Essas são novas questões que já começam a ocupar *as mentes e os corações* não apenas das crianças Sem Terra mas também dos educadores do MST que as acompanham mais de perto, e que, há algum

---

[197] Depoimento colhido em conversa informal entre militantes do MST, a propósito da preocupação em não transformar as crianças em adultos precoces.

[198] Os encontros de Sem Terrinha têm trazido à tona um desafio antigo mas ainda não superado pelo MST que é o de um trabalho mais efetivo com os adolescentes e os jovens dos acampamentos e assentamentos, cuja identidade ainda não chega a ter um espaço consolidado no Movimento. Em alguns Estados, as mobilizações foram batizadas de *infantojuvenis*, para tentar incluir uma faixa etária mais ampla, mas isso não resolveu o problema, porque, de modo geral, os jovens querem participar dos encontros, mas não se sentem incluídos na categoria de *Sem Terrinha*. Seu *nome próprio* ainda está para ser conquistado.

tempo, já passaram a olhar para elas como presente e futuro deste Movimento e do seu projeto histórico.

Como parte do *sujeito Sem Terra*, pois, essas crianças, assim como as professoras Sem Terra, também são uma identidade produzida em um espaço conquistado na história do MST. A característica da *luta pela terra em família* proporcionou as condições objetivas, e o processo histórico de *ocupação da escola* construiu o espaço de emergência do *Sem Terrinha* como um sujeito próprio, feminino ou masculino, e que junta em si três componentes identitários: sua condição infantil ou seu *jeito criança de ser*, com as características, interesses, desejos e sonhos desse tempo de vida; sua condição de *estudante*, porque foi assim que as crianças emergiram como sujeitos no Movimento, mas que pode significar uma experiência com uma densidade bem mais profunda do que simplesmente *estar na escola*; e sua *participação direta na organicidade e na história do MST* que dá o tempero diferente em sua infância e em sua *escola de vida*. Nesse sentido, nem todas as crianças acampadas, assentadas ou filhas de militantes do Movimento são de fato *Sem Terrinha*, embora seja essa condição que produza em sua vida tal possibilidade. Também aqui se trata de um *processo de formação*, que é parte da formação dos sem-terra do MST. É esse processo que vem produzindo declarações como esta: *Somos filhos e filhas de uma história de lutas. Somos um pedaço da luta pela terra e do MST. Estamos escrevendo esta carta pra dizer que não queremos ser apenas filhos de assentados e acampados. Queremos ser Sem Terrinha, pra levar adiante a luta do MST.*[199]

---

[199] Trecho da Carta que as crianças Sem Terra escreveram ao MST, no 3º Encontro Estadual dos Sem Terrinha do Rio Grande do Sul, em 12 de outubro de 1999.

Para o MST, a inclusão das crianças como sujeitos da organização traz ou reforça alguns traços da identidade que vem construindo em sua história, e que são os próprios traços que permitiram que se abrisse para essa inclusão. Reforça a perspectiva de uma organização duradoura e permanente: a luta como projeto de futuro e *de vida inteira*; o princípio de *educar gerações*, e então as novas ênfases pedagógicas ligadas à cultura, aos valores, como forma de fazer a ligação entre as novas gerações e o projeto histórico do MST; também reforça *o lado terno do Movimento*, que, se já se fazia presente com a incorporação do jeito feminino, ficou ainda mais forte com a presença das crianças. *Sem Terrinha, sim senhor, Sem Terrinha com amor!*

Um detalhe a mais a observar é o de como, nos últimos anos, o MST vem incorporando a figura das crianças na sua *autoimagem*: elas estão nas capas das agendas do Movimento, da Revista Sem Terra, nos calendários, nos cartazes, nos painéis artísticos, além de serem uma *presença provocada* em alguns momentos fortes do cultivo da mística do MST. Da mesma forma que a figura colorida e alegre dos Sem Terrinha em seus encontros, manifestações e caminhadas, começa a se firmar, como parte da *imagem pública do MST*, também destacada pela mídia, seja de modo elogioso ou pejorativo. E junto com as crianças, aparecem suas escolas e sua experiência de educação.

Para as crianças, por sua vez, participar do MST tem representado a possibilidade de *viver a infância de um jeito diferente*. Talvez mesmo a de ajudar a construir uma nova concepção do tempo de infância, que, ao mesmo tempo, recupera e recria elementos culturais da *infância do campo*, praticamente marginalizada das discussões que a pedagogia moderna tem feito sobre a criança, de modo geral vista como um personagem urbano e completamente subordinado aos processos escolares de socialização. Buscar compreender como uma criança constrói sua identidade participando de uma *coletividade em movimento*, e ajudando a produzir novas relações sociais e novas formas de conceber a vida no campo, certamente trará novos elementos para discutir a infância e seus espaços de educação.

Algumas práticas que hoje ainda são vistas com certa desconfiança e estranheza por alguns segmentos da sociedade ou da chamada opinião pública, como por exemplo a sua participação nas marchas ou manifestações de protesto, e em encontros para sua formação específica, deveriam pelo menos provocar reflexões que se abram a novos jeitos de olhar para a infância: quem define, afinal, o que é ou não *coisa de criança*? o que pode ou não fazer parte do mundo infantil? Talvez a presença do Movimento na vida das crianças esteja dizendo que próprio da infância, afinal, é ter a possibilidade de vivenciar a totalidade das dimensões que formam a vida humana, e que participar da luta pela recuperação de sua própria dignidade e de sua família é uma delas.

Os sem-terra que estudam e são sujeitos de sua própria pedagogia

Além da emergência dos novos sujeitos, então, um dos aspectos que o processo de *ocupação da escola* vem ajudando a consolidar na trajetória histórica da formação do sem-terra brasileiro é o que passa a lhe caracterizar também como *um sujeito que tem o direito e o dever de estudar*, em uma rede de sentidos que extrapola mas inclui a sua presença nas escolas formais ou do sistema oficial de ensino.²⁰⁰ Em um esforço de síntese, quero aqui destacar três *recortes de sentido sociocultural* que podem ser identificados neste traço incorporado ao *jeito de ser sem-terra do MST*, e no que ele projeta em sua relação com o conjunto da sociedade.

O primeiro sentido diz respeito à produção e à disseminação do que pode ser chamado de uma *cultura do direito à escola no e do campo*. À medida que lutar por escolas nos assentamentos e acampamentos passa a ser uma ação do cotidiano da luta pela Reforma Agrária e receber o apoio da sociedade (é difícil um segmento social que atualmente não reconheça o acesso à escola como um direito universal), o MST ajuda a criar um *fato cultural* com duplo significado: ajuda a disseminar o valor da escolarização em locais onde ele ainda é muito frágil, e também contraria a tendência predominante, na política educacional e na visão de muitas famílias do meio rural, de considerar que, para estudar, é preciso *sair do campo*, especialmente quando se trata de buscar os níveis mais elevados de escolarização. A experiência educacional dos sem-terra, embora quantitativamente pequena, representa uma possibilidade concreta de reverter a marginalidade a que está submetida hoje a educação do campo em nosso país.

---

²⁰⁰ Parece-me importante considerar, nesta reflexão, o universo quantitativo a que esse traço se refere. Hoje, 1999, o MST estima que sua *base social que estuda*, ou seja, os sem-terra que estão inseridos em alguma forma de escola, desde a educação infantil até a universidade, passando também pelos cursos ou escolas não formais de formação continuada, esteja em torno de 120 mil estudantes. Na avaliação interna, esse é um número bastante significativo, considerando-se a trajetória histórica dos *pobres do campo* em nosso país, mas ainda muito baixo diante das demandas e dos desafios que conformam o momento atual da luta pela Reforma Agrária no Brasil.

Como um desdobramento desse fato, emerge, então, uma nova visão do que pode ser e representar a escola para as famílias de trabalhadores e trabalhadoras do campo: se a escola pode vir ao seu encontro e não apenas o contrário, isso quer dizer, também, que ela pode passar a considerar sua realidade, sua cultura, suas necessidades de aprendizagem, fazendo delas a base do projeto pedagógico e político que desenvolve. Nesse sentido, não é um dado inevitável que a escola represente a *negação do mundo rural* (Martins, 1975), nem o *desenraizamento* (Weil, 1996) dos trabalhadores de sua cultura ou de uma *coletividade em luta*. Ao contrário, ela pode ajudar a enraizar as novas gerações na história e em um determinado projeto de futuro, à medida que as *velhas gerações* não deixem de se *preocupar* e de se *ocupar* com ela.

O segundo sentido é o da ressignificação do conceito de *estudante*, usualmente associado a quem frequenta uma escola formal.[201] Embora tenham nela a referência talvez mais forte, quando os sem-terra falam de estudo, se referem a processos que também podem acontecer em outros tempos e espaços de sua formação. *...Todo estudo que a gente tem ainda é pouco diante da contribuição que vai ter que dar para o nosso coletivo... A gente tem que saber mais porque o Movimento precisa de mais...O estudo dá elementos pra você entender as coisas, pra você ajudar a transformar as coisas... As pessoas do seu coletivo sentem que você está contribuindo mais, que está se transformando. Por isso a ideia é continuar estudando...*[202] Ou seja, nesse caso, ser

---

[201] O dicionário traz no verbete *estudante* a seguinte definição: *pessoa que estuda, discípulo, aluno, escolar* (Novo Dicionário Aurélio, 1986, p. 731).

[202] Compilação de depoimentos feitos pelos alunos do TAC (ensino médio e profissional) sobre como viam a continuidade de seus estudos (Conversa gravada em outubro de 1995).

estudante é efetivamente ser *uma pessoa que estuda*, no sentido de quem faz um esforço específico para melhor compreender e transformar a realidade, passando a ter mais segurança na ação e maior autonomia de pensamento; em outras palavras, estudar significa, para os sem-terra, hoje, uma possibilidade maior de *ajudar a dirigir* o complexo movimento de que fazem parte. Se esse estudo acontece em uma escola formal, traz junto o componente do reconhecimento externo, vinculado ao valor social geralmente atribuído ao nível de escolarização das pessoas. Já o reconhecimento interno à organização é mais exigente: não importa o diploma mas sim a demonstração prática dos resultados do estudo, o que os sem-terra já sabem ser bem mais profundo do que simplesmente inovar os termos de seu discurso, tornando-o apenas mais eloquente.

Dessa forma, os sem-terra do MST acabam participando, a seu modo, de uma das discussões mais importantes da história da educação e que em nosso tempo se desdobrou em uma reflexão específica sobre a *pedagogia da práxis*. A dinâmica da luta social é acelerada demais para manter nela quem se alimenta apenas de palavras ou de ideias sem raiz. Mesmo onde não esteja explícita como princípio pedagógico, a relação entre teoria e prática é uma exigência da própria condição de ser antes sem-terra e depois estudante. Muitas escolas do MST, já há algum tempo, buscam transformar essa condição em ferramenta pedagógica.

E o terceiro sentido se refere ao movimento social (ou mais especificamente a um movimento social camponês) como espaço de formação de seus próprios *intelectuais orgânicos*. Assumindo--se como herdeiro dos aprendizados políticos e organizativos de outros movimentos em diferentes tempos e lugares da história, o MST, desde o seu início, acreditou que seria possível formar seus próprios intelectuais (dirigentes e formadores) e também aproximar organicamente alguns *intelectuais de ofício*, de modo que pudessem ajudar nessa formação interna. Com esse princípio transformado em práticas de formação e escolarização dos sem-terra, o MST vem conseguindo romper com a tese de que os grupos camponeses não são capazes de formar seus próprios intelectuais, e por isso precisam necessariamente ser dirigidos de fora. Não se trata de formar intelectuais naquele sentido específico de *pessoas que exercem socialmente a função de intelectuais* (Gramsci, 1985) mas muito mais de multiplicar os sem-terra que, em sua participação cotidiana no Movimento, tenham capacidade de análise da realidade, de implementação criativa de princípios e linhas políticas, de proposição e não apenas de execução das tarefas; isso não exclui, todavia, o desafio de também aumentar o número de sem-terra preparados para o exercício de funções técnicas especializadas, à medida que essas demandas se multiplicam em cada uma das áreas de atuação social do Movimento.

Ser um *Sem Terra que estuda* significa materializar a convicção de que todos os sem-terra têm a possibilidade de exercitar, no Movimento, funções intelectuais, sem que para isso necessitem tornar-se um intelectual de ofício. No caso do Setor de Educação, um exemplo que me parece bastante simbólico nesse sentido é o de como seus membros participam coletivamente do processo de produção dos textos e outros materiais pedagógicos editados pelo Movimento.

O outro aspecto da formação do sem-terra a registrar neste tópico é o que lhe caracteriza também como *sujeito de sua própria pedagogia*, sobre o que pretendo aprofundar logo adiante. O que neste momento me parece importante destacar é o processo de passagem do sujeito que estuda ao sujeito que é pedagogo, entendido aqui em seu sentido historicamente construído de educador ou formador que reflete teoricamente sobre sua ação de educar ou de formar. Hoje, os sem-terra do MST, além de serem sujeitos de uma experiência educacional, e de formação humana, também têm se desafiado a ser sujeitos de uma reflexão teórica sobre a pedagogia que experimentam. A própria criação dos setores de formação e de educação na estrutura organizativa do MST indicou, em sua história, essa possibilidade. No início, constituíram-se mais como espaços de articulação de atividades ou ações e de luta por esse direito, interna e externamente. Mas logo os contornos da própria luta que ajudaram a desencadear exigiram que sua função fosse ampliada. A cada curso alternativo que o MST se desafia a criar é todo um processo de reflexão e de elaboração pedagógica que é desenvolvido; a cada nova escola, a cada nova ação multiplicam-se as discussões e seus sujeitos.

Existe uma teoria pedagógica que vem sendo produzida desde a dinâmica de um movimento social e das lutas de que participa em cada momento de sua trajetória histórica. Não parece pouco importante tentar se debruçar sobre isso com mais profundidade, tendo presente que a própria ocupação da escola foi e é apenas um dos processos que estão a lhe constituir. Esse será o tema do próximo capítulo.

Capítulo IV

O MOVIMENTO SOCIAL COMO SUJEITO PEDAGÓGICO

> *Dizer que uma coisa está de ponta-cabeça, ou posta de pernas para o ar, afinal de contas é uma descrição muito relativa. A ideia de que esta é a posição errada só vale na medida em que a olhamos de cima para baixo...*
> Hill, 1987, p. 367.

O objetivo deste último capítulo é fazer uma reflexão mais detida sobre o processo de formação dos sem-terra como experiência de formação humana, o que quer dizer compreendê-lo desde as preocupações específicas da *pedagogia*, aqui entendida como teoria e prática da formação humana, e especialmente preocupada com a educação das novas gerações. Desde esse ponto de vista, olhar para a formação dos sem-terra é enxergar o MST também como um *sujeito pedagógico*, ou seja, como uma coletividade em movimento, que é educativa e que atua intencionalmente no processo de formação das pessoas que a constituem.

Essa intencionalidade não está primeiro no campo da educação mas sim no próprio caráter do MST, produzido em sua trajetória histórica de participação na luta de classes em nosso país. É através de seus objetivos, princípios, valores e jeito de ser que o Movimento "intencionaliza" suas práticas educativas, ao mesmo tempo que, aos poucos, também começa a refletir sobre elas, à medida que se dá conta de sua tarefa histórica: além de produzir alimentos em terras antes aprisionadas pelo latifúndio, também deve ajudar a produzir seres humanos ou, pelo menos, ajudar a resgatar a humanidade em quem já a imaginava quase perdida.

Ver o MST como sujeito pedagógico significa trazer duas dimensões importantes para a reflexão da pedagogia, que por sua vez também podem ser vistas como componentes do movimento sociocultural maior em que se insere a formação dos sem-terra. É também na pedagogia, pois, que podemos identificar os sinais dessa cultura com *forte dimensão de projeto*.

Uma dessas dimensões se refere aos *novos personagens que faz entrar em cena* na reflexão pedagógica. Quando hoje o MST passa a ser reconhecido pela sociedade como detentor de uma prática e de uma teoria de educação dos sem-terra, e quando, aos poucos, também passa a ser considerado como um interlocutor nas questões da educação em geral, e quando afinal conseguimos situar isso nesta totalidade maior que é o Movimento como *sujeito educativo*, temos então dois novos, para alguns inusitados, sujeitos da discussão pedagógica: um movimento social e um grupo social específico, os trabalhadores e as trabalhadoras rurais sem-terra.

Os movimentos sociais não têm sido figuras muito presentes nas teorias pedagógicas; nem como sujeitos educativos nem como interlocutores da reflexão sobre educação. E os sem-terra, que representam, além deles mesmos, o conjunto dos camponeses ou, mais amplamente, dos trabalhadores, se até já foram vistos, em certa tradição pedagógica, como sujeitos de práticas sociais educativas, de modo geral não costumam ser identificados como *sujeitos da pedagogia* ou da reflexão pedagógica. O MST junta em si esses dois sujeitos, o que o torna, parece-me, um objeto bastante privilegiado de estudo também nesse campo. Trata-se aqui, pois, de compreender uma pedagogia *do* Movimento e não *para o* Movimento, no duplo sentido de ter o Movimento como sujeito educativo e como sujeito da reflexão (intencionalidade pedagógica) sobre sua própria tarefa de fazer educação ou formação humana.

A outra dimensão diz respeito à formação dos sem-terra como materialização de um determinado *modo de produção da formação humana* ou, como diz Arroyo, de uma *pedagogia da produção de sujeitos sociais* (1995, p. 3). Quer dizer, ao mesmo tempo em que, enquanto ação e reflexão, o MST se insere na tradição da pedagogia que associa a educação com a formação de sujeitos sociais (personalidade e coletividade combinadas), ele está nos dizendo, através de sua trajetória histórica, que a *matriz* dessa formação pode ser um movimento social, através dos processos políticos, econômicos e socioculturais que compõem sua dinâmica, como produto e agente particular da sociedade, vista como aquele *todo educante*, de que já falaram alguns clássicos da pedagogia. Trata-se de pensar no *movimento social como princípio educativo*, ou seja, como base da concepção de educação construída através da experiência humana de *ser do MST*, ou de *fazer-se um nome próprio: Sem Terra*. É sobre essa dimensão que vou tratar mais especificamente neste capítulo.

Olhar para o movimento social como sujeito pedagógico significa retornar uma vez mais à reflexão sobre a educação como formação humana e suas relações com a dinâmica social em que se insere. A preocupação em compreender mais profundamente como acontecem os processos de formação humana e a tentativa de identificar, em cada circunstância histórica, quem são os principais personagens da cena pedagógica, quem são, afinal, os sujeitos educativos, tem sido uma das constantes na história da educação e das teorias pedagógicas. Embora o tipo de exigências que as forças econômicas e políticas dominantes em nossa sociedade estão fazendo com que a escola e outras instituições educacionais, progressivamente afastem educadores e educadoras dessas questões pedagógicas mais de fundo, a própria falência do projeto educativo e educacional burguês, de versão capitalista atual, aos poucos pressiona a uma retomada dessas preocupações pedagógicas *de origem*.[203]

No primeiro capítulo deste trabalho, identifiquei como uma das fontes de constituição deste olhar sobre o MST uma tradição pedagógica que vem procurando identificar os sujeitos educativos não apenas ou não tanto nas relações pedagógicas estritamente consideradas (na relação educador e educando, ou nos lugares intencionalmente definidos como devendo ser educativos), mas muito mais na própria dinâmica social em que as pessoas estão inseridas, como sujeitos de práticas sociais que conformam e se conformam a um determinado jeito de ser da sociedade onde acontecem, e que então devem ser levadas em conta no conjunto das reflexões e práticas pedagógicas, incluindo as escolares.

Trata-se, como nos diz Arroyo, de pensar (e fazer) a educação prestando especial atenção *aos elementos materiais da*

---

[203] É sintomático ouvir-se hoje de membros ou de instituições ligadas aos governos como se faz necessário que a educação volte a se preocupar com os *valores* ou com a *formação ética* das novas gerações, por exemplo.

formação humana (1991, p. 215). Para além de considerar que a dinâmica social condiciona as práticas educativas, há também um esforço de compreender a dimensão educativa da dinâmica mesma, e de seus próprios processos de condicionamento, que agora já sabemos são contraditórios, multidimensionados e, sobretudo, vivos (em processo, em movimento), exatamente porque neles estão também as pessoas, que afinal não deixam de atuar em algum momento como sujeitos. *As circunstâncias fazem o ser humano, na mesma medida em que este faz as circunstâncias,* nos disse Marx. E esse processo de fazer-se humano nas circunstâncias, fazendo-as mais humanas, é educativo, nos dizem pedagogos e pedagogas nele inspirados.

É esse o contexto de discussão pedagógica que abre espaço para se refletir sobre a dimensão educativa do trabalho, mas também da produção cultural, dos movimentos sociais, dos processos tecnológicos... Destas, acredito que foi a reflexão sobre a dimensão educativa das práticas produtivas, e do *trabalho como princípio educativo,* a que mais especificamente contribuiu, até o momento, para a compreensão da pedagogia das práticas sociais, pelo menos desde os esforços teóricos vinculados a projetos políticos de transformação social. Quando Gramsci, inspirado em Marx, insistiu tanto não apenas no trabalho mas no *trabalho industrial como princípio educativo* (Manacorda, 1990, Nosella, 1991) tornou também histórico esse novo sujeito educativo, reforçando o lugar das relações sociais nos processos de formação humana. Por sua vez, quando pedagogos como Makarenko (1977, 1978, 1987) ou Pistrak (1981) construíram uma proposta de escola onde o trabalho e as práticas produtivas ocupam lugar central, abriram também a possibilidade de maior diálogo entre as reflexões sobre educação que acontecem desde lugares e preocupações pedagógicas diferentes.

Se o trabalho é educativo, então é possível pensar que o sujeito educativo, ou a figura do educador não precisa ser necessariamente uma pessoa, e muito menos necessariamente estar na escola ou em outra instituição que tenha finalidades educativas. Uma fábrica também pode ser olhada como um sujeito educativo (Kuenzer, 1985); da mesma forma, um sindicato, um partido (Gramsci), as relações sociais de produção, um movimento social. E se o que está em questão é a formação humana, e se as práticas sociais são as que formam o ser humano, então a escola, enquanto um dos lugares dessa formação, não pode estar desvinculada delas. Trata-se de uma reflexão que também nos permite compreender que são as relações sociais que a escola propõe, através do seu cotidiano e jeito de ser, o que condiciona o seu caráter formador, muito mais do que os conteúdos discursivos que ela seleciona para seu tempo específico de ensino.[204]

Tratar, pois, do movimento social como sujeito educativo significa participar de um debate pedagógico já antigo, mas que, pelos seus próprios fundamentos teóricos, se desdobra em novos componentes e em novas reflexões a partir das questões que a dinâmica social coloca em cada lugar e em cada momento

---

[204] Pensar desde um outro ponto de vista o que Enguita analisou como sendo *a aprendizagem das relações sociais de produção* (1993, especialmente capítulo VII). Diferente de tentar compreender como a escola se torna um lugar onde se aprendem as relações sociais de produção dominantes na sociedade, aqui podemos refletir sobre a dimensão educativa do processo de produção de relações sociais em uma escola, para além de esquemas mecânicos de reprodução social. Sobre isso há um aprofundamento no texto de Miguel Arroyo, *As relações sociais na escola e a formação do trabalhador*, 1999.

histórico. Nesse sentido, vejo que os movimentos sociais especificamente, ainda não foram objeto de reflexão mais profunda nesse debate, e talvez eles possam trazer a ele novas ou velhas e já esquecidas questões pedagógicas. Na década de 1990 os movimentos sociais passaram a ser mais frequentemente mencionados em algumas reflexões pedagógicas (Mollenhauer, 1990; Spósito, 1993; Arroyo, 1998, 1999), mas a ênfase ainda está, me parece, muito mais na identificação dos novos temas que suas lutas propõem à educação do que em prestar atenção neles como sujeitos propriamente educativos.

No Brasil, foi sem dúvida uma conquista do movimento de renovação pedagógica ter conseguido manter, na atual versão da Lei de Diretrizes e Bases da Educação Nacional, os movimentos sociais como lugares onde também acontece a educação.[205] São sinais que apontam uma nova sensibilidade para esse novo e velho sujeito. Ocorre que o estudo dos movimentos sociais constitui uma tradição teórica (historicamente recente, diga-se) bem mais das áreas da História, da Geografia e da Sociologia, do que da Pedagogia, não havendo ainda grandes esforços de diálogo nessa perspectiva. Não é comum, por exemplo, que o referencial da história utilizado neste trabalho seja objeto de estudo entre pedagogos ou educadores, o que certamente levaria a diálogos muito fecundos. Da mesma forma que ainda não exploramos suficientemente estudos como os de Grzybowski (1987), de Scherer-Warren (1993) e

---

[205] Diz o artigo 1º da LDB de 1996: *A educação abrange os processos formativos que se desenvolvem na vida familiar, na convivência humana, no trabalho, nas instituições de ensino e pesquisa, nos movimentos sociais e organizações da sociedade civil e nas manifestações culturais.* E no parágrafo 2º chama a atenção: *A educação escolar deverá vincular-se ao mundo do trabalho e à prática social.* Nem sempre estamos atentos para as ações pedagógicas que isso sugere.

com Paulo Krischke (1987), Eder Sader (1995), Tavares dos Santos (1993, 1994), Gohn (1994,[206] 1995), Fernandes (1996, 1998, 1999), e de tantas pesquisas feitas com a preocupação de compreender sejam os *novos* ou os *velhos* movimentos sociais desde dimensões muito próximas à pedagogia, como é o caso de vários trabalhos que discutem a relação entre os movimentos sociais e a cultura política, a democracia, a economia popular, a territorialização e espacialização dos movimentos, a história...

Na década de 1980, alguns estudos sobre movimentos populares urbanos aproximaram-se da questão da educação através da preocupação específica em identificar as lutas por escola, especialmente nas periferias urbanas (Spósito, 1993, por exemplo). Mas, mesmo nesse caso, a ênfase não chegou a ser na reflexão sobre a dimensão educativa dos movimentos e de suas lutas. Já no caso específico dos trabalhos que vêm sendo feitos sobre o MST, de modo geral ainda predomina a polarização que se transformou em marca de nosso pensamento educacional: ou se trata da educação somente através da análise da escola ou então não se entra nesse assunto. É a mesma polarização que ainda continua na própria reflexão do vínculo entre educação e trabalho, escola e educação popular... Precisamos, aprendendo com o movimento social, romper essas cercas que nos impedem de fazer uma reflexão mais *total* sobre a educação, a única capaz de realmente pensá-la como formação humana.

No caso da relação entre movimentos sociais e educação vale destacar que, embora não tendo exatamente os movimentos

---

[206] Na obra *Movimentos sociais e educação*, Maria da Glória Gohn, que é uma estudiosa dos movimentos sociais desde o âmbito da sociologia, inicia uma reflexão específica sobre *o caráter educativo dos movimentos populares*, especialmente no capítulo III.

sociais como principal objeto de sua preocupação pedagógica, Paulo Freire pode ser considerado entre nós o pedagogo que abriu um caminho importante para esse diálogo, à medida que construiu toda sua reflexão em torno do processo de produção do ser humano como sujeito,[207] e da potencialidade educativa da condição de oprimido e do esforço de tentar deixar de sê-lo, o que quer dizer, de tentar transformar as circunstâncias sociais dessa sua condição, engajando-se na luta pela sua libertação. Nas suas palavras: *Quem melhor que os oprimidos se encontrará preparado para entender o significado terrível de uma sociedade opressora? Quem sentirá melhor que eles os efeitos da opressão? Quem, mais que eles, para ir compreendendo a necessidade da libertação? Libertação a que não chegarão pelo acaso, mas pela práxis de sua busca; pelo conhecimento e reconhecimento da necessidade de lutar por ela...* (1983, p. 32).

Falta amarrar, juntar essas questões e se debruçar mais profundamente sobre elas, admitindo o caráter ainda bastante disperso e fragmentado da teorização já produzida sobre os movimentos sociais, e especialmente nessa relação com os processos de formação de sujeitos. No âmbito da pedagogia, falta discutir especificamente a concepção do *movimento social como princípio educativo*.

Não tenho a pretensão de dar conta dessa tarefa neste trabalho, mas, dada a riqueza da experiência humana e educacional do MST, ele se coloca hoje, no Brasil pelo menos, como um dos lugares privilegiados desde onde é possível avançar nessa discussão, ainda que com o cuidado permanente em relação a

---

[207] Diz Ernani Fiori, no prefácio à *Pedagogia do Oprimido*, que a pedagogia de Paulo Freire *reproduz em plano próprio a estrutura dinâmica e o método dialético do processo histórico de produção do homem* (1983, p. 8).

generalizações apressadas. No meu caso, esse diálogo entre o movimento e a pedagogia é a continuidade da análise sociocultural do MST que venho tentando fazer ao longo destes capítulos, além de um convite às teorias pedagógicas para que olhem mais atentamente para o movimento social, e quem sabe o incluam como mais um dos personagens de sua cena de reflexão.

As pedagogias do MST

> *O mistério da força e do crescimento do MST está justamente nas pequenas coisas, que as velhas estruturas nunca valorizaram, assim destruindo-se por terem asfixiado a capacidade de criar de seus integrantes. Os inimigos procuram nossas virtudes nas grandes coisas. Na verdade, estas são apenas a expressão da dedicação que cada sem-terra tem ao fazer pequenas coisas acontecerem.*
>
> Ademar Bogo, MST, 1999.[208]

Especialmente no segundo capítulo, busquei identificar as duas dimensões fundamentais do processo de formação dos sem-terra ligados ao MST: a que vincula cada família sem-terra à trajetória histórica do Movimento e da luta pela terra e pela Reforma Agrária no Brasil, tornando-a fruto e raiz (sujeito) desta história; a que faz de cada pessoa que integra o MST um ser humano em transformação permanente, à medida que sujeito (também condicionado a) de vivências coletivas que exigem ações, escolhas, tomadas de posição, superação de limites, e assim conformam seu jeito de ser, sua *humanidade*

---

[208] *Lições da luta pela terra*, 1999, p. 152.

em movimento. Do entrelaçamento das vivências coletivas, que envolvem e se produzem desde cada família, cada grupo, cada pessoa, com o caráter histórico da luta social que representam, forma-se, então, a *coletividade Sem Terra*, com uma identidade que não se enxerga olhando para cada pessoa, família ou grupo de sem-terra em si mesmos, mas que *se sente* ou *se vive* participando das ações ou do cotidiano do MST.

As perguntas desta reflexão específica são então: quem é o *sujeito educativo* nesse processo? quem está formando ou educando os sem-terra? qual é a base da concepção de formação humana que está na experiência educativa do MST?

Não me parece difícil identificar, nesta trajetória e em cada uma das vivências que constituem a identidade Sem Terra, a presença pedagógica constante do próprio *Movimento*. É ele o sujeito educativo principal do processo de formação dos sem--terra, no sentido de que por ele passam as diferentes vivências educativas de cada pessoa que o integra, seja em uma ocupação, um acampamento, um assentamento, uma marcha, uma escola. Os sem-terra se educam como *Sem Terra* (sujeito social, pessoa humana, nome próprio) *sendo do MST*, o que quer dizer construindo o Movimento que produz e reproduz sua própria identidade ou conformação humana e histórica. Mas quem é esse Movimento que se transforma em matriz educativa de seus próprios sujeitos? Quem é essa coletividade que se forma educando as pessoas, as famílias e a si mesma? O que é, afinal, esse Movimento que é sujeito pedagógico e princípio educativo?

Quem estou buscando compreender como sujeito educativo aqui não corresponde indistintamente a todos os personagens que o nome *movimento social* evoca, a partir dos conceitos (diversos, divergentes) de movimento social que compõem os estudos a que me referi antes, ou a outros tantos de uma literatura já razoavelmente extensa. Embora não pretenda entrar nessa discussão conceitual específica, considero necessário apontar para uma certa diferenciação de sentido porque isso pode deixar mais clara a reflexão pedagógica que aqui estou propondo. Há duas diferenciações básicas, me parece. Uma de concepção (o que é o MST) e outra de jeito de olhar para o Movimento.

A primeira diz respeito à dificuldade de *enquadrar* o MST na categoria de movimento social, tal como ela aparece em grande parte dessa literatura. O MST continua sendo um desafio teórico para os estudiosos dos movimentos, porque combina em sua atuação diversas características, que para muitos parecem inconciliáveis, como por exemplo ser ao mesmo tempo um movimento de massas e uma organização social com intencionalidade política; às vezes comportar-se como um movimento, e outras parecer quase uma instituição; trabalhar com bandeiras de luta bem concretas e imediatas, ao mesmo tempo que atuar em uma perspectiva histórica e para ser uma organização duradoura. Ou seja, a experiência do MST sugere que nem sempre a realidade precisa apresentar-se tão polarizada como teoricamente ainda se continua olhando para ela.

Por outro lado, também não é algo fácil de explicar a constituição da identidade Sem Terra. Constituir-se como uma identidade coletiva é um dos elementos apontados teoricamente como sendo próprios da definição de um movimento social. Mas, no caso do MST, o que intriga é a produção de uma identidade coletiva que transcende as características específicas dos sujeitos que o integram. Ser Sem Terra hoje é bem mais do que ser um trabalhador ou uma trabalhadora que não tem terra, ou mesmo que luta por ela; *Sem Terra* virou nome simbólico, referência de luta, de organização, de ética, de cidadania, e até da irreverência cultural que altera normas da gramática pela força do uso social de uma expressão que se tornou *nome próprio*, mas em uma identidade que transcende a si mesma.[209] Se olharmos para a maioria dos movimentos sociais ou populares, urbanos ou do campo, que têm sido objeto dos estudos atuais que buscam construir uma teoria dos movimentos sociais, a identidade desses movimentos, ou a de seus sujeitos, apresenta-se bem mais colada aos objetivos específicos que lhe constituíram como coletivo, e por isso nem sempre conseguem o tipo de relação que os sem-terra têm hoje com a sociedade; algo que talvez possa ser comparado ao que já ocorreu em outros tempos com os movimentos operários, quer dizer, um tipo de relação que provoca *tomada de posição*, e geralmente apaixonada: ou se é apaixonadamente contra ou apaixonadamente a favor, mas quase nunca indiferente. Por que é assim? Por que as pessoas sentem esse *clima* diferente, quando participam das ações do MST? Certamente não há uma razão específica, mas sim a confluência de diversos elementos, que também incluem o próprio momento histórico em que o MST se produz e é visto.

O importante aqui é ter presente que essa não é uma questão já explicada, sendo recente a preocupação de compreendê-la com mais profundidade. Por isso, é pelo menos no contexto de dúvida teórica sobre o que é de fato o MST, e sobre que nova

---

[209] Lembro da polêmica do hífen e do "s" mencionada na Introdução, e também de análises como esta: ... *os sem-terra perturbam, à direita e à esquerda, por encarnar um código ético-moral, ora assimilado como expressão de um drama histórico não resolvido mas antigo, ora traduzido como sinal quase profético de um Brasil socialmente – quase comunitariamente, poderíamos dizer – democrático.* Guimarães, Juarez, 1999, p. 1.

categoria de análise da dinâmica social sua experiência talvez projete, que incluo minha reflexão sobre o movimento social como princípio educativo e sujeito pedagógico, acreditando que essa discussão específica também faz parte desse desafio teórico mais amplo.

É possível, então, que seja essa complexidade de sentido que nos leve a uma diferenciação também sobre como olhar para o Movimento. Aqui, a escolha foi a de buscar olhar para *o movimento do Movimento*, ou seja, o MST como *processo* de sua constituição como ação, como coletividade, como identidade, no movimento ou na relação entre as diversas características que foi produzindo em sua história, e que se refletem em cada vivência cotidiana dos sem-terra. Nesse olhar, é possível enxergar que o princípio educativo por excelência está no *movimento mesmo*, no *transformar-se transformando* a terra, as pessoas, a história, a própria pedagogia, sendo essa a raiz e o formato fundamental de sua identidade pedagógica. Não é por acaso que, especialmente nos acampamentos, seja comum a expressão: *ser do Movimento é estar em movimento!* No Movimento, os sem-terra aprendem que o mundo e o ser humano *estão para ser feitos* ou que *o mundo não é o mundo, está sendo*, (Freire, 1997, p. 85) e que o movimento da realidade, constituído basicamente de relações que precisam ser compreendidas, produzidas ou transformadas, deve ser o grande mestre desse fazer.

Essa é a matriz pedagógica que está presente em todas as vivências educativas que podemos identificar na formação dos Sem Terra: o MST como uma *coletividade em movimento* que produz uma referência de sentido a cada ação, estrutura ou sujeito que constituem o seu cotidiano. Olhar para um assentamento ou um acampamento ou uma escola em si mesmos, ou olhar para aquelas *pequenas coisas* a que se referiu Bogo, isoladamente, é diferente de olhar tudo isso, ou cada uma dessas coisas na perspectiva do Movimento, ou como processos que produzem um movimento social. É esse o olhar que permite situar o próprio MST para além dele mesmo, por sua vez como processo que constitui um movimento sociocultural e histórico que o transcende. O sujeito educativo que busco compreender é este *tudo isto* com as relações e a referência de sentido que lhe conformam como *mais do que isto*. Terra é mais do que terra; escola é mais do que escola; talvez porque o Movimento seja mesmo Movimento.

Mas é preciso também avançar nossa reflexão sobre como esse sujeito educativo se realiza na prática. Que componentes pedagógicos são acionados pelo Movimento no processo educativo dos sem-terra?

Há alguns *processos pedagógicos básicos* que aparecem de maneira mais constante e insistente na trajetória histórica e nas diversas vivências socioculturais que antes foram analisadas como constituidoras da experiência humana de ser um sem-terra do MST. Em palavras-chave: *luta, organização, coletividade, terra, trabalho e produção, cultura* e *história*.

Mas as próprias palavras que referem os processos pedagógicos nos sugerem uma reflexão que antecede a compreensão de cada um deles: o Movimento se constitui como matriz pedagógica das práticas concretas de formação dos sem-terra, não criando uma nova pedagogia, mas *inventando um novo jeito de lidar com as pedagogias já construídas na história da formação humana*. Em outras palavras, a Pedagogia do Movimento *põe em movimento a própria pedagogia*, mobilizando e incorporando, em sua dinâmica (organicidade), diversas e combinadas matrizes pedagógicas, muitas delas já um tanto obscurecidas em um passado que não está sendo cultivado. Tal como na lavração que seus sujeitos fazem da terra, o MST revolve, mistura e transforma diferentes componentes educativos, produzindo uma síntese pedagógica que não é original, mas também não é igual a nenhuma pedagogia já proposta, se tomada em si mesma, exatamente porque a sua referência de sentido está no Movimento.[210]

Nas vivências educativas concretas, essas pedagogias, ao mesmo tempo que se combinam, podem, em alguns momentos, também contradizer-se, sendo a busca da coerência aqui também um desafio pedagógico. Por sua vez, é somente como um permanente produzir-se e transformar-se em cada prática que essas matrizes pedagógicas podem ser compreendidas.

Um detalhe a mais para se ter presente: dizer que o Movimento está na base da concepção educativa dos sem-terra não é o mesmo que dizer que isso é o que aparece no *discurso* do MST sobre sua proposta de educação. Na verdade, essa é uma síntese em processo, produzida pelo esforço, nem sempre racionalmente consciente, de construir uma educação que seja *do jeito do Movimento*. Nas escolas onde estão as *professoras Sem Terra* é comum, diante de alguma dúvida sobre como conduzir determinada prática, que a pergunta seja: *e no Movimento, como se faz?*

---

[210] Talvez seja por isso que, mesmo sem ter feito esta reflexão específica, o MST costuma ter dificuldade com uma pergunta muito cara a alguns intelectuais: *que pedagogia o Movimento segue?* O MST, na verdade, não *segue* uma pedagogia; ele se constitui como sujeito pedagógico através de muitas pedagogias. E é interessante como essa novidade *incomoda* aos próprios educadores sem-terra. Nos cursos, fatalmente vem esta pergunta: *afinal, a gente segue Paulo Freire?* (ou Makarenko, ou Vigotsky...).

As principais *matrizes pedagógicas*, no sentido de *processos educativos básicos ou potencialmente (con)formadores do ser humano*, que o MST põe em movimento no processo de formação dos sem-terra são então as seguintes:
Primeira matriz: Pedagogia da *luta social*. Ou: como os sem-terra do MST se educam na experiência de tentar *virar o mundo de ponta-cabeça*.

Essa talvez seja a matriz pedagógica mais intrinsecamente colada ao Movimento enquanto ingrediente capaz de mover e transformar a própria pedagogia. O Movimento é constituído pela luta, e ao mesmo tempo a conforma. E isso é tanto mais forte, do ponto de vista da formação humana, por se tratar de uma luta social de *vida ou morte*, de *vida inteira*. Ser *Sem Terra* quer dizer *estar permanentemente em luta para transformar 'o atual estado de coisas'*. Ou seja, a luta está na base da formação dos sem-terra, e é a vivência dela que constitui o próprio *ser do MST*, trazendo presente a própria possibilidade da vida em movimento, onde o que hoje é de um jeito, amanhã já pode ser diferente, ou até já estar mesmo *de ponta-cabeça*.

Tudo se conquista com luta e a luta educa as pessoas. Esse é um dos aprendizados ao mesmo tempo herdados e construídos pela trajetória histórica do MST. Por isso, manter os sem-terra em *estado de luta permanente* é uma das estratégias pedagógicas mais contundentes produzidas pelo Movimento. E não estou me referindo apenas ao sentido mais amplo da educação que nasce da participação do sem-terra na luta pela terra no Brasil. Também isso, mas talvez o principal seja compreender como essa grande luta se traduz nas *pequenas coisas*, quer dizer, como em cada ação cotidiana está a marca da atitude de *pressionar as circunstâncias* para que elas sejam diferentes do que são.

Nesse sentido, o *virar o mundo de ponta-cabeça*, que está radicalmente presente na ação de ocupar um latifúndio, também está em tornar uma terra produtiva, em conquistar o apoio da sociedade para a causa da Reforma Agrária, em demonstrar quando um saque de alimentos pode não ser considerado um roubo, em conseguir trazer a escola para o campo, em aprender a ler mesmo já tendo muita idade, em manter-se como família nas diversas ações da luta pela terra, em enfrentar derrotas, em manter o brio nas situações de indignidade; está também em conquistar espaço no próprio Movimento, em modificar o jeito de ser, de se relacionar com as pessoas, em aceitar transformar-se como ser humano, a cada dia, a vida toda. E então a luta social maior articula e ressignifica os diversos sentidos de cada uma dessas *pequenas lutas* que acontecem em seu cotidiano, e tempera isso tudo com ingredientes de história, política, cultura. *Terra que se conquista com luta é terra que não se fica devendo a ninguém, e isso permite continuar lutando pelas outras coisas. Não precisamos ficar ajoelhados agradecendo o que já sabemos ser nosso por direito, um direito construído na luta.*[211]

Mas por que dizer que isso é educativo? Simplesmente porque se trata de uma vivência que tem em si a virtualidade de conformar um jeito específico de ser humano, talvez potencializando o traço principal da *humanidade*, que é a possibilidade de fazer-se a si própria enquanto transforma a realidade e se produz como um sujeito histórico. Em todos os tempos foi assim. As lutas sociais

---

[211] Darci Maschio em fala às professoras de assentamento da região de Sarandi, no Rio Grande do Sul, em 24 de maio de 1999. Nessa mesma fala, contou como, no início do MST, algumas *autoridades* faziam questão de insistir durante as audiências com os sem-terra: *vocês estão aqui para pedir terra, não é mesmo? Porque exigir aqui ninguém vai exigir nada! Vocês não têm este direito.*

produziram as transformações históricas porque conformaram os próprios sujeitos capazes de fazê-las e de consolidar os novos parâmetros da vida em sociedade que criavam. Quando a vida *está por um fio*, o ser humano é *mexido desde a raiz*. Quando isso acontece como parte de uma luta social, essa transformação pode afetar uma sociedade inteira. Como não perceber a educação acontecendo nisso? E como não perceber que isso também *vira a pedagogia de ponta-cabeça*, à medida que identifica a formação humana em um tipo de socialização que não é da ordem mas da contraordem, que não ensina mas sim problematiza e reinventa valores, através do *aprendizado coletivo das possibilidades da vida* (Tierra, 1996)?

Olhando para o nosso tempo, e para o caos social e humano em que estamos mergulhados enquanto país, enquanto modelo de sociedade e concepção de mundo, um olhar sempre necessário quando discutimos sobre práticas educativas, parece-me possível enxergar alguns aprendizados básicos que se produzem nessa relação entre a luta social e a formação humana.[212] Um deles é a construção vivencial da convicção de que *nada nos deve parecer impossível de mudar*.[213] Isso é decisivo na conformação da

---

[212] Em outro tempo da história, poderíamos olhar para essa mesma experiência educativa, percebendo nela outras dimensões principais. As questões pedagógicas não estão dadas de uma vez para sempre, mas são construídas historicamente, embora não deixem de movimentar-se entre alguns elementos que talvez possam ser chamados de *universais* na reflexão sobre a formação humana. Porém, enxergá-los como universais também faz parte de um esforço historicamente situado.

[213] Esta expressão está em uma frase de Bertolt Brecht que o MST assina embaixo, através de cada ação que o constitui: *Não aceitem o habitual como coisa natural, pois em tempos de desordem, de confusão organizada, de arbitrariedade consciente, de humanidade desumanizada, nada deve parecer natural, nada deve parecer impossível de mudar.*

visão e da postura que uma pessoa ou um grupo social assume diante do mundo, da história sua e de todos. Essa postura é condição da própria luta, mas, nos diz a experiência do MST, ela não precisa ter sido construída como consciência pessoal antes de cada pessoa entrar nela. A própria participação na luta forma a convicção, que poderia estar apenas como sentimento, intuição ou somente possibilidade, no momento em que a pessoa decidiu lutar, ou mesmo quando decidiu participar de uma ação que ainda nem percebia como sendo uma luta.

Por sua vez, a convicção de que tudo pode ser diferente do que é, vai conformando o próprio jeito de fazer a luta. Essa é a diferença de estilos que aparece nos diversos movimentos sociais que têm causas semelhantes. Alguns consideram que a luta deve ser feita dentro dos estritos limites impostos pela própria circunstância que os colocou nela. Outros, ao contrário, consideram que as formas de luta devem *quebrar a ordem*, no sentido de já ir transformando as circunstâncias que a justificam. O MST costuma ser considerado exemplar nesse segundo jeito. Mas nem sempre nos damos conta de que esse jeito não é gratuito nem nasceu com os sem-terra; foi fruto de um processo mais ou menos longo, de decisões tomadas em discussões *que fizeram muita gente até chorar* (Maschio), e que essa talvez seja exatamente uma das grandes *sínteses educativas* produzidas pelo Movimento em sua história. Essa síntese foi de certo modo facilitada pela radicalidade inerente ao objeto principal da luta dos sem-terra: não precisou muito tempo para que percebessem que no Brasil a Reforma Agrária não faz parte da agenda *da ordem*, e que então não avançaria em nada, se a luta ficasse restrita aos seus estreitos limites. *A conjuntura não está favorável,* dizem alguns diante de ações do MST. *O Movimento faz a conjuntura*, costumam responder os *Sem Terra*.

Transformar as circunstâncias através da luta implica, por sua vez, em alguns aprendizados correlatos: é preciso aprender a analisar a realidade a cada ação e é preciso aprender a ser criativo. Porque não se trata de mudar por mudar, ou de instituir a desordem; o que garante a continuidade do Movimento ou da própria luta é a sabedoria de enraizar cada ação de ruptura na perspectiva da construção de uma outra ordem, ou de outros parâmetros do olhar da sociedade sobre si mesma. Cada ação precisa fazer pensar e não apenas destruir o que já existe; propor valores e não apenas contestar os que já estão propostos. Essa é a diferença entre uma baderna e uma *rebeldia organizada*, entre um quebra-quebra e um *protesto popular* ou uma ação de *desobediência civil*. E são sutis, mas ao mesmo tempo muito profundas, as diferenças que permitem à sociedade afirmar, diante de determinada ação: *isso é coisa do MST* ou, ao contrário, *o MST não faria isso*. Há uma história, que também é de formação humana, atrás de um juízo de valor como esse, às vezes nem suficientemente refletido pelos próprios sem-terra.

Junto com esse aprendizado de que nada nos deve parecer impossível de mudar,[214] vem outro muito importante, especialmente se visto com os olhos de nosso tempo: o aprender a *produzir utopias*, no sentido de construir um olhar para a vida e o mundo que *projete futuro* e um futuro balizado na convicção de que tudo pode ser diferente do que é. Se a realidade pode ser outra, então também é possível imaginar, projetar como ela virá a ser, se assim for feita.

---

[214] Que Paulo Freire diz ser também um dos princípios de quem trabalha com educação: *ensinar exige a convicção de que a mudança é possível* (1997, p. 85).

Antes de entrar na luta pela terra, as famílias sem-terra têm no presente a sua obsessão: é nele que está a fome, a doença, a desesperança. Quando ocupam uma terra, essas famílias *põem os pés no seu futuro*, e já enxergam aquela terra produzindo a fartura de alimentos que naquele momento ainda lhes falta; e se o Movimento realizar seu projeto educativo, logo estarão enxergando não apenas a sua terra cultivada, mas cultivando um olhar que alcance todas as terras do país sendo produtivas e produzindo gente com saúde, dignidade, sonhos. E, a cada conquista de sua organização, os sem-terra conseguirão ver uma nova luta a fazer e um novo projeto a ser realizado, ao mesmo tempo que nunca deixarão de olhar para o passado que lhes devolveu a capacidade de sonhar com um futuro enraizado, mas que não lhes deve prender apenas a seu próprio chão.

Em nosso tempo, há diversas tentativas de matar a ideia da utopia, como se ela fosse o símbolo de um projeto ultrapassado de sociedade, e de olhar para a história. É próprio do ser humano projetar o futuro, mas o formato da sociedade atual tem tirado essa possibilidade de muitas pessoas, ao mesmo tempo que, para o seu conjunto, propõe que essa projeção aconteça dentro dos limites estreitos do presente que sua lógica condiciona e cristaliza, o que é exatamente o contrário de produzir utopias. A experiência educativa do MST tenta recuperar a potencialidade transformadora da produção coletiva de utopias, não como construção de modelos sociais ou humanos a serem perseguidos, mas muito mais como *um exercício permanente de construir parâmetros sociais e humanos* que orientem cada ação na direção do futuro. Sem isso, a luta correria o risco de ficar imobilizada e os sem-terra talvez não permanecessem em movimento.

Outro aprendizado produzido pela pedagogia da luta é o da postura política e cultural de *contestação social*, que é a tradução do princípio da possibilidade da mudança para o jeito de olhar a sociedade como um todo. Ou seja, o agir permanente na transformação de suas circunstâncias e em busca de conquistar seus próprios direitos, aos poucos vai desenvolvendo, nos sem--terra, uma postura de lutar também pelos direitos de outros, especialmente quando esses direitos têm a ver com a superação de situações de injustiça. O sentimento de indignação, diante das injustiças da sociedade, não é inerente à condição de *oprimido*, mas é um aprendizado a ser construído, sendo a luta social um ambiente bastante fecundo para que ele se produza.

Na trajetória da formação dos sem-terra esse é um aprendizado produzido pela intencionalidade do MST em combinar luta pela terra, luta pela Reforma Agrária, luta pela transformação do país, objetivos que definiu desde a sua criação formal em 1984, e que foi concretizando em ações ao longo de sua história. A luta pela terra no Brasil é, em si mesma, contestadora da ordem social, dada a profunda identificação dessa ordem com a concentração de terras e com a cultura do latifúndio; mas o sujeito da luta pela terra não é necessariamente um contestador social, à medida que pode entrar na luta movido apenas por uma necessidade pessoal ou familiar de garantir sua própria sobrevivência. Esse mesmo sujeito pode tornar-se um lutador da Reforma Agrária e também um cidadão preocupado com o destino histórico de seu país, disposto a contestar não apenas situações particulares mas também os valores e as convicções que movem as definições desse destino. Mas isso será uma construção histórica que, embora não possa acontecer descolada das necessidades e dos interesses imediatos, já traz consigo componentes importantes de um processo de educação em andamento. *O que move uma pessoa é a necessidade, mas o que a mantém em movimento são objetivos, princípios, valores* que são formados desde determinadas ações que tenham a força pedagógica para isso.

E como nos disse Maschio em um depoimento anterior, cada ação pressiona um tipo de *leitura da realidade*; no MST algumas ações mais do que outras foram produzindo uma *cultura* que hoje se considera como sendo própria do Movimento. Ninguém duvida de que a marca política e cultural do MST (seus princípios, valores e jeito de ser) foi produzida muito mais pelas ocupações de terra do que por reuniões ou audiências de negociação, embora ele faça ambas as coisas.

Uma condição para a formação de *contestadores* ou de *lutadores sociais* é a *sensibilização social*, o que os sem-terra podem cultivar desde crianças. Cristiano, um dos Sem Terrinha premiados no Concurso Nacional de Redações e Desenhos promovido pelo Setor de Educação do MST em 1998, foi junto com as outras crianças premiadas participar de um encontro nacional em Brasília. Foi um encontro com diversas emoções para todas as crianças, incluindo as audiências que tiveram no Ministério da Educação e no Palácio do Planalto. Sua mãe relata que uma das primeiras coisas que Cristiano, 9 anos, contou, quando voltou para casa, foi sobre os mendigos que viu na Estação Rodoviária da cidade, e de como *eram sujos, feios e tristes*. O que chamou especial atenção da mãe de Cristiano é que, enquanto contava sobre esses mendigos, as lágrimas corriam de seus olhos, o que ele ainda tentava esconder, constrangido diante de seu próprio sentimento. Ele não conseguia se conformar como, em uma cidade onde mora o Presidente da República e *tem tantas casas bonitas,* podia ter também tantas pessoas passando fome e morando na rua. A surpresa da mãe de Cristiano foi porque não lembrava de já ter conversado com seu filho sobre essas coisas; ela ainda não havia se dado conta de como era o próprio *ambiente educativo* e não apenas seu discurso de educadora (de mãe e de professora) que *cultivava* certos sentimentos em seu filho.

Esta pode parecer apenas uma *historieta, coisa de criança*, a mesma aliás que costuma motivar os Sem Terrinha a pedir para os adultos que levem algumas crianças de rua para morar com eles nos assentamentos; mas na verdade são episódios como este que nos permitem pensar em detalhes decisivos na conformação de um jeito de ser humano, *o ser humano que sabe contestar*. O sentimento de indignação contra as injustiças é condição para a postura de contestação social. E para indignar-se é preciso percebê-las como tal. Parafraseando Thompson: *que as crianças sem-terra sintam essas injustiças – e as sintam apaixonadamente – é, em si, um fato suficientemente importante para merecer nossa atenção.*[215] Se Cristiano não perder esse tipo de sentimento no caminho, certamente crescerá como um cidadão pouco disposto a achar que a ordem das coisas tem de ser esta em que as injustiças são vistas como naturais e inevitáveis. E se alguém tiver a preocupação de que cultive a herança de ser um dos *filhos da luta pela terra*, a geração de lutadores sociais talvez possa continuar sendo multiplicada e fortalecida.

O MST educa os sem-terra, pois, pondo em movimento uma matriz pedagógica tão antiga quanto a humanidade, embora

---

[215] A frase de Thompson, dita no contexto de discussão sobre a formação da classe operária inglesa, é a seguinte: *Que os trabalhadores sentissem essas injustiças – e as sentissem apaixonadamente – é, em si, um fato suficientemente importante para merecer nossa atenção...* (1988, p. 27).

de modo geral desconsiderada como tal pela pedagogia. Nas pedagogias mais tradicionais, a educação é vista exatamente no contraponto da luta, sendo a *ordem* seu valor mais precioso. Por isso, a educação é vista como sinônimo de socialização passiva, de integração à sociedade, de aprendizado da obediência ou até do conformismo pessoal e social. Por outro lado, nas pedagogias que se colocam em uma perspectiva de participar dos processos de transformação social, o predomínio da *pedagogia da palavra*, seja como apelo à conscientização ou como denúncia da alienação provocada pelas condições sociais, de modo geral também não concede lugar de destaque para a dimensão pedagógica da própria ação de lutar. A educação é vista como *preparação* ou *conscientização* para a luta, ou como *reflexo* de condicionamentos sociais que a impedem. Em ambos os olhares resta pouco lugar para a educação como um processo produzido pela luta mesma.

É por isso, também, que são bem mais comuns as pedagogias que se colocam *para os* oprimidos, os trabalhadores e os movimentos sociais, e não as pedagogias que são *deles próprios*. Quando a luta social passa a ser vista como educativa, necessariamente se altera o olhar sobre quem são os *sujeitos educadores*. Também na pedagogia é possível tentar *virar o mundo de ponta-cabeça*, ou pelo menos passar a olhá-lo desde um outro ponto de vista.

Há todo um esforço teórico e prático a ser feito, parece-me, no sentido de recuperar ou mesmo de construir essa matriz pedagógica e extrair dela algumas implicações importantes para o pensar de uma educação comprometida com a formação do ser humano. Paulo Freire chegou a afirmar que a pedagogia do oprimido, *no fundo, é a pedagogia dos homens empenhando-se na luta por sua libertação, tem suas raízes aí* (1983, p. 43). Mas, em sua pedagogia, o princípio educativo nem sempre pode ser interpretado como sendo a luta mesma; ele aparece mais frequentemente como sendo a *reflexão*, enquanto encontro do oprimido consigo mesmo, que permite a ele engajar-se nessa luta pela sua própria libertação. A descoberta da opressão, se *não pode ser feita em nível puramente intelectual, mas da ação, o que nos parece fundamental, é que esta não se cinja a mero ativismo, mas esteja associada a sério empenho de reflexão, para que seja práxis* (1983, p. 56). Esse é, aliás, um outro *tempero pedagógico* fundamental e um desafio permanente no *movimento da pedagogia* que está na experiência do MST.

Mas é preciso refletir também que, de modo geral, se as práticas educativas se colocam na perspectiva de inserção (socialização) das pessoas, e especialmente das novas gerações, em uma determinada ordem (e isso em qualquer sistema social), não parece pouco importante *temperá-la* com práticas cujo princípio educativo siga a lógica inversa. Educar não poderia ser visto apenas como um esforço de *socialização integradora*; ela acontece na dinâmica social também como *socialização contestadora*, de práticas, de valores, de concepções. *Não é na resignação, mas na rebeldia em face das injustiças, que nos afirmamos* como humanos (Freire, 1997, p. 87).

Penso que um diálogo entre a Pedagogia e a História, especialmente na matriz que a vê *de baixo para cima*, poderia produzir reflexões inovadoras nesse campo. Historiadores como Hill preocuparam-se em examinar *a fascinante torrente de ideias radicais* desencadeadas em momentos de revoluções sociais; deveríamos fazer um esforço semelhante e examinar *as fascinantes pedagogias* que vêm sendo produzidas na história das revoltas populares e das lutas da classe trabalhadora de nosso país, analisando como também têm sido *sementeiras* não somente de ideias mas também de valores, de sentimentos, de posturas humanas. Certamente encontraríamos uma matéria-prima ímpar para refletir sobre nossa prática, e para alimentar nosso próprio projeto de futuro enquanto educadores e educadoras que vivem em um tempo tão ávido por *esperanças e propostas*. Também para pensar como a escola poderia trabalhar esta matriz pedagógica, pelo menos quando tem dentro dela os sujeitos que a produzem em seu cotidiano.

Segunda matriz: Pedagogia da *organização coletiva*. Ou: como os sem-terra do MST se educam enraizando-se e fazendo-se em uma *coletividade em movimento*.

O ser humano precisa de raízes, e somente consegue produzi-las quando participa de uma *coletividade*. Através dela consegue manter vivos certos *tesouros do passado*, ao mesmo tempo que cultiva *pressentimentos de futuro* (Weil, 1996). O MST se enraíza enraizando os sem-terra em uma coletividade que eles mesmos constroem através de sua luta e organização. Fazer parte da coletividade chamada MST é, sem dúvida, uma das experiências decisivas na conformação humana do sujeito *Sem Terra*. Na experiência de formação dos sem-terra pelo Movimento, pois, a *organização coletiva* também figura como *princípio educativo*.

A expressão *organização coletiva* traz uma certa redundância: não há coletivo sem organização, e o processo organizativo geralmente visa à constituição de um coletivo. Mas aqui o seu uso permite chamar a atenção para um duplo sentido através do qual é possível compreender sua dimensão educativa. *Organização* remete ao ato ou ao processo de organizar-se em vista de realizar coletivamente uma determinada ação; mas também pode se referir à coletividade produzida através das ações organizadas. O MST organiza os sem-terra para a luta; o MST é a organização ou a coletividade produzida pelos sem-terra em luta. Nesse sentido, dizer que os sem-terra se educam através da organização se refere aos dois significados combinados: os sem-terra se educam à medida que se organizam para lutar; e se educam também por tomar parte em uma organização que lhes é anterior, quando considerados como pessoa ou família específica.

Considerando dessa forma, a *ocupação* é, como disse Stedile, a *matriz organizativa* do Movimento, à medida que foi em torno dela que se constituiu e se formatou a coletividade sem-terra. Mas, ao mesmo tempo, não é difícil enxergar no *acampamento* uma das formas organizativas criadas pela dinâmica das próprias ocupações, a *matriz de coletividade* em que se transformou o MST, como organização social constituída no interior do movimento de massas que luta pela terra e pela Reforma Agrária no Brasil. Ali estão os embriões da constituição das instâncias coletivas, dos Setores do Movimento, da cooperação no trabalho e, principalmente, dos valores que sustentam uma proposta de vida centrada no coletivo e não no indivíduo. Por sua vez, em cada uma das demais vivências, essas matrizes reaparecem e se reproduzem em outras dimensões que enriquecem, no processo, a elas próprias. Também a ocupação da escola é um processo de organização coletiva e que visa a transformá-la em uma coletividade e em parte da coletividade sem-terra.

Quais são, em síntese, os componentes educativos dessa matriz pedagógica específica?

Se acreditamos ser o *enraizamento* uma condição para que aconteça a formação humana, então ele próprio deve ser considerado o processo educativo fundamental nesse caso. A base social do MST é formada, em sua maioria, por pessoas ou por famílias que foram sendo progressivamente *desenraizadas*, principalmente por terem sido expulsas da terra, mas também por um conjunto todo de processos de exclusão social a que isso acabou levando. Voltar a ter *raiz* é certamente uma das grandes e primeiras conquistas dos sem-terra que entram no MST, e é ela que permite a cada pessoa abrir-se para a possibilidade de continuar sua formação como sujeito. Quanto mais enraizado em sua nova coletividade, mais o sem-terra poderá ser educado por ela. E estou falando aqui de diversos e combinados processos de enraizamento: no grupo do acampamento, na terra, na família sem-terra, na cultura material de quem luta e trabalha na terra, nas diversas práticas sociais, na possibilidade de estar em uma escola, e na própria *cultura do Movimento*.

Mas há então alguns *detalhes pedagógicos* a considerar nesse processo educativo mais amplo relacionado ao enraizamento como formação humana. Um deles diz respeito à relação entre a educação e a formação da própria identidade. A coletividade sem-terra educa, à medida que se faz ambiente de produção de uma identidade coletiva processada através e em cada pessoa, ao mesmo tempo que para além dela. Um exemplo para compreender melhor isso. Vamos pensar em qual o significado de uma expressão que já se tornou comum na sociedade: *onde estão os Sem Terra está a organização*. De modo geral, quando as pessoas dizem isso estão expressando a imagem que construíram olhando diversas vezes para a atuação pública do Movimento.[216] Há alguns aspectos principais que geralmente as pessoas apontam para traduzir essa expressão. Primeiro: ficam impressionados com a

---

[216] E é interessante como nem sempre as percepções coincidem, à medida que o olhar parta de referências diferentes. Diante de uma mesma ação, os sem-terra podem avaliar entre si como *estava tudo uma bagunça*, e as pessoas de fora, ao contrário, comentar: *que maravilha de organização!*

disciplina coletiva, ou seja, com o fato de que aquilo que é combinado realmente é feito, em uma divisão de tarefas que envolve muitas pessoas agindo em sincronia. Segundo: percebem unidade de ação, especialmente observada quando acontecem jornadas nacionais de luta, onde cada Estado, ao mesmo tempo que faz os ajustes exigidos pela sua realidade específica, não deixa de seguir as linhas tiradas pelo Movimento em seu conjunto, traduzidas especialmente no processo de simbolização que as acompanha.[217] Conflitos e diferenças ocorrem nas ideias, nos debates, mas geralmente não têm a força de romper com a unidade na ação que, aliás, é considerada um grande patrimônio político pelo MST. Terceiro: reparam que no Movimento a referência mais forte é o coletivo, não o indivíduo, mas, ao mesmo tempo, que as pessoas têm na organização um lugar de destaque. Quarto: admiram a mística geralmente presente em cada sem-terra, em cada ação, vivendo aquele *clima diferente* a que me referi em outro lugar. Quinto: enxergam ações que concretizam objetivos, seguem princípios e expressam valores.

No fundo, o que a sociedade enxerga, quando olha para a atuação do MST, é uma identidade coletiva em construção, mas que não se fecha nela mesma, e se projeta o tempo todo na relação com valores e questões que são universais. E é possível afirmar, então, que os *bastidores* do processo de produção dessa identidade (com suas discussões acirradas, seus conflitos

---

[217] *Em qualquer movimento social, o que dá unidade entre as pessoas, entre a base, não é o discurso, que a gente muda a toda hora; o que dá unidade entre as pessoas são as ações que vão produzindo símbolos, os símbolos que vão costurando a identidade, porque eles materializam o ideal, materializam essa unidade invisível. A Igreja sempre trabalhou muito bem isso...* (Stedile, entrevista, 1997).

de valores, suas contradições que explodem a cada momento) são educativos, e que seu motor é justamente essa *coletividade em movimento*.

Um segundo detalhe importante diz respeito às características peculiares dessa coletividade, e que condicionam traços pedagógicos específicos. Uma delas é a própria condição de ser uma *coletividade em luta* e, por isso mesmo, com uma dinâmica mais *intensiva*, com todos os ingredientes já comentados anteriormente. Outra, é a marca forte da *família* como comunidade primária que participa do conjunto das ações do Movimento. A luta pela terra feita pelo MST tem sido uma luta das *famílias sem-terra*. Isso traz uma implicação importante: a família combina, em si, diferentes gerações; à medida que as ações são feitas em família, isso quer dizer que o projeto educativo do MST *não separa as gerações* em tempos e lugares diferentes de formação. As principais vivências que formam os sem-terra são experimentadas pelas famílias inteiras, ou pelas diferentes gerações em conjunto, ainda que não necessariamente realizando as mesmas tarefas e nem pensando e sentindo as mesmas coisas. Isso merece atenção, porque uma característica marcante da sociedade capitalista urbanizada é exatamente a ênfase nessa separação das gerações. Talvez por isso ainda cause certa estranheza a presença de crianças nas ações do MST. Também merece atenção porque o momento da escola acaba fazendo essa separação; daí parece coerente, então, que, na cultura Sem Terra, *lugar de criança*, por exemplo, *não seja apenas na escola*. Seu lugar é na escola mas também nas ocupações, no trabalho, nas festas, nas marchas, no cotidiano do Movimento.

Outra característica ainda, é o necessário alargamento do conceito de coletividade, e mesmo do de família. A coletividade sem-terra é um acampamento, um assentamento ou uma escola; mas é também tudo isso junto e ao mesmo tempo, integrando pessoas e famílias que nem se conhecem, mas têm laços de uma identidade comum. No capítulo 2, citei o depoimento de Dirce, que traduziu o sentimento que atravessa essa condição criada pela luta, pelo Movimento: *é como se todo mundo se conhecesse há muito tempo porque, naquele momento, a gente era mesmo muito mais do que irmão...* Nesse sentido, família passa a ser mais do que aquela onde a pessoa nasce, porque há outros tipos de *laços de sangue* que passam a vincular as pessoas umas às outras. É difícil hoje um sem-terra do MST que não se sinta *um irmão* de Oziel, aquele jovem que morreu em Eldorado dos Carajás gritando *viva o MST!* Isso torna mais complexos e variados os processos educativos movidos pela coletividade sem-terra; porque, se boa parte da formação humana acontece nas relações interpessoais cotidianas e repetidas (o dia a dia de um acampamento, de um assentamento, de uma família, de uma escola), certamente o processo fica mais rico quando esse cotidiano não se refere sempre a um mesmo lugar, às mesmas pessoas, às mesmas relações, e também quando um cotidiano local pode trazer em si os ingredientes de outros lugares, de outros tempos, constituindo-se como que a materialidade cultural de um processo histórico mais amplo.

Trata-se de uma raiz que se multiplica em diversas raízes, e que por isso mesmo tem maior potencialidade de tornar-se projetiva, cultivando os pressentimentos de futuro. Participar de uma coletividade maior tende a *agraudar* nossa visão de mundo. No contraponto, um indivíduo isolado tende a se *amiudar* em visão de mundo, em projetos, em vida. Daí porque termos de considerar como uma estratégia pedagógica do Movimento esse esforço (ação permanente) de manter cada *pequena* família sem-terra vinculada à *grande* família sem-terra de todo o país.

Não é pouca coisa ter famílias assentadas em diversos cantos do país que afirmem com convicção e sentimento: *somos Sem Terra, somos do MST*; da mesma forma que não é um detalhe pedagógico supérfluo encontrar crianças que se chamem de *Sem Terrinha* e digam com seu jeito terno e vibrante: *eu amo o MST!*[218]

Um outro detalhe pedagógico importante é que a coletividade do MST educa os sem-terra para a própria noção de coletivo, à medida que ela está presente em todas as dimensões de atuação do Movimento, e nem sempre é uma experiência que já estava consolidada antes. Essa noção se traduz no princípio de que *nada se faz sozinho*, e torna *costume* a prática de *organizar coletivos* para que as ações aconteçam, mesmo que nem sempre elas acabem sendo feitas dessa forma. Assim é que se multiplicam no Movimento os coletivos de produção, de educação, de comunicação, de gênero..., passando sua existência a ser parâmetro principal de atuação em determinada frente de ação. Ao pesquisar sobre a história do trabalho com educação no MST, me deparei com este detalhe: a grande maioria dos sem-terra entrevistados identificou o nascimento do trabalho de educação em determinado estado ou região com a constituição de um *coletivo* que passou a se preocupar em organizar a luta e a discussão da educação dos sem-terra.

A potencialidade pedagógica da coletividade, ou mesmo das práticas organizativas e das relações sociais, não é uma novidade

---

[218] Frase encontrada escrita em uma parede logo depois de terminado o encontro estadual dos Sem Terrinha em Belo Horizonte, outubro de 1998 (Depoimento de Matilde Lima, do Setor de Educação do MST/MG).

proposta pelo Movimento. Podemos dizer que há mesmo uma tradição pedagógica dessa reflexão, em grande parte vinculada às reflexões sobre a dimensão educativa do conjunto das práticas sociais. De modo geral, a pedagogia socialista sempre insistiu bastante sobre isso. O pedagogo russo Makarenko, por exemplo, construiu toda sua estratégia pedagógica de reeducação de jovens a partir do potencial educativo de sua inserção em uma *coletividade forte*, que no caso dele era a própria escola, vinculada a processos produtivos socialmente úteis, potencialmente mais capazes do que as aulas em si mesmas de conformar um modo de organização coletiva capaz de influir na formação da personalidade de cada aluno.[219] Gramsci já tinha antes feito reflexões na mesma direção, e no próprio Marx é possível encontrar elementos nesse sentido. Quando o MST buscou intencionalizar esse princípio pedagógico em suas atividades de formação e educação, dialogou bastante com essa literatura, embora a dinâmica do movimento social tenha exigido alguns temperos diferentes e produzidos elementos de uma nova síntese.

Em outra perspectiva, também há elementos dessa reflexão pedagógica nas propostas que vêm das empresas capitalistas, e que visam à formação de trabalhadores e trabalhadoras ajustados às exigências do mercado. Nesse caso, fazem uma verdadeira *ginástica pedagógica*, ao ter de conciliar uma proposta de formação que consolide um modo de vida cada vez mais individualista com a capacidade de trabalhar em equipe e de se deixar educar por uma coletividade que não é a sua, nem o enraíza, mas com a qual precisa identificar-se para não ser dela excluído, embora esse risco esteja sempre presente.

---

[219] *La colectividad y la educación de la personalidad*, 1977.

De qualquer modo, esta é uma reflexão pedagógica que se contrapõe tanto à ênfase em pedagogias da palavra, porque a coletividade como referência pedagógica vem do prestar a atenção para ações e não para discursos sobre elas, como em pedagogias centradas na relação entre indivíduos, um educador e um educando, que ainda são pedagogias predominantes em muitos dos espaços de educação que conhecemos, incluindo grande parte das escolas.

Mas talvez a maior contribuição reflexiva desta pedagogia da organização coletiva, ou *pedagogia do enraizamento em uma coletividade*, presente na experiência de formação humana do MST, esteja em trazer de volta para nossa atenção a potencialidade educativa das *relações sociais* ou, na expressão de Arroyo, seu *peso formador* (1999a, p. 13). Nessa perspectiva, a experiência de participar da organização MST é educadora dos sem-terra basicamente pelas relações sociais que produz e reproduz, e que acabam interferindo pedagogicamente em diversas dimensões do ser humano e, ao mesmo tempo, problematiza e propõe valores, altera comportamentos, destrói e constrói concepções, costumes, ideias. É dessa maneira que vai conformando a identidade *Sem Terra*.

Há uma certa tradição pedagógica (de esquerda) que nos acostumou a ver a importância pedagógica das relações sociais mais em seu sentido negativo, quer dizer, como condicionadoras da alienação das pessoas ou impedimento às mudanças em educação, incluindo as da escola. Mas experiências como a dos sem-terra, o que fazem mesmo é nos confirmar que essas relações, que não são relações sociais de produção em sentido estrito, precisam na verdade ser vistas como indicativas *da centralidade dos processos materiais, das instituições e das relações sociais na formação do ser humano e nas aprendizagens* (Arroyo, 1999a, p. 14), e então como algo a ser trabalhado com intencionalidade pedagógica específica nas práticas educativas com propósitos políticos de transformação. É importante que a pedagogia reflita mais detidamente também sobre isso.

Terceira matriz: Pedagogia da *terra*. Ou: como os sem-terra do MST se educam em sua relação com a *terra*, com o *trabalho* e com a *produção*.

Alfredo Bosi nos diz em sua *Dialética da Colonização* que o latim, segundo ele uma *língua entranhadamente campesina*, criou a expressão *colere vitam* que significa, ao pé da letra, *lavrar a vida*, indicando que a vida não é mais do que *uma ação continuada, uma tarefa em que o lavrador, enquanto labuta, se lavra a si mesmo* (1998, p. 18-9). Essa expressão latina não tem ali uma relação com a palavra educação, embora tenha com a palavra cultura, de *colo, cultus* e *culturus*, da qual Bosi nos chama a atenção de que a educação é um dos momentos. Mas me parece uma expressão forte e bonita, *lavrar a vida*, para refletirmos sobre essa aproximação entre a terra e o processo educativo que acontece em um movimento social que tem nela seu objeto e sentido de luta e de existência. Porque a *vida*, nessa expressão, pode ser entendida como o ser humano, e também como a própria terra. Em ambos há vida a ser *lavrada*. Assim como é possível lavrar a terra, trabalhando-a para que se reproduza em vida, em alimentos e em beleza, também é possível lavrar o ser humano, justamente para que se produza e reproduza na plenitude de sua humanidade, no seu fazer-se humano.

Então, se existe essa identificação *de origem* entre a produção agrícola, a cultura e a educação, todas vinculadas à ideia de movimento ou de processo de transformação, não parece difícil compreender que também existe uma relação educativa entre os Sem Terra e a terra, terra de luta e de produção, terra *de movimento*, terra *de sentimento*, e uma das dimensões básicas de sua raiz. Talvez isso fique ainda mais claro se compreendermos, afinal que, enquanto seres humanos, também *somos terra* e não apenas nos relacionamos com ela. Como reflete Leonardo Boff, o *ser humano, nas várias culturas e fases históricas, revelou esta intuição segura: pertencemos à Terra; somos filhos e filhas da Terra; somos Terra. Daí que homem vem de húmus. Viemos da Terra e a ela voltaremos. A terra não está à nossa frente como algo distinto de nós mesmos. Temos a Terra dentro de nós. Somos a própria Terra que, na sua evolução, chegou ao estágio de sentimento, de compreensão, de vontade, de responsabilidade e de veneração: Numa palavra: somos a Terra no seu momento de autorrealização e de autoconsciência* (1999, p. 72).

Na verdade, essa é, talvez, a matriz educativa historicamente mais antiga que o MST põe em movimento na formação dos sem-terra: a que mistura o cultivo do ser humano com o cultivo da terra, com o trabalho e a produção. A terra de cultivo é também terra que educa quem nela trabalha; o trabalho educa; a produção das condições materiais de existência também educa. Já são também princípios de uma tradição pedagógica que vai e volta na história desses últimos dois séculos, (como matriz pedagógica é, portanto, mais recente), e que vem sendo construída desde matizes políticos, culturais e ideológicos de vários tipos, que acabam conformando concepções também diferentes sobre o que é essa dimensão educativa do trabalho ou da produção. Como pedagogia do trabalho, está em Marx como esteve antes nas propostas de *escolas do trabalho* da burguesia ascendente, com elementos comuns mas também contraditórios (Arroyo *apud* Gomes, 1987, p. 75-92). De modo geral, foi o trabalho de feição urbana o que mais inspirou as reflexões pedagógicas modernas. O MST acaba acrescentando alguns novos ingredientes e temperos nessa matriz, à medida que traz a terra como inspiração, que historicamente se defronta com desafios próprios de seu tempo no campo da produção e também da especificidade da luta que o constitui, e que tem sua conformação como movimento sociocultural e educativo.

No caso da *pedagogia da terra*, o mais correto, parece-me, é dizer que o MST primeiro a *repõe em movimento*, à medida que sua luta é exatamente para promover esse reencontro dos sem--terra com a terra, que é também reencontro consigo mesmo ou com o seu *ser terra*, restabelecendo (embora também recriando) o processo pedagógico interrompido com o desenraizamento que sofreram ao serem privados não apenas da posse mas também do trabalho e do cuidado dela. A maioria dos sem-terra já foram trabalhadores e trabalhadoras da terra e entram no Movimento com a herança dos aprendizados produzidos nessa relação. É exatamente o fruto dessa educação que eles põem em comum, quando decidem constituir-se como uma coletividade em luta. Foram os aprendizados da sua relação com a terra e o jeito de produzir seu sustento através dela que, em boa parte, foram conformando o próprio jeito de lutar e de ser do Movimento. O MST é, antes de tudo, um movimento camponês; essa é a raiz que sua história fixou e recriou e da qual não pode se afastar, porque afastar-se dela seria desenraizar-se, talvez até morrer.

O trabalho na terra, que acompanha o dia a dia do processo que faz de uma semente uma planta e da planta um alimento, ensina de um jeito muito próprio (também cultural, simbólico) que as coisas não nascem prontas mas precisam ser cultivadas; são as mãos do camponês, da camponesa as que podem lavrar a terra para que chegue a produzir o pão. Esse também é um jeito de compreender que *o mundo está para ser feito* e que a realidade pode ser transformada, desde que se esteja aberto para que ela mesma diga a seus sujeitos como fazer isso, assim como a terra vai mostrando ao lavrador como precisa ser trabalhada para ser produtiva. Desse trabalho vem o aprendizado da paciência: não adianta apressar o tempo da persistência, é preciso trabalhar todos os dias; e o da resistência diante dos percalços do cultivo: é preciso aprender a recomeçar tudo de novo e não abandonar a terra, quando intempéries cortam um processo de cultivo. Não é difícil enxergar no jeito dos sem-terra conduzirem a sua luta os traços que trazem de volta alguns desses aprendizados.

Nesse sentido, se antes tratei da pedagogia da luta, é preciso refletir agora, do ponto de vista da formação humana, que essa luta seja uma luta *pela terra*, significa que terá alguns ingredientes pedagógicos específicos, especiais talvez. Lutar pela terra é lutar pela vida em sentido direto, literal, sem mediações. A terra que se quer conquistar é, ao mesmo tempo, o lugar de trabalhar, de produzir, de morar, de viver e de morrer (*voltar à terra*), e também de cultuar os mortos, principalmente aqueles feitos na própria luta para conquistá-la. Isso não é algo fácil de explicar apenas no plano intelectual. É de novo aquele *mistério*, aquela *mística* que, em todos os tempos, envolveu essa relação entre o ser humano e a terra, e que por isso faz dos lutadores que a têm como bandeira sujeitos com características diferentes.

Às vezes causa espanto, por exemplo, o fato de que os sem--terra tenham uma capacidade de enfrentamento tão radical das circunstâncias sociais que produziram seu afastamento da terra, sem necessariamente já terem produzido uma consciência política mais elaborada ou terem uma ideologia revolucionária. A radicalidade é algo inerente aos sem-terra, exatamente porque sua luta é pela raiz, e sentem a vida na luta como talvez outros lutadores não a sintam com tanta intensidade, mesmo tendo objetivos políticos teoricamente melhor definidos. É mais uma vez o retorno daquele mistério que está sintetizado na expressão poética de Dom Pedro Casaldáliga: *terra é mais do que terra*, que podemos tentar explicar, mas talvez não seja mesmo para ser explicado totalmente.

Acredito que não há como compreender tudo o que isso envolve sem ter a vivência direta de como essa relação afinal se dá em cada sem-terra, ou em cada ser humano que tenha na terra seu sentido de vida, seja como presente ou seja como herança que, em algum momento, retorna e se faz ação, como no caso das ocupações de terra mais recentes, feitas também por trabalhadores e trabalhadoras que já não eram mais da terra, mas que a ela querem retornar depois de anos, ou até de gerações, de afastamento. Porque *tudo o que é necessário, necessariamente retorna* (Bosi, 1998, p. 47) e também isso é preciso compreender como ingrediente educativo que compõe a luta pela terra.

Mas há uma outra dimensão desse processo que diz respeito mais diretamente à intencionalidade pedagógica do Movimento (seu tempero específico) na relação dos sem-terra com a terra, com o trabalho e com a produção, sobre a qual houve um começo de reflexão no capítulo 2, e que me parece necessário retomar aqui, quando o objetivo afinal é compreender os meandros de formação humana que constituem o *movimento social como princípio educativo*. Trata-se de compreender o *movimento* na relação dos sem-terra com a *terra de trabalho*.

Compreender esse movimento significa, não exclusiva mas muito especialmente, compreender a trajetória da formação dos sem-terra colada às tentativas de recriação do que talvez possa ser chamado de um *modo camponês de produção*. Do ponto de vista pedagógico, a afirmação é: os sem-terra se educam no processo, de modo geral tenso e conflituoso, de *transformar-se como camponês, sem deixar de sê-lo*, o que quer dizer, buscando construir relações de produção (e de vida social) que já não são próprias do campesinato tradicional, de onde muitos dos sem-terra têm origem, mas que continuem vinculadas (econômica, política e culturalmente) à sua identidade (de raiz) camponesa.

Transformar-se como camponês inclui aqui um processo educativo básico (lavração da vida, conforme aprendemos) que diz respeito a assumir-se, conscientemente, como sujeito do Movimento, ou seja, construir relações de produção e formas de vida no campo que deem continuidade à luta que lhe permitiu esse reencontro com a terra e consigo mesmo. Isso pode ser mais complexo do que parece à primeira vista, especialmente quando as escolhas a serem feitas nesse plano são condicionadas por todo um contexto que pretende exatamente o contrário. Que os assentados deixem de se assumir como sem-terra e como membros do MST, é uma das batalhas em que os adversários da Reforma Agrária têm investido desde o início dessa história.

E esse não é um desafio sobre o qual já se conhecem todos os contornos. No MST, é uma discussão que está apenas em seu início, sugerida pelos dilemas enfrentados no dia a dia dos assentamentos, e na permanente autocrítica dos setores do Movimento que se envolvem mais diretamente com as questões da produção. Como romper com o individualismo, com o apego à propriedade privada da terra e com o jeito de ver o mundo que esse apego condiciona? Como lidar pedagogicamente com certos costumes de *senhor da terra*, que muitos sem-terra incorporaram de uma tradição que talvez não seja a sua, mas que muitas vezes retorna com força, quando são assentados?[220] Quais as formas de trabalho que devem ocupar as diferentes gerações que convivem em um assentamento? Qual é o projeto de desenvolvimento produtivo dos assentamentos que combine viabilidade econômica com os traços da identidade política e cultural construída historicamente pelos sem-terra em seu movimento, e continue o processo de educação das novas gerações nessa mesma perspectiva? Quais são as marcas de um assentamento em que a sociedade possa dizer, assim como faz em relação às formas de luta que enxerga, *isto é coisa do MST*? Como potencializar as propostas de cooperação agrícola, ao mesmo tempo como estratégia econômica e pedagógica? Esses são apenas alguns exemplos de perguntas cujo processo de produção coletiva das respostas ainda é desafio, mas também já é processo educativo em pleno andamento. Questões que não apenas traduzem o Movimento mas também o projetam em cada vez mais dimensões de *ocupação* e de *preocupação*.

Manter-se como camponês, por sua vez, quer dizer não negar seu passado nem sua raiz como um determinado tipo de trabalhador e de *filho* da terra, até porque é nela que se sustentou para entrar na luta pela terra, e mesmo para ser do MST. Isso implica até mesmo em recuperar certas tradições alimentares do campo, assim como em cultivar alguns traços de valorização da família

---

[220] Em outras palavras, e como diria Freire: *Como matar o opressor que, enquanto oprimido, o sem-terra também carrega dentro de si?*

e da vida comunitária que permitam que as experiências de cooperação agrícola, por exemplo, desenvolvam-se entrelaçadas a padrões culturais já existentes (Bogo, 1999). O desapego à cultura camponesa geralmente tem representado nos assentamentos, e especialmente considerando as novas gerações, uma fragilização da capacidade de resistência cultural dos sem-terra, também como Movimento. É o que comecei a dizer antes, ou seja, sem essa raiz não há como o Movimento prosseguir na construção de sua identidade e sem isso interromperá sua emergência enquanto movimento sociocultural com *forte dimensão de projeto*.

O MST entrou nesse tipo de questão do mesmo jeito como foi produzindo sua identidade, hoje percebida como mais complexa do que talvez tenham pretendido seus iniciadores. Quer dizer, não foi *porque quis*; tanto que muitas dessas questões têm demorado bastante para entrar em sua agenda de discussões e estudos mais formais. O MST é um movimento camponês, mas pelas características que construiu historicamente não pode ser considerado um movimento camponês típico, onde as preocupações com a forma de produzir possam ser apenas aquelas dos primeiros assentados que João Pedro descreveu em suas entrevistas, e que registrei no capítulo II. O MST não quer apenas lutar pela terra; quer fazer a Reforma Agrária, e quer alterar o modelo de desenvolvimento da agricultura e do campo como um todo; quer também formar novos seres humanos, sujeitos criativos de sua própria história.

Quando um assentamento é conquistado, a sua própria viabilidade (econômica mas também política, cultural, humana) depende de que esse contexto mais amplo seja considerado. Por isso, não há como fugir de certas questões da produção que remetem à totalidade do projeto maior do Movimento, e que ficam mais complexas à medida que o modelo de sociedade proposto pelas elites brasileiras insiste em tratar o campo como marginal e as pessoas que nele vivem como meros números de uma estatística que tenta demonstrar a todo custo que essa não é, afinal, uma realidade importante. Então, quando hoje o MST discute (*apaixonadamente*) o destino de seus assentamentos, está na verdade exercitando uma outra forma (histórica) de lutar pela terra, que é a de resistir nela, mas resistir de um jeito que projete futuro, e não apenas retarde o colapso, ou que então aconteça de um modo que desvie o Movimento de seus objetivos ou de sua identidade.

A questão de um *novo modo camponês de produção*, que ainda não se apresenta exatamente nesses termos no Movimento,[221] na verdade se insere no antigo desafio teórico e

---

[221] João Pedro Stedile, em sua entrevista ao projeto da história do MST, perguntado sobre como se coloca a experiência dos assentamentos em relação à produção camponesa e ao modelo de agricultura capitalista, de certa forma recuperado nas próprias práticas de cooperação agrícola, assim colocou a questão: *eu acho que nós estamos criando um sistema misto, não no sentido de que é misturado, mas um sistema misto que é superior aos dois. Quer dizer, o nosso objetivo, que está no nosso programa agrário, é uma etapa superior do modo camponês típico, e superior ao modo capitalista. Então, o que assimilamos do capitalismo foi a divisão do trabalho, mas ela não é uma forma capitalista, o capitalismo se utiliza dela para explorar as pessoas, mas a divisão do trabalho foi nascendo do processo de desenvolvimento das forças produtivas... Outro aspecto é que, mesmo nas cooperativas onde há alguns casos de assalariamento, isso nunca é uma relação social predominante, é apenas marginal* (1997). Ademar Bogo, ao fazer um balanço das experiências de cooperação agrícola dos assentamentos do MST, adverte: *O maior erro não cometemos por empregarmos os avanços tecnológicos direcionados para a monocultura, alcançados pela modernização capitalista, mas sim por termos copiado um modelo de agricultura esgotado e inviável para áreas de assentamento e até hoje não termos tido a ousadia de inventar uma agricultura adaptada ao nosso jeito e a nossas condições, com novos métodos de organização, embora utilizando meios de produção tradicionais que se adaptem a esse modo de se organizar e de produzir local e regional* (1999, p. 3).

político de compreender o lugar do campesinato nos processos de transformação social. Muitos trabalhos já foram escritos sobre isso, sendo a polêmica bastante acirrada, especialmente depois de Marx e das experiências de revoluções socialistas. A partir da experiência do MST e do retorno da questão agrária à agenda política brasileira através da pressão do Movimento, há novos recortes de reflexão que começam a ser produzidos por pesquisadores de diversas áreas da ciência.[222] Que a pedagogia fique atenta a essa discussão não parece pouco importante, à medida que assuma mais radicalmente o princípio de que é exatamente na dinâmica das práticas sociais onde, afinal, a educação efetivamente acontece.

No caso específico da pedagogia da produção e do trabalho, não parece estar mais em questão a sua legitimidade, ou seja, o fato de que as pessoas se educam através dessas práticas. Mas há todo um território de questões a serem refletidas com mais profundidade sobre como acontece a educação nos processos de construção de novas relações de trabalho e de novas relações sociais de produção, especialmente quando isso ocorre *na terra*, e entre sujeitos que participam da efervescência política e cultural de lutas sociais com a densidade que assumiu a luta pela terra entre nós.

---

[222] Sobre a relação entre a luta do MST e a recriação do campesinato faço um destaque para os recentes esforços de pesquisa do geógrafo Bernardo Mançano Fernandes, o que aparecerá melhor sistematizado em sua tese de doutorado em elaboração. Da mesma maneira que me parece importante aprofundar análises como as sugeridas nos recentes artigos ou nas entrevistas feitas com José de Souza Martins: *Há nos acampamentos dos sem-terra um poderoso mecanismo que reintegra a tradição familiar do mundo camponês na realidade econômica do mundo moderno, o que é preciso, pois há poucos países em que as lutas populares no campo se desenvolveram com essa dimensão modernizante, o que não pode ser subestimado* (Estudos Avançados, 1997, p. 184).

Quarta matriz: Pedagogia da *cultura*. Ou: como os sem-terra do MST se educam cultivando o *modo de vida* produzido pelo Movimento. Esta é uma matriz pedagógica que se realiza necessariamente misturada às demais. Há cultura na pedagogia da luta, na pedagogia da organização coletiva, na pedagogia da terra e da produção, na pedagogia da história. Porque a cultura, tal como está sendo entendida aqui, não é uma esfera específica da vida ou um tipo particular de ação, mas sim o *processo* através do qual um conjunto de práticas sociais e de experiências humanas (por vezes contraditórias e com pesos pedagógicos diferentes entre si) aos poucos, lentamente, vai se constituindo em um *modo de vida* ou, como nos diz Raymond Williams (1969), em um *modo total de vida*, que articula costumes, objetos, comportamentos, convicções, valores, saberes, que embora díspares e por vezes até contraditórios entre si, possuem um eixo integrador ou uma *base primária* que nos permite distinguir um modo de vida de outro, uma cultura de outra. Na matriz anterior, quando tratei do ser e não ser camponês e dos laços entre passado e futuro na formação dos sem-terra, estive refletindo sobre uma das dimensões fundamentais desse processo, exatamente a que vincula cultura com produção material da existência.

Para Williams, quando a comparação de que se trata é entre as classes sociais, e especificamente na sociedade capitalista, a *distinção crucial está em formas alternativas de se conceber a natureza da relação social* (1969, p. 333). Nesse sentido, a base distintiva da cultura *burguesa* é o *individualismo*, assim como a base da cultura da *classe trabalhadora* é a *coletividade* ou a ideia do *coletivo*. É nessa matriz de visão de mundo que essas culturas se opõem em projetos de sociedade, para além de detalhes culturais que se mesclam pela própria experiência humana comum, e pelo tipo de cultura material que se produz desde condições sociais e históricas de cada momento e de cada lugar. Cada pessoa concreta, ou cada grupo social é, ao mesmo tempo, sujeito e expressão desse processo social que produz cultura, participando mais crítica e criativamente dele através das dimensões da produção cultural que em sua experiência de vida tiverem maior densidade de significados.

Na experiência do MST, trata-se de compreender a intencionalidade do Movimento no processo através do qual ele próprio vai se transformando em cultura, ou em um *movimento cultural* que, ao se materializar em um determinado jeito de ser e de viver dos sem-terra, vai *projetando* (pela realização que é concreta mas ainda fragmentada, dispersa e nem sempre consciente) um *modo total de vida* que, ao mesmo tempo que pode ser situado naquele distintivo crucial de um modo de vida da classe trabalhadora, tem as mediações específicas produzidas por essa coletividade em movimento. Aliás, tem o próprio distintivo de um modo de vida ou de uma *cultura em movimento*, o que talvez não seria demais aproximar do próprio conceito de socialismo, talvez o mais radical, que está em Marx: o socialismo como o *movimento permanente de transformação do atual estado de coisas*.

Neste olhar, é possível encontrar as *pegadas educativas do Movimento* na produção cultural dos sem-terra que vem traduzindo, ou pelo menos projetando, sua luta e a própria dinâmica do MST especialmente em valores, em convicções ou princípios, em ideias e saberes, em posturas, ou mesmo em uma *cultura material* que se enxerga, se apalpa ou se vive nos tempos e lugares ocupados (efetiva e afetivamente) pelo Movimento, seja nos acampamentos, nos assentamentos, nas marchas, nos cursos de formação, nas escolas, através das relações sociais, do jeito de produzir e de reproduzir a vida, da mística, dos símbolos, dos gestos, da religiosidade, da arte... Esse processo pedagógico pode ser compreendido como o jeito através do qual o Movimento realiza historicamente, e enquanto coletividade, aquilo que em Paulo Freire aparece como princípio educativo fundamental, ou seja, a *reflexão da ação* que permite ao oprimido encontrar-se consigo mesmo e, descobrindo-se como oprimido, engajar-se na luta pela sua libertação. O momento em que a ação se torna práxis, e a luta pode assumir um caráter revolucionário.

A *pedagogia do oprimido* é para Freire uma pedagogia que faz *da opressão e de suas causas objeto da reflexão dos oprimidos, de que resultará o seu engajamento necessário na luta por sua libertação, em que esta pedagogia se fará e refará* (1983, p. 32). Não se trata de considerar a reflexão como sendo revolucionária em si mesma mas sim de chamar a atenção de como a ação e a reflexão devem constituir uma mesma unidade. Na explicação dele próprio: *Ao defendermos um permanente esforço de reflexão dos oprimidos sobre suas condições concretas, não estamos pretendendo um jogo divertido em nível puramente intelectual. Estamos convencidos, pelo contrário, de que a reflexão, se realmente reflexão, conduz à prática. Por outro lado, se o momento já é o da ação, esta se fará autêntica práxis se o saber dela resultante se faz objeto da reflexão crítica. Neste sentido, é que a práxis constitui a razão nova da consciência oprimida e que a revolução, que inaugura o momento histórico desta razão, não possa encontrar viabilidade fora dos níveis da consciência oprimida. A não ser assim, a ação é puro ativismo. Desta forma, nem um diletante jogo de palavras vazias – quebra-cabeça intelectual – que por não ser reflexão verdadeira, não conduz à ação, nem ação pela ação. Mas ambas, ação e reflexão, como unidade que não deve ser dicotomizada* (p. 57).

Mas isso colocado na perspectiva do Movimento, passa a ser um processo que assume características muito particulares, recriando ou mesmo radicalizando o princípio de Freire, que em muitos momentos de sua obra aparece como sendo a própria *ação cultural de reencontro do oprimido consigo mesmo*. Olhando para o conjunto da trajetória histórica de formação dos sem-terra, o que se vê não é tanto uma *boa reflexão* conduzindo à ação, mas muito mais a força e a radicalidade das ações que conformam a luta do Movimento, exigindo uma permanente reflexão que as sustente ou consolide, fazendo dos sem-terra seus sujeitos efetivos. Trata-se, afinal, da potencialidade educativa da práxis, e não da ação sem projeto, vista no contexto de uma coletividade em luta e não apenas do sem-terra como indivíduo que toma consciência de sua condição de oprimido.

Nessa perspectiva, o próprio princípio educativo da luta precisa ser compreendido na combinação com outros ingredientes pedagógicos que a conformam como educativa, ou como formadora de sujeitos. Quer dizer, nenhum princípio educativo se realiza na prática senão como parte de um movimento maior que o produz, o transcende e, ao mesmo tempo, o expressa.

Mas por que estou aproximando este momento reflexivo do Movimento com a dimensão da produção cultural, se não vejo a cultura somente no âmbito da produção intelectual?[223] Parece-me que aqui pode estar um tempero distintivo para

---

[223] Em Paulo Freire, o momento reflexivo também não é apenas intelectual, embora seja destacado como tal.

nosso debate pedagógico. A experiência do MST nos permite olhar para a constituição da práxis não apenas como um momento intelectual da consciência sem-terra. Exatamente porque se olha para uma coletividade em movimento e não para cada pessoa em particular, o que se vê não é um momento específico de tomada de consciência, mas um *processo* que vai atravessando o conjunto de vivências dos sem-terra e as constituindo como um movimento que também é cultural, nesse sentido de ir produzindo um modo de vida. Esse movimento envolve processos de teorização da prática (foi assim ou para isso que a dimensão do *estudo* acabou sendo incorporada à identidade Sem Terra) mas também, e talvez com igual ou em algumas situações até maior força, envolve processos de simbolização, de gestualização e de produção de uma *cultura material* que traduza e consolide (enraíze) o próprio Movimento.

Existe uma intencionalidade pedagógica específica no MST em relação ao processo através do qual uma ação pode ser transformada em saber, em comportamento, em postura, em valor, em símbolo, em objeto. É assim que o Movimento foi historicamente construindo a figura do *Sem Terra*, primeiro como afirmação de uma condição social: *sem-terra*, e aos poucos não mais como uma circunstância de vida a ser superada, mas como uma identidade de cultivo: *Sem Terra, sim senhor!* Isso fica ainda mais explícito na construção histórica da categoria *crianças Sem Terra* ou *Sem Terrinha*, que não distinguindo filhos e filhas de famílias acampadas ou assentadas, projeta não uma condição mas um sujeito social, um nome próprio a ser herdado e honrado. Essa identidade fica mais forte à medida que se materializa em vivências que projetam um *modo de vida*, ou seja, que se constituem como *cultura*; e esse processo também está no cerne da pedagogia do MST, articulando os sentidos das diversas matrizes pedagógicas que se movimentam na formação dos sem-terra.

O MST intencionaliza isso no conjunto de suas práticas, e também reflete sobre o caráter pedagógico desse processo, à medida que o provoca especialmente em suas atividades específicas de formação e de educação. Se reparamos bem nas características de um encontro ou de um curso do Movimento, não fica difícil ver entre suas estratégias pedagógicas esta intenção de, aos poucos, ir transformando a experiência da luta e a pertença ao Movimento em modo de vida, em cultura. A mística, por exemplo, é um processo que pode ser interpretado nessa perspectiva. Da mesma forma a arte, e em especial a música dos sem-terra, que tem uma trajetória colada à própria história do Movimento;[224] assim também a própria dimensão do estudo que, aliás, é ela própria objeto desse mesmo processo: há toda uma intencionalidade que visa fazer da ação de estudar também um costume dos integrantes do MST, e um traço da identidade Sem Terra em construção.

Há, pois, diferentes jeitos de fazer a reflexão da ação, e de produzir a consciência da luta. E nada a revelará mais consolidada do que se entranhada como um valor ou um princípio de vida. *Viver como se luta e lutar como se vive.*

É assim que o MST, apesar de sua recentidade histórica, já consegue aparecer diante da sociedade com algumas marcas culturais que o identificam, exatamente porque, se ainda não

---

[224] Não é difícil contar a história do MST através da seleção das canções que marcaram (porque expressaram e significaram em uma outra linguagem) cada período, o que costuma ser feito nos cursos de formação do Movimento.

consolidaram, pelo menos projetam um modo de vida. Esse talvez seja o legado mais precioso que o Movimento deixa para as futuras gerações. A marca principal é sem dúvida a da própria luta e do jeito de fazê-la. Em relação à luta pela terra propriamente dita, o MST herdou e consolidou a ocupação como forma principal de luta. Do mesmo modo que fez do jeito de ocupar, a expressão de sua identidade, e que transformou a atitude de lutar pelos direitos como traço a ser valorizado e não reprimido pela sociedade.

Sua herança será menos o número de assentamentos conquistados e mais a convicção ou o aprendizado coletivo de que as pessoas se fazem mais humanas, quando movidas pela indignação diante das injustiças e quando dispostas a traduzir essa indignação em luta e em organização, temperando-as com os valores da solidariedade, da esperança, da beleza, da vida como um bem supremo, que devem estar presentes no próprio jeito de lutar e de construir sua coletividade. Trata-se daquele eixo articulador da visão de mundo da classe trabalhadora identificado por Williams, ou seja, o de, afinal, pensar a vida com dignidade para todos e não apenas para alguns, combinado com o próprio jeito de transformá-lo em realidade.

Há também algumas outras marcas culturais, talvez mais sutis, porque de consolidação mais demorada, que fazem parte desse grande processo educativo, e que nem sempre são olhadas nessa perspectiva. Dois exemplos me parecem especialmente significativos e suficientes para chamar a atenção da multiplicidade de dimensões com que se pode olhar para esse processo em que o Movimento vai se constituindo como movimento cultural: as experiências de cooperação agrícola e as experiências de escolarização dos sem-terra. Explico brevemente em que sentido percebo isso em cada uma, porque, de certa forma, essa reflexão já aparece ao longo de todo este trabalho.

Em relação à cooperação agrícola, o MST não fez mais do que trazer, ou popularizar, como nos disse João Pedro em sua entrevista, para os camponeses sem-terra brasileiros um acúmulo da própria sociedade capitalista, porém também recriada em diversas experiências feitas na perspectiva dos interesses sociais da classe trabalhadora, em diferentes épocas e países. Na visão do Movimento, essa seria uma estratégia ao mesmo tempo eficaz na viabilização econômica dos assentamentos, e coerente com os princípios, objetivos e valores da organização. Ocorre que, dado o tipo de tradição camponesa presente na base social do MST, essa acabou sendo uma questão central na discussão sobre os assentamentos, e geradora de muitas polêmicas, muitos conflitos e, por isso mesmo, de muitos aprendizados. Não é *natural* que os sem-terra optem pelo trabalho cooperado; trata-se de uma escolha construída pela intencionalidade do Movimento nessa direção.

Do ponto de vista do que aqui está sendo discutido, o detalhe significativo me parece ser o seguinte: pode ser conflituosa, pode não ser uma prática que predomine em todas as áreas, mas o fato é que a cooperação está incorporada à agenda dos sem-terra do MST.[225] A cada novo assentamento esta opção é pelo menos

---

[225] Um detalhe a ser registrado: assim como está na agenda dos sem-terra, a cooperação agrícola em assentamentos também é uma questão muito presente na agenda de pesquisas sobre o MST. Pelo levantamento feito a propósito do projeto da história do Movimento, é possível dizer que os trabalhos que analisam as experiências de cooperação nos assentamentos representam hoje a sua maioria. Um limite que percebo é que muitas dessas pesquisas não chegam a situar as experiências particulares em estudo na perspectiva do Movimento, ou seja, como processos que integram a dinâmica de um movimento social, e por isso restringem ou polarizam em excesso sua análise.

discutida e, em alguma dimensão, às vezes mesmo sem levar este nome, ela é implementada. Cada vez mais famílias sem-terra passam a olhar para a cooperação (não necessariamente na esfera da produção propriamente dita) como algo mais *natural* do que o isolamento social, ou o assim chamado *trabalho individual*. E quanto mais a cooperação entra na vida dos sem-terra, mais questões, preocupações e conflitos ela provoca, o que tratei um pouco na matriz anterior e antes no capítulo II, mas já em um outro patamar de experiência. Enquanto coletividade, o MST não discute mais se o trabalho deve ser cooperado ou não; a discussão agora é sobre como fazer a cooperação e como fazer a vida cooperada e não apenas a cooperação agrícola; também se discute como recriar as formas de trabalho cooperativo já existentes, recuperando certos traços da própria tradição camponesa que o rejeitava. Se pensarmos que essa é uma trajetória que não chegou a completar duas décadas, e que as experiências de cooperação agrícola nos assentamentos são da década de 1990, fica ainda mais visível nesse processo, a presença e o sentido educativo do Movimento.

No caso da escolarização dos sem-terra, – ou como tratamos no capítulo III, do processo de ocupação da escola pelo Movimento, – destaco dois aspectos. O primeiro é o de que, no modo de vida projetado pelo Movimento, escolas *no* e *do* campo não são algo inusitado, mas podem passar a ser um componente *natural* da vida camponesa. A escola como uma dimensão da formação das pessoas, nem mais nem menos, nem algo que se tenha de abandonar todo o resto para conseguir. Sair do campo para estudar, ou estudar para sair do campo não é uma realidade inevitável. E também não são imutáveis as características marcadamente urbanas da escola, até porque a realidade dos assentamentos projeta exatamente uma superação dessa visão dicotomizada entre cidade e campo.

O segundo aspecto é o da possibilidade de associar a escola com um movimento social, o que, além de projetar diversas reflexões sobre o papel da escola em relação à sociedade e, em particular, à formação humana que nela acontece, também demonstra que o conflito de lógicas pode não ser um impedimento mas sim um impulsionador de novas experiências educativas e que, afinal, a escola também não é imune ao princípio de que *nada é impossível de mudar*.

Processos como esses estão a merecer, por parte do próprio Movimento, uma reflexão também desde o âmbito da pedagogia e da produção cultural. O projeto de futuro do MST certamente passa por um encontro ainda mais profundo dos sem-terra com esse tipo de preocupação. Na mesma perspectiva, esses também são elementos a considerar na discussão pedagógica atual, em cujas tendências aparece com força significativa exatamente esta de aproximar educação e cultura.

Quinta matriz: Pedagogia da *história*. Ou: como os sem-terra do MST se educam cultivando sua memória e compreendendo a história.

A dimensão da história poderia ter sido colocada como um desdobramento da pedagogia da cultura, já que estão muito ligadas. Mas preferi destacá-la como uma matriz pedagógica específica por dois motivos. O primeiro é que se pode ver na Pedagogia do Movimento uma intencionalidade própria para a valorização da história, e o segundo se refere à importância de chamar a atenção para uma potencialidade pedagógica nem sempre trabalhada como tal. Estudar história não é necessariamente deixar-se educar por ela, embora esta também seja uma das condições para que isso aconteça.

Neste ano de 1999, o MST está comemorando seus 15 anos de existência como organização de luta pela terra com este nome e esse jeito. Mas por que *co-memorar*, ou seja, trazer de volta à memória coletiva dos sem-terra e da sociedade como um todo a trajetória do Movimento, contando e re-contando o seu passado? E por que o Setor de Educação do MST lançou como parte dessas comemorações um Concurso Nacional, chamado de *Feliz Aniversário, MST*, onde convoca estudantes e professores a pesquisar sobre a memória de luta de cada assentamento e acampamento, fazendo dela objeto de estudo, reflexão e homenagens à família sem-terra em todo o país? E ainda, por que o Movimento sempre estimula seus militantes a estudar história, especialmente a dos povos lutadores de todos os tempos e lugares? Qual, afinal, o valor pedagógico de se olhar para o passado e para a história?

Eric Hobsbawm, em um texto chamado *o sentido do passado*, nos provoca a pensar sobre isto: *O sentido do passado como uma continuidade coletiva de experiência mantém-se surpreendentemente importante, mesmo para aqueles mais concentrados na inovação e na crença de que novidade é igual à melhoria: como testemunha a inclusão universal da "história" no programa de todos os sistemas educacionais modernos, ou a busca de ancestrais (Espártaco, More, Winstanley) pelos revolucionários modernos cuja teoria, se são marxistas, supõe sua irrelevância. O que exatamente os marxistas modernos ganharam ou ganham com o conhecimento de que havia rebeliões de escravos na Roma antiga – que, mesmo supondo-se que tivessem metas comunistas estavam, segundo a própria análise desses marxistas, fadadas ao fracasso ou a produzir resultados que trariam escasso suporte às aspirações dos comunistas modernos? É evidente que a sensação de pertencer a uma tradição antiquíssima de rebelião fornece satisfação emocional, mas como e por quê?* (1998, p. 32-3).

Não pretendo discutir todo o conteúdo dessa questão. Quis registrá-la aqui para destacar especialmente o inusitado da reflexão proposta, porque ela me parece relacionada à dimensão educativa que estou buscando compreender através desta matriz. O próprio texto de Hobsbawm nos sugere, em sua continuidade, que talvez nesse caso sejam mais importantes as perguntas do que as respostas, porque elas nos permitem refletir melhor sobre um tipo de experiência que tendemos a tomar como dada. Diz ele: *Nadamos no passado como o peixe na água, e não podemos fugir disso. Mas nossas maneiras de viver e de nos mover nesse meio requerem análise e discussão* (*Idem*, p. 35).

E essa é uma reflexão que se torna ainda mais necessária à medida que se trata de uma experiência que contradiz a própria tentativa atual da sociedade capitalista de educar as pessoas dentro de uma postura *presenteísta* e *anti-histórica*. Quer dizer, as pessoas estão inevitavelmente ligadas ao passado, mas não é bom que saibam disso, porque poderão extrair dele lições para projetar um futuro que vire o presente *de cabeça para baixo*. Esse parece ser o sentido daquela expressão bastante conhecida, *memória subversiva do povo*: saber-se enraizado em um passado significa ter mais força; na verdade é condição para pretender algum tipo de transformação.

É isso que aparece em um depoimento como por exemplo o de Seretse Khama, que foi reitor da Universidade de Botsuana, na África, e um dos intelectuais importantes da geração das lutas pela independência: *Ensinaram-nos, às vezes de forma muito positiva, a nos desprezarmos a nós mesmos e ao nosso modo de vida. Levaram-nos a crer que não tínhamos passado do qual pudéssemos falar, nem história da qual nos orgulharmos. O passado, no que nos dizia respeito, era apenas uma página em branco e nada mais.*

Somente o presente interessava e sobre ele tínhamos muito pouco controle... Nossa intenção deveria ser agora tentar recuperar o que pudermos do nosso passado. Deveríamos escrever os nossos próprios livros de história, a fim de provar que tivemos de fato um passado; e que este passado merece ser conhecido e estudado como qualquer outro. Precisamos fazer isso pela simples razão de que uma nação sem passado é uma nação que se perdeu e um povo sem passado é um povo sem alma.[226]

No caso do MST, perguntar-se sobre por que comemorar seus 15 anos, por que fazer o esforço de registrar e cultivar sua memória, ou por que incluir o estudo da história em todos os seus cursos de formação pode levar a um tipo de intencionalidade pedagógica cada vez mais coerente com a sua trajetória histórica, ou mesmo com a historicidade própria de sua dinâmica enquanto movimento social. Como nos adverte ainda Hobsbawm, em outro texto da mesma obra, a história *como inspiração e ideologia tem uma tendência embutida a se tornar mito de autojustificação*, e *não existe venda para os olhos mais perigosa que esta* (1998, p. 48). Lutar contra essa tendência também precisa fazer parte da pedagogia do MST, assim como tem sido um dos princípios da memória que busca permanentemente recuperar. Que valor (pedagógico, histórico, político) teria contar uma história na perspectiva única de justificar suas próprias ações?

Como vimos no capítulo II, o MST começou sua história olhando para o passado da luta pela terra no Brasil. Não buscava tanto uma justificativa para sua existência como aprender com

---

[226] Extraído do artigo de Rubens Ricupero, *Um outro aniversário*, publicado pelo jornal *Folha de S.Paulo* em 16 de maio de 1999, seção *Opinião Econômica*. Segundo o artigo, essa frase foi dita por Khama em 1970.

as experiências de derrotas e de vitórias de seus antepassados, exatamente para aproveitar o saber acumulado e não repetir erros. Isso acabou se tornando um costume, especialmente entre as lideranças do Movimento: a cada situação ou problema novo, *olhar para trás*, e também *olhar para os lados*, identificando outras experiências coletivas nas quais busca alguma referência para construir soluções, ainda que tenham de ser novas. Aos poucos, o Movimento foi transformando o costume em princípio pedagógico, que, se ainda não conseguiu ser disseminado em toda a sua base social, já é visto como um desafio no processo de formação dos sem-terra: *é preciso educar as pessoas para a valorização da história*. Afinal, isso também já não estava potencialmente presente lá no início do Movimento, quando as primeiras famílias assentadas começaram a exigir das professoras de seus filhos que *deixassem a luta entrar na escola?* Não era justamente a sua memória que buscavam não perder?

Também no capítulo II, busquei refletir sobre como ser do Movimento é ter a experiência humana da historicidade em seu cotidiano. Por isso, de modo geral não é muito difícil (o que não quer dizer que não necessite de uma intervenção pedagógica) para os Sem Terra se perceberem como parte da história, ou como sujeitos de um processo que teve seu início antes deles, e também continuará depois que eles deixarem de existir como pessoas, ou mesmo como MST. Mas o olhar para a realidade com uma perspectiva histórica, que é básico para quem participa de um movimento social com os objetivos e as características do MST, é um aprendizado que requer uma intencionalidade pedagógica específica, exatamente porque ele é muito pouco estimulado pelo formato presenteísta da sociedade atual.

Enxergar cada ação ou situação particular em um movimento contínuo (ou descontínuo) entre passado, presente e futuro, e compreendê-las em suas relações e como parte de uma totalidade maior é uma das dimensões fundamentais da formação de sujeitos. É esse o olhar que ajuda a valorizar e ao mesmo tempo relativizar cada detalhe do dia a dia, cada pequena conquista ou derrota, mantendo claro o horizonte em que se referenciar para seguir lutando. Por isso mesmo, essa não pode deixar de ser uma tarefa pedagógica de um Movimento que tenha na formação de sujeitos da História um de seus objetivos.

Há, então, dois ingredientes específicos que se combinam na intencionalidade pedagógica que se pode depreender da atuação do Movimento em relação à História: o *cultivo de sua memória* e o *conhecimento da história mais ampla*, que significa situar a sua experiência em uma história maior.

Cultivar a memória é mais do que conhecer friamente o próprio passado. Por isso talvez exista no MST uma relação tão próxima entre memória e mística. Através da mística do Movimento os sem-terra *celebram* a sua própria memória, de modo a torná-la uma experiência mais do que racional, porque entranhada em todo o seu ser humano. Nesse sentido, também devolvem à vida e à história certos rituais já cristalizados por uma tradição que não se fez memória. Fazer uma ação simbólica *em memória* de um companheiro que tenha tombado na luta, ou de uma ocupação que tenha dado início ao Movimento em algum lugar, é educar-se para *sentir* (mais do que para saber) o passado como seu, e portanto como uma referência necessária às escolhas que tiver de fazer em sua vida, em sua luta; é também dar-se conta de que a memória é uma experiência coletiva: ninguém ou nada é lembrado em si mesmo, descolado das relações, sociais, interpessoais, que constituem sua história.

A importância desse processo pedagógico é radical: a identidade *Sem Terra* não teria se constituído sem o cultivo da memória do Movimento. Se um assentado *esquecer* que um dia foi acampado, e neste exemplo fica claro que esse esquecimento pode não ser intelectual, se também esquecer que muitas pessoas perderam sua vida pela terra em que hoje ele produz seu alimento, ele certamente deixará de ser um *Sem Terra*. O passado de que não conseguirá se desligar terá para ele um outro *sentido*. Dirá para seus filhos que um dia ele *foi um sem-terra*. Talvez até acrescente que *foi importante ter lutado porque assim eles, seus filhos, não precisarão passar pelo que os pais passaram*. Não é essa a memória ou o sentido do passado que a pedagogia do Movimento tem buscado cultivar.

Na identidade dos sem-terra do MST, o passado de luta não é alguma coisa que se deva relembrar como algo que somente foi assim porque não pôde ser diferente; o ingrediente a ser rememorado é exatamente a escolha que foi feita para transformar o que parecia uma situação inevitável, escolha que poderá continuar sendo feita, porque há outras situações a serem alteradas e outras pessoas a serem formadas na perspectiva de fazê-la.

Mas há então a outra dimensão da pedagogia da história, aquela mesma sobre a qual Hobsbawm provocava nossa reflexão, que acaba pondo um tempero especial na primeira. *Por que buscar ancestrais de nossa luta?* Em outro lugar já citei o depoimento dado por uma sem-terra durante um curso de formação do Movimento, que, se não responde à pergunta de Hobsbawm, pelo menos continua sua reflexão: *Quando descobri que nós não éramos os primeiros a lutar pela terra, alguma coisa mudou na minha cabeça.* Quer dizer, há de fato um componente pedagógico fundamental também no *conhecimento* e na *compreensão* da história, exatamente porque ele altera a própria perspectiva do cultivo da memória de um grupo específico. Em sua mística, o MST também busca educar os sem-terra para que *transformem a história em memória*, quer dizer, o passado das lutas do povo como seu. É assim que, em uma mesma homenagem, podem estar juntas uma figura do grupo que tenha morrido mais recentemente e Zumbi dos Palmares, Che Guevara, ou mesmo Espártaco, o escravo romano a que se refere Hobsbawm. Neste momento, os sem-terra se sentem herdeiros de todos eles, e nessa herança procuram encontrar a força de que precisam para continuar a lutar e a construir seu Movimento.

Neste contexto pedagógico, também *estudar História é mais do que estudar História*, porque é preciso entranhar este estudo no próprio processo de enraizamento nela. Para além de uma expressão quase esvaziada pelo uso, o ser sujeito da História implica em saber que ela existe e que se é parte dela, em uma postura, como disse em outra parte através de Hill, ao mesmo tempo altiva e humilde. Nesse sentido, sem conhecer a História e sem aprofundá-la ainda mais como estratégia de formação humana, dificilmente o MST e os sem-terra conseguirão enfrentar os desafios identificados antes como tendências de seu momento histórico atual.

E será preciso lembrar que sobre isso a escola pode efetivamente ter um papel bem específico a cumprir? E que a pedagogia em nada perderia se escolhesse a História como uma de suas matrizes?

A Escola e o Movimento

> *As crianças aprendem a escrever o 'B' de 'Barraco', e quando se vai ver estão escrevendo 'Brasil'...*
>
> Edson Hoffmann, professor da Escola Itinerante dos Acampamentos do MST no Rio Grande do Sul.

E a escola nisso tudo? O que tem a dizer e o que se tem a dizer sobre ela? Para o MST, a escola tem cada vez mais importância, assim como passar a olhá-la de um jeito um pouco diferente daquele mais usual no âmbito da pedagogia. Além disso, boa parte da reflexão pedagógica do Movimento acontece no entorno da escola, exatamente pela escolha que fez em sua trajetória de fazer coincidir a tarefa da educação e da escola. Pela força da realidade desse grupo e desse sujeito educativo, isso, em vez de reduzir o conceito de educação, acabou ampliando o conceito de escola. Se foi preciso tomar uma certa distância da escola (ou da lógica de um determinado olhar sobre ela) neste trabalho, não foi para abandoná-la, nem para diminuir o seu valor pedagógico e político, mas sim para poder compreendê-la em outra perspectiva.

Olhar para a escola buscando ver nela ou com ela o movimento social que garante a sua própria existência em determinados territórios, como os acampamentos e assentamentos de Reforma Agrária, e atendendo a sujeitos bem particulares, como os *Sem Terra*, significa colocar algumas questões específicas para a sua reflexão pedagógica, ao mesmo tempo que são universais em sua base de origem. Qual o lugar da escola no processo de formação desses sujeitos? Como a escola participa (expressa e produz) do movimento sociocultural em que se insere historicamente o MST? Como a pedagogia escolar lida com a Pedagogia do Movimento? Como a Pedagogia do Movimento lida com a escola? Como compreender a intencionalidade pedagógica do MST em relação às escolas onde estudam os sem-terra? Qual mesmo o sentido de nomear uma escola como *escola do MST*? Qual a concepção de formação humana que entrelaça as diferentes experiências pedagógicas que acontecem desde essa relação?

O caminho percorrido aqui para produzir este tipo de pergunta nos coloca, na verdade, diante de novas possibilidades de continuar esta reflexão. Há toda uma discussão específica que pode ser feita *porta a dentro* da escola, não apenas para identificar as novas tarefas que o Movimento acaba *delegando* à escola na perspectiva de que participe do processo de formação dos sem-terra, mas principalmente para compreender como as escolas concretas, onde estudam esses novos sujeitos sociais, estão se relacionando com o MST, e o que acontece em seu jeito de ser à medida que se deixam *ocupar* pelo Movimento como sujeito educativo. Que novas ou velhas questões pedagógicas esse processo de ocupação vai propondo aos educadores e às educadoras de ofício? Discussões sobre currículo, processos de ensino e aprendizagem, relações sociais na escola, relação escola comunidade, papel do educador e outras que costumam estar na agenda dos estudos sobre a escola, poderiam ser revisitadas desde a ótica do Movimento como princípio educativo. No mesmo sentido, caberia uma reflexão específica sobre a atuação do Setor de Educação do MST e como vem buscando inserir cada prática educacional dos sem-terra na Pedagogia do Movimento.

É quase desnecessário dizer que não é possível dar conta desta tarefa neste momento, e que isto ficará como um bom desafio a ser retomado em outros textos. Mas o que me parece possível e conveniente fazer aqui é sistematizar algumas reflexões preliminares sobre a relação entre a escola e o Movimento, de modo a deixar pelo menos iniciada esta discussão específica. Vou fazer isto abordando brevemente três questões básicas, que ao mesmo tempo concluem este trabalho e introduzem sua continuidade. São elas: por que, afinal, um movimento social como o MST se ocupa da escola? qual o lugar da escola na pedagogia do MST? o que acontece na escola, quando o sujeito educativo é o Movimento?

Como foi abordado no capítulo III, o processo de ocupação da escola não esteve dado no início do MST. Havia mesmo no começo da luta a ideia de que eram lógicas tão incompatíveis que a luta pela escola poderia até atrapalhar o projeto principal e o jeito de ser Movimento. A mesma dinâmica social que transformou a luta de massas pela terra em um movimento e organização social de luta pela Reforma Agrária, e por um novo projeto de país, foi a que abriu espaço para o processo de incorporação da escola como tarefa e preocupação do sujeito *Sem Terra*.

O MST assumiu a tarefa de garantir escola para os sem-terra pressionado pelas circunstâncias de uma luta feita *em família*, e que tinha como um de seus objetivos exatamente a reconstrução de comunidades no campo, com todas as dimensões da vida social que isso envolve, incluindo a presença das escolas. Passou a se preocupar e a se ocupar mais detidamente com essa luta específica, e também com o que acontecia dentro das escolas conquistadas, à medida que foi definindo com mais clareza os contornos de sua organização, de sua identidade política e cultural, e a abrangência de sua luta, onde então a formação das pessoas, a produção de novos seres humanos tornou-se um objetivo tão importante quanto a conquista da terra, e exigente de integralidade e de perspectiva histórica.

A formação de nossos quadros precisa começar desde o berço, é uma expressão própria de dirigentes do estágio mais atual do MST, no qual já aparece consolidada, de um lado a convicção de que, sem deixar de ter a lógica ágil e flexível de um movimento de massas, o MST foi convocado pelas circunstâncias da história a ser uma organização duradoura e com preocupações de longo prazo; e de outro lado, uma concepção cada vez mais alargada do que seja essa formação. Então, quanto mais se ampliam as dimensões de atuação do MST e se complexifica a identidade *Sem Terra*, mais a concepção de educação do Movimento se descentra da escola, mas também mais importante fica o seu lugar específico no processo de formação dos sem-terra. Historicamente, foi o avanço do número de assentamentos e os desafios no campo da produção que condicionaram uma reflexão específica sobre como a escola poderia ajudar na viabilização social dessas áreas contribuindo, por exemplo, no processo de educação para a cooperação agrícola. A partir daí, o olhar sobre a escola foi alterado e ela passou a ser vista *em perspectiva*, ou seja, não apenas em si mesma mas como parte de uma totalidade, embora sem deixar de ser reconhecida em suas tarefas específicas.

Nesse sentido, refletir sobre o lugar que a escola ocupa na pedagogia do MST exige que se olhe para essa realidade com um tipo de olhar para o qual, de modo geral, nós pedagogas e pedagogos não fomos muito bem educados. Temos uma tendência à polarização e não à visão de movimento. Nesse caso, a questão costuma ser colocada nestes termos: ou a escola é o centro do mundo educativo ou não tem importância alguma. Durante algum tempo essa polarização dominou, por exemplo, as discussões de muitos dos chamados *educadores populares*, que ao descobrirem a dimensão educativa das práticas sociais e desconfiados do caráter politicamente conservador da escola, simplesmente a tiraram de seu foco de preocupação pedagógica. Felizmente o povo, ou a classe trabalhadora, nunca chegou a fazer isso.

Na intencionalidade pedagógica do Movimento, pois, a escola não é o centro do processo educativo dos sem-terra e é muito importante, cada vez mais. Nesse jeito de ver a realidade, não parece tão complicado compreender o que durante um bom tempo gerou muita polêmica teórica no âmbito da pedagogia moderna, especialmente a *de esquerda*, que é a questão sobre qual pode ser o lugar da escola nos processos de transformação social. Se materializarmos esses processos em uma questão bem específica como a da Reforma (ou Revolução) Agrária, fica fácil perceber como seria ingênuo acreditar na escola como sendo o lugar da libertação dos sem-terra da exploração do latifúndio, ou mesmo da solução dos problemas da agricultura brasileira que impedem a viabilização econômica dos assentamentos. Ao mesmo tempo que seria pouco realista considerar que a escola simplesmente não tem nada a ver com isso, ou então que somente pode trabalhar contra essa luta, em razão de seus vínculos institucionais com a ordem social que é contrária à realização da Reforma Agrária no Brasil. E isso, mesmo se olharmos a escola atual, sem grandes transformações em seu formato e conteúdo pedagógico, ou seja, sem ter sido ocupada pelo Movimento como sujeito educativo.

Aliás, toda vez que este debate tem como parâmetro um processo concreto de luta social ele se resolve mais facilmente. Não é por acaso que em Paulo Freire, por exemplo, esta questão fica especialmente clara, quando ele trata de experiências de educação desenvolvidas junto a lutas de libertação, tal como a que teve a oportunidade de acompanhar na África, com o povo em luta de Guiné-Bissau.[227]

---

[227] *Cartas à Guiné-Bissau*, registros de uma experiência em processo, 2ª ed., 1978.

Nessa perspectiva, ao mesmo tempo que a escola não pode ser vista como o lugar de produção da pedagogia do MST, ela é tratada pedagogicamente pelo Movimento como parte desse processo, à medida que insistentemente chamada a vincular-se à sua organicidade e a realizar tarefas específicas no processo de formação dos sem-terra. Mas há um detalhe fundamental: quando o Movimento assume a escola, também como sua tarefa, acaba lhe delegando tarefas que antes ela não assumia, não porque não fossem suas, mas porque não podia enxergar sem descentrar-se de si mesma. Colocar a escola *em movimento*, e refletindo sobre suas tarefas pedagógicas e políticas em cada realidade concreta, talvez seja, afinal, a grande tarefa do Movimento como sujeito educativo.

O MST enxerga na escola pelo menos duas tarefas específicas básicas, que, se não necessariamente esgotam o lugar que ela tem em sua pedagogia, justificam a sua importância e são as mais presentes hoje em sua reflexão em torno desta questão. A primeira diz respeito à construção histórica do valor do *estudo* na conformação dos sem-terra; e estudo aqui compreendido mesmo em sua ênfase (não exclusividade) na produção do conhecimento. Conhecer a realidade de forma cada vez mais ampla, profunda e em perspectiva histórica é um desafio fundamental para a participação crítica e criativa de cada sem-terra na consolidação do projeto histórico do Movimento. A escola não é o único lugar onde se estuda, mas há uma associação simbólica, cultural muito forte entre escola e estudo. Uma das tarefas que a sociedade consagrou como sendo da escola é a do aprendizado da leitura, que pode chegar a ser também a leitura do mundo, e que então se refere à aprendizagem da produção de conhecimentos sobre determinada realidade. Que todos os sem-terra, de todas as gerações, tenham a oportunidade desse aprendizado é razão suficiente para o MST lutar pela ampliação do direito à escola. E que a escola seja efetivamente um lugar de estudo e mais ainda, um lugar onde se constrói a *unidade entre teoria e prática*, entre *estudo e atividades produtivas* (Freire, 1978, p. 25-6), e onde o próprio Movimento seja espaço de reflexão crítica, é razão igualmente suficiente para que o MST lute também pela produção de uma pedagogia escolar que se processe nessa perspectiva. Porque, infelizmente, embora própria das escolas, a tarefa de produzir e de ensinar a produzir conhecimentos não chega a ser uma constante em todas elas; tampouco a de promover o encontro reflexivo e cultural dos sujeitos sociais que a ocupam consigo mesmos.

A segunda tarefa diz respeito às novas gerações, e especialmente ao *cuidado pedagógico da infância Sem Terra*.[228] É preciso garantir um tipo de socialização das crianças que permita a estes sujeitos particulares vivenciar a pedagogia do Movimento desde as características, necessidades e desafios próprios de seu atual tempo de vida, e através de momentos específicos de convivência com *seus iguais*. E a escola, mais do que cada família em particular, e até pelo caráter social que o próprio convívio das famílias sem-terra acaba assumindo em uma realidade de acampamento ou assentamento, pode ser efetivamente o lugar

---

[228] Estou usando a expressão *infância* em um sentido não estrito de faixa etária, mas sim indicando as novas gerações, o que quer dizer que incluo na mesma reflexão os adolescentes e os jovens sem-terra, embora estes últimos já ocupem um papel bem mais próximo ao dos adultos na dinâmica do MST. A expressão *cuidado*, por sua vez, tem seu uso inspirado na reflexão de Boff: *Cuidar é mais do que um ato; é uma atitude. Portanto, abrange mais que um momento de atenção, de zelo e de desvelo. Representa uma atitude de ocupação, preocupação, de responsabilização e de envolvimento afetivo com o outro* (1999, p. 33).

que coordena esse processo de socialização. É especialmente visível esse tipo de preocupação nos acampamentos. De modo geral, uma das tarefas que os pais costumam delegar à escola é que ela *ajude as crianças a compreender o que estão vivendo ali, e por que estão nesse lugar*, preocupação pedagógica que nem sempre é recuperada depois no assentamento, especialmente naqueles onde o vínculo com o Movimento se torna frágil. Aliás, é justamente ali, no assentamento, onde talvez o sonho de muitos sem-terra já tenha voltado *à meia-luz do cotidiano*, que a escola poderia ter um papel muito importante no *enraizamento histórico* das novas gerações, simplesmente se incluísse em sua tarefa de socialização a dimensão do cultivo da memória coletiva das famílias e de seu Movimento.

É próprio da escola garantir que aquela característica da pedagogia do MST, de não separar gerações nas vivências que constituem a formação dos sem-terra, seja temperada com o respeito às diferenças que existem entre os tempos de vida. Também pode ser tarefa da escola ajudar para que não se retroceda a uma visão pedagógica tradicional, onde a infância é vista simplesmente como um tempo de preparação à vida adulta. As experiências das crianças Sem Terra, como sujeitos sociais que elas também já são desse Movimento, não podem ser vistas apenas como formação de futuros militantes da organização. Isso seria redutor e mesmo pedagogicamente ineficaz. A grande potencialidade educativa da participação das crianças no Movimento está na densidade maior que permite à sua vivência da infância, exatamente porque mais parecida com a totalidade das dimensões que constituem a vida humana.

É algo nessa perspectiva que se vê, quando as escolas são convocadas a preparar com as crianças sua participação nas ações do Movimento. Foi assim que, aos poucos, elas foram passando da condição de testemunhas a sujeitos do processo, com uma identidade própria de *crianças* dentro da identidade *Sem Terra*. Trabalhar com isso, pois, também é uma tarefa da escola, embora não tenha sido assumida mais efetivamente ainda pela grande maioria das escolas conquistadas pelos sem--terra, permanecendo como desafio.

Escola e Movimento têm, de fato, lógicas contraditórias entre si. Talvez por isso, em tantos lugares, mesmo aqueles onde estão os sem-terra, Movimento e escola nem se tocam. Por isso também cause tanta surpresa experiências como a da Escola Itinerante dos Acampamentos do MST, onde o jeito de ser da escola, para que ela possa existir nesse *território*, tem mesmo de ser colocado de ponta-cabeça, tanto do ponto de vista da estrutura, das relações sociais, das pedagogias, mas principalmente da síntese "identitária" de seus sujeitos.

A escola constituiu-se historicamente como uma *instituição social*, estruturada por ordenamentos, regras e valores que, embora social e historicamente condicionados, se apresentam como sendo próprios dela mesma, e então se apresentam como imutáveis porque considerados a razão de seu reconhecimento social e a marca de sua autonomia em relação a outras instituições e à sociedade como um todo. Parece, nessa lógica, que a identidade da escola depende da sua oposição cotidiana à ideia de processo, de transformação, de vida acontecendo em sua imprevisibilidade e plenitude, o que contradiz a sua própria tarefa social de fazer educação, que é necessariamente inacabamento, descontinuidade, movimento. Por isso mesmo é que, de modo geral, as práticas escolares se constituem como se a vida da escola pudesse ter completa isenção em relação à vida mesma, e como se educadores e educandos não tivessem uma história e um engajamento social anterior e posterior à sua passagem por ela.

Já o Movimento, mesmo em sua lógica de *organização* e não apenas de movimento social (em sentido estrito), se constitui exatamente no contraponto da lógica institucional, à medida que sua dinâmica se define fora dele, ou seja, na correlação de forças que move a luta social que justifica sua existência. O Movimento constrói sua própria identidade e a de seus sujeitos não buscando o reconhecimento de sua existência em si mesmo, mas ao contrário, quando as ações que faz, a postura que assume, os valores que propõe têm uma relação imediata (de sintonia ou de tensão) com a sociedade, inclusive através da reação de suas instituições mais tradicionais.[229]

Esse encontro entre escola e Movimento, quando acontece, é necessariamente conflituoso, e somente poderá ser processado de modo a produzir sínteses educativas, à medida que ambos aceitarem a existência dessas lógicas diferentes sem cair na polarização de certo e errado, mas ao mesmo tempo buscando uma influência mútua, sustentada pela força da identidade de seus sujeitos específicos. O tempero do Movimento pode garantir à escola uma atuação social que lhe tire da condição de estar sempre a reboque das transformações que ela nem percebe já estarem alterando seu rumo e sua pedagogia; pode também lhe ensinar a lidar com as pedagogias na perspectiva de processo e não de modelo rígido (*nossa escola segue a pedagogia x*) que ignora a presença viva de seus

---

[229] Em outro contexto de discussão, mas com ideias que ajudam a compreender esta oposição de lógicas, há um texto de Marilena Chauí, *A universidade operacional*, escrito para a seção *Brasil 500 d.C* do jornal *Folha de S.Paulo*, em publicação feita no dia 9 de maio de 1999, p. 5-3.

próprios sujeitos e do movimento pedagógico que produzem; por outro lado, a lógica institucional própria da escola pode ajudar na emergência e no fortalecimento de preocupações mais perenes, mais universais, exigindo do Movimento um olhar para além do imediato, o que acaba sendo fundamental na consolidação da identidade de *lutadores do povo*, assim como no trabalho específico das questões relacionadas à formação humana.

O Movimento se aproxima de uma lógica de estabilidade, de transformações mais lentas, de consolidação de comportamentos e práticas toda vez que se constitui em um assentamento, por exemplo. Por isso, foi somente depois da existência de muitas áreas de assentamento que se ampliou a preocupação com as escolas. Por outro lado, se o tempero *de movimento* não permanecer como lógica de organização e de vida das famílias assentadas, não haverá como quebrar a lógica institucional da escola a ponto de torná-la receptiva às questões de uma outra ordem que não seja a sua, ou aos desafios da própria vida *assentada* nesse novo lugar, por sua vez atravessado de questões de sua raiz e de seu projeto.

E não se trata necessariamente de má-fé ou má vontade de quem trabalha na escola, o que se pode perceber melhor quando há disposição política de *seguir os princípios pedagógicos do MST*. Quando os sujeitos *Sem Terra*, com a força de sua identidade, ocupam a escola, dificilmente não ocorrem mudanças, ou pelo menos o confronto entre as duas lógicas. Mas, quando os próprios assentados têm dúvida dessa identidade, a escola tende a fechar-se em si mesma, ainda que muitos de seus educadores tenham propósitos pedagógicos transformadores, libertadores.

Mas na relação entre Escola e Movimento há também um ingrediente histórico a considerar, porque ele a torna ainda mais complexa hoje entre nós. Se pensarmos na sociedade brasileira atual, e no modelo de escola que as elites brasileiras propõem para a classe trabalhadora, esta contraposição de lógicas parece virada do avesso: vemos um movimento social, o MST, insistindo cada vez mais em valores humanistas seculares e a escola se subordinando ao imediatismo do mercado e renegando explicitamente sua propalada autonomia institucional e pretensão de universalidade.

Na análise de Gaudêncio Frigotto, *estamos vivendo a década perdida da educação brasileira.* Segundo analisa, *pela primeira vez em nossa história, a pedagogia do Banco Mundial e da CNI (Confederação Nacional da Indústria) é a pedagogia oficial do Ministério da Educação. Trata-se de uma educação voltada para desenvolver competências específicas, tendo em vista criar pessoas empregáveis, segundo as necessidades do mercado. Não há mais responsabilidade coletiva, pois tudo se resume ao universo do indivíduo e da relação que ele consiga estabelecer com o mercado... A UNESCO, por exemplo, desapareceu do mapa. Os grandes teóricos da educação, escutados pelo nosso governo, são consultores – brasileiros ou estrangeiros – do Banco Mundial, que monitora o MEC...* (1999, p. 3-4).

Em um contexto como esse, pois, o encontro entre escola e Movimento pode ser compreendido como uma ação que *vira a escola de ponta-cabeça* mas para mantê-la firme em suas próprias raízes históricas. Exigir que a escola assuma seus vínculos sociais, que escute as questões de seu tempo, que veja em seus participantes sujeitos sociais e históricos pode também ser interpretado como o está fazendo o governo brasileiro. Mas não é essa a transformação da escola que se coloca no horizonte de seu vínculo com um movimento social como o MST. Ao contrário, ao tentar pôr a escola em movimento, os sem-terra acabam trazendo de volta questões pedagógicas *de origem*, como por exemplo o lugar da escola no processo de formação de sujeitos sociais, ou sobre como a escola pode ajudar a cultivar a memória de uma luta social, como pode fortalecer certos valores humanos, sufocados pela atual lógica de barbárie da sociedade de mercado.

Por isso, não deve nos causar estranheza perceber certa coincidência entre algumas reflexões e práticas pedagógicas do MST e alguns preceitos sobre educação sustentados atualmente por organismos internacionais como a UNESCO, por exemplo, especialmente no que se refere ao direito a uma escola que respeite a identidade de seus sujeitos e se preocupe com uma formação cada vez mais integral e sustentada em valores humanistas. E a referência aqui a esse organismo internacional específico, visa chamar a atenção para a profundidade da crítica feita por Frigotto ao tratamento dado pelo governo brasileiro à educação: *a UNESCO, por exemplo, desapareceu do mapa...*

Mario Manacorda (1989) analisa o papel histórico da UNESCO como a entidade que se constituiu no século 20 como uma referência para questões ou temas que se tornam uma espécie de consenso da humanidade como um todo, para além de cada nação e de seus governantes, mesmo que de certo modo condicionada a esses vínculos que são os que garantem a sua existência.[230] Foi assim, por exemplo, que chegamos ao século XX com o direito de todas as pessoas à educação e à escola instituído como consenso universal, ainda que descumprido

---

[230] Esta análise sobre o papel da UNESCO e sua equivalência na história da educação às chamadas *consultationes catholicae* (consultas universais) está em Manacorda, 1989, p. 354.

sistematicamente por diversos países. Mas, diante do consenso, resta apenas arranjar explicações sobre por que ainda há crianças fora da escola e adultos analfabetos, ou então forjar alguns índices diante de relatórios da UNESCO. Não era assim nos séculos anteriores, quando defender o direito dos trabalhadores à escola era visto como uma verdadeira heresia.

No Brasil atual, a insistência de que os sem-terra também têm direito à escola, que o campo deve ter uma escola com identidade própria, construída desde seus sujeitos, ainda soa para alguns ouvidos com um tom de heresia, mas que nem pode ser tratada explicitamente como tal, porque isso seria se colocar na contramão da história.

Nesse mesmo sentido é que se pode observar como vai sendo consolidada, em nosso tempo, uma tendência de passar a exigir da escola que se preocupe com a formação dos valores, com a educação para a democracia, com uma pedagogia da práxis, exatamente pela preocupação com a degradação do ser humano que se observa na sociedade atual, a qual, se não foi provocada pela escola ou mesmo pela educação, não pode prescindir delas para realizar o contraponto, e da própria luta social, para que a sociedade assuma outros contornos. Se essa luta vai se configurar como revolucionária, não dependerá da escola mas dos sujeitos sociais que a assumirem, e que então a escola estará ajudando a formar.

Isso quer dizer, afinal, que existe algo mais profundo a ser compreendido nessa relação entre a escola e o Movimento, que é a análise do movimento sociocultural que produz e se produz no perfil assumido pelo MST no final do século 20, e que recoloca algumas questões básicas para o próprio destino da humanidade. Sujeitos sociais diferentes, com posições políticas e ideologias diferentes, podem compartilhar ideias, valores, convicções que fazem parte de um mesmo movimento sociocultural que se projeta do próprio caos social em que está mergulhada a sociedade capitalista, e que então precisa abrigar as próprias forças que fazem a sua transformação, sejam elas revolucionárias ou visem apenas aos ajustes sociais e éticos necessários para dar um novo fôlego a esse mesmo tipo de sociedade.

Voltando à relação entre Escola e Movimento, nessa perspectiva, a escola será tanto mais importante para o MST quanto aceitar descentralizar-se dela mesma e fazer parte do movimento social mais amplo, que também é o que vem constituindo historicamente o sujeito *Sem Terra* em suas diversas dimensões e desafios. É isso que significa uma expressão comum entre os sem-terra do MST: *o Movimento quer se enxergar na escola...* Nesse sentido, quanto mais importante a escola passa a ser para o MST, mais ele necessita *ocupá-la* no sentido pedagógico, ou seja, colocar as suas pedagogias em movimento.

Se o que a escola deve fazer, afinal, é ajudar a *produzir seres humanos,* é preciso, de um lado, que ela não se negue a cumprir essa tarefa, o que ainda acontece em muitas escolas atualmente, à medida que ignoram ou não enxergam os sujeitos que estão dentro dela; e de outro, que aceite *entrar no processo* e fazer a leitura das demandas e das questões que ele vai colocando em seu movimento, às vezes mais lento, às vezes mais acelerado. Sintonia com seu tempo e com os sujeitos que nela atuam; compromisso político com a *humanização* em seu sentido mais pleno: é isso, afinal, que o Movimento quer ver em escolas que se assumem como vinculadas a seu projeto ou a seus princípios.

De modo geral, as pessoas que conhecem o Movimento e descobrem seu trabalho de educação procuram na *escola do MST* uma espécie de modelo de escola revolucionária ou libertadora. Há muitos sem-terra que também procuram algo parecido. Algo como a concentração total da força do Movimento dentro da escola ou traduzida em sua pedagogia, mas com um tipo de materialidade que possa ser vista em si mesma. Quer dizer, se sabe ou se fala de *princípios pedagógicos*, mas na prática se quer modelo, receita pedagógica. Do ponto de vista que aqui se trata, nada mais contrário à visão *de movimento* do que isso, quer dizer, buscar uma proposta pedagógica que tenha esse sentido transformador em si mesma, e até possa ser transplantada como modelo pedagógico para outro tempo e lugar.

A intencionalidade pedagógica do Movimento em relação às escolas precisa ser olhada em outra perspectiva. O MST não assumiu a escola como uma de suas tarefas para construir uma escola revolucionária modelo, mesmo que este até pudesse ser, no início, o propósito de alguns membros de seu setor de educação, notadamente daqueles que tinham sua origem no mundo da pedagogia e queriam fazer do Movimento o espaço de realização de suas utopias pedagógicas.

Enquanto *intencionalidade de movimento*, o que de fato o MST vem fazendo, ao buscar incluir a escola em sua própria organicidade, é produzir um sentido libertador, transformador, talvez mesmo revolucionário, para aquilo que a escola faz (ou pode vir a fazer), à medida que toma parte de uma dinâmica social que por sua vez está produzindo esse movimento sociocultural e educativo que projeta esse novo sentido. Não se trata, pois, de tentar fazer da escola um *aparelho ideológico* às avessas, ou atendendo a outros interesses de classe, mas de provocar o reencontro da escola com algumas tarefas pedagógicas fundamentais, exatamente as que se relacionam à formação humana, e que então vão ajudar também a produzir (e não apenas reproduzir) o próprio Movimento como princípio educativo. É assim que as tarefas escolares mais elementares passam a ter um sentido que as projeta para além delas: ler pode ser ler o mundo, estudar história pode ser cultivar a memória, refletir sobre comportamentos pode ser fortalecer valores...

Novamente, é preciso dizer que existe uma diferença sutil, porém grandiosa, entre pretender construir uma escola (ou uma pedagogia) revolucionária e buscar *revolucionar a escola* (ou a pedagogia), também nesse caso *virando-a de ponta cabeça*, simplesmente por exigir que se coloque em uma posição que esteja em sintonia com a sua própria raiz e compromisso humano. Revolucionar a escola quer dizer inseri-la nesse movimento sociocultural que cultiva *certos tesouros do passado* e *pressentimentos de futuro*. Não é mais do que isso; é tudo isso.

A Pedagogia do Movimento, pelo menos no olhar construído aqui, não cabe na escola. Mas a escola cabe nela, não como um modelo pedagógico fechado ou um método ou uma estrutura; e sim com um *estilo*, um *jeito de ser escola*, uma *postura diante da tarefa de educar*, um *processo pedagógico*, um *ambiente educativo*. Quando uma escola dos sem-terra se cristaliza em um modelo, em uma forma rígida, o Movimento já não é o sujeito educativo, porque Movimento é processo, é ação e reflexão permanente, é produção de novas sínteses a cada momento de sua história, e de seu *tempo acelerado*. Não foi para isso que se construiu no MST o *método dos princípios*, para evitar tanto espontaneísmos como receitas imobilistas, exatamente porque ambos o matariam como Movimento, como projeto histórico?

Se existem hoje algumas escolas de sem-terra *onde o Movimento se enxerga mais* do que em outras é porque nelas, por trabalho e circunstância, há *sinais* mais fortes de um *processo de ocupação pedagógica* que talvez nem o Movimento saiba exatamente como fez, ou que *alicate* usou para fazer *estalar esse arame*. Porque, se é verdade que o processo de transformação da escola é lento, feito de pequenas coisas e de muita reflexão coletiva, formação de educadores, acompanhamento pedagógico, também é verdade que existem alguns detalhes que podem provocar mudanças de atitude, de postura diante da tarefa de educar, que fazem então toda a diferença, mas que ainda não sabemos explicar muito bem como se processam.

É um pouco o que acontece, quando professoras que nunca antes tinham saído da sua escola, de repente participam de uma atividade nacional do MST, onde o *clima*, o *jeito*, as *relações humanas*, a *mística*, mais do que qualquer estudo ou reflexão pedagógica específica, acabam provocando expressões como esta: *de repente me dei conta como é grande este Movimento e como eu também faço parte dele!*[231] Será que a prática pedagógica dessa professora vai mudar a partir desse sentimento? Talvez não. Mas sem ele, certamente que não.

Quando a vida da escola se integra à vida do Movimento temos, pois, não a construção de uma nova escola, mas a possibilidade de que a *escola seja mais do que escola*, porque será um lugar movido pelos valores de uma grande luta, uma luta *de vida por um fio, fio de raiz, de vida inteira*, em todos os sentidos.

Desafios do MST como sujeito pedagógico
ocupar a terra, lavrar a vida, produzir gente

De certa forma, esses desafios estão sugeridos em cada um dos tópicos deste e dos demais capítulos que compõem este

---

[231] Depoimento que ouvi durante o I ENERA, em 1997.

trabalho. Eles aparecem toda vez que se olha para a história do MST e da formação dos sem-terra como uma obra de *formação humana*, ou de *produção de seres humanos*, na perspectiva de que se constituam como pessoas e como sujeitos sociais. Aqui, apenas gostaria de retomá-los em uma outra síntese, focalizando-os desde o raciocínio desenvolvido neste capítulo, ou seja, como desafios de um movimento social que já assumiu a educação como tarefa e que tem intencionalidade pedagógica em diferentes processos que aciona em seu cotidiano de organização e de luta. São quatro os desafios que destaco nesse sentido.

Primeiro: Olhar para si mesmo como um sujeito educativo.

Embora já tenha se tornado lugar comum entre os sem-terra a expressão *o Movimento* (ou a luta) *é nossa grande escola*, e a maioria das pessoas reconheça a dimensão educativa da participação em um movimento social como o MST, esse olhar ainda está em processo de constituição, pressionado pelas circunstâncias políticas e culturais deste terceiro momento da história da formação dos sem-terra do MST.

Olhar-se a si mesmo como um sujeito educativo quer dizer mais do que reconhecer as próprias experiências como educativas, e também mais do que assumir a educação e a escola dos sem-terra como sua tarefa. Esses são sinais importantes que apontam exatamente para o desafio maior que está presente neste olhar: aprofundar e qualificar a *intencionalidade pedagógica* de cada uma das ações do Movimento e não apenas daquelas nomeadas como sendo *da educação* (ou da formação). Talvez este seja, aliás, o formato mais próprio para aquela tendência que identifiquei no capítulo III, sobre como está sendo construída no MST a perspectiva de que a educação seja tarefa do conjunto da organização, embora sem deixar de ser uma tarefa específica dos setores que lidam prioritariamente com ela.

Intencionalidade pedagógica implica em reflexão permanente sobre como cada ação, seja uma ocupação, uma marcha, uma produção de alimentos, um encontro, um ato público, um curso, um festival de músicas, uma campanha de plantio de árvores... pode ajudar no processo de formação humana de seus sujeitos: que valores propõe, nega ou reforça, que postura estimula diante da luta, da sociedade, que traços da identidade *Sem Terra* fortalece ou chama a atenção, que desafios coloca para a superação de limites pessoais ou do coletivo... Na verdade, há uma pedagogia presente na própria escolha das ações de cada momento, e também no jeito ou no processo de fazê-las.

E há no desafio desse olhar um outro detalhe muito importante. Dada a conformação atual deste momento histórico, o MST precisa se enxergar como sujeito educativo (ou educador) não somente dos Sem Terra mas de outras frações da classe trabalhadora que os passaram a ter como referência, assim como do conjunto da sociedade onde atua. Cada ação do Movimento que se torna pública, além de fazer parte do processo de formação dos sem-terra, também pode repercutir na formação de outros sujeitos. E talvez uma das contribuições principais seja a de ajudar a produzir na sociedade um *ambiente cultural*[232] mais favorável à emergência de outras questões na agenda do país que não apenas aquelas pautadas atualmente pelas suas elites.

---

[232] Expressão utilizada por César Benjamin em uma palestra sobre *O Brasil que podemos construir*, feita para a equipe de trabalho da Secretaria de Estado da Educação do Rio Grande do Sul em Porto Alegre, no dia 22 de abril de 1999.

A intencionalidade pedagógica de uma ação de massas pode deslocar o foco das preocupações não somente de seus sujeitos principais mas também de todos que, de alguma forma, dela participam. Assim, na conjuntura brasileira recente, certas ações do MST têm conseguido substituir, em alguns momentos, as perguntas sobre queda ou alta das Bolsas de Valores, por questões que exigem um outro tipo de reflexão: *Por que ainda há fome no Brasil? Por que o desemprego está aumentando de modo tão assustador em nosso país? É justo um país ter tanta gente sem (a) terra e tanta terra sem gente?*

Da mesma forma, quanto mais as ações do Movimento tiverem sua intencionalidade vinculada ao *movimento sociocultural* que fermenta mudanças no olhar da sociedade sobre si mesma, mais essas ações se constituirão como *processos pedagógicos* formadores da identidade do sujeito *Sem Terra*, no sentido dos desafios deste momento e do projeto histórico do MST. Faz parte desse olhar do Movimento sobre si mesmo, pois, o dar-se conta e o compreender mais profundamente esse movimento de transformação que vem e vai muito além dele mesmo, para que essa seja a perspectiva em que projete sua atuação como sujeito pedagógico.

Segundo: Compreender mais profundamente a sua própria pedagogia.

Um desdobramento do desafio de qualificar sua intencionalidade pedagógica é o desafio específico de refletir sobre as matrizes pedagógicas, ou as pedagogias, postas em movimento no processo de formação dos sem-terra. Esse desafio pode ser transformado, então, em tarefas específicas de quem, no Movimento, trabalha prioritariamente com educação, em vista de dois propósitos: produzir subsídios teóricos e metodológicos para o processo de intencionalização pedagógica do conjunto das ações; garantir que a *Pedagogia do Movimento* esteja presente nas atividades da educação e, especialmente, nas escolas onde estudam os sem-terra.

Uma das tarefas é compreender, na teoria e na prática, cada uma dessas matrizes pedagógicas, sua origem, sua história, e como se dá o movimento que tempera sua concretude no vínculo com um movimento social e na combinação com outras matrizes em uma mesma ação, em um mesmo processo educativo. Em outras palavras, isso significa ter claro quais são, afinal, os componentes que tornam uma ação mais educativa, do ponto de vista de que aqui se trata.

Na linguagem do MST, isso também quer dizer que é preciso aprender a constituir o *ambiente educativo* de cada ação, atividade ou espaço de atuação do Movimento. O sentido da expressão *ambiente* é inspirado na linguagem da arquitetura, mas também da ecologia,[233] ou seja, refere-me a condições (materiais, políticas, morais, estéticas) que podem ser criadas para que se desenvolvam determinadas atividades humanas, mas também a uma visão de que todos os detalhes compõem a totalidade do processo educativo. Quer dizer, não existe o educador ou a educadora como personagem central ou *senhor da pedagogia*; existe um ambiente (com as tensões e contradições próprias da vida) que educa a todos. Ambiente educativo, nesse sentido, são as condições criadas para que determinada ação ou atividade seja feita na perspectiva de educar seus sujeitos,

---

[233] Estou me referindo àquela que se preocupa não com o meio ambiente mas com *o ambiente inteiro*, na feliz expressão usada por Leonardo Boff em entrevista ao programa Opinião Nacional da TV Cultura, em 23 de abril de 1999.

dando ênfase às *relações* e aos *processos* que se estabelecem entre as pessoas, os objetos, os tempos e os espaços, mais do que às estruturas materiais ou de organização em si mesmas. É também a própria postura de aprendiz do processo que deve ser assumida por todas as pessoas envolvidas na ação.[234]

O MST produziu-se historicamente como um ambiente educativo de formação dos sem-terra; mas cada uma de suas ações ou de seus tempos e espaços cotidianos pode ser produzido, intencionalizado, como um ambiente educativo, que de certa forma *co-memora*, traz de volta para esse coletivo em particular, a totalidade pedagógica que é o Movimento, sendo então capaz de fazer cada pessoa sujeito de um processo pedagógico especificamente voltado para sua formação. Ações, relações sociais, gestos, símbolos, *co-memorações* compõem esse ambiente que concentra ao mesmo tempo, e em um mesmo processo, diversos ingredientes pedagógicos, originários dessas diferentes matrizes pedagógicas produzidas pela humanidade ao longo da história de sua formação. Como fazer essa combinação de pedagogias e que temperos ir colocando no processo é uma tarefa que requer reflexão permanente e específica sobre cada ação, mas também sobre o movimento pedagógico que continua no MST como um todo.

Uma outra tarefa é continuar essa reflexão pedagógica nas escolas dos sem-terra, no sentido alargado que foi construído pela experiência educacional do MST, que também precisam estar preocupadas em constituir esse ambiente educativo. Nesse sentido, há um limite básico a ser superado: de modo geral

---

[234] Nas palavras de Paulo Freire: *quem é chamado a ensinar algo deve aprender primeiro para, em seguida, começando a ensinar, continuar a aprender...* (1978, p. 16).

os sem-terra não enxergam na chamada *proposta de educação do MST* a pedagogia de sua própria formação. É como se os princípios pedagógicos discutidos para implementação nas escolas fossem *da educação* e não *do Movimento*. Na discussão sobre a forma de organização dos alunos na escola, por exemplo, costuma causar bastante espanto quando, depois de considerar a proposta excessivamente complexa, as famílias assentadas descobrem que a matriz organizativa de que se está partindo é a de um acampamento. Quer dizer, lá parecia mais simples ou mais fácil de ser implementada. É bem verdade que, quando se trata de uma escola, há uma tendência (pela lógica de instituição de que se falou antes) à cristalização da forma (ritualização mecânica), que então nega o Movimento, fazendo seus próprios sujeitos não se reconhecerem nela. Por outro lado, isso também indica que, em muitos casos, ainda não se deu aquele *encontro reflexivo dos Sem Terra com seu próprio processo de formação*, e suas vivências de Movimento ainda não se transformaram em *modo de vida*.

Há um desafio pedagógico específico, pois, em vincular mais diretamente a reflexão sobre a *escola do MST* e a *Pedagogia do Movimento* que forma os sem-terra no processo histórico e no cotidiano de sua luta e de sua organização. E isso tem a ver com o próprio jeito de fazer a discussão sobre a escola, tanto com as famílias sem-terra como com as educadoras e os educadores dispostos a trabalhar nela; porque essa discussão também precisa acontecer como parte do ambiente educativo que é possível produzir para fazê-la. E, se o princípio educativo for mesmo o Movimento, essa discussão nunca estará terminada, porque o processo exige novas sínteses cada vez que a realidade se move, e isso sim é algo permanente.

Terceiro: Ter mais claro qual o lugar da educação e da escola no projeto histórico do Movimento.

O MST ainda não potencializou politicamente sua história de educação, nem a riqueza de sentidos de sua opção histórica de assumir a educação dos sem-terra como sua tarefa, tarefa de um movimento social de luta pela terra em um país como o nosso. A discussão de seu projeto de Reforma Agrária apenas há pouco tempo incluiu preocupações mais explícitas sobre processos de educação e sobre a própria ocupação da escola, como direito e dever do *Sem Terra em movimento*. Também a sociedade como um todo recém começa a olhar para o Movimento nessa perspectiva.

Não parece pouco, afinal, estar conseguindo colocar tanta gente na escola, estar ajudando a disseminar a cultura do direito à escola do campo, a chamar a atenção para a possibilidade de misturar escola com luta e com Movimento, e estar também contribuindo na formação de *intelectuais orgânicos do movimento do campo*, incluindo educadores e pedagogos. Também não parece pouco provocar a própria reflexão sobre como a educação acontece para além da escola e, ao mesmo tempo, sem prescindir dela, chamando a atenção para a dimensão educativa dos processos de luta social, de produção, de cultura, e também para a necessidade das práticas educacionais terem preocupação e vínculo com a totalidade da vida de seus sujeitos.

Mas no dia a dia do MST e para o conjunto das famílias sem-terra ainda não estão suficientemente claros os contornos e a importância dessa luta específica no conjunto das ações do Movimento, em seu projeto de Reforma Agrária, em suas reflexões sobre o futuro do país. Em muitos assentamentos e acampamentos a discussão sobre educação, quando acontece, está centrada na escola e, de modo geral, sem conseguir fazer o vínculo com a dimensão de projeto que move o MST. No máximo se consegue exigir da escola que trate de algumas questões da realidade local, o que já é um avanço importante, mas logo tende a imobilizar novamente a escola, se não for trabalhada em uma perspectiva histórica. Não há como educar *lutadores do povo*, ficando restrito às demandas de formação colocadas pelos limites de um lote de terra, mesmo daquele que foi conquistado com luta.

A terra mãe não admite cercas; seus filhos verdadeiros têm a tarefa de derrubar cada uma delas, seja qual for o tipo de arame em que se apresentem. A identidade (social, política, cultural) *Sem Terra* fica mais forte à medida que sai de si mesma, rompendo a cerca de seus interesses corporativos. A reflexão sobre educação entre as famílias sem-terra ainda não chegou a derrubar efetivamente esse tipo de cerca, exigindo, pois, novos componentes na intencionalidade pedagógica do Movimento.

Uma das formas de enfrentar esse desafio talvez seja dando maior intencionalidade política à projeção do que serão os desdobramentos das tendências apontadas para a dimensão da educação neste atual momento histórico do processo de formação dos sem-terra. E do ponto de vista da reflexão específica sobre o lugar da educação na estratégia do MST, e o lugar da escola no projeto pedagógico do Movimento, uma das iniciativas a potencializar, me parece, é a da articulação *por uma educação básica do campo*, também como um processo pedagógico que ajuda os sem-terra a olhar os problemas e as preocupações de seu dia a dia em outra perspectiva. Quer dizer, a discussão sobre como a educação e a escola podem participar dos processos que visam a transformar a realidade atual do campo brasileiro, construindo relações sociais que produzam dignidade para todas as pessoas que escolherem esse lugar para sua vida, para seu trabalho, para sua *cidadania*, começa a trazer novos elementos de valorização e de compreensão da história de educação do Movimento, para os próprios sem-terra. Isso precisa ser potencializado.

Quarto: Radicalizar o processo de ocupação da escola.

Há sem-terra fora da escola, há escolas fora do Movimento; há muitos outros trabalhadores e trabalhadoras, do campo e da cidade, que também continuam fora da escola, ou dentro de uma escola sem muito sentido para sua vida. Por isso é desafio do MST, como sujeito pedagógico, não apenas continuar mas *radicalizar* (no sentido de ir mais fundo, ir à raiz) o processo de ocupação da escola, à medida que ele também acabou se constituindo como uma das marcas da história da formação dos sem-terra do MST.

Radicalizar esse processo quer dizer continuar e aprofundar os dois movimentos que têm caracterizado a atuação do MST nesse campo: o movimento de luta e organização pelo acesso à escola, para todos e em todos os níveis, e na perspectiva de direito de cidadão e dever de um lutador do povo ou de um militante social, combinados; e o movimento de ocupação pedagógica da escola, de modo que se multipliquem as práticas escolares e os processos pedagógicos onde o Movimento se enxergue, e onde a pedagogia tenha mesmo aquele sentido de *lavrar a vida* e de *produzir gente*.

E o MST ocupa a escola não apenas garantindo que as decisões sobre ela passem por dentro de sua organicidade. Esse é um passo importante mas não garante a Pedagogia do Movimento. É a presença dos Sem Terra como sujeitos, como identidade, como modo de vida, no cotidiano da escola o que pode mover a pedagogia. Nesse sentido, os *Sem Terrinha* podem *virar a escola de ponta-cabeça* de maneira muito mais radical do que comunidades assentadas inteiras que já não tenham mais a convicção de outros tempos: sou Sem Terra, sou do MST! E o processo será ainda mais acelerado se essas crianças encontrarem na escola professoras e professores cujo olhar tenha sido educado para enxergar em cada aluno e aluna, em cada família dessa comunidade, a história de que todos são filhos, herdeiros, protagonistas. Se assim for, uma postura ao mesmo tempo humilde e altiva poderá ocupar a todos, e o movimento poderá continuar fazendo da escola algo mais do que ela pode ser por si mesma.

NADA COMEÇA NEM TERMINA: CONTINUA

Estamos no fim ou no começo? Este texto tratou sobre os *Sem Terra* e seu *Movimento*, que continua. O esforço de compreender o que esse processo significa não começa nem termina aqui, nem tampouco em um texto. Ele também continua, desdobrando-se em ações e compromisso. Mas talvez seja momento de um breve olhar em retrospecto, para enxergar até onde chegamos e como tudo isso pode ter continuidade. Não se trata exatamente de uma conclusão, porque a ideia de fim não me parece muito própria ao *movimento* que se constituiu como objeto desta reflexão, e que não começou neste trabalho e nem com ele; também não termina nele. Ele pode ser visto como um dos processos produzidos pela *Pedagogia do Movimento* que quis compreender. Gostaria de saber que a leitura de todo este texto foi feita nessa perspectiva.

O que fiz, afinal, neste trabalho foi buscar compreender o MST como lugar da *formação* (no sentido do fazer-se ou de ser fruto de um processo histórico) de um novo sujeito social, *o sem-terra brasileiro*, e mais particularmente o *Sem Terra do MST*, o que também quer dizer um lugar onde acontece um grande e ousado processo de *formação humana*, movido por uma luta coletiva centrada em questões *de vida ou de morte*, porque profundamente vinculadas às raízes do ser humano: terra, trabalho, dignidade.

Tenho presente que este é apenas um dos olhares possíveis para a interpretação do MST, mas me parece que esta escolha, longe de ter sido aleatória, tem pelo menos duas virtualidades importantes que a justificaram neste trabalho. Primeira: trata-se de um olhar que ainda não chegou a ser suficientemente trabalhado nas análises feitas sobre o MST; segunda: é o olhar que permite compreender mais profundamente o vínculo do Movimento com a educação, além de chamar a atenção para um sujeito educativo pouco considerado pelas teorias pedagógicas, e em especial quando discutem a questão da escola.

Olhar o MST em sua relação com o processo de formação dos sem-terra é importante para refletir sobre por que hoje boa parte da sociedade brasileira está dizendo que *o MST é mais do que o MST*, ou seja, por que está sendo visto para além (embora nunca descolado) da luta particular que conduz. A formação do sem-terra brasileiro nos remete a pensar em um processo de *fazer-se humano na História* que está produzindo e sendo produzido em um movimento social que também se constitui como parte de um *movimento sociocultural*, extrapolando o sentido específico da luta pela terra e pela Reforma Agrária no Brasil, ou os interesses corporativos das famílias sem-terra.

Os sem-terra estão sendo sujeitos de um movimento que acaba pondo em questão o *modo de ser* da sociedade atual, e o *modo de vida* (cultura) que reproduz e consolida. Fazem isso não porque professam ideias revolucionárias e nem porque esse seja o conteúdo de cada uma de suas ações tomadas em si mesmas. Contestam a ordem social pelo conjunto (contraditório) do que fazem nas ocupações, nos acampamentos, nos assentamentos, nas marchas, na educação de suas crianças, de seus jovens e adultos; pelo jeito de ser de sua coletividade que projeta valores, pelos seus gestos, sua simbologia, e por uma espécie de estética social (parâmetros de beleza e de sensibilidade diante da vida humana) que suas ações acabam produzindo. Fazem isso, sobretudo, pelos *sujeitos* que *põem em cena* na história de nosso país.

E é exatamente olhando como a dinâmica do Movimento é capaz de *produzir gente*, seres humanos, que se percebe em sua atuação certos *pressentimentos de futuro* (vinculados a importantes *tesouros do passado*), no sentido de que projeta uma concepção de relações sociais e uma forma de ser humano que não correspondem àqueles produzidos hegemonicamente pela sociedade capitalista atual e que, por contradição, encontram cada vez mais receptividade nesta mesma sociedade, à medida que é escancarado o caos social e a desesperança humana também por ela produzida. Cada vez mais cresce o número de pessoas ávidas de *esperanças e de propostas*, e é isso que julgam enxergar em Movimentos como o MST e em figuras humanas como a dos Sem Terra.

Nesse sentido, o que costuma ser identificado como sendo a experiência ou a *proposta de educação do MST* (centrada nos processos de escolarização dos sem-terra) não é mais do que *uma das pontas* do processo de formação humana que acontece no e através do Movimento. Sem compreender como se dá esse processo não me parece mais possível interpretar o sentido da experiência educacional do MST. Ela é parte, ao mesmo tempo produto e processo, da trajetória histórica que forma o sujeito *Sem Terra*, e seu sentido, talvez o mais importante, tem sido ajudar nesse processo. Essa compreensão, por sua vez, nos permite novas reflexões sobre os processos de formação humana e o lugar que a escola pode ocupar neles, à medida que saia de si mesma e assuma pedagogicamente os vínculos que a constituem como educativa.

Do ponto de vista do Movimento, vimos, esse pode ser o fio condutor de um *olhar-se a si mesmo* de um jeito diferente, descobrindo ainda novos desafios de seu desenlace histórico. Do ponto de vista da escola, puxar esse fio pode ser mais uma das tentativas históricas de *virá-la de ponta-cabeça*, talvez simplesmente para voltá-la a uma posição que lhe permita contribuir mais significativamente para o ser humano e para a história, em seus desafios deste e de todos os tempos.

Este trabalho acabou propondo, pois, um *jeito de olhar* para a experiência de educação do MST, que é também um jeito de olhar para o Movimento e para a educação. Gostaria de finalizar este texto chamando a atenção para algumas balizas de constituição deste olhar, na perspectiva de que possam ser retomadas e recriadas em outros trabalhos, mantendo-se em movimento.

Primeira: Ter o Movimento como foco do nosso olhar.

Compreendemos melhor nossas práticas pedagógicas à medida que saímos delas mesmas e, sem deixar de focalizar o olhar em cada uma delas, passamos a enxergá-las nas relações que as constituem como um processo vivo. No caso de que aqui se trata, isso somente é possível se tivermos o Movimento como referência deste olhar, no duplo sentido, de olhar cada prática na totalidade que é o MST, ou na dinâmica de suas diversas dimensões de atuação, e também no sentido de compreendê-la *em movimento*, quer dizer como parte de um processo que nem começa nem termina nela mesma.

E isso é bem mais do que tomar o MST, um assentamento e uma escola, por exemplo, como realidades distintas que, em determinado momento, entram em relação. Não é assim na realidade concreta. Existe um mesmo processo que envolve a todos, ou que constitui a realidade particular de cada um. É preciso, pois, construir um olhar sobre o todo desse processo, para compreender mais profundamente cada uma de suas dimensões específicas. E se isso é importante sempre, tanto mais se o que estamos buscando entender diz respeito a processos de formação humana, que necessariamente se realizam em uma perspectiva de totalidade, e se constituem como nexos que os remetem para além de si mesmos.

Segunda: Ter a história e seu movimento como referência para olhar o MST.

Se para compreender uma prática de educação dos sem-terra é preciso olhar para o MST como um todo, por sua vez para compreender o MST é preciso olhar para o movimento da história, que o inclui como parte de um processo que o antecede e que continuará depois dele.

Novamente, isso é um pouco mais do que situar o MST em um determinado período histórico e encontrar no contexto econômico, político e sociocultural mais amplo, e em especial no formato da questão agrária do país, os motivos para seu nascimento ou existência. É também isso. Mas trata-se de algo mais, que consiste em buscar compreender a dinâmica do Movimento e sua própria história em uma perspectiva histórica, ou seja, analisando os *tesouros do passado* e os *pressentimentos de futuro* que carrega em si; a herança que traz e a herança que deixa no processo de constituição de sua identidade; a cultura que produz e reproduz em sua trajetória.

É nessa perspectiva que se pode refletir sobre o MST como parte de um *movimento sociocultural* que fermenta mudanças mais profundas no formato de nossa sociedade, o que então pode se transformar em uma baliza para nosso olhar sobre cada uma das dimensões de sua atuação hoje, e sobre o processo histórico que o constituiu com as características que possui. Da mesma forma, esse movimento que projeta para além de si mesmo pode tornar-se um parâmetro do próprio MST para analisar as escolhas que fez e ainda terá que fazer antes de chegar a seu desenlace histórico. Este é, afinal, o grande desafio pedagógico do Movimento, e de todos que com ele se identificam: transformar em escolha consciente (consciência social e política) de cada pessoa que dele participa a identidade coletiva que sua história produz.

Terceira: Olhar para a história do MST buscando enxergar nela o processo de formação dos sem-terra brasileiros.

É exatamente através da perspectiva histórica que conseguimos ver o MST como um processo de produção de um novo sujeito social, este que se autodenominou *Sem Terra*. Podemos olhar para o Movimento buscando enxergar muitas outras coisas, mas é esse olhar que o associa com a formação ou o fazer-se histórico de um sujeito social ou de uma coletividade humana, que permite construir os nexos que melhor explicam o sentido da experiência de educação do MST.

Porque, neste olhar, é a história toda do movimento que podemos enxergar como sendo uma grande *obra educativa*, e as conquistas da luta pela Reforma Agrária em nosso país como uma *terra de cultivo de seres humanos* que se educam na condição de sujeitos de seu próprio destino social, e da história como um todo.

Olhar para o Movimento nessa perspectiva é já ter compreendido que ser *Sem Terra* no Brasil hoje é mais do que uma condição social a ser superada (a de não ter terra); é uma identidade construída como acúmulo histórico de muitas lutas sociais, e uma identidade a ser cultivada e deixada como herança para outros lutadores do povo. Nesse sentido, o olhar passa a ser para compreender, então, como esse processo acontece em cada uma das ações do MST, bem como no conjunto de sua trajetória histórica. E quando então esse olhar focalizar a escola, será buscando compreendê-la como parte desse processo, como parte da obra educativa construída na história do MST.

Quarta: Olhar para o MST como um sujeito pedagógico.

Quer dizer, buscar compreender nesse processo de formação do sujeito *Sem Terra* a ação e a intencionalidade pedagógica do Movimento, o que somente é possível em um olhar *de movimento*. Porque o MST não existe em si mesmo; foi e continua sendo construído historicamente por pessoas concretas, trabalhadores e trabalhadoras rurais sem-terra. Os Sem Terra são o MST. Mas sem deixar de enxergar isso, é preciso entender que, do ponto de vista de processo histórico, o Movimento acaba se descolando de sua realidade imediata, e se constituindo como um sujeito que é mais do que cada um, e mesmo do que o conjunto de seus integrantes.

É desse modo que se produz como um sujeito educativo e também pedagógico, no sentido de que sua trajetória intencionaliza as vivências educativas dos sem-terra. Isso acontece nas diversas dimensões de sua atuação e acaba incluindo, a partir de determinado momento histórico, a própria educação que acontece vinculada à escola.

Quinta: Ver nos diversos processos pedagógicos que compõem a dinâmica do MST e da formação dos sem-terra o *movimento da pedagogia* e a *pedagogia do movimento*.

Uma das principais reflexões que o olhar para o MST como sujeito pedagógico da formação dos sem-terra pode produzir é exatamente sobre como a pedagogia entra em movimento em uma realidade que mistura formação humana, produção de sujeitos sociais, luta pela humanidade, luta de classes. E é o movimento da pedagogia (e não uma pedagogia em particular) o que forma os sujeitos, e os integra no movimento sociocultural maior que projeta as transformações mais profundas, das pessoas e das sociedades. É esse o movimento a ser compreendido mais profundamente em cada uma das práticas de educação. Isso nos exige e nos desafia a um olhar cada vez mais alargado sobre educação, sobre pedagogia e sobre o Movimento.

Em sua trajetória histórica, o MST produziu um movimento pedagógico ou um movimento de formação humana. Essa é a *Pedagogia do Movimento*, no duplo sentido de ter o Movimento como princípio educativo e de mover a pedagogia desde as necessidades concretas da formação dos sujeitos de uma luta social com características muito particulares. Se passarmos agora a olhar a educação e a pedagogia desde o *Movimento*, certamente produziremos novas questões também para a compreensão dessa trajetória.

Sexta: Compreender a história da educação escolar do MST como parte da história da formação do sujeito *Sem Terra* e da intencionalidade pedagógica do *Movimento*.

É a análise do processo de formação dos sem-terra que nos permite compreender por que um movimento social de luta pela terra passa a assumir a escola como sua tarefa, por que cria um setor de educação e passa a se ocupar da pedagogia. Ou seja, não existe uma história em separado onde a luta pela escola e o processo de produção da chamada *proposta de educação do MST* possam ser compreendidos.

E aqui há um detalhe muito importante: é preciso prestar uma atenção especial para a *infância Sem Terra* e o *cuidado pe-*

dagógico que o MST dispensa a ela, não apenas através de ações educacionais mas principalmente através dele próprio, como *totalidade pedagógica*. Esse talvez seja o jeito melhor de fazer a aproximação entre a história da formação dos sem-terra e a história da educação escolar no Movimento. Em outras palavras, olhar para a trajetória particular do sujeito *Sem Terra*, que em determinado momento, e assumindo a diversidade na identidade social comum, também decidiu denominar a si mesmo de *Sem Terrinha*, nos ajuda a compreender como uma história se produz e se reproduz dentro da outra.

Quando as crianças sem-terra decidiram que também teriam seu nome próprio, a mensagem que podemos compreender desse gesto que também é processo é a seguinte: *nós também queremos ser Sem Terra, mas não queremos deixar de ser crianças. Mas não somos só crianças, somos Sem Terrinha, sim senhor! Somos Sem Terrinha, com amor. Assim é que queremos ser cuidadas pelo Movimento.*
Compreender mais profundamente como a escola se coloca diante desse tipo de mensagem de seus sujeitos continua sendo um desafio reflexivo e prático muito importante.

Sétima: Compreender nas escolas onde estudam os sem-terra como acontece o *movimento da pedagogia do movimento*.

Mais do que um jogo de palavras, esse me parece ser o foco de olhar mais adequado e necessário, do ponto de vista do MST e da pedagogia, às escolas dos acampamentos e assentamentos de Reforma Agrária, ou de outros lugares onde estejam os *Sem Terra* no exercício de seu direito e dever de estudar, sejam eles crianças, jovens ou adultos.

Trata-se de compreender, afinal, como acontece o processo de *ocupação da escola pelo Movimento* o que, como tentei refletir neste trabalho, quer dizer pelo menos três coisas: primeira, como acontece o encontro das lógicas diferentes que predominam no Movimento e na escola (enquanto instituição social) e que desdobramentos ou implicações esse encontro traz para a dinâmica de ambos; segunda, como o próprio movimento desse encontro participa da formação da identidade Sem Terra; terceira, quais as pedagogias que são acionadas na escola pela intencionalidade pedagógica do Movimento, não apenas em relação à educação escolar mas também ao processo de formação dos sem-terra como um todo.

Mas o movimento da pedagogia não pode ser compreendido senão em relação aos seus sujeitos, e tendo como preocupação os processos de formação humana. Quer dizer, é preciso olhar para cada escola buscando enxergar não uma pedagogia, ou a implementação de uma *proposta pedagógica*, mas os sujeitos particulares (o plural do singular *Sem Terra*), que a fazem ser uma escola e como em seu cotidiano, que não é apenas escolar, vão se formando como seres humanos, ou vão buscando jeitos de aprofundar ou alargar sua condição humana.

Se essa for a perspectiva do nosso olhar, talvez ele próprio possa participar do processo de ocupação da escola pela Pedagogia do Movimento, o que é mais do que ajudar a construir escolas do MST. Da mesma forma que poderá ajudar no desafio do MST, olhar-se com mais *cuidado* como sujeito educativo.

Oitava: Compreender o trabalho educativo do MST como parte da história da educação que se olha *de baixo para cima*.

O que tentei deixar claro neste trabalho é que as práticas de educação e de escola do MST não devem ser analisadas como uma experiência *exótica* ou algo à parte da sociedade como um todo, e que interessam apenas aos sem-terra. Até porque os sem-terra hoje não interessam somente a eles mesmos, e nem eles se interessam apenas por si mesmos. As práticas de educação do MST fazem parte do movimento pedagógico de seu tempo e precisam ser compreendidas tal como o que foi proposto para o conjunto da experiência histórica do MST: em suas raízes e em seu projeto; na herança que trazem e na herança que deixam para o processo através do qual a humanidade vai se formando ou educando a si mesma. Em outras palavras, na *cultura* que produzem e reproduzem em sua trajetória.

Mas para que a experiência de educação de sujeitos como os Sem Terra tenha lugar na história da educação, enquanto registro e interpretação em livros e documentos de historiadores e de cientistas da educação, é preciso passar a olhar para essa história desde outro ponto de vista que não aquele predominante na chamada *história da educação oficial*. O mesmo movimento que *virou de ponta-cabeça* a abordagem da História, construindo um lugar também para os seus autores que somente podem ser vistos se a olharmos de *baixo para cima*, também precisa fazer a *ocupação pedagógica* do território da história da educação. Essa ocupação produzirá novas questões à pedagogia e também outros jeitos de olhar para experiências de educação como a dos Sem Terra.

Nona: Enxergar a escola como um lugar em que os *Sem Terra* se encontrem consigo mesmos, *cuidando* de sua identidade e de sua continuidade histórica.

Mais do que um jeito de olhar, essa é uma postura a ser assumida no trabalho específico com as escolas onde estudam os sem-terra, ou talvez com a educação de modo geral.

Leonardo Boff, em sua reflexão sobre o *saber cuidar*, nos diz que *colocar cuidado em tudo o que projeta e faz, eis a característica singular do ser humano* (1999, p. 35). Nesse sentido, podemos refletir sobre como a educação também tem como tarefa ajudar a constituir, nas pessoas e nas sociedades, isso que Boff chama de *modo-de-ser-cuidado*. E cuidar das coisas, ele ainda nos diz, *implica em ter intimidade, senti-las de dentro, acolhê-las, respeitá--las, dar-lhes sossego e repouso. Cuidar é entrar em sintonia com, auscultar-lhes o ritmo e afinar-se com ele...* (*Idem*, p. 96).

O MST, em sua história, produziu os sujeitos capazes de fazê--lo enxergar-se como um sujeito educativo. Estou me referindo especialmente às *crianças Sem Terra* e às *professoras Sem Terra*, mas também aos traços de identidade que a tarefa da educação acabou produzindo na *família Sem Terra* como um todo e no ser *Sem Terra*, assim deste jeito, com este nome próprio. Isso quer dizer que junto com o processo de formação dos sem-terra veio o desafio de prestar mais atenção ao processo de constituição e de reprodução histórica da identidade Sem Terra; é preciso *saber cuidar* dela e dos seres humanos que a encarnam. É preciso, em outras palavras, *cuidar* muito bem da tarefa de *formação humana*. E esse cuidado está em cada decisão tomada e em cada ação que os sem-terra realizam dentro de sua luta específica pela Reforma Agrária, e dentro da luta maior por um novo projeto de país e de sociedade, de que também participam através do MST.

Seria demais considerar que a escola pode ser um dos lugares onde os sem-terra aprendem a cuidar (ocupar-se, preocupar-se, desvelar-se) de si mesmos?

Acredito que não. Mas acredito também que isso somente acontece quando a escola é capaz de sair de si mesma e integrar--se com a rede de vivências educativas que constituem *o ser do MST*. E faz isso levando em conta o que esse processo pedagógico significa em um tempo histórico como o que estamos vivendo, e em um país que também tem urgência de *aprender a cuidar-se*, enquanto Povo, Nação, projeto histórico.

É assim que em uma terra que é mais do que terra, uma escola também poderá ser mais do que escola. Os *Sem Terrinha* já sabem disso, em sentimento, quando dizem que querem *levar adiante o MST*, e quando pedem às professoras que sua escola seja '*que nem' o Movimento*.

E nós, que resposta temos a dar a essas crianças e a todas as outras crianças deste país e do mundo inteiro que ainda acreditam em nosso *cuidado*?

ANEXOS

Anexo A

MANIFESTO DOS SEM TERRA AO POVO BRASILEIRO

1. Somos sem terra. Somos trabalhadores e sonhamos com um Brasil melhor para todos. Mas na sociedade brasileira atual é negado ao povo o direito de vida digna.
2. Nossa situação tem causas históricas na exploração do povo pelas elites gananciosas. E agora foi agravada pela política econômica neoliberal do governo FHC.
3. Temos sofrido perseguições, acusações falsas de políticos conservadores, do governo e dos latifundiários. Mas estamos firmes. Nossa causa é justa. Por isso nosso Movimento cresce e tem o apoio da sociedade.
4. Continuaremos mobilizados, utilizando todas as formas de pressão possível. A luta é a arma dos pobres. E é legítima.
5. Lutamos pela Reforma Agrária para trabalhar, produzir e garantir comida farta na mesa de todos os brasileiros.
6. Com a Reforma Agrária vamos melhorar as condições de vida de todos. O povo precisa de comida barata, melhores salários, educação, moradia e saúde. Queremos reconstruir um Brasil sem desemprego, êxodo rural e jovens lançados ao crime e à prostituição.

7. Não se iludam com a propaganda do governo FHC. A política que beneficia o capital estrangeiro e o sistema financeiro é a que gera desemprego, a falência da indústria nacional e da agricultura. E é de responsabilidade desse governo.
8. Vamos votar contra o governo nessas eleições. Vamos votar nos candidatos que tenham posições firmes em favor dos interesses do povo. Não queremos esmolas, mas direitos e dignidade.
9. Queremos um Brasil melhor. Um Brasil para todos. Com atendimento das necessidades básicas do povo, com a democratização da terra, da riqueza e do poder. Onde haja esperança, futuro para nossa gente e orgulho de construir uma nação para os brasileiros.
10. Trabalhadores, intelectuais, pequenos empresários, aposentados, donas-de-casa e estudantes, todos precisamos nos unir para construir um novo projeto para o Brasil. UM PROJETO DO POVO BRASILEIRO.

MST – Semana da Pátria – 1996

Anexo B

A VALE NÃO SE VENDE: CONTRA A PRIVATIZAÇÃO E A DESNACIONALIZAÇÃO DA COMPANHIA VALE DO RIO DOCE

1. A Companhia Vale do Rio Doce (CVRD) é uma estatal que controla os principais minérios do país: ferro, manganês, ouro, bauxita e caulim. Possui 26 empresas coligadas e atua em nove estados do Brasil. Recebeu, sob concessão de uso, 561 mil hectares de terras públicas e produz além de minérios, madeira, carvão, celulose e papel. Para desenvolver suas atividades, possui usinas, estradas de ferro e portos. É considerada a maior empresa mineral do mundo.
2. A CVRD tem um patrimônio aproximado de 22 bilhões de reais e mais reservas minerais que, além de serem as principais do mundo, são de valor incalculável.
3. O governo quer privatizar a companhia e entregá-la de mão beijada ao capital estrangeiro. Está vendendo 51% das ações por apenas 6 bilhões de reais.
4. O povo brasileiro deve se opor à entrega desse patrimônio público aos interesses estrangeiros.
5. Defender a Vale é lutar contra a política neoliberal que planeja entregar o capital social, acumulado há anos com

o esforço de todos, para grupos estrangeiros aumentarem seus lucros.
6. A CVRD tem valor estratégico importantíssimo para o futuro de nosso povo e para um projeto de desenvolvimento que beneficie toda a população brasileira.
7. Lutar em defesa da Vale do Rio Doce é lutar por um novo modelo de desenvolvimento para o Brasil, onde a economia esteja voltada para os interesses da maioria da população e não apenas para dar lucros às multinacionais e aos banqueiros.
8. A Vale do Rio Doce precisa ser democratizada. O povo precisa ter conhecimento de suas operações e os resultados de seus lucros devem ser aplicados em favor do povo.
9. Por isso, conclamamos todos os cidadãos, militares, parlamentares, organizações sindicais, religiosas e partidárias a somarem-se numa verdadeira campanha nacional contra essa política entreguista do governo FHC. Vamos realizar manifestação e ações concretas contra o neoliberalismo. Vamos exigir que o Senado impeça sua venda.
10. Nós, do MST, não mediremos esforços e nos somaremos a todas as iniciativas em defesa da Vale, pela democratização dos recursos explorados pela companhia e contra a política neoliberal desse governo. Como cidadãos, nos sentimos no dever de lutar pelo patrimônio público que construímos e pelos interesses gerais do povo brasileiro e de nossa pátria.

MST / dezembro de 1996

Anexo C

MANIFESTO DAS EDUCADORAS E DOS EDUCADORES DA REFORMA AGRÁRIA AO POVO BRASILEIRO

No Brasil, chegamos a uma encruzilhada histórica. De um lado está o projeto neoliberal, que destrói a Nação e aumenta a exclusão social. De outro lado, há a possibilidade de uma rebeldia organizada e da construção de um novo projeto. Como parte da classe trabalhadora de nosso país, precisamos tomar uma posição. Por essa razão, nos manifestamos.

1. Somos educadoras e educadores de crianças, jovens e adultos de Acampamentos e Assentamentos de todo o Brasil, e colocamos o nosso trabalho a serviço da luta pela Reforma Agrária e das transformações sociais.
2. Manifestamos nossa profunda indignação diante da miséria e das injustiças que estão destruindo nosso país, e compartilhamos do sonho da construção de um novo projeto de desenvolvimento para o Brasil, um projeto do povo brasileiro.
3. Compreendemos que a educação sozinha não resolve os problemas do povo, mas é um elemento fundamental nos processos de transformação social.

4. Lutamos por justiça social! Na educação isto significa garantir escola pública, gratuita e de qualidade para todos, desde a Educação Infantil até a Universidade.
5. Consideramos que acabar com o analfabetismo, além de um dever do Estado, é uma questão de honra. Por isso nos comprometemos com esse trabalho.
6. Exigimos, como trabalhadoras e trabalhadores da educação, respeito, valorização profissional e condições dignas de trabalho e de formação. Queremos o direito de pensar e de participar das decisões sobre a política educacional.
7. Queremos uma escola que se deixe ocupar pelas questões de nosso tempo, que ajude no fortalecimento das lutas sociais e na solução dos problemas concretos de cada comunidade e do país.
8. Defendemos uma pedagogia que se preocupe com todas as dimensões da pessoa humana e que crie um ambiente educativo baseado na ação e na participação democrática, na dimensão educativa do trabalho, da cultura e da história de nosso povo.
9. Acreditamos numa escola que desperte os sonhos de nossa juventude, que cultive a solidariedade, a esperança, o desejo de aprender e ensinar sempre e de transformar o mundo.
10. Entendemos que, para participar da construção desta nova escola, nós, educadoras e educadores, precisamos constituir coletivos pedagógicos com clareza política, competência técnica, valores humanistas e socialistas.
11. Lutamos por escolas públicas em todos os Acampamentos e Assentamentos de Reforma Agrária do país

e defendemos que a gestão pedagógica destas escolas tenha a participação da comunidade Sem Terra e de sua organização.
12. Trabalhamos por uma identidade própria das escolas do meio rural, com um projeto político-pedagógico que fortaleça novas formas de desenvolvimento no campo, baseadas na justiça social, na cooperação agrícola, no respeito ao meio ambiente e na valorização da cultura camponesa.
13. Renovamos, diante de todos, nosso compromisso político e pedagógico com as causas do povo, em especial com a luta pela Reforma Agrária. Continuaremos mantendo viva a esperança e honrando nossa Pátria, nossos princípios, nosso sonho...
14. Conclamamos todas as pessoas e organizações que têm sonhos e projetos de mudança, para que juntos possamos fazer uma nova educação em nosso país, a educação da nova sociedade que já começamos a construir.

MST
REFORMA AGRÁRIA: UMA LUTA DE TODOS

1º Encontro Nacional de Educadoras
e Educadores da Reforma Agrária
Homenagem aos educadores Paulo Freire e Che Guevara
Brasília, 28 a 31 de julho de 1997.

REFERÊNCIAS BIBLIOGRÁFICAS

ALMEIDA, Lúcio Flávio de e SÁNCHEZ, Félix Ruiz. Um grão menos amargo das ironias da história: o MST e as lutas sociais contra o neoliberalismo. *Lutas sociais* 5. São Paulo: PUC/NEILS, 2º semestre de 1998, p. 77-93.

ARBEX JR, José. A vitória da amnésia. *Revista Caros Amigos.* São Paulo, outubro de 1998, p. 8-9.

ARROYO, Miguel. *A Educação Básica e o Movimento Social do Campo.* Belo Horizonte, 1999. Elaborado a partir da palestra proferida na Conferência Nacional Por uma Educação Básica do Campo, em Luziânia, julho de 1998, no prelo.

ARROYO, Miguel. *As relações sociais na escola e a formação do trabalhador.* Belo Horizonte, 1999ª, texto ainda não publicado.

ARROYO, Miguel. Revendo os vínculos entre trabalho e educação: elementos materiais da formação humana. *In.*: SILVA, Tomaz Tadeu da. *Trabalho, educação e prática social. Por uma teoria da formação humana.* Porto Alegre: Artes Médicas, 1991, p. 163-216.

ARROYO, Miguel. Trabalho – Educação e teoria pedagógica. In.: FRIGOTTO, Gaudêncio (org.) *Educação e crise do trabalho: perspectivas de final de século.* Petrópolis: Vozes, 1998.

BENINCÁ, Elli. *Conflito religioso e práxis. A ação política dos acampados da Encruzilhada do Natalino e da Fazenda Anoni.* São Paulo: Pontifícia Universidade Católica, 1987. Dissertação de Mestrado (Ciências da Religião).

BENJAMIN, César (org.). *A opção brasileira.* Rio de Janeiro: Contraponto, 1998.

BERGER, Christa. *Campos em confronto: a terra e o texto.* Porto Alegre: Editora da Universidade/UFRGS, 1998.

BOFF, Leonardo. *Saber cuidar. Ética do humano – compaixão pela terra*. Petrópolis: Vozes, 1999.

BOGO, Ademar. *A vez dos valores*. São Paulo: MST, 1998.

BOGO, Ademar. *Lições da luta pela terra*. Salvador: Memorial das Letras, 1999.

BOGO, Ademar. *Novo ascenso na organização da cooperação*. Teixeira de Freitas, 1999a, texto não publicado.

BOGO, Ademar. *Teoria da organização do MST*. Teixeira de Freitas, 1998a, texto não publicado.

BONIN, Anamaria Aimoré. *Movimentos sociais no campo*. Curitiba: Editora da Universidade Federal do Paraná/Edições Criar, 1987.

BOSI, Alfredo. *Dialética da Colonização*. 3ª ed. São Paulo: Companhia das Letras, 1998.

BRAUDEL, Fernand. *Escritos sobre a história*. São Paulo: Perspectiva, 1978.

CALDART, Roseli Salete. *Educação em movimento. Formação de educadoras e educadores no MST*. Petrópolis: Vozes, 1997.

CALDART, Roseli Salete. *História da Educação no MST. Depoimentos compilados das entrevistas do projeto MST: Vamos contar nossa história*. Porto Alegre, 1998, não publicado.

CALDART, Roseli Salete. *Sem-terra com poesia*. Petrópolis: Vozes, 1987.

CALDART, Roseli Salete, CERIOLI, Paulo Ricardo osfs e FERNANDES, Bernardo Mançano. Por uma Educação Básica do Campo. *Texto-base da Conferência Nacional Por uma Educação Básica do Campo*. Brasília: CNBB, MST, UNESCO, UNICEF e UnB, julho de 1998.

CAMINI, Isabela. *O cotidiano pedagógico de professores e professoras em uma escola de assentamento do MST: limites e desafios*. Porto Alegre: Universidade Federal do Rio Grande do Sul, 1998. Dissertação de Mestrado (Educação).

CERIOLI, Paulo Ricardo, osfs. *Educação para a cooperação. A experiência do Curso Técnico em Administração de Cooperativas do MST*. São Leopoldo: Universidade do Vale do Rio dos Sinos, 1997. Monografia (Especialização em Cooperativismo).

CERIOLI, Paulo Ricardo, osfs. Formação para a gestão do trabalho no Curso Técnico em Administração de Cooperativas – TAC do MST. *Alfabetização e cidadania* nº 8. São Paulo: Rede de Apoio à Ação Alfabetizadora do Brasil, fevereiro de 1999.

CHAUÍ, Marilena. A universidade operacional. *Folha de S.Paulo*, 9 de maio de 1999, seção Brasil 55 d.C.

CINTRA, Maria da Conceição Barbosa. *A trajetória do Movimento dos Trabalhadores Rurais Sem Terra (MST) em Sergipe: 1985 – 1997*. Recife: Universidade Federal de Pernambuco, 1999. Dissertação de Mestrado (Serviço Social).

CRUZ, Armando. *Sem-escola sem-terra. Para uma sociologia da expropriação simbólica*. Pelotas: Universidade Federal de Pelotas, 1996. Dissertação de Mestrado (Educação).

CUÉLLAR, Javier Pérez de (org.). *Nossa diversidade criadora. Relatório da Comissão Mundial de Cultura e Desenvolvimento – UNESCO*. Campinas: Papirus; Brasília: UNESCO, 1997.

DAVID, Maria Beatriz de (coord.) *Relatório de andamento do projeto mão de obra emprego e demanda por Reforma Agrária*. S/L, 1998, texto não publicado.

DELORS, Jacques et alii. *Educação um tesouro a descobrir. Relatório para a UNESCO da Comissão Internacional sobre Educação para o século XXI*. São Paulo: Cortez; Brasília: MEC : UNESCO, 1998.

D'INCAO, Maria Conceição e ROY, Gérard. *Nós, cidadãos. Aprendendo e ensinando democracia*. Rio de Janeiro: Paz e Terra, 1995.

ENGUITA, Mariano. *Trabalho, escola e ideologia, Marx e a crítica da educação*. Porto Alegre: Artes Médicas, 1993.

FERNANDES, Bernardo Mançano. *A formação e a territorialização do MST no Brasil*. São Paulo: Universidade de São Paulo, 1998. Relatório de Qualificação de Doutorado (Geografia).

FERNANDES, Bernardo Mançano. Gênese e desenvolvimento do MST. *Caderno de Formação* nº 30, São Paulo: MST, setembro de 1998ª.

FERNANDES, Bernardo Mançano. *MST formação e territorialização*. São Paulo: Hucitec, 1996.

FERNANDES, Bernardo Mançano. *Síntese da pesquisa "história do MST"*. Presidente Prudente, 1999, texto não publicado.

FREIRE, Paulo. *Cartas à Guiné-Bissau*. 2ª ed., Rio de Janeiro: Paz e Terra, 1978.

FREIRE, Paulo. *Pedagogia da autonomia*. Rio de Janeiro: Paz e Terra, 1997.

FREIRE, Paulo. *Pedagogia do oprimido*. 14ª ed., Rio de Janeiro: Paz e Terra, 1983.

FRIGOTTO, Gaudêncio. *Educação e a crise do capitalismo real*. São Paulo: Cortez, 1995.

FRIGOTTO, Gaudêncio (org.). *Educação e crise do trabalho: perspectivas de final de século*. Petrópolis: Vozes, 1998.

FRIGOTTO, Gaudêncio. Entrevista: estamos vivendo a década perdida da educação brasileira. *Análise de Conjuntura* nº 5, São Paulo: Consulta Popular, junho de 1999.

GARCIA, José Carlos. *De sem-rosto a cidadão. A luta pelo reconhecimento dos sem-terra como sujeitos no ambiente constitucional brasileiro*. Rio de Janeiro: Pontifícia Universidade Católica, 1998. Dissertação de Mestrado (Direito Constitucional).

GEHLEN, Ivaldo. *Uma estratégia camponesa de conquista da terra e o Estado: o caso da Fazenda Sarandi.* Porto Alegre: Universidade Federal do Rio Grande do Sul, 1983. Dissertação de Mestrado (Sociologia).

GOHN, Maria da Glória. *História dos movimentos e lutas sociais.* São Paulo: Loyola, 1995.

GOHN, Maria da Glória. *Movimentos sociais e educação.* 2ª ed., São Paulo: Cortez, 1994.

GÓMEZ, A. I. Pérez. *La cultura escolar en la sociedad neoliberal.* Madrid: Morata, 1998.

GOMEZ, Carlos Minayo e outros. *Trabalho e conhecimento: dilemas na educação do trabalhador.* São Paulo: Cortez/Autores Associados, 1987.

GÖRGEN, Frei Sérgio. *O massacre da Fazenda Santa Elmira.* Petrópolis: Vozes, 1989.

GÖRGEN, Frei Sérgio Antônio ofm. *A resistência dos pequenos gigantes. A luta e a organização dos pequenos agricultores.* Petrópolis: Vozes, 1998.

GRAMSCI, Antonio. *Os intelectuais e a organização da cultura.* 5ª ed., São Paulo: Civilização Brasileira, 1985.

GRZYBOWSKI, Cândido. *Caminhos e descaminhos dos movimentos sociais no campo.* Petrópolis: Vozes, 1987.

GUIMARÃES, Juarez. *Os sem-terra e a democracia.* Belo Horizonte, 1999. Texto recebido via internet em 3 de junho de 1999.

HILL, Christopher. *O mundo de ponta-cabeça. Ideias radicais durante a Revolução Inglesa de 1640.* São Paulo: Companhia Das Letras, 1987.

HILL, Christopher. *Origens intelectuais da Revolução Inglesa.* São Paulo: Martins Fontes, 1992.

HOBSBAWM, Eric e RUDÉ, George. *Capitão Swing. A expansão capitalista e as revoltas rurais na Inglaterra do início do século XIX.* Rio de Janeiro: Francisco Alves, 1982.

HOBSBAWM, Eric. Entrevista. *Folha de S.Paulo,* 1º de janeiro 1999.

HOBSBAWM, Eric. *Era dos Extremos. O breve século XX.* 2ª ed. São Paulo: Companhia das Letras, 1995.

HOBSBAWM, Eric. *Mundos do trabalho. Novos estudos sobre a história operária.* 2ª ed. São Paulo: Paz e Terra, 1988.

HOBSBAWM, Eric. *Sobre história.* São Paulo: Companhia das letras, 1998.

INCRA/UNB. *Censo da Reforma Agrária.* Brasília, 1997.

KNIJNIK, Gelsa. *Exclusão e resistência. Educação matemática e legitimidade cultural.* Porto Alegre: Artes Médicas, 1996.

LIMA, Matilde Araújo de. *O Curso Magistério e a formação de sujeitos.* Veranópolis: Escola Josué de Castro, 1999. Monografia (Curso Magistério).

LINHARES, Maria Yedda e SILVA, Francisco Carlos Teixeira da. *Terra prometida. Uma história da questão agrária no Brasil.* Rio de Janeiro: Campus, 1999.

LISBOA, Tereza Kleba. *A luta dos Sem Terra no oeste catarinense*. Florianópolis: UFSC/MST, 1988.

KLAFKI, Wolfgang. La importancia de las teorias clasicas de la educación para una concepción de la educación general hoy. *Revista de Educación* nº 291, 1990, p. 105-127.

MAKARENKO, Anton. *La colectividad y la educación de la personalidad*. Moscou: Progresso, 1977.

MAKARENKO, Anton. *Poema Pedagógico*. 2ª ed., São Paulo: Brasiliense, 1987, 3 vol.

MAKARENKO, Anton. *Problemas da educação escolar*. Moscou: Progresso, 1982.

MANACORDA, Mario Alighiero. *História da Educação da antiguidade aos nossos dias*. São Paulo: Cortez e Autores Associados, 1989.

MANACORDA, Mario Alighiero. *O princípio educativo em Gramsci*. Porto Alegre: Artes Médicas, 1990.

MARTINS, José de Souza. *Capitalismo e tradicionalismo. Estudos sobre as contradições da sociedade agrária no Brasil*. São Paulo: Pioneira, 1975.

MARTINS, José de Souza. *Os camponeses e a política no Brasil*. Petrópolis: Vozes, 1986.

MARTINS, José de Souza (coord.). *O massacre dos inocentes. A criança sem infância no Brasil*. São Paulo: Hucitec, 1991.

MARTINS, José de Souza. Revisando a questão agrária. *Jornal Sem Terra* 160 (15), São Paulo: MST, julho de 1996, texto integral da entrevista.

MARTINS, José de Souza. Sociologia e militância. Entrevista. *Estudos Avançados* 11 (31), São Paulo: USP, set/dez 1997, p. 137-87.

MARX, Karl. *La ideologia alemana*. Havana: Política, 1979.

MEDEIROS, Leonilde Sérvolo. *História dos movimentos sociais no campo*. Rio de Janeiro: FASE, 1989.

MÉLIGA, Laerte Dorneles e JANSON, Maria do Carmo. *Encruzilhada Natalino*. Porto Alegre: Vozes, 1982.

MOLLENHAUER, Klaus. Es inevitable corregir el concepto de formación general? *Revista de Educación* nº 291, 1990, p. 129-148.

MST. *Balanço do MST em 1998*. São Paulo: MST, janeiro 1999.

MST. Crianças em movimento. As mobilizações infantis no MST. *Coleção Fazendo Escola*, nº 2. São Paulo: MST, 1999.

MST. *Desenhando o Brasil. Trabalhos escolhidos no concurso nacional de redações e desenhos realizado pelo MST em 1998*. São Paulo: MST, 1999.

MST. Enfrentar os desafios da organização nos assentamentos. *Caderno de Cooperação Agrícola* 7. São Paulo: CONCRAB, novembro 1998.

MST. A evolução da concepção de cooperação agrícola do MST (1989 a 1999). *Caderno de Cooperação Agrícola* 8. São Paulo: CONCRAB, agosto 1999.

MST. Escola Itinerante em Acampamentos do MST. *Coleção Fazendo Escola* 1, São Paulo: MST, 1998.

MST. *História do MST*. São Paulo, 1999, em processo de elaboração.

MST. *Normas gerais do MST*. São Paulo: MST, 1989.

MST. Perspectivas da Cooperação Agrícola nos Assentamentos. *Caderno de Cooperação Agrícola* 1. São Paulo: CONCRAB, dezembro 1995.

MST. Princípios da educação no MST. *Caderno de Educação* nº 8. São Paulo: MST, 1996.

MST. O que queremos com as escolas dos assentamentos. *Caderno de Formação* nº 18. São Paulo: MST, 1991.

MST. Uma concepção de desenvolvimento rural. *Caderno de Cooperação Agrícola* 1. São Paulo: CONCRAB, maio 1994.

NOSELLA, Paolo. *A escola de Gramsci*. Porto Alegre: Artes Médicas, 1992.

NOVAES, Regina. Debate: a reforma agrária hoje. *Estudos Sociedade Agricultura* 6, Rio de Janeiro: CPDA/UFRJ, julho de 1996, p. 7-35.

OLIVEIRA, Francisco de. FHC e os movimentos sociais. *Jornal dos Trabalhadores Rurais Sem Terra*. São Paulo: MST, outubro de 1998, p. 13.

PASQUETTI, Luis Antonio. O MST como uma empresa social. *Estudos 2*, Presidente Prudente: UNESP/NERA, dezembro de 1998, p. 33-50.

PAVAN, Dulcinéia. *As Marias sem-terras – trajetória e experiências de vida de mulheres assentadas em Promissão – SP – 1985/1996*. São Paulo: Pontifícia universidade Católica, 1998. Dissertação de Mestrado (História Social).

PELOSO, Ranulfo. *A força que anima os militantes*. São Paulo: MST, 1994.

PEREIRA, Simone Silva. *A formação: um passo na construção da identidade dos Sem Terrinha*. Veranópolis: Escola Josué de Castro, 1999. Monografia (Curso Magistério).

PETITAT, André. *Produção da escola – produção da sociedade. Análise sócio-histórica de alguns momentos decisivos da evolução escolar no ocidente*. Porto Alegre: Artes Médicas, 1994.

PISTRAK. *Fundamentos da escola do trabalho*. São Paulo: Brasiliense, 1981.

PIZETTA, Adelar. *Formação e práxis dos professores de escolas de assentamentos: a experiência do MST no Espírito Santo*. Vitória: Universidade Federal do Espírito Santo, 1999. Dissertação de Mestrado (Educação).

POLI, Odilon Luiz. *Aprendendo a andar com as próprias pernas: o processo de mobilização nos movimentos sociais do oeste catarinense*. Campinas: Universidade Estadual de Campinas, 1995. Dissertação de Mestrado (Educação).

RAMOS, Márcia Mara. *Sem Terrinha, semente de esperança*. Veranópolis: Escola Josué de Castro, 1999. Monografia (Curso Magistério).

RAPCHAN, E. S. *De identidades e pessoas: um estudo de caso sobre os Sem Terra de Sumaré*. São Paulo: Universidade de São Paulo, 1993. Dissertação de Mestrado (Antropologia).

RIBEIRO, Darcy. *O povo brasileiro. A formação e o sentido do Brasil*. 2ª ed. São Paulo: Companhia das Letras, 1997.

RICUPERO, Rubens. Um outro aniversário. *Folha de S.Paulo*, 16 de maio de 1999, seção Opinião Econômica.

RUDÉ, George. *Ideologia e protesto popular*. Rio de Janeiro: Zahar, 1982.

SADER, Eder. *Quando novos personagens entraram em cena. Experiências e lutas dos trabalhadores da grande São Paulo 1970 – 1980*. 2ª ed., São Paulo: Paz e Terra, 1995.

SAMPAIO JR, Plínio de Arruda. *Brasil: os impasses da formação*. São Paulo,1999, texto não publicado.

SAMUEL, Raphael (ed.). *Historia popular y teoría socialista*. Barcelona: Grijalbo, 1984.

SANTOS, Andrea Paula dos, RIBEIRO, Suzana Lopes Salgado e MEIHY, José Carlos Sebe Bom. *Vozes da marcha pela terra*. São Paulo: Loyola, 1998.

SARAMAGO, José. *Levantado do chão*. 3ª ed., Rio de Janeiro: Bertrand do Brasil, 1989.

SCHERER-WARREN, Ilse. *Redes de Movimentos Sociais*. São Paulo: Loyola, 1993.

SCHERER-WARREN, Ilse e KRISCHKE, Paulo (org.). *Uma revolução no cotidiano? Os novos movimentos sociais na América do Sul*. São Paulo: Brasiliense, 1987.

SCHMITT, Claudia Job. *O tempo do acampamento: a construção da identidade social e política do 'colono sem-terra'*. Porto Alegre: Universidade Federal do Rio Grande do Sul, 1992. Dissertação de Mestrado (Sociologia).

SILVA, José Gomes da. *Reforma Agrária Brasileira – Na virada do milênio*. Campinas: ABRA, 1996.

SILVA, José Graziano da. *Modernização dolorosa*. Rio de Janeiro: Zahar, 1983.

SILVA, Tomaz Tadeu da (org.) *Teoria educacional crítica em tempos pós-modernos*. Porto Alegre: Artes Médicas, 1993.

SOUZA, João Francisco de. *Democracia: noção e prática nos movimentos sociais populares – uma comparação entre Brasil e México*. Brasília: Universidade de Brasília e Facultad Latino Americana de Ciencias Sociales, 1996. Tese de Doutorado (Estudos Comparativos sobre a América Latina e o Caribe).

SOUZA, Maria Antonia de. *A formação da identidade coletiva: um estudo das lideranças de assentamentos rurais no Pontal do Paranapanema*. Campinas: Universidade Estadual de Campinas, 1994. Dissertação de Mestrado (Educação).

SPOSITO, Marilia Pontes. *A ilusão fecunda: a luta por educação nos movimentos populares*. São Paulo: Hucitec/EDUSP, 1993.

STEDILE, João Pedro e FREI SÉRGIO. *A luta pela terra no Brasil*. São Paulo: Scritta, 1993.

STEDILE, João Pedro e FERNANDES, Bernardo Mançano. *Brava gente. A trajetória do MST e a luta pela terra no Brasil.* São Paulo: Perseu Abramo, 1999.

STIVAL, David. *O processo educativo dos agricultores sem terra na trajetória da luta pela terra.* Porto Alegre: Universidade Federal do Rio Grande do Sul, 1987. Dissertação de Mestrado (Educação).

TARELHO, Luiz Carlos. *Da consciência dos direitos à identidade social: os sem terra de Sumaré.* São Paulo: Pontifícia Universidade Católica, 1988. Dissertação de Mestrado (Psicologia Social).

TAVARES dos SANTOS, José Vicente. A construção de um outro olhar sociológico sobre o campo. *Cadernos de Sociologia*, vol. 6. Porto Alegre: PPGS/UFRGS, 1993.

TAVARES dos SANTOS, José Vicente. *Matuchos: exclusão e luta. Do Sul para a Amazônia.* Petrópolis: Vozes, 1993a.

THOMPSON, E. *Costumes em comum. Estudos sobre a cultura popular tradicional.* São Paulo: Companhia das Letras, 1998.

THOMPSON, E. La política de la teoría. In.: SAMUEL, Raphael (ed.) *Historia popular y teoría socialista.* Barcelona: Grijalbo, 1984, p. 301-17.

THOMPSON, Edward. *A formação da classe operária inglesa. A árvore da liberdade.* Vol. 1. Rio de Janeiro: Paz e Terra, 1987.

THOMPSON, Edward. *A formação da classe operária inglesa. A maldição de Adão.* Vol. 2, 2ª ed. Rio de Janeiro: Paz e Terra, 1988.

THOMPSON, Edward. *A formação da classe operária inglesa. A força dos trabalhadores.* Vol. 3, 2ª ed. Rio de Janeiro: Paz e Terra, 1989.

THOMPSON, Edward. *A miséria da teoria ou um planetário de erros.* Rio de janeiro: Zahar, 1981.

THOMPSON, Edward. *Tradición, revuelta y consciencia de clase.* 3ª ed. Barcelona: Grijalbo, 1989.

TIERRA, Pedro. *A política como dimensão da cultura. (Contribuição ao debate sobre movimentos sociais.)* Goiânia,1995, texto não publicado.

TIERRA, Pedro. *Memória de viagem a Eldorado dos Carajás.* Brasília, abril de 1996.

TODOROV, João Cláudio. Revolução na escola. *Revista Isto É*, nº 1498, 17 de junho de 1998, p. 66, depoimento.

TREVISAN, Mateus. *Escola Josué de Castro: uma escola do MST e sua gestão.* Veranópolis: Escola Josué de Castro, 1999. Monografia (Curso Magistério).

VALARELLI, Moema. Debate: a reforma agrária hoje. *Estudos Sociedade Agricultura* 6, Rio de Janeiro: CPDA/UFRJ, julho de 1996, p. 7-35.

VENDRAMINI, Célia. *"Ocupar, resistir e produzir" MST: uma proposta pedagógica.* São Carlos: Universidade Federal de São Carlos, 1992. Dissertação de Mestrado (Educação).

VENDRAMINI, Célia. *Consciência de classe e experiências sócio-educativas do Movimento dos Trabalhadores Rurais Sem-Terra.* São Carlos: Universidade Federal de São Carlos, 1997. Tese de Doutorado (Educação).

WEIL, Simone. *A condição operária e outros estudos sobre a opressão.* 2ª ed. São Paulo: Paz e Terra, 1996. Organização de Ecléa Bosi.

WILLIANS, Raymond. *Cultura e sociedade. 1780-1950.* São Paulo: Companhia Editora Nacional, 1969.

ZIMMERMANN, Neusa Castro de. *Depois da terra, a conquista da cooperação. Um estudo do processo organizativo num assentamento de Reforma Agrária no RS.* Brasília: Universidade de Brasília, 1989. Dissertação de Mestrado (Sociologia).